U0645829

● **福建省社会科学规划项目：**

新时代福建省深化公共体育资源优化配置改革研究
（编号：FJ2018B112）

● **三明学院学术著作出版基金资助出版**

新时代福建省

深化公共体育资源
优化配置改革研究

寇健忠 ◎ 著

厦门大学出版社 国家一级出版社
XIAMEN UNIVERSITY PRESS 全国百佳图书出版单位

图书在版编目(CIP)数据

新时代福建省深化公共体育资源优化配置改革研究/寇健忠著.—厦门:厦门大学出版社,2021.11

ISBN 978-7-5615-8405-7

I.①新… II.①寇… III.①群众体育—资源配置—研究—福建 IV.①G812.4

中国版本图书馆 CIP 数据核字(2021)第 211835 号

出 版 人	郑文礼
责任编辑	姚五民　肖　越
封面设计	张雨秋
技术编辑	朱　楷

出版发行 厦门大学出版社

社　　址 厦门市软件园二期望海路 39 号

邮政编码 361008

总　　机 0592-2181111　0592-2181406(传真)

营销中心 0592-2184458　0592-2181365

网　　址 http://www.xmupress.com

邮　　箱 xmup@xmupress.com

印　　刷 厦门集大印刷有限公司

开本 720 mm×1 000 mm　1/16

印张 21.25

插页 2

字数 382 千字

版次 2021 年 11 月第 1 版

印次 2021 年 11 月第 1 次印刷

定价 72.00 元

本书如有印装质量问题请直接寄承印厂调换

厦门大学出版社
微信二维码

厦门大学出版社
微博二维码

前　言

　　当今,中国特色社会主义进入新时代,我国经济由快速发展向高质量发展转变,对资源的依赖也日益明显。随着经济社会的不断发展,人民群众健身意识不断增强,对公共体育资源的需求日益增长,公共体育资源已成为人们生活中不可或缺的重要组成部分,在丰富群众生活、增强群众体质、提高全民健康素养、促进体育事业发展、实现体育强国、推进健康中国战略的实施等方面发挥着重要作用。

　　但是,长时间以来我国存在一些问题,如市场发育仍不够健全、市场管理仍不够规范、市场机制仍不够完善、市场经济体制改革仍须深入;计划经济体制下政府管理意识的延续使转型后政府职能没有彻底转变,政府角色的缺位、错位和越位现象仍然十分严重;西方市场经济体制下的公共体育资源配置理论同中国实际相结合的理论和实践探索仍不够完善,照搬照抄的"移植"现象仍然普遍等,因此公共体育资源缺失与公共体育资源配置效率低下的困境仍无法破解。尤其对于地处我国东南沿海的福建省来说,在面对工业化、市场化与现代化引发的结构性变化,以及信息化、国际化与全球化资源竞争融合产生的不确定性等复杂条件时,如何摆脱对过去传统公共体育资源配置理论研究的路径依赖,如何结合福建省的省情,合理地挖掘、利用好公共体育资源,探索和研究适应新时代要求的深化福建省公共体育资源优化配置的改革之路成为当前政府和学术界亟待解决的问题,这也是新时代赋予我们的历史责任。因此,本课题的提出在福建省公共体育资源优化配置改革研究上是一种理论创新,具有一定的理论价值与实践意义。

　　目前,国内外对公共体育资源配置的研究主要集中在公共体育资源配置的目标、依据与原则,方式与方法,政府与市场关系,公平与效率,产权与收益制度,评价与监管,政策与执行以及改革等方面。但已有研究成果较少从制度经济学的视角对公共体育资源优化配置中的公平与效率、产权与收益分配、管理体制和配置风险等进行研究,多角度、多层次、多学科的理论分析匮乏,研究的系统性不强,深度和广度不够,对如何深化公共体育资源优化配置改革缺乏整体把握,研究滞后于经济社会发展,尤其对福建省深化公共体育资源优化配置改革研究较少,亟待从理论上进行提升,从实践上进行探索。

本书以新古典经济学理论、马克思主义制度学说理论、新制度经济学理论、风险管理理论为基础,以福建省公共体育资源优化配置改革为研究对象,采用文献资料调研法、调查法、比较分析法、制度分析法、逻辑分析法、数理统计法等具体方法,按照"为什么要深化改革—深化改革的基础条件是什么—如何深化改革"的基本思路,对深化公共体育资源优化配置改革进行系统性、多学科的研究,力求在借鉴和吸收国内外已有研究成果的基础上,拓展对公共体育资源优化配置改革研究的视野和深度,深化对公共体育资源优化配置规律的认识,在把握规律的基础上进行改革创新,为平衡社会发展寻找路径,以促进党的十九大提出的"着力解决好发展不平衡不充分问题"战略目标的实现。本书内容共分7章。

第一章,绪论。阐释公共体育资源优化配置改革研究的背景,根据新时代公共体育资源配置存在的问题,提出本研究的理论价值和实践意义;重点对近些年来国内外公共体育资源配置研究文献进行较为翔实的梳理和综合评述;同时,确定研究对象并结合研究的需要对所选择的研究方法按照方法论的四个层次依次进行诠释;接着,介绍本研究的技术路线和研究内容;最后,强调本研究的重难点与创新点。

第二章,深化公共体育资源优化配置改革研究的理论基础。公共体育资源配置的转变和创新是随着我国市场经济体制的逐步建立而产生和发展的。因此,本研究基于此背景及理论创新的时代召唤,在明晰"公共体育资源"的内涵及属性的基础上,阐释"公共体育资源优化配置"和"公共体育资源优化配置改革"这两个重要概念。在对古典与新古典经济学理论进行简单介绍后,从马克思主义学说入手,阐述与公共体育资源优化配置改革相关的马克思主义制度学说,并分别对经济学说中的新制度经济学理论、政府干预理论以及管理学的风险管理理论进行阐述。

第三章,福建省公共体育资源配置的历程、反思与主要成绩。分析中华人民共和国成立前、改革开放前、改革开放后和21世纪以来四个阶段福建省公共体育资源配置的基本特征,重点剖析福建省公共体育资源配置的方式、方法和制度的时代特点,并从政府力量、市场力量、社会力量和体育本质四个方面总结福建省公共体育资源配置取得的主要成绩。

第四章,福建省公共体育资源配置存在的主要问题与原因。从公共体育资源配置的主体关系、效率、结构、市场机制、制度和可持续性等方面入手,梳理当前福建省公共体育资源配置存在的主要问题,结合福建省的实际情况,深入剖析其经济发展水平,配置的体制、理念、人员、权力、文化和创新对公共体育资源配置造成的影响。

第五章,国外发达国家公共体育资源配置的主要经验与启示。深入了解美国、德国、日本等发达国家公共体育资源配置经验,学习其有益的公共体育资源配置的理念、模式、内容与方法,得出对福建省公共体育资源优化配置改革的有益启示,为福建省深化公共体育资源优化配置改革提供有益的借鉴。

第六章,新时代福建省深化公共体育资源优化配置改革。根据新时代福建省公共体育资源优化配置特点和福建省的基本发展情况,明确新时代福建省深化公共体育资源优化配置改革目标,提出福建省深化公共体育资源优化配置改革应遵循的原则,分析其改革动力,重点研究福建省深化公共体育资源优化配置改革的体制创新、机制创新、管理创新和制度创新等路径。

第七章,结论与不足。本章全面地总结福建省深化公共体育资源优化配置改革研究的成果,客观地分析研究存在的不足,为今后的深入研究提供方向。

目　录

第一章　绪　论

第一节　研究背景与意义

一、研究背景

当今,中国进入新时代,中国经济由快速发展向高质量发展转变,对资源的依赖也日益明显,如"财力资源""物力资源""人力资源""信息资源"等。公共体育资源作为资源的一种,随着经济社会的不断发展,人民群众健身意识的增强,已成为人们生活中不可或缺的重要组成部分,并得到政府、企业和个人的广泛关注。

(一)资源是人类社会赖以生存和发展的重要基础与根本前提

人类是生物进化的产物,在人类社会发展的初级阶段,人类通过采集和狩猎方式获取自然资源以维持自身的生存,并延续生命和繁衍种族,平等地享有资源。进入农业社会阶段,人类通过广泛使用农具的方式发展种植业和养殖业,为人类的生存提供资源,丛林法则成为人类享有资源所应遵循的不变法则。到了工业社会阶段,蒸汽机的发明促进工业的发展,也为人类的发展提供更为丰富的资源。由于人类文明程度的不断提高,丛林法则在不断弱化,人类能较公平地享有资源。直到共产主义社会,人类从劳动中摆脱出来,人与人公平相处并按需分配和享有资源。总之,从人类发展的历史进程来看,虽然不同阶段资源的索取和占有方式不同,但是,任何人都离不开资源,资源是人类生存和发展过程中必须面临和解决的重要问题。同时,有限资源的开发与利用情况对一个国家和地区的经济社会发展水平起着决定性作用。

(二)公共体育资源是满足群众体育文化需求,促进全民健康的重要载体

人类社会发展经过农业时代、工业时代,进入后工业时代,人们在满足吃、住、穿、行等基本生活需求后逐渐追求个性发展、重视精神文化需求、崇尚高品质的生活,广大群众用于日常生活的消费比重发生改变。数据显示,2019年全国居民恩格尔系数为28.2%,连续8年下降,其中,服务消费占比首次超过50%,达到了50.2%,比上年提高0.7个百分点。[①] 可见,人们的生活水平和生活质量逐步提高,生活方式和健康理念也发生了深刻的变化,对健康服务的渴望也日益增强,服务经济成为这一时期的重要特征。2019年中国人均GDP已超过1万美元,根据国际经验,当人均GDP达到8 000美元时,体育健身将成为国民经济的支柱性产业[②],体育文化将成为当下广大人民群众的迫切需求,也是提高广大人民群众幸福指数的重要因素。特别是2008年北京奥运会的成功举办,极大促进了我国群众体育的发展,"从体育大国向体育强国迈进"成为当前和今后一个时期体育要实现的目标,也是不断体现体育的综合社会价值与作用,即为满足广大人民群众的体育文化需求,为全面建成小康社会和实现中华民族伟大复兴中国梦作出体育独特而积极的贡献。因此,体育作为实现健康服务的重要手段与人民的生产、生活密不可分,这已成为新时代的主要特征。而公共体育资源作为实现体育功能与作用的重要载体,不仅影响广大人民群众的生活质量和健康水平,也是我国全民健身事业可持续发展不可忽视的重要因素,其所具有的经济效益和社会效益日益显现。

(三)人民日益增长的健康需要与不平衡不充分的公共体育资源配置仍是目前亟待解决的主要矛盾

纵观我国体育发展和改革的进程,可以说是矛盾的产生、解决、再产生、再解决的循环过程,也是解决供给与需求之间矛盾的过程。中华人民共和国成立初期,体育发展要解决的主要矛盾是旧的体育制度向新的体育制度的转变

---

① 中国新闻网.2019年全国居民恩格尔系数[EB/OL].(2020-01-21)[2020-03-21]. https://www.chinanews.com/cj/2020/01-21/9066069.shtml.

② 孙璐.民众体育消费需求高涨,全民健身热情何处释放[N].经济日报,2015-01-28.

问题。在随后二十多年的体育发展中,落后的体育运动技术与为国争光战略的矛盾没有改变。改革开放以来,社会主义市场经济体制与原有的体育体制之间的矛盾日益凸显。随着改革的不断深化,体育发展面临的主要矛盾体现在体育社会化、市场化改革与政府管办不分。① 到了 21 世纪,群众体育与竞技体育间的矛盾成为主要矛盾。进入新时代,人民群众对体育的需求比任何时候都来得迫切,也促进了公共体育资源的建设与发展。体育场地资源配置方面,《第六次全国体育场地普查数据公报》显示,截至 2013 年年底,我国人均体育场地面积 1.46 平方米,与第五次全国体育场地普查数据相比增加了 0.43 平方米,但还不到日本的 1/12,美国的 1/10。② 体育财力资源配置方面,我国体育公共财政支出只占全国财政支出的 0.54%,与发达国家的 2% 以上还有很大差距。③ 在体育人力资源方面,我国 1 274 人中只有 1 名社会体育指导员,而日本 553 人中就有 1 名社会体育指导员。④ 体育信息资源方面,大数据时代的体育信息传播平台和路径呈现"多元化"的特点,平面媒体、广播媒体、电视媒体、网络、自媒体和移动媒体等媒体高效集成、融合发展。⑤ 但目前,公共体育资源的数量、类型、质量在城乡之间、不同区域之间配置的公平性和均衡性存在差异,还无法满足人民日益增长的健康需要,这是新时代我国体育改革与发展的主要矛盾,也是各级政府和学术界亟待研究解决的问题。

(四)优化配置公共体育资源是实现体育强国、促进健康中国战略实施的重要举措

2019 年 9 月 2 日,国务院办公厅印发《体育强国建设纲要》,该纲要明确了体育强国建设的总体要求、战略任务和政策保障。战略目标为"到 2050 年,全面建成社会主义现代化体育强国。人民身体素养和健康水平、体育综合实力和国际影响力居于世界前列,体育成为中华民族伟大复兴的标志性事业"。对此,提出了具体的战略任务,其中,全民健身场地设施的建设强调"统筹"性,

① 刘亮,王惠.供给侧改革视角下我国公共体育资源供需矛盾的消解与改革路径[J].武汉体育学院学报,2016,50(4):51-55.
② 舒宗礼.有效的市场与有为的政府:公共体育资源优化配置的关键[J].成都体育学院学报,2015,41(6):55-61.
③ 靳英华.体育经济学[M].北京:高等教育出版社,2011:108.
④ 李丽,张林.体育事业公共财政支出研究[J].体育科学,2010,30(12):22-28.
⑤ 丁响,高丽华,赵波.大数据时代的体育传播:特征、主体定位与发展方向[J].沈阳体育学院学报,2014,33(5):39-43.

即体育场地设施的建设与"住宅、商业、文化、娱乐等建设项目综合开发和改造相结合",与"城市空置场所、地下空间、公园绿地、建筑屋顶、权属单位物业附属空间"的合理利用相结合,与"美丽宜居乡村、运动休闲特色小镇建设"相结合。同时,强调"鼓励社会力量建设小型体育场所,完善公共体育设施免费或低收费开放政策,有序促进各类体育场地设施向社会开放"。在体育人力资源的建设方面提出"组织社会体育指导员广泛开展全民健身指导服务,建立全民健身志愿服务长效机制"和"制定全国体育人才发展中长期规划,实施高层次人才培养专项计划。建立健全适应体育行业特点的人事制度、薪酬制度、人才评价机制。选派重点项目、重点领域专业人才出国(境)培训、留学,支持与海外高水平机构联合培养体育人才。开展体育引智工作,加大人才引进力度"等举措。体育财力资源建设主要是"完善公共财政体育投入机制,多渠道筹措资金支持体育强国建设。合理划分地方各级政府在体育领域的财政事权和支出责任,明确地方主体责任。加大政府性基金与一般公共预算的统筹力度。加大政府向社会力量购买公共体育服务的力度。落实体育税费政策,加强对政策执行情况的评估督查"。体育信息资源的建设主要集中在"构建体育全媒体传播格局,打造体育融媒体产品,发挥短视频平台、微博、微信、客户端等在体育文化传播中的积极作用",以推动体育信息化建设。可见,体育强国的实现离不开公共体育资源的优化配置,离不开公共体育资源配置效率的提高,通过加强公共体育资源优化配置以保障人人公平享有公共体育资源的权利,不断提高全民的健康水平,以实现体育强国,促进健康中国战略的实施。

总之,公共体育资源在丰富群众生活、增强群众体质、提高全民健康素养、促进体育事业发展、实现体育强国、推进健康中国战略的实施等方面发挥着重要作用。但是,由于长时间以来,我国存在市场发育仍不够健全、市场管理仍不够规范、市场机制仍不够完善、市场经济体制改革仍须深入;计划经济体制下的政府管理意识的延续,转型后政府职能没有彻底转变,政府的角色缺位、错位和越位现象仍然十分严重;西方市场经济体制下的公共体育资源配置理论同中国实际相结合的理论和实践探索仍不够完善,照搬照抄的"移植"现象仍然普遍等问题,导致公共体育资源缺失与配置效率低下的困境仍无法突破。尤其对于地处我国东南沿海的福建省来说,在面对工业化、市场化与现代化引发的结构性变化,以及信息化、国际化与全球化资源竞争融合产生的不确定性等复杂条件下,如何摆脱过去传统公共体育资源配置理论研究的路径依赖,如何结合福建省的省情,合理地挖掘、利用好公共体育资源,研究和探索适应新时代要求的深化福建省公共体育资源优化配置改革之路成为当前政府和学术界亟待解决的问题,也是新时代赋予的历史责任。因此,本书在福建省公共体育资源优化配置改革研究上是对理论创新与学术价值的一次挑战,具有一定的理论意义与实践意义。

二、研究意义

公共体育资源的配置方式在不同的经济体制下有不同的表现形式。计划经济体制时期,为了适应国民经济发展的需要,国家有计划地配置公共体育资源。1992年,党的十四大明确提出建立社会主义市场经济体制,按照市场机制配置资源的作用日益显现,从而促进了公共体育资源配置方式的变革。首先,市场机制作为影响公共体育资源配置的核心要素,已成为促进公共体育资源优化配置的内在动力;其次,资源配置主体的多元化促使公共体育资源配置的决定权由集中垄断向区域分散转变;最后,政府管理由大而全向有限干预转变。可见,公共体育资源配置改革是时代的要求,在全面建成小康社会的收官之年,开展福建省深化公共体育资源优化配置改革研究,不仅有利于福建省体育事业的发展,而且有助于促进福建省经济社会的发展。

(一)实践意义

1.有助于促进公共体育资源投资主体的多元化,以实现公共体育资源的合理利用

我国是目前世界上人口最多的国家,仍处于并将长期处于社会主义初级阶段。具体表现为:社会生产力水平还比较低;科学技术水平、民族文化素质还不够高;社会主义具体制度还不完善;人均资源占有量少,资源利用不合理且浪费严重。这些都导致国家投入公共体育资源建设资金少,公共体育事业发展缓慢。随着公共体育资源配置的社会化、市场化、多元化、产业化和国际化发展,国家出台相关政策法规鼓励和吸引企业、个人和社会力量通过市场积极参与公共体育资源建设,实现公共体育资源配置主体的多元化发展。与此同时,公共体育资源投资主体多元化能使不同资源配置主体间通过合法的市场竞争构建起相互制衡、相互监督的保护屏障,遏制公共体育事业发展中腐败现象的滋生和蔓延,增强公共体育事业发展的内生动力,以适应市场经济发展的时代要求,促进公共体育事业的健康、可持续发展。

长期以来,我国公共体育资源主要集中在体育系统、教育系统等部门。第六次全国体育场地普查数据显示,福建省体育系统、教育系统的体育场地数量

占全省的 35.69％,其中,用地面积占 58.22％、场地面积占 60.69％、建筑面积占 54.1％、场地建设投资占 48.13％。[①] 由于这些公共体育场地主要满足竞技体育和学校体育发展的需要,对外开放时间少,再加上对公共体育资源的管理不到位,造成原本就少的公共体育资源使用率低,浪费较为严重。通过公共体育资源优化配置改革,在实现公共体育资源增量的同时,要大胆打破公共体育资源条块分布的格局,采用科学规划、系统布局、合理使用、协调发展的方式,以减少公共体育资源的重复建设,不断提高公共体育资源使用的合理性和效率,从而满足竞技体育、学校体育和群众体育发展的需要。

2.有助于促进公共体育资源发展的社会化与市场化,以实现公共体育服务能力的提升

公共体育资源的发展模式与改革路径必须结合我国经济社会的发展现实和新时代的客观要求进行科学、系统和动态的调整,以保证公共体育资源建设的时代性、先进性和可操作性。改革开放四十多年来,我国实现了两个根本性转变,即计划经济体制向社会主义市场经济体制转变、粗放型的经济增长方式向集约型的经济增长方式转变。两个根本性转变给公共体育资源建设带来了新的问题——新形势下公共体育资源如何开发、如何利用。原来由完全计划配置公共体育资源的不适应性与局限性凸显,市场的作用日渐明显,改革公共体育资源配置方式被推到社会改革的前沿。对此,福建省加大了体育改革力度,明确了深化体育改革的原则、目标和任务,强调要改变过去在计划经济体制下主要通过国家与高度集中的行政手段进行公共体育资源建设的体制,转变政府职能,增强服务意识,建立与社会主义市场经济体制相适应、符合福建省发展需要和公共体育事业发展规律的充满生机和活力的公共体育资源配置体制与运行机制,走社会化和市场化发展道路,不断丰富公共体育资源,提升福建省各级政府公共体育服务的能力。

3.有助于促进城乡、区域公共体育资源的协调发展,以实现人民共享公共体育资源的需要

公共体育资源是一种具有社会属性的公共体育产品,为公共体育事业、竞技体育事业和群众体育事业的发展奠定了基础,提供了动力。长时间以来,我国城乡、区域发展的不平衡现状仍没有完全改变,其中一个很重要的原因就是公共体育资源的分布不均衡问题没有彻底解决。第六次全国体育场地普查数

---

① 国家体育总局体育经济司.第六次全国体育场地普查数据汇编[R].北京:国家体育总局,2015.

据显示,福建省城镇体育场地数量占全省的52.33%,其中,用地面积占61.16%、场地面积占61.38%、建筑面积占84.14%、场地建设投资占72.19%。[1] 从区域体育场地建设投资来看,经济较发达的福州、厦门、泉州等闽东南城市保持全省领先水平,占全省的65.16%。[2] 因此,深化公共体育资源优化配置改革,依据城乡、区域的人口分布,陆域面积分布和经济分布情况,转变配置理念,完善政策措施,科学、系统地配置公共体育资源,将公共体育资源配置到乡村、中西部地区和基层,并构建城乡间、不同区域间互惠共赢的双向供给性发展模式,通过资金、技术的支持,以产生扩散效应[3],缩小城乡间、不同区域间的差距,逐步建立健全惠及全民的公共体育资源服务体系,实现人民享有公共体育资源的均等化,也是构建福建和谐社会的客观要求。

4.有助于促进体育人口的可持续增长,以实现人口资源的有序转化

改革开放使我国的经济发展步入快车道,如今我国已成为世界第二大经济体,同时,人民群众的生活水平有了极大提高,实现从温饱不足到总体小康、奔向全面小康的历史性跨越。2018年,全国居民人均可支配收入28 228元,比上年增长8.7%。其中,城镇居民人均可支配收入39 251元,增长7.8%;农村居民人均可支配收入14 617元,增长8.8%。消费方面,全国居民人均消费支出19 853元,比上年增长8.4%。其中,城镇居民人均消费支出26 112元,增长6.8%;农村居民人均消费支出12 124元,增长10.7%。特别是人均教育文化娱乐消费支出2 226元,增长6.7%,占人均消费支出的比重为11.2%。[4] 可见,人们已逐渐重视生活质量的提高,关注自身的身体健康,对公共体育资源的需求日益增长,许多人通过使用公共体育资源步入体育人口(即经常参加体育锻炼人口)的行列,目前我国体育人口占比约为34%。但是,与世界发达国家平均水平相比还存在差距,发达国家体育人口占比为45%～50%,其中,美国体育人口占比约为70%。[5] 因此,要实现体育人口不断增长的目标,增加

① 国家体育总局经济司.第六次全国体育场地普查数据汇编[R].北京:国家体育总局,2015.
② 寇健忠.体育场地资源配置的均衡性研究[J].北京体育大学学报,2017,40(4):14-20.
③ 寇健忠,于作军.体育场地资源建设与社会经济协调发展评价研究[J].北京体育大学学报,2018,41(10):39-245,54.
④ 中国政府网.2018年居民收入和消费支出情况[EB/OL](2019-01-21)[2020-03-25]. http://www.stats.gov.cn/tjsj/zxfb/201901/t20190121_1645791.html.
⑤ 前瞻网.2018年中国体育产业市场现状与发展趋势分析[EB/OL](2019-07-11)[2020-03-25].https://www.qianzhan.com/analyst/detail/220/190711-32a6a48c.html.

公共体育资源数量,提高现有公共体育资源利用率,增强公共体育资源服务能力是关键。对此,强化公共体育资源管理,优化公共体育资源配置,不仅能满足广大人民群众体育健身的需要,不断提高福建省体育人口的数量和质量,而且,有助于充分挖掘福建省体育人口资源的内在潜力,科学配置与合理使用福建省体育人口资源,以实现人口大国向体育人口资源强国的转变。

5.有助于促进公共体育资源政策法规的有效执行,以实现健康中国战略

改革开放至今,随着我国经济由高速增长向高质量发展转变,国家更加关注广大人民群众的身心健康,更加重视全民健身事业的发展,国家结合体育、教育、文化、卫生及城市建设等先后出台了《关于加强学校体育、卫生工作的通知》《城市规划条例》《关于进一步发展体育运动的通知》《国家体育锻炼标准实施办法》《学校体育工作条例》《全民健身计划纲要》《中华人民共和国体育法》《2001—2010年中国体育改革与发展纲要》《公共文化体育设施条例》《"雪炭工程"实施办法》《全民健身条例》《体育发展"十三五"规划》《全民健身计划(2016—2020年)》《"健康中国2030"规划纲要》《关于进一步加强农民体育工作的指导意见》《健康中国行动(2019—2030年)》《体育强国建设纲要》等有利于公共体育资源建设的政策法规。其中,《中华人民共和国体育法》通过法律的形式对社会体育、学校体育、竞技体育等有关公共体育资源的建设与管理作出明确规定,为今后福建省公共体育资源的配置管理保驾护航。《全民健身计划(2016—2020年)》《关于进一步加强农民体育工作的指导意见》等政策法规的出台,有力促进了福建省城市社区和农村公共体育资源的建设、城市社区和农村居民体育健身条件的完善,以及体育健身环境的改善。尤其是《健康中国行动(2019—2030年)》《体育强国建设纲要》的发布,将全民健身与全民健康深度融合上升为国家战略,预示着公共体育资源的建设应融入健康中国战略之中。因此,研究和解决公共体育资源配置的产权和制度等问题,对于上述政策法规的有效执行和真正落地、全民健身事业的可持续发展、体育强国建设和健康中国战略的实施都具有重要的现实意义。

(二)理论意义

理论结构主要由基本概念、基本原理和逻辑结论三个要素构成,其中,基本概念和基本原理是理论的核心要素。理论创新是指基本概念、基本原理由无转变为有、由简单转变为复杂、由肤浅转变为深奥、由错误转变为正确的过程。本研究涉及的理论创新主要体现在公共体育资源优化配置改革有关基本

原理的多学科融合的扩展和延伸上。[①]

首先,我国公共体育事业发展与改革的历史是一个对公共体育资源配置方式的持续抉择与持续革新的过程。改革开放前公共体育资源配置研究着重从计划经济体制视角下研究公共体育资源配置的一般原理,并借鉴一般原理探究、阐释与论证客观存在的公共体育资源配置现象,为公共体育事业发展战略的规划与决策提供理论参考。1978年改革开放以来,随着社会主义市场经济体制的建立,以及进入新时代社会主要矛盾的转变,公共体育资源优化配置改革也必须转移到面向新时代市场经济的重大改革和实践中,基于新时代深化改革范畴,以及过去传统的原理难以为本研究提供理论帮助和新的思路的前提下,本研究从马克思主义制度学说入手,借鉴新制度经济学原理深入分析公共体育资源配置中的产权和制度变迁问题,并应用政府干预理论和风险管理理论探究新时代公共体育资源优化配置改革中政府职能转变、配置风险防控、配置制度创新等问题,可以说,是一个"摸着石头过河"的理论革新过程,是对公共体育资源优化配置改革理论的横向扩展研究的一次大胆尝试。

其次,习近平总书记指出:"改革开放是前无古人的崭新事业,必须坚持正确的方法论,在不断实践探索中推进。摸着石头过河,是富有中国特色、符合中国国情的改革方法,摸着石头过河就是摸规律。实行改革开放,发展社会主义市场经济,我们的老祖宗没有讲过,其他社会主义国家也没有干过,只能通过实践、认识、再实践、再认识的反复过程,从实践中获得真知。"可见,改革不是一蹴而就,而是一次次"摸着石头过河"后总结规律的循环反复过程。公共体育资源优化配置改革以前期改革提出的问题为出发点,是一次次对前期公共体育资源优化配置改革的延续。不同时期公共体育资源优化配置改革研究的主题不同,随着公共体育资源优化配置改革的不断深入,不同时期反映出的不同研究主题也将在时代的变化过程中留下一个个理论创新的烙印。只要改革没有终点,理论的探讨也将延续,公共体育资源优化配置改革理论的创新是有进行时,没有完成时的。因此,本研究基于"一切向前走,都不能忘记走过的路"的思想,在对过去不同时期公共体育资源优化配置改革理论和成果反思的基础上,把公共体育资源配置转变历程及其制度创新的变化过程作为一个动态来研究,可以说是实现公共体育资源优化配置改革理论向纵向延伸的一次自我突破。

---

① 李洪波.城市社区公共体育资源合理配置研究[M].济南:山东人民出版社,2015:5.

第二节　国内外研究成果综述

一、国内外相关研究现状

公共体育资源是满足全民强身健体,享有体育文化的重要载体,也是实现公共体育服务均等化,推进体育强国建设的关键保障。随着时代的发展,人民日益增长的对公共体育资源的需要与公共体育资源配置的不平衡、不充分的矛盾日渐明显。因此,如何优化配置有限的公共体育资源,探索和构建与新时代市场经济相适应的公共体育资源优化配置体制和运行机制,不仅是解决社会发展不平衡,决胜全面建成小康社会的战略需要,也是各级管理者和学界的责任和义务。目前,国内外对公共体育资源配置的研究主要涉及以下几方面:

(一)公共体育资源配置的目标、依据与原则问题研究

公共体育资源配置首先要明确公共体育资源配置目标,目标为公共体育资源配置提供指南和方向。宋玉梅等(2006)[①]指出,资源配置必须把严格公平与帕累托效率作为目标,以推进城市社区公共体育资源的配置,促进社会的和谐发展。所谓城市社区公共体育资源配置公平是指人力、财力、物力等各种体育资源均等地进行分配(望山,1996)[②],而城市社区公共体育资源配置的帕累托效率具体包括3个方面内容(梁金辉,2008)[③]:第一,是人道目标,即能在不同使用目的间合理地分配公共体育资源;第二,是价值目标,即所有公共体育资源都能被有效使用;第三,是责任目标,即所提供的公共体育资源都能满足需求者的嗜好。当然,要确定科学、合理的公共体育资源配置目标,还需要确立配置公共体育资源的依据。对此,赵吉峰(2011)[④]认为,首先,要根据经

---

① 宋玉梅,李骁天,李龙,等.小康社会我国城市社区体育资源配置的相关问题研究[J].北京体育大学学报,2006,29(6):747-748,751.

② 望山.人力资源配置的三种模式和三个目标[J].唯实,1996(4):41-42.

③ 梁金辉.公共体育资源优化配置问题研究[J].体育文化导刊,2008(1):7-9.

④ 赵吉峰.新农村建设中我国农村体育资源的配置研究[J].北京体育大学学报,2011,34(3):16-18.

济社会发展水平。它决定农村公共体育资源配置的模式,是农村公共体育资源配置的前提条件。其次,根据社会体育管理体制,即以农村体育组织体系是否健全、农村体育管理体系是否完善作为重要的参照。再次,根据体育发展战略。农村公共体育资源配置只有适应一定时期体育发展战略规划的需要,才能为新农村建设提供体育资源保证和援助。最后,根据新农村建设的需要,农村公共体育资源配置要符合新农村建设的总体规划和要求,与新农村建设同步并能促进农村公共体育事业的发展。为了保证公共体育资源配置的客观和有效,以及真正得以落实,陈华伟(2014)[①]强调,社区体育资源配置必须遵循效率原则、公平原则、可持续发展原则和综合效益原则。其中,可持续发展原则是指社区体育资源配置除了要注重当前资源配置的公平、规模等方面外,还需要重视今后各利益主体的综合效益。李洪波(2015)[②]也提出,城市社区公共体育资源合理配置要保障公民权利;推崇普惠性原则,公平优先、兼顾效率原则,社会效益优先、兼顾经济效益原则,确保整体效益;体现有序调配原则、政府投入和社会运作相结合原则、必要性与可行性相统一原则。可以看出,上述研究成果为公共体育资源配置研究提供了基础理论指导,但研究还不够全面深入,还缺乏针对性,尤其对公共体育资源配置过程的着力点的研究还很欠缺,这也为本课题的深入研究提供有益启示。

(二)公共体育资源配置的方式与方法问题研究

罗宾斯(Lionel Robbins)认为,资源是有限的,人们的欲望是无限的,相对于人们的欲望而言,有限的资源是稀缺的,有限的稀缺资源不能满足所有人的所有需要,稀缺资源的不同用途之间形成"竞争",因此到底将资源配置给哪些用途,以及以何种方式配置这些资源,就成为一个需要研究和解释的问题,即资源配置问题(胡乐明等,2014)。[③] 可见,资源配置方式始终是经济学研究的一个重要问题。公共体育资源也与其他任何资源一样,在一定阶段和条件下具有稀缺性和有限性,这也是实施公共体育资源配置和选择配置方式的前提。隋路(2011)[④]指出,体育资源配置方式包括计划配置方式、市场配置方式、计划和市场混合配置方式三种,国外体育资源配置主要有政府参与型和市场主导型两种。为了保证公共体育资源能在公共体育事业发展中充分发挥最佳的

① 陈华伟.社区体育资源配置理论与实证研究[D].福州:福建师范大学,2014.
② 李洪波.城市社区公共体育资源合理配置研究[M].济南:山东人民出版社,2015.
③ 胡乐明,刘刚.新制度经济学原理[M].北京:中国人民大学出版社,2014.
④ 隋路.中国体育资源配置效率研究[M].北京:社会科学文献出版社,2011.

经济效益与社会效益,应根据国家的经济体制选择合适的资源配置方式。早期,任海等(2002)[①]认为,基于我国人口的基本情况、体育事业的社会目标、社会经济实力、不同体育形态的社会公益性和商业开发性等特点,应采用政府行为与市场机制相结合的方式配置体育资源。十八届三中全会后,随着经济体制改革的全面深化,应处理好政府和市场的关系,使市场在资源配置中起决定性作用和更好发挥政府的作用。十九大报告提出实施乡村振兴战略,为解决城乡公共体育资源配置的不均衡,张华平(2018)[②]认为,应根据我国新农村建设的客观条件科学地选择农村公共体育资源配置方式,可以基于农村群众的现实需求,在国家政策的指导下采用市场介入与农民参与的协同发展方式,以推动农村公共体育事业的健康可持续发展。

当然,要做好公共体育资源的合理配置,还需要把握公共体育资源配置的方法,即在分配公共体育资源时所选择的程序与路径。根据公共体育资源配置模式的不同,分为计划经济体制下的粗放式配置方法和市场经济体制下的集约式配置方法两种。两种配置方法呈现出不同特点,其中,粗放式配置方法只注重投入和扩大规模,管理落后,不计效益,造成资源配置的失衡(隋路,2011)[③],这也是其自身无法克服和解决的局限性(任海等,2001)[④]。集约式配置方法投入少、产出多,资源配置效率高,配置主体多元化,体现出体育资源配置的市场化(吴周礼,2007)。[⑤] 目前,多数发达国家都使用集约式的体育资源配置方法,我国由于国情、管理方式和技术手段等原因,两种体育资源配置方法都存在。

总之,长期以来广大学者结合不同时代和国情对资源配置方式和方法进行了深入研究,取得了丰硕成果,为不同的国家、区域和领域的资源配置方式和方法提供理论参考,也为减少资源的浪费和提高资源的使用效率做出了贡献。

---

① 任海,王凯珍,肖淑红,等.体育资源配置方式的改革与体育资源的开发——论社会经济条件变革下的中国体育改革(三)[J].天津体育学院学报,2002,17(1):12-17,20.

② 张华平.新农村建设视域下的农村公共体育资源配置的模式与发展路径研究[J].农业经济,2018(6):112-114.

③ 隋路.中国体育资源配置效率研究[M].北京:社会科学文献出版社,2011.

④ 任海,王凯珍,肖淑红,等.我国体育资源配置中存在问题及其原因探讨——论社会经济条件变革下的中国体育改革(二)[J].天津体育学院学报,2001,16(3):1-9.

⑤ 吴周礼.体育资源配置方式变迁及相关问题分析[J].体育文化导刊,2007(3):53-55.

(三)公共体育资源配置的政府与市场关系问题研究

资源配置是经济学研究中一个永恒的主题,其核心命题始终是政府和市场的关系,两种力量共同作用于公共体育资源配置,但谁起主导作用存在不同看法。古典经济学家亚当·斯密(2005)[1]认为,国家和政府不应该干预经济生活,只作为经济运行的"守夜人",揭示了市场配置资源的基本原理。保罗A.萨缪尔森等(2004)[2]提出,政府对市场经济履行提高效率、促进公平和提高宏观经济的稳定和增长等职能。庄垂生(2002)[3]指出,我国由过去的计划经济向现代市场经济转轨,出现政府失灵与市场失灵都是可能的,"现实中的选择实际上是在不完善的市场与不完善的政府之间以及在二者的各种结合中进行的",转轨中核心的问题不再是政府作用是否要发挥,而在于政府作用在不同时期市场化的力量影响下应怎样发挥和发挥多少的问题。李洪波(2012)[4]认为,市场机制自身存在不足,导致市场在调控城市社区体育资源配置时出现失灵问题,一些人为了个人利益而牺牲体育的公益性。此时,只有通过政府制定规章制度来及时制止危害体育公益性的行为,以修正市场失灵,推进城市社区体育资源的优化配置。舒宗礼(2015)[5]认为,公共体育资源可采用计划和市场两种配置方式主要是由其公共属性与经济属性所决定的,公共体育资源优化配置的关键在于理顺政府和市场的关系。现实存在"市场失灵"和"政府失灵"[6],必须构建有效的政府和市场协调控制机制。只有"有为的政府"和"有效的市场"协同发挥作用,以阻止政府和市场的失灵,公共体育资源的优化配置才能更好的实现。王家宏(2018)[7]强调,新时代条件下政府职能作用必须从非常规返回到常规,促进市场的内生式发展。应在市场缺失论与政府职

① [英]亚当·斯密.国富论[M].唐日松,等译.北京:华夏出版社,2005.
② [美]保罗·A.萨缪尔森,威廉·D.诺德豪斯.经济学(第17版)[M].萧琛,译.北京:人民邮电出版社,2004:28.
③ 庄垂生.论制度变迁视野中的政府与市场[J].求实,2002(1):28-31.
④ 李洪波.城市社区公共体育资源合理配置与政府绩效评价研究[D].南京:南京师范大学,2012.
⑤ 舒宗礼.有效的市场与有为的政府:公共体育资源优化配置的关键[J].成都体育学院学报,2015,41(6):55-61.
⑥ [美]查尔斯·沃尔夫.市场或政府——权衡两种不完善的选择[M].谢旭,译.北京:中国发展出版社,1994:5.
⑦ 王家宏.我国体育资源配置市场化改革中政府职能作用的实现路径[J].体育学研究,2018,1(3):5-14.

能回归论的共同指导下,发挥政府职能的主导作用,构建"顶层设计"与"渐进式"相融合的改革路径。改革进程中通过"退—缩—转—强"的实践方式、"以先立后破"的实践策略和"协同联动"的实践机制,以及"健全法规体系"的实践保障实现政府职能的转变。

可见,学者们都认识到公共体育资源配置中政府与市场关系的重要性,但对两者关系的界定不够清晰,对政府角色的定位与干预缺乏深入的研究,这也是本课题研究需深入探讨的问题。

(四)公共体育资源配置的公平与效率问题研究

公平与效率是人类不断追求的两大价值取向,也是经济学研究的重要领域。沈克印等(2012)[①]从伦理学的视角,剖析体育资源配置中公平与效率的内涵和伦理价值。他认为,公平体现一定的人本价值,强调以人为本,一切资源为了人,一切资源分配也要依靠人;而资源配置的效率实质是人的问题,提高资源配置效率离不开人的道德力量、积极性和创造性。钟武等(2012)[②]运用基尼系数的方法对群众体育资源配置的公平性进行研究,认为应转变政府职能,建立公平配置理念;关注利益要求,制定公平配置制度;凝聚社会力量,筹措公平配置资金,以提高公平配置效率。张伟等(2013)[③]提出,明确政府职责、重视群众需求、建立监管体系、革新供给机制、增加财政投入是促进体育资源配置的公平与效率,实现体育公共服务的有效路径。安宏(2014)[④]指出,遵从体育资源配置的自然规律和社会规则,强化体育资源的重复使用是实现体育资源配置公平与效率应遵循的原则。张大超等(2014)[⑤]从资源学的角度出发,运用德尔菲法构建包含公共体育人力资源、物力资源、财力资源、组织资源、信息资源5个一级指标,社会体育指导员、群众体育场馆设施、群众体育信息等12个二级指标,人均室内体育场地面积、每万人拥有体育宣传报栏的数

① 沈克印,王凤仙.我国体育资源配置中效率与公平观的伦理分析[J].成都体育学院学报,2012,38(5):31-35.
② 钟武,王冬冬.基于基尼系数的群众体育资源配置的公平性研究[J].体育科学,2012,32(12):10-14.
③ 张伟,董川.我国体育资源配置公平与效率的实证分析[J].成都体育学院学报,2013,39(12):15-20.
④ 安宏.构建和谐社会背景下的体育资源配置公平与效率研究[J].广州体育学院学报,2014,34(2):27-29.
⑤ 张大超,苏妍欣,李敏.我国城乡公共体育资源配置公平性评估指标体系研究[J].体育科学,2014,34(6):18-33.

量等 23 个三级指标的公平性评估指标体系。张莹等(2011)[①]结合 DEA 模式对我国群众体育资源配置效率进行研究,强调我国只有 16.7% 的地区实施了有效的群众体育资源配置,规模效率不高是导致其他地区体育资源配置无效的主要原因,应转变资源配置模式,将粗放型的资源配置方法转变为集约型的资源配置方法,调整投入与产出结构。陈华伟等(2016)[②]运用 Malmquist 指数法对我国全民健身公共体育资源配置效率进行测量,并认为资源配置效率的提高主要是基于技术和规模的效率提高,现阶段公共体育资源配置主要通过资源要素投入量的增加来完成。

因此,学者们从多学科视角研究公共体育资源配置的公平与效率问题,并开始重视定量分析,但用制度学的理论分析公平与效率的相关研究还很匮乏,这也为本研究提供了新的思路。

(五)公共体育资源配置的产权与收益制度问题研究

科斯定理(1994)[③]指出,只要自愿交易,且交易费用为零,不管产权开始如何安排,市场机制都会自动驱使人们进行权利的交易,实现资源配置的帕累托最优。因此,一个社会所选择的产权与收益分配制度,将影响资源配置与利用的效率。对此,鲍明晓等(1995)[④]认为,体育改革必须以体育产权制度创新为突破口,以实现清晰化的体育产权关系、多样化的体育产权结构、市场化的体育产权转化和效率化的体育产权配置。同时,强调不仅要从内变革公有体育的产权制度,而且要从外吸引企业、个人和社会力量积极参与各种体育经济实体的建设,并遵循"谁投资、谁所有、谁受益"的原则。陈勇军(1997)[⑤]强调,一方面,由于过去具有国有产权性质的体育产权呈现排他性、不可分割性,以及无法进行买卖与让与的特点,以致体育产权的"刚化结构"使体育资源的配置效率较为低下。另一方面,作为体育产权所有者的政府因责、权、利的不对

① 张莹,秦俭,董德龙,等.我国不同地区群众体育资源配置效率研究[J].山东体育学院学报,2011,27(12):7-11.
② 陈华伟,丁聪聪,陈金伟.全民健身公共体育资源配置效率测度及影响因素分析[J].西安体育学院学报,2016,33(6):666-672.
③ [英]科斯,等.财产权利与制度变迁[M].刘守英,等译.上海:上海人民出版社,1994:128-129.
④ 鲍明晓,于建涌.体育产权制度创新的思路和建议[J].体育文史,1995(2):17-18.
⑤ 陈勇军.产权理论与我国体育产权制度的改革[J].南京体育学院学报,1997(2):5-12,14.

等,政府决策的科学性和有效性降低,也会造成体育资源配置效率的低下。因此,他提出要明晰体育产权,打破传统单一的体育产权模式,建立能自由交易与转让的产权,以提高体育资源的配置效率。何元春(2011)[①]针对我国农村公共体育资源配置存在不到位、不均衡和浪费等现象,根据受益原则提出,通过推行公共体育资源配置的成本分担和补偿机制、利益表达机制和监督机制,并关注长远效益和社会收益,强调公共体育资源配置不能限于体育的生物性功能等优化路径实现农村公共体育资源配置的收益。李安娜(2016)[②]对我国不同区域大型体育场馆产权制度改革的差异性进行实证分析后指出,不同产权性质的大型公共体育场馆运营效益存在明显的区域性差异,东部地区产权制度改革成果主要受益于当地的政策扶持与市场竞争环境,中西部地区因制度的滞后制约了转企改制的进程。大型体育场馆产权制度改革必须根据不同产权性质的场馆设计差异化的目标和路径。

目前,我国体育产权仍然是通过行政委托代理关系来运营,缺乏严格的产权约束激励与收益分配制度,导致体育资源配置效率低下。究其原因,主要是对公共体育资源配置的产权与收益分配制度的变迁与创新问题缺乏深入的研究,这也是本研究所要解决的问题。

(六)公共体育资源配置的评价与监管问题研究

要实现公共体育资源的有效配置和可持续发展,还需要重视对公共体育资源配置的均衡性、水平,以及对政府在资源配置中的绩效等方面进行客观的评价和有效的监管。袁春梅等(2014)[③]运用泰尔指数法,对我国体育公共服务资源配置的均等化水平进行评价与分析,认为体育公共服务资源配置的区域差异是导致资源配置均等化水平不同的主要因素。目前,我国体育公共服务资源配置的均等化水平变化较大、水平较低,应因地制宜,科学规划,系统地做好体育公共服务资源的种类、数量和规模调配,确定资源配置标准的下限,

---

① 何元春.农村公共体育资源配置收益分析与对策研究[J].南京体育学院学报,2011,25(1):44-47.
② 李安娜.我国大型公共体育场馆产权制度改革的区域差异研究[J].武汉体育学院学报,2016,50(1):27-35.
③ 袁春梅,杨依坤.我国体育公共服务资源配置均等化水平的实证研究——基于泰尔指数的分析[J].武汉体育学院学报,2014,48(2):21-26.

重视资源配置的落实与监督,以实现体育公共服务的均等化。李强谊等
(2016)①采用基尼系数、非参数估计方法和熵权综合评估方法,对我国体育资
源配置水平的区域差异和动态分布作了实证分析,指出我国体育资源配置水
平呈现先升后降的发展态势,西部地区内存在的差异比东部地区和中部地区
都大,体育资源配置水平状况的流动性不高,并将长期居于中低等水平。寇健
忠(2017)②借鉴统计学和经济学中的基尼系数,按人口、经济和陆域面积等分
布对福建省体育场地建设与管理所投入的人力、物力、财力、信息等资源配置
的均衡性进行分析,强调履行政府职责、转变配置理念、完善政策措施、强化生
态化管理、创新评价机制是实现福建省体育场地资源均衡配置,促进体育场地
资源创新、协调、绿色、开放、共享发展的重要举措。唐晓辉等(2012)③从公共
体育资源配置的政府绩效入手,构建 3 个一级指标、7 个二级指标、19 个三级
指标的城市社区公共体育资源配置的政府绩效评价体系,评价指标的建立将
有助于提高公共体育资源配置投入决策的科学性,促进资源的合理利用。李
洪波(2015)④提出,为了强化城市社区公共体育资源配置的评估和监管,要建
立城市社区公共体育资源配置的标准机制、创新城市社区公共体育资源配置
绩效评估机制和完善城市社区公共体育资源配置的监管机制。张大超等
(2015)⑤在明确城乡体育资源配置水平与公平性状况监测价值的基础上,提
出城乡体育资源配置公平性状况监测的指导思想和基本思路,并确定了城乡
体育资源配置公平性状况监测的负责机构、监测内容与实施机制,为资源配置
公平性的监管提供范本。

　　总之,随着对资源配置问题认识的不断深入,以及经济社会发展的客观要
求,人们开始重视公共体育资源配置评价和监管的定量研究,公共体育资源配
置研究的科学化水平不断得到提高。但是,由于主客观因素导致资源配置风
险的相关研究仍旧非常匮乏,这也是本研究的突破点。

---

① 李强谊,钟水映.我国体育资源配置水平的空间非均衡及其分布动态演进[J].体育科
　　学,2016,36(3):33-43.
② 寇健忠.体育场地资源配置的均衡性研究[J].北京体育大学学报,2017,40(4):14-20.
③ 唐晓辉,李洪波,孙庆祝.城市社区公共体育资源配置的政府绩效评价体系研究[J].天
　　津体育学院学报,2012,27(5):386-390.
④ 李洪波.城市社区公共体育资源合理配置研究[M].济南:山东人民出版社,2015.
⑤ 张大超,李敏.我国城乡公共体育资源配置公平性评估研究[M].北京:中国社会科学
　　出版社,2015.

(七)公共体育资源配置政策与执行问题研究

公共体育资源配置政策是指为实施公共体育资源配置而制定并执行的各种方针和政策的总称,包括政策目标、政策主体、政策客体、政策资源、政策形式等要素(闵建等,2005)。[①] 我国体育政策研究经历了起步探讨、缓慢发展、高速发展、繁荣稳定 4 个过程,涉及竞技体育政策、学校体育政策、大众体育政策和体育产业政策 4 个方面内容(蔡治东等,2015)[②],具体分为环境型政策、需求型政策和供给型政策 3 种(刘叶郁,2018)[③]。体育场馆资源政策方面,陈元欣等(2016)[④]指出,我国体育场馆管理支持政策存在税收优惠政策使用范围小、财政补助范围窄、用地政策适用面有限、能源政策落地难等问题。体育信息资源政策方面,齐超(2016)[⑤]基于政策网络理论的视角分析体育公共服务政策变迁问题,认为随着改革的逐步深入以及市场化机制的不断完善,将出现新的政策网络队员,过去的网络结构会不断细分且导致其中的行动者出现新的互动特点。体育人力资源方面,冯火红等(2012)[⑥]针对我国公益社会体育指导员政策规范侧重培训与审批、使用政策缺失、激励机制不健全等问题,提出建立健全政府组织和保障公益体育指导服务的供给机制,与劳动和社会保障部门联合制定社会体育指导员公益岗位制度的政策调整策略。体育财力资源方面,卢志成(2014)[⑦]指出,我国体育公共财政支出政策主要侧重竞技体育,且区域和城乡财政支出分配不均衡。原因在于政府财政责任不强、财政公平理念缺乏、财政体制不合理、区域间财政收入差异大。对此,应充实政府体育公共财政支出政策,以保证体育事业的公平发展。在体育政策执行方面,董

① 闵建,李万来,刘青.公共体育管理概论[M].北京:北京体育大学出版社,2005.
② 蔡治东,虞荣娟,汤际澜.中国体育政策研究的知识图谱分析[J].西安体育学院学报,2015,32(5):553-561.
③ 刘叶郁.中华人民共和国成立以来体育政策的演变特征与内容分析[J].上海体育学院学报,2018,42(6):11-17.
④ 陈元欣,杨金娥,王健.体育场馆运营支持政策的现存问题、不利影响与应对策略[J].上海体育学院学报,2016,40(6):24-29.
⑤ 齐超.行动者、网络结构与网络互动:上海市体育公共服务政策变迁[J].天津体育学院学报,2016,31(5):442-447.
⑥ 冯火红,刘晨晞,王永顺.公益社会体育指导员政策调整研究——建立社会体育指导员公益岗位制度[J].北京体育大学学报,2012,35(7):6-10.
⑦ 卢志成.政府体育公共财政支出政策公平研究[J].体育科学,2014,34(8):3-12.

颖等(2014)^①认为,进入 21 世纪我国制定了许多体育场馆政策法规,但没能充分发挥其规范作用且效率较低,今后体育场馆政策法规的制定在注重"量"积累的同时,要更加重视"质"的提升,亟待解决的是增强体育场馆政策的执行力,否则,政策将成为一纸空文。刘峥等(2014)^②指出,当前公共体育服务政策在执行中存在替代性、象征性和选择性等停滞问题,应完善政策结构,提高政策权威,强化政策执行监管,健全责任追究制度。谢正阳等(2015)^③强调,地方政府和社会的体育意识不强,以及人力、财力、物力和控制力缺乏是导致公共体育政策执行失真的关键因素,建立公开透明、公正有效的公共体育政策的制定、执行和监督制度,完善财政支出制度,强化公民参与的责任意识是提升公共体育政策执行力的有效路径。国外体育政策研究以美国等西方国家处于研究的制高点,代表研究方向,体育政策研究依次经历"医疗康复""大众健身""青少年体育"时期,现因复杂的现实问题和难以把握的社会环境已进入全方位的反思与扩展阶段,在研究理念、研究动力、研究视角、研究对象和研究方法等方面呈现时代特点(韩永君,2017)。^④

可见,体育政策研究成果丰硕,其中,公共体育资源配置政策研究已引起广泛的重视,但在研究的"量"和"质"上还有很大的提升空间,特别是针对公共体育资源配置政策执行效果的定量综合评价研究还不多,这也是本研究今后需要拓展的方向。

(八)公共体育资源配置改革问题研究

在我国体育领域的各种矛盾中,广大人民群众日益增长的体育需求同体育资源相对不足的矛盾,是我国体育发展中的主要矛盾(马向菲等,2010)。^⑤新时代,围绕这一主要矛盾展开公共体育资源配置改革也是符合时代要求的

---

① 董颖,温洪泽.21 世纪中国体育场馆政策法规效用研究[J].广州体育学院学报,2014, 34(6):40-44.
② 刘峥,唐炎.公共体育服务政策执行阻滞表现、成因及治理[J].体育科学,2014,34 (10):78-82.
③ 谢正阳,唐鹏,刘红建,等.公共体育政策失真性执行与对策探析[J].体育与科学, 2015,36(6):68-73.
④ 韩永君.国外体育政策研究演进的可视化分析[J].上海体育学院学报,2017,41(2):7- 14.
⑤ 马向菲,李江涛,刘鹏.直言中国体育几大矛盾[N].湖南日报,2010-08-09.

应有之义。对于体育改革的起点、动力和途径问题,刘亮(2015)[①]认为,体育主要矛盾的演变和重新定位是当前体育改革的现实起点,体育改革具有"自下而上"的动力,也有"自上而下"的动力,打造有为政府,强化责任担当;建立有效市场,实现功能回归;培育有机社会,实现效能提升是促进体育改革的途径。目前,我国体育体制改革的需要依然滞后于经济体制改革的需要,而体育体制改革的滞后影响公共体育资源配置的变革进程。对此,胡科(2018)[②]提出,应完全地转变体育管理体制、调整体育发展结构、改革体育服务供给、优化政府职能,重构体育事业发展中政府、市场和社会之间的关系,增强市场和社会资源活力,改进公共体育资源供给方式,不断提高公共体育资源供给效率,实现体育治理改革的现代化。至于公共体育资源配置方式的改革问题,早期任海(2002)[③]指出,资源配置方式的改革将导致利益的重新分配和冲突,应给改革者较多的主动权和时间,建立相应的法规平台,强化政府行政法规的宏观指导作用,弱化其对市场的直接干预,由官办变为官民合办。为了推进公共体育资源配置中的"供给侧改革",刘亮等(2016)[④]提出,解决公共体育资源配置中供需矛盾的关键在于"供给侧改革",通过政府主动放权、社会积极介入以及借鉴互联网与大数据等消解路径来完善供给,实现集约化和精准化的公共体育资源供给,并通过"有形之手"的政府、"无形之手"的市场和"自治之手"的社会促进"供给侧改革"。为促进农村公共体育资源配置的均衡发展,陈鑫林(2018)[⑤]认为,应加大农村公共体育资源供给力度,了解农村群众的体育诉求,给予农村群众参与决策的权利,并提高社会组织的参与度。霍军(2018)[⑥]提出,必须重视体育资源的融合,强化体育信息服务的建设,注重诉求表达渠道的疏通,增强市场调节机制的介入,确保政府绩效考核的落实。

---

① 刘亮.全面深化改革背景下我国体育改革的逻辑、目标、动力及路径[J].体育科学,2015,35(10):10-16.

② 胡科.体制转型·结构问题·供给变革——关于体育治理改革的思考[J].城市学刊,2018,39(2):15-19.

③ 任海,王凯珍,肖淑红,等.体育资源配置方式的改革与体育资源的开发——论社会经济条件下的中国体育改革(三)[J].天津体育学院学报,2002,17(1):12-17.

④ 刘亮,王惠.供给侧改革视角下我国公共体育资源供需矛盾的消解与改革路径[J].武汉体育学院学报,2016,50(4):51-55.

⑤ 陈鑫林.城乡融合视野下我国农村地区公共体育资源配置的不平衡及改革取向研究[J].农业经济,2018(9):96-98.

⑥ 霍军.农村体育公共资源均衡配置及实践路径研究[M].北京:北京体育大学出版社,2018.

总之,改革体育管理体制是提高公共体育资源配置效率的必要条件,现有的研究成果多数是一种较为单一的研究范式,缺乏系统的理论支撑与缜密的逻辑关联,这也是本研究试图突破的重点。

二、相关研究的评析

综上,国内外有关公共体育资源配置的研究成果基于不同范畴、不同层次、不同方法提出了具有时代特点的想法和主张,为开展本研究提供了良好的基础和指导意义。

这些研究成果对本研究的主要帮助体现在:首先,从宏观层面来看,国内外相关体育资源、公共体育资源配置政策的解读、客观问题的阐释、策略路径的提出、目标原则的分析为本研究思路的拓展、研究方向的确定给予了很多的启示;其次,从微观层面来看,资源、体育资源、公共体育资源、资源配置等有关概念阐述为本研究提供理论基础;再次,较零散的制度、产权和政府干预分析为本研究的深化和系统研究提供理论支撑;最后,已有研究成果的研究逻辑框架和研究方法为本研究内容的建构和研究方法的筛选提供依据。

当然,已有研究成果少见制度经济学视角的公共体育资源优化配置中的公平与效率、产权与收益分配、管理体制和配置风险等研究,多角度、多层次、多学科的理论分析匮乏,系统性不强,研究的深度和广度不够,对如何深化公共体育资源优化配置改革缺乏整体把握,滞后于经济社会发展的实践,尤其缺少对福建省深化公共体育资源优化配置改革研究,亟待从理论上进行提升,从实践上进行探索。具体体现在以下几方面:

第一,已有研究成果更多集中在体育场馆资源、体育财力资源等不同具体资源自身问题的研究,缺少对公共体育资源总体情况的分析,没有把公共体育资源作为一个整合过的总体进行系统和动态研究。

第二,已有研究成果对公共体育资源配置变化的具体机制与政策等进行研究,但缺少对公共体育资源配置的制度、产权变迁背景的因果关系进行理论剖析。虽然,一些研究成果已涉及制度创新问题,但多数基于传统经济学、管理学等基本理论思维下进行的描述性分析,缺乏有说服力的分析手段和理论结构,具有严谨逻辑联系的理论假设和实证研究少,尤其是马克思主义制度学说和新制度经济学等理论分析体系还没有得到足够重视。

第三,一个国家公共体育资源配置的制度选择及其产权确立是社会发展和历史转变的结果,已有研究成果在进行公共体育资源配置体制和机制等问题的对比分析时,更多是侧重对现有体制的对比分析,而对体制形成的不同国家的国情与所处的历史条件的对比分析较少,缺少对当前世界经济全球化、信息化和新科技革命背景下公共体育资源配置特点与走向的研究,尤其是新时代我国体育发展主要矛盾转变后公共体育资源配置制度安排有何变化,对产权的确立有何影响等问题的研究还须加强。

第四,公共体育资源配置中因计划经济体制下传统管理模式延续下权力高度集中、违背公平、缺少监督、缺乏沟通等导致"政府失灵"问题依然存在,多元化的政府与市场协调机制还没有形成,政府干预的有效性还没有真正得以体现。在全面深化改革背景下,政府在公共体育资源配置中如何发挥参与作用、引导作用、监管作用、协调作用仍是各级政府和学术界需要深入研究的重要问题。

第五,已有研究成果更多从经济学视角来研究因主客观因素影响而导致公共体育资源配置效率低下、资源浪费等问题,但尚未见到运用风险管理相关的理论与方法对公共体育资源配置问题进行理论化和系统化的研究,这是一个亟待探讨的研究方向。本课题研究采用文献资料调研法、调查法、逻辑分析法、数理统计法等方法,以现代风险管理理论和方法为基础,以公共体育资源配置风险为研究对象,对公共体育资源配置风险进行识别,提出公共体育资源配置风险应对措施,为预防和减少公共体育资源配置效率低下和公共体育资源浪费等提供理论参考。研究的结果有助于拓展风险管理研究领域,也是构建符合福建省情的公共体育资源配置"提效降损"安全体系进行的有益尝试,具有一定的推广和应用价值,而且对促进福建省公共体育事业的发展,以及构建和谐社会也大有裨益。

第三节　研究的对象、方法、技术路线与内容

一、研究对象

以福建省公共体育资源优化配置改革为研究对象,重点探讨福建省深化公共体育资源优化配置改革的目标、原则、动力和路径,以促进党的十九大提出的"着力解决好发展不平衡不充分问题"战略目标的实现。

二、研究方法

(一)方法与方法论概述

公共体育资源配置研究对象确立后,接下来要重点考虑的是用什么样的方法、方式来处理与解决研究问题的方法理论问题,也就是要明确指导研究的一般思想与哲学基础[①],即方法论。同时,还要科学选择实现研究目的的有效手段、途径和方法。方法论作为一种以研究问题的解决为目标的理论体系或者系统,是指广泛适宜各种科学与哲学并具有指导作用的范畴、原则、原理、方法和手段的总称,它不仅对问题的阶段、任务、工具、方法技巧进行阐述,而且通过对各种具体方法进行分析与研究后系统总结并最后提出具有共同属性和普遍性的原则。可见,方法与方法论是具体与抽象的关系,是特殊性与普遍性的关系,方法到方法论是归纳与抽象的过程,方法论到方法是演绎和具化的过程。

方法论作为人类认识世界和改造世界方法的理论,是一个有相对独立研究对象的、多类型的、多层次的知识体系,具体来说,可以分成从高到低的四个层次[②]:第一层次是马克思主义哲学;第二层次是数学方法论和系统科学方法论;第三层次是社会科学方法论和自然科学方法论;第四层次是各种具体科学方法论。四个层次的方法论之间的关系体现为高层次的方法论不仅对其下位层次的方法论具有一般理论上的方法论意义,而且,在一般方法论上有直接的指导意义;而低层次的方法论除了关注其上位层次的方法论和相关成果在本研究范畴的特殊、具体的研究外,还注重本层次方法论的独到之处和自身特征的研究,为上位层次方法论的研究开拓了具有启迪意义的新视野。

(二)本课题研究涉及的方法论诠释

1.第一层次:马克思主义哲学

马克思主义(Marxism)是关于全世界和全人类彻底解放的学说,是马克思主义理论体系的简称,是19世纪40年代马克思和恩格斯在批判地继承与吸收人类关于自然科学、社会科学和思维科学优秀成果的基础上创立的,并在

---

① 风笑天.社会研究方法(第四版)[M].北京:中国人民大学出版社,2013:10.
② 叶澜.教育研究方法论[M].上海:上海教育出版社,1990:29.

实践中逐步丰富、发展与完善的无产阶级思想的科学体系。它的主要理论来源是德国古典哲学、英国古典政治经济学与英法空想社会主义,包括马克思主义哲学、政治经济学、科学社会主义三个主要组成部分,现对马克思主义哲学进行简要阐述。①

马克思主义哲学,即辩证唯物主义和历史唯物主义的统称,是无产阶级的世界观与方法论,是以实践观点为基础,科学地解决了存在与思维间的关系问题,从而实现了辩证法与唯物主义的统一、历史观与唯物主义自然观的统一,以及本体论、逻辑学与唯物主义认识论的统一。它对世界进行科学解释,更为重要的是改变了现实世界,具有革命性、科学性与批判性的高度统一。可见,马克思主义哲学不仅能从思想上武装人的头脑,促进人类认识能力的发展,并推动中国特色社会主义事业的建设与发展,同时,对本课题研究也具有深远的影响。马克思主义哲学的方法论价值主要集中反映在对福建省深化公共体育资源优化配置改革这一繁杂体系的思考方式和认识视角的指导上。具体体现在以下几个方面②:其一,正确处理共性与个性的关系。共性指不同事物的普遍性质,个性指一事物区别于其他事物的特殊性质,共性和个性是一切事物固有的本性,每一种事物既有共性又有个性。共性决定事物的基本性质,个性揭示事物之间的差异性,共性与个性是事物之间相互区别和联系的一种方式,也是人类认识每一种事物必须遵从的思考路径。因此,本课题在研究的整个过程中,也要正确处理好共性与个性两者的关系,在调研和访谈时,不仅要全面了解和把握福建省公共体育资源配置中普遍存在的、共同的规律和特点,同时,还不能忽视公共体育资源配置在城乡、区域间存在的个体差异,使研究既能反映共性的特点,又能体现个性的特点。其二,正确处理矛盾的主次关系。矛盾有主次之分,包含两个层次的内容:一是在复杂的事物中包含了许多矛盾,每种矛盾的地位与作用是不同的,其中居于支配地位并对事物的发展起决定作用的是主要矛盾,相反的,就是次要矛盾。在实际工作中,要解决复杂问题,做到统筹兼顾、科学安排关键在于从诸多矛盾中找到主要矛盾并加以克服。二是在一对矛盾的内部双方,其地位与作用是不同的,居于支配地位并对事物的发展起着决定作用的是矛盾的主要方面,相反的,就是矛盾的次要方面。在实际工作中,要正确认识事物的性质、主流,关键要把握矛盾的主要方面,同时,也不要忽视矛盾的次要方面。在福建省深化公共体育资源优化配置

---

① 辞海编辑委员会.辞海[M].上海:上海辞书出版社,1999:2407-2408.
② 李洪波.城市社区公共体育资源合理配置研究[M].济南:山东人民出版社,2015:30.

改革研究中,也同样存在公平与效率、政府与市场等多对矛盾体,它们不仅体现了福建省深化公共体育资源优化配置改革的独有特点,也要求能结合特点找到对优化配置起决定作用的主要矛盾并加以解决。其三是正确处理理论与实践辩证统一关系。理论是人们概括与总结长期实践中获取的经验与认识后所形成的某一范畴的知识体系,科学理论是从客观实践中抽象出来的并在客观实践中得到验证,能正确体现客观事物的本质和规律的理论。实践对理论具有决定作用,理论对实践具有反作用,二者相辅相成、缺一不可,是具体、历史的统一。理论要对人类经济社会发展实践具有能动的反作用,主要应做好两方面的工作:一是理论创作者与理论践行者在思想上的统一。理论再好,如果不能被理论践行者所接受并作为自身实践的指导,理论的作用也无法发挥,也不可能变成实实在在的实践活动。因此,要实现公共体育资源优化配置理论与实践的具体、历史的统一,就要将思想统一到以人民为中心的方向上。一方面,公共体育资源优化配置理论研究要围绕满足人民群众对公共体育资源的需求来探索符合时代要求、具有可操作性的资源优化配置的有效途径;另一方面,在公共体育资源优化配置理论实践中要担负起历史责任,勇于实践、勇于创新,不断丰富、完善公共体育资源优化配置理论,创作出经得起实践、人民和历史检验的研究成果。二是建设理论转化为实践的有效平台。理论要可操作、可应用,还要做好可以径直作用与实践的手段、工具和程序等平台的建设。因此,本课题研究中提出的一系列公共体育资源优化配置改革的策略及其路径在实践时,还必须结合客观存在的体育场地、社会体育指导员、体育信息、体育财力等资源建设现状科学施策,精准配置,以实现福建省公共体育资源的优化配置,这也是本研究的初衷。

2.第二层次:系统科学方法论

系统科学是 20 世纪最伟大的科学革命之一,虽然不能与第一层次的马克思主义哲学平齐,但对人类思维方式的改变发挥了重要作用,可以说是居于科学哲学的位置。所谓系统科学是指研究抽象和哲学意义上的系统(即一般系统)的普遍性质、系统方法、运动规律和应用的科学。从一般系统论出现后,经过几十年的理论变革,现已初步发展为由信息论、控制论、耗散结构理论、协同论、突变论、超循环理论与系统工程等构成的系统科学体系,通过系统论这一"中介"将各个领域的学科有机地结合在一起,有效提升人类认识世界性质的能力。将系统科学的理论和方法提升至马克思主义哲学就构成"系统观"。系统观体现在以下几方面:整个自然界是由不同层次、不同结构、不同功能的子系统构成的开放大系统,每一个子系统由不同要素组成;不同子系统间、不同要素间从不间断地进行着物质、能量与信息的交换;系统与子系统间、子系统间、要素间存在相互联系、相互制约、相互依赖的关系;系统的整体功能大于各子系统功能之和,每一个系统都要经历产生、发展、消亡与转变的过程。如今,系统科学被广泛应用到社会、自然、经济等不同领域,极大促进了经济社会的发展。同样,系统科学对福建省深化公共体育资源优化配置改革具有方法论价值。具体来说,有以下几点:其一,为福建省深化公共体育资源优化配置改革研究的对象和问题的凝练提供新的思路。系统科学把一般系统作为研究对象,注重系统的构造、特点的研究,以及内部运转机制、演变机制、动力机制和系统与外界环境的相互作用等问题研究,这些都是目前公共体育资源优化配置研究所缺失的。因此,本课题将福建省公共体育资源优化配置这一系统作为研究对象,借助系统科学的有关原理与方法,深入探讨该系统的构造、特点和机制等问题,以较为全面、系统地总结出福建省公共体育资源配置的规律。其二,为福建省深化公共体育资源优化配置改革研究方法的选择提供新的思路。由于系统科学存在复杂的研究对象,导致研究的思维方式和理论工具的转变和创新,同时,也促进了多种学科的研究方法在解决研究任务的过程中的融合运用。不仅体现出科学与哲学的双重特点,而且在方法的使用上既有哲理的分析和实验的论证,又有定性的剖析和定量的阐述。[①] 因此,系统科学为本课题的跨学科研究提供方法论意义,不但在研究过程中,要从多学科的角度来剖析课题,还要把哲学、社会学、管理学等学科融入体育学的研究当中,不断提高本研究的客观性和丰富性,增强研究成果的科学性。

3.第三层次:社会科学方法论和自然科学方法论

社会科学方法论主要是定性的研究范式,纵观科学的发展历程可知,19世纪中叶,一些世界知名的历史学家和哲学家,如马克思、恩格斯、狄尔泰、文德尔班、李凯尔特等,在总结自然科学研究方法论局限性的基础上,开始关注人类思想与社会行为,重视偶然性和价值的研究,逐步改变过去自然科学研究方法论独霸天下的局面,并从哲学中剥离出来,开创一条适合自身特征的研究渠道,产生了社会科学。所谓社会科学就是用科学的方法,研究反映人类社会的种种现象的各学科总体或其中任一学科。20世纪以来,在以往研究成果的基础上,社会科学方法论的研究得到了新的发展,产生了许多不同的研究范式,如达尔文的适者生存范式、马克思的冲突范式、卡西尔的符号学范式、胡塞

---

① 叶澜.教育研究方法论[M].上海:上海教育出版社,1990:33.

尔的现象学范式、伽达默尔的解释学范式等。①　其中,卡西尔的符号学认为,
从古希腊以来,人类的认识一方面是探寻构成事物的要素及其转变缘由,期待
解决的是事物从哪里来、如何产生的问题;另一方面是探寻事物的结构及其存
在的缘由,期待解决的是事物是什么、如何存在的问题。伽达默尔的解释学指
出,在理解的进程中,我们把原有熟悉的、组织好的世界作为我们理解的起点,
并指引我们搜寻所需的东西,但在此期间,又始终存在一种新的经验步入我们
的原有世界,促使它们产生转变与整合,以致拓展与充实有关世界的经验,这
是一个无止无休的过程。②　因此,所有这些社会科学研究范式使福建省深化
公共体育资源优化配置改革的方法论价值得到了进一步的充实与提升。本研
究不仅要从宏观上解决"为什么要深化改革—深化改革的基础条件是什么—
如何深化改革"的问题,而且也要从微观上重视个体的诉求,理解和体会个体
的感受,使研究成果更能反映人民群众的呼声。

　　自然科学方法论主要是定量的研究范式,是依据自然科学认识发展的现
实实践和历史实践,从各种自然科学研究的具体方法中总结出自然科学方法
的一般原则,概括出有规律性的知识,并从理论上进行阐释而成为哲学认识论
与方法论的一部分。长期以来,自然科学方法论都是哲学家和科学家们重视
的领域。自然科学方法论研究领域广,主要涉及的内容有:①探究自然科学中
普遍使用的实验、模型、假说、归纳、演绎、分析、综合、类比、观察等各种方法,
以及其历史演变、地位、作用、性质、特征与相互关系,并正确把握与使用这些
方法的原则;②探究自然科学中的基本概念与基本原理等所附有的方法论意
义;③结合自然科学历史上重大发现的获得、重要理论的构建与重要概念的产
生而得出方法论结论;④从方法论入手,探究哲学对自然科学认识活动的影
响。在自然科学方法论研究中还必须正确解决如下认识论问题:①主体和客
体的关系。每一种科学方法作为联系认识主体和客体的桥梁,在使用过程中
只有正确地、充分地发挥主观能动性,才能获得有关客体的更为真实和丰富的
信息。②已知和未知的关系。每一个科学问题都是已知与未知的有机统一,
只有凭借创造性的活动才能通过已有知识去认识未知的事物,把未知转变为
已知。③经验和理论的关系。使用每一种方法都需要自觉地把理论因素和经
验因素统一起来,才能避免片面性,取得较为全面的正确认识。④正确和错误
的关系。在科学认识进程中,正确和错误的划分随着历史的发展而呈现曲折

①　[美]艾尔·巴比.社会研究方法[M].邱泽奇,译.北京:华夏出版社,2005:35-37.
②　[德]伽达默尔.哲学解释学[M].夏镇平,宋建平,译.上海:上海译文出版社,1994.

性与复杂性特点,只有解决好正确和错误的查验及它们之间的关系,才能防止认识走弯路。因此,自然科学不同于社会科学,已形成有自身特点的研究范式:①研究信仰方面,主要崇奉因果关系[①];②研究对象方面,主要以事实为研究对象,重点在实体上;③研究方法方面,主要采用实验法、观察法、测量法等方法,注重量化研究,重视使用仪器的标准化;④研究结论方面,主要强调结论精准、客观且能够接受检验。[②] 因此,自然科学方法论的研究成果有助于提高自身认识世界与改造世界的能力。在福建省深化公共体育资源优化配置改革研究中,应重视实地调查、数理统计等自然科学研究方法的科学使用,不仅要做好调查数据的收集、整理和分析,更为重要的是应借助获取的数据从全局高度提出具有时代性和科学性的研究结论,确保研究成果的有效性。

4.第四层次:具体科学方法论

所谓具体科学方法是指在研究过程中所使用的各种资料收集方法、资料分析方法,以及各种特定的操作程序。[③] 根据体育学研究特点及本研究需要,采用如下具体的研究方法:

(1)文献资料调研法

结合资源、体育资源、公共体育资源、资源配置、体育资源配置、公共体育资源配置、体育政策等关键词在三明学院图书馆的中国期刊网、万方数据库等查阅和收集相关文献,并广泛阅读与体育资源配置、公共体育资源配置、新制度经济学、政府干预、风险管理、制度建设等相关的理论图书。同时,通过中国共产党新闻网、中央人民政府门户网、福建省人民政府门户网、中华人民共和国国家发展和改革委员会网、国家体育总局网、福建省体育局网等网站阅读和收集相关政策法规。

(2)调查法

①问卷调查法。在广泛阅读文献、图书和进行专家调查的基础上,初步设计《公共体育资源优化配置风险检查表》(管理者、专家用)和《〈新时代福建省深化公共体育资源优化配置改革研究〉调查问卷》(群众用),然后采用效度评定量表方法和信度"测量—再测量"方法对检查表进行效度和信度的检验,结合反馈的信息再次对检查表进行修订后确定。随后,在 2019 年对三明市、南

---

① 杜晖,刘科成,张真继,等.研究方法论——本科、硕士、博士生研究指南[M].北京:电子工业出版社,2010:5.

② 李洪波.城市社区公共体育资源合理配置研究[M].济南:山东人民出版社,2015:37.

③ 风笑天.社会研究方法(第四版)[M].北京:中国人民大学出版社,2013:9.

平市、泉州市等市、县体育部门管理者和部分社区管理者进行实地调研访谈时发放检查表并当场回收。同时,对三明市三元区和梅列区部分社区的健身群众进行问卷调查并当场回收。最后,对检查表和调查问卷进行统计分析,为福建省深化公共体育资源优化配置改革研究奠定基础。

②访谈调查法。访谈前,根据研究的需要拟定有关体育场地资源、社会体育指导员资源、财力资源和信息资源等内容的《〈新时代福建省深化公共体育资源优化配置改革研究〉访谈提纲》(管理者用)。2019 年对三明市、南平市、泉州市等市、县体育部门管理者以及部分社区管理者和群众就访谈提纲进行面对面交谈,了解和记录各地公共体育资源配置现状和各级组织对公共体育资源配置改革的诉求,并收集好访谈录音资料,为福建省优化配置有限的公共体育资源,探索和构建与新时代市场经济相适应的公共体育资源优化配置制度和运行机制提供较为翔实的资料。

③专家调查法。就《公共体育资源优化配置风险检查表》(管理者、专家用)中设计的问题咨询了有体育管理经验的相关管理者和体育管理、体育产业领域的教授,获取专家对检查表设计的反馈意见,提高检查表的真实性、有效性和科学性。

④现场调查法。为了能够更加全面地了解与把握福建省部分市、县、乡、村公共体育资源配置状况,2019 年先后实地调查了三明市体育中心、清流县在建的体育馆和经济开发区职工之家、清流一中、清流县长校镇和里田乡多功能运动场、南平市金山体育公园、建瓯市福松体育文化产业园、建瓯市小松镇(运动休闲小镇)、泉州工艺美术职业学院等,与管理者进行交谈,了解体育场馆资源、体育财力资源、体育人力资源和体育信息资源的建设现状,获取了大量典型的体育场馆照片和管理案例与经验。

⑤个案研究法。个案经常能够体现同一种事物或者现象的共同特点,并从中总结出普遍化的结论。同时,通过个案可以对现存的命题与假设做进一步的证伪与证实,或者借助个案发现过去没有涉及的新问题。根据研究的需要,从访谈调查、现场调查中选取几个典型事例进行分析,以提高研究的说服力。

(3)比较分析法

本研究也对不同制度背景下公共体育资源配置制度创新活动做了比较研究分析,以探寻出不同点;对不同发达国家(英、美、德、日)与我国不同历史阶段的经济体制和公共体育资源配置方式进行比较研究,从中探寻出规律性的启示;对我国经济转型过程中公共体育资源配置方式在不同阶段的制约条件下转变的情况进行比较研究,从中探寻不同条件下制度创新的相同点和不同点。

（4）制度分析法

本研究运用制度分析法对福建省公共体育资源配置的制度创新历程进行研究,主要从以下3个方面入手:首先,宏观制度环境方面,将我国社会主义市场经济制度的构建、经济全球化导致的资源配置发展趋势、学术界对市场化程度的研究参数等作为制度变量的外部因素列入理论分析的内容;其次,制度演变方面,重点对体制转型过程中公共体育资源配置的制度创新初始条件、制度变迁的基本研究方法和基本模型进行阐释;最后,微观制度安排方面,着重分析公共体育资源优化配置制度变迁的特征与规律,即以公共体育资源增量创新为主转变为以存量调整为主的过程,以渐进式改革为主、激进式改革为辅的过程,以政府的强制性制度变迁为主转变为以诱致性制度变迁为主的过程,改革赋能、权力下放的过程。

（5）逻辑分析法

在本研究中,无论是公共体育资源优化配置改革的基础理论分析、福建省公共体育资源优化配置改革的历史回顾,还是国外发达国家公共体育资源优化配置的经验总结、福建省公共体育资源优化配置改革的政府角色定位与干预,以及福建省深化公共体育资源优化配置改革内容探析等,都融合归纳、演绎等逻辑学方法。人们常说"以铜为鉴,可以正衣冠;以人为鉴,可以明得失;以史为鉴,可以知兴替",对此,本研究收集了中华人民共和国成立以来公共体育资源建设的相关数据和有关部门出台的公共体育资源配置的制度资料,并对其进行分门别类的分析、提炼和归纳,从中演绎出公共体育资源配置制度历史变迁的内在逻辑性及其给予的反思。

（6）数理统计法

运用 Excel、SPSS 17.0 软件对本课题检查表所获取的数据进行统计与相关分析,为研究提供有效的数据支撑。

三、研究技术路线

改革开放以后,体育领域的改革轨迹已悄然体现在公共体育资源配置模式质的转变上。人们通过传统经济学理论分析这一转变缘由的同时,又借鉴西方发达国家资源配置领域的相关理论,尤其在 20 世纪 90 年代前,广泛运用经济增长理论、人力资本理论等市场机制下成熟的经济理论分析一些具有战略意义的宏观问题。随后,在市场经济体制改革逐步深入的背景下,人们更多地将改革的视野从宏观层面向微观层面转移,理论研究与实践探索也发生根本性变化。我国公共体育资源配置的转变和创新历程,也正是国家改革开放以来各个领域渐进革新的集中反映。因此,本研究首先借鉴制度分析理论,以内生变量(资源配置的制度安排)和外生变量(转型时的制度环境)关系作为切入点,梳理公共体育资源配置转变的制度变迁脉络,总结公共体育资源配置取得的成绩和存在的问题,分析公共体育资源配置制度创新的初始条件、制度变迁的基本研究方法和基本模型,探究公共体育资源优化配置制度变迁的特征与规律。其次,借鉴国内外公共体育资源配置成功经验,厘清新时代公共体育资源配置改革的逻辑基础,分析政府在公共体育资源配置中的角色定位和职能转变。最后,结合政府干预理论、新制度经济学和风险管理理论等探究在新时代背景下公共体育资源优化配置的改革目标、原则、动力和路径等问题。综上,本研究按照"为什么要深化改革—深化改革的基础条件是什么—如何深化改革"的基本思路,对深化公共体育资源优化配置改革进行系统性、多学科的研究,力求在借鉴和吸收国内外已有研究成果的基础上,拓展对公共体育资源优化配置改革研究的视野和深度,深化对公共体育资源优化配置规律的认识,在把握规律的基础上进行改革创新,为社会发展不平衡不充分问题寻找解决路径,具体见图 1-1。

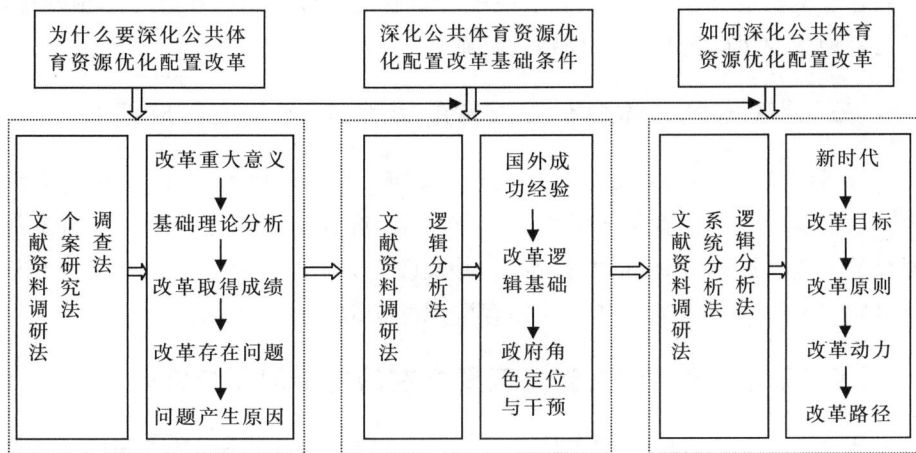

图 1-1 研究技术路线图

四、研究内容

(一)绪论

阐释公共体育资源优化配置改革研究的背景,根据新时代公共体育资源配置存在的问题,提出本研究的实践意义和理论意义;重点对近些年来国内外公共体育资源配置相关研究文献进行较为翔实的梳理和综合评述;同时,确定本课题的研究对象并结合研究的需要对所选择的研究方法按照方法论的四个层次依次进行诠释;接着,介绍本研究的技术路线和研究内容;最后,强调本研究的重难点与创新点。

(二)深化公共体育资源优化配置改革研究的理论基础

公共体育资源配置的转变和创新是在我国市场经济体制的逐步建立和完善背景下产生和发展的。因此,本研究基于此背景及理论创新的时代召唤,在明晰"公共体育资源"的内涵及属性的基础上,阐释"公共体育资源优化配置"和"公共体育资源优化配置改革"这两个重要概念。在简介古典与新古典经济学理论后,从马克思主义学说入手,阐述与公共体育资源优化配置改革相关的马克思主义制度学说,并对经济学说中的新制度经济学理论和政府干预理论,以及管理学的风险管理理论分别进行阐述。

(三)福建省公共体育资源配置的历程、反思与主要成绩

分析中华人民共和国成立前、改革开放前、改革开放后和 21 世纪以来四个阶段福建省公共体育资源配置的基本特征,重点剖析福建省公共体育资源配置的方式、方法和制度的时代特点,并从政府力量、市场力量、社会力量和体育本质四个方面总结福建省公共体育资源配置取得的主要成绩。

(四)福建省公共体育资源配置存在的主要问题与原因

从公共体育资源配置的主体关系、效率、结构、市场机制、制度和可持续性等方面入手,梳理当前福建省公共体育资源配置存在的主要问题,结合福建省的实际情况,深入剖析其经济发展水平,配置的体制、理念、人员、权力、文化和创新对公共体育资源配置造成的影响。

(五)国外发达国家公共体育资源配置的主要经验与启示

深入了解美国、德国、日本等发达国家公共体育资源优化配置经验,学习其有益的公共体育资源优化配置的理念、模式、内容与方法,得出对福建省公共体育资源优化配置改革的有益启示,为福建省深化公共体育资源优化配置改革提供有益的借鉴作用。

(六)新时代福建省深化公共体育资源优化配置改革

根据新时代公共体育资源优化配置特点和福建省的基本发展情况,明确新时代福建省深化公共体育资源优化配置改革目标,提出福建省深化公共体育资源优化配置改革应遵循的原则,分析其改革动力,重点研究福建省深化公共体育资源优化配置改革的体制创新、机制创新、管理创新和制度创新等路径。

(七)结论与不足

全面地总结福建省深化公共体育资源优化配置改革研究的成果,客观地分析研究存在的不足之处,为今后的深入研究提供方向。

第四节 研究的重难点与创新点

一、研究重难点

(一)研究重点

第一,在吸收已有研究成果的基础上,基于马克思主义学说、经济学、管理学等相关理论,采用定性分析法对与公共体育资源优化配置改革有关的基础理论进行梳理和总结。

第二,在借鉴国内外改革成功经验的基础上,系统分析新时代福建省深化公共体育资源优化配置改革应遵循的原则和主要任务,找准福建省深化公共体育资源优化配置改革的动力、着力点和有效对策。

(二)研究难点

在分析福建省公共体育资源优化配置改革的内外动因、历程和主要成绩的基础上,结合典型案例进行分析,深刻剖析福建省公共体育资源优化配置改革存在的主要问题及产生的原因。

二、研究创新点

(一)学术思想的特色和创新

根据我国公共体育资源优化配置改革中存在的资源配置总量不足、资源配置结构不合理、资源配置主体单一、资源配置效率低下等突出问题,以马克思主义制度学说为基础,吸收新制度经济学、政府干预、风险管理等理论,深入剖析问题产生的原因,使深化公共体育资源优化配置改革更具有针对性和有效性,为该领域的研究提供一个具有开拓意义的系统理论基础。

(二)学术观点的特色和创新

政府应转变职能,完善绩效考核机制,真正成为公共体育资源优化配置改革的推动者、制度的设计者、市场的培育者、矛盾的调节者;深化改革必须转变观念,努力构建公共体育资源优化配置的新型体制;彻底转变配置方式,由外延型向内涵型转变;注重群众的利益诉求和配置的差异化;构建配置风险防控体系,积极发挥体育社会组织在资源优化配置改革中的作用。

(三)研究方法的特色和创新

综合马克思主义学说、经济学、管理学等多学科理论,基于公共体育资源配置的规模效益、结构布局、产权收益、公平效率的视角,在文献资料调研、调查研究和个案研究的基础上,着重以制度分析的方法对公共体育资源优化配置改革问题进行广视角、多层面的辩证与系统研究,使公共体育资源配置的均衡发展更具有现实性和可操作性。

本章小结

　　本章首先在阐释公共体育资源优化配置改革研究背景的基础上,根据新时代公共体育资源配置存在的问题,提出本课题研究的实践意义和理论意义。实践意义:有助于促进公共体育资源投资主体的多元化,以实现公共体育资源的合理利用;有助于促进公共体育资源发展的社会化与市场化,以实现公共体育服务能力的提升;有助于促进城乡、区域公共体育资源的协调发展,以实现人民共享公共体育资源的需要;有助于促进体育人口的可持续增长,以实现人口资源的有序转化;有助于促进公共体育资源政策法规的有效执行,以实现健康中国战略。理论意义:这是一个"摸着石头过河"的理论革新过程,是对公共体育资源优化配置改革理论的横向扩展研究的一次大胆尝试;是在对过去不同时期公共体育资源优化配置改革理论和成果反思的基础上,把公共体育资源配置转变历程及其制度创新的变化过程作为一个动态来研究,可以说是对公共体育资源优化配置改革理论的纵向延伸的一次自我突破。其次,重点对近些年来国内外有关公共体育资源配置的目标、依据与原则、方式与方法、政府与市场的关系、公平与效率、产权与收益、评价与监管、政策与执行、改革等问题的研究文献进行较为翔实的梳理和综合评述。再次,确定本课题的研究对象并结合研究的需要对所选择的研究方法按照方法论的马克思主义哲学、系统科学、社会科学与自然科学、具体科学等 4 个层次依次进行诠释。接着,介绍本研究的技术路线和研究内容。最后,强调本研究的重难点与创新点。

第二章 深化公共体育资源优化配置改革研究的理论基础

　　研究的大厦是建立在许多概念的基础上的,对核心概念的准确理解和把握是本课题研究的基础和前提,它决定了本课题研究的广度和深度。对概念的界定有两种,即操作性定义与抽象性定义①,其中,对核心概念作操作性定义尤为重要,它是决定本研究是否有价值的重要条件。核心概念是学术界和体育学界普遍认可的,本研究涉及的核心概念有资源、体育资源、公共体育资源、资源配置、公共体育资源优化配置、公共体育场馆资源、公共体育财力资源、公共体育人力资源、公共信息资源、公共体育制度资源、公共体育赛事资源等,依据本课题研究的视角和目的,按照"属＋种差"的下定义原则,对上述核心概念进行操作性定义,不仅能使概念的含义更为具体和明晰,有助于本研究的实行,而且能帮助他人理解和评价研究成果。

　　每一个实践活动都需要科学理论的指导,福建省深化公共体育资源优化配置改革研究也同样是建立在不同理论支撑的基础上,理论基础或者理论假设是进行福建省深化公共体育资源优化配置改革理论和实践研究前必须明确的问题。本研究基于问题导向,结合政府干预理论、马克思主义制度学说理论、新制度经济学理论和风险管理理论等理论范式,通过这些理论翔实的内容为福建省深化公共体育资源优化配置改革奠定研究基石。

---

① 　张大超,李敏.我国城乡公共体育资源配置公平性评估研究[M].北京:中国社会科学出版社,2015:41.

第一节　相关核心概念的内涵与界定

一、资源

　　资源的相互作用有力地促进了社会活动的发展与活动目标的实现,"资源"是由"资"和"源"组合而成,其中,"资"是指资财、资助、供给,"源"本指水流的起始处,引申为来历、根由。[①] 因认识、学科和时间的差异,导致对资源概念界定不同,因此,资源是一个不断发展变化的概念。在工具书领域,《辞海》对"资源"的诠释是:资财的来源,一般指天然财源;一国或一定区域内拥有的物力、财力、人力等物质要素的总称。分为自然资源(阳光、空气、水、土地、森林、草原、动物、矿藏等)和社会资源(人力资源、信息资源以及劳动创造的物质财富)两大类。[②]《现代汉语词典》将"资源"定义为:生产资料和生活资料的天然来源。[③]《中国资源科学百科全书·资源科学》一书指出:资源可以分为社会资源和自然资源两类,所谓社会资源是指人类通过自身劳动,在开发利用自然资源的过程中的物质与精神财富,而自然资源是指人类可利用的自然生成的物质与能量。在相关组织机构领域,联合国环境规划署(UNEP)认为,所谓"资源",特别是自然资源,是指在一定的时间、地点条件下能够产生经济价值,以提高人类当前和将来福利的自然因素和条件。[④] 在不同学科领域,经济学认为,资源是指可以投入到生产中去创造财富的生产条件的总称,是可以给人们带来新的使用价值和价值的客观物质,也可理解为是用来进行价值增值的物质实体,是为了创造物质财富而投入到生产活动中的一切要素。在学术界领域,英国社会学家吉登斯指出,资源包括权威性资源和配置性资源,其中,权威性资源是指权力产生过程中所需要的非物质资源,包括政府资源、媒体资源、行业协会资源等;配置性资源是指权力产生过程中所需要的自然环境和人

---

① 夏丽萍.高等教育资源配置理论研究[D].成都:四川大学,2006.

② 辞海编辑委员会.辞海[M].上海:上海辞书出版社,1999:4898.

③ 周宏.现代汉语辞海[M].北京:光明日报出版社,2002:1332.

④ 隋路.中国体育资源配置效率研究[M].北京:社会科学文献出版社,2011:17.

工物质产品等物质资源,来源于人对自然的支配。[①] 我国学者唐新忠认为,资源是人类在生存、发展与享受时所需要的任何物质和非物质的要素。[②]

可见,人们对资源的认识随着经济社会的发展在不断变化,虽然学者们对"资源"内涵的界定存在分歧,对其分类也不同,但也达成了一些共识体现在:其一,资源是现实中客观存在的,可以被人类开发和利用,可以通过人类劳动创造出财富,人是资源的主体;其二,资源是有价值和使用价值的,可以为人类服务,是人类生存和发展的基础;其三,资源是有限的,人类应合理地开发、利用和保护资源。

综合上述对"资源"的定义,本研究认为,资源是指一国或一定区域内客观存在的、有价值和使用价值、可以被开发和利用的物力、财力、人力等物质和非物资要素的总和。包括物质资源(也称有形资源,主要有人力资源、财力资源以及由阳光、空气、水、土地、森林、草原、动物、矿藏、劳动创造的物质财富等构成的物力资源等)和非物质资源(也称无形资源,主要有信息资源、科技资源、时间资源、空间资源、政策法规资源等)两大类。

二、体育资源

体育资源同文化资源、旅游资源一样,是资源体系的一个重要组成部分,它是由"体育"与"资源"构成的新名词,从"体育资源"一词的构成可以看出,体育资源同体育有关,它作为一种载体,不仅是竞技体育、学校体育、群众体育以及体育产业发展的重要基础,而且,为国家或地区经济社会的发展提供有力的支持与保证。有关体育资源概念的阐释,至今在体育界仍未达成一致。国外对体育资源概念的解释不多,更多是集中在体育资源的分类上。D.L.Smart和R.A.Wolfe将体育资源分为组织资源、人力资源和物质资源。其中,组织资源(organizational resources)主要有体育组织的发展历史、结构关系、成员与管理信任、组织文化等;人力资源(human resources)主要有体育活动中人的知识、能力和关系等;物质资源(physical resources)主要有体育场馆设施设

---

① 李洪波.城市社区公共体育资源合理配置研究[M].济南:山东人民出版社,2015:45-150.

② 唐新忠.中国城市社区建设概论[M].天津:天津人民出版社,2002.

备、管理硬件等。[1] 加拿大学者 Hall,M.H.等[2]指出,体育资源主要包含设施资源(infrastructure resources)、网络资源(network resources)、财力资源(financial resources)、人力资源(human resources)和规划资源(planning and development)5 个方面。国内学者对体育资源的探讨与研究较早,主要从经济学的视角来理解体育资源的内涵,并不断地拓展和延伸,赋予体育资源新的含义。程云峰[3]认为,体育资源是指那些有助于增强群众体质,提高运动技术水平的各种自然条件与社会条件的潜在拥有情况。刘可夫等[4]提出,体育资源就是人们在进行体育活动或者体育生产时所使用或者可使用的各种要素与条件。任海等[5]从投入的视角入手,指出体育资源就是一个社会用于体育活动,以增加参与体育活动的人口和提高竞技运动水平所用物质、人力、时间和信息等方面的投入。谢英[6]认为,凡是能影响体育发展,并能在参与体育生产的过程中产生一定的经济和社会效应的物质与非物质形态的现象或者事物都可称为体育资源。隋路[7]指出,体育资源是一个社会用于提供体育产品和服务的各种条件和要素的总和,包括有形资源(社会体育指导员、体育场地设施、体育经费等)和无形资源(体育信息、体育制度、政策法规等)。张大超等[8]认为,体育资源是人们参与体育健身、体育竞赛、体育教学、运动休闲、体育资讯、体育欣赏等体育活动所需要的人力、物力、财力、时间、信息、组织及政策法规等资源。包括有形资源与无形资源两大方面。霍军(2018)[9]指出,体育资源是一切可以促进人类体质健康、提高运动技术水平以及影响体育发展的各种

---

① 张大超,李敏.我国城乡公共体育资源配置公平性评估研究[M].北京:中国社会科学出版社,2015:5-6.

② HALL M,ANDRUKOW A,BARR C,et al. The capacity to serve[J]. A qualitative study of the challenges facing Canada's nonprofit and voluntary organizations,Toronto,Canadian Centre for Philanthropy,2003.

③ 程云峰,李金珠.我国体育资源开发的利用战略构想[J].哈尔滨体育学院学报,1998,16(3):6-9.

④ 刘可夫.论体育资源的合理开发和配置[J].解放军体育学院学报,1999,18(2):1-5.

⑤ 任海,王凯珍,肖淑红,等.论体育资源配置模式——论社会经济条件下的中国体育改革(一)[J].天津体育学院学报,2001,16(2):1-5.

⑥ 谢英.区域体育资源研究:理论与实践[M].北京:科学出版社,2009.

⑦ 隋路.中国体育资源配置效率研究[M].北京:社会科学文献出版社,2011:19.

⑧ 张大超,李敏.我国城乡公共体育资源配置公平性评估研究[M].北京:中国社会科学出版社,2015:41.

⑨ 霍军.农村体育公共资源均衡配置及实践路径研究[M].北京:北京体育大学出版社,2018:15.

现存的和潜在的自然条件和社会条件的总和。

因此,学者们从不同的视角对体育资源的内涵进行定义,有规定性定义、有描述性定义,也有纲领性定义(规定性定义和描述性定义的融合)。概括起来,学者们普遍认为:从体育资源的作用来看,它是人们参与体育活动、体育产品生产、体育服务、提高运动技术水平等不可或缺的重要条件;从体育资源的构成来看,它是由多种要素组成的有形和无形资源的总和。本研究在综合上述研究成果的基础上,对体育资源进行定义,认为体育资源是指社会用于提供体育活动、体育产品与体育服务所需要的人力、物力、财力、时间、空间、信息、组织及政策法规等物质和非物质要素的总和,包括有形资源(社会体育指导员、体育场地设施、体育经费等)和无形资源(体育信息、体育制度、政策法规等)。

三、公共体育资源

(一)公共

公共体育资源是体育资源的下位概念,是体育资源的一个重要组成部分。要全面、清晰地诠释公共体育资源的内涵,首先,要明确"公共"一词的含义。"公共"一词最早出自《史记·张释之冯唐列传》:"释之曰:'法者天子所与天下公共也。今法如此而更重之,是法不信於民也'。""公"为平均,"共"为合力,《现代汉语辞海》对"公共"的释义是"属于社会的,公有公用的"[①],也就是能够同时提供多数人使用且不能阻止任何人使用。可见,"公共"是同"私有"相对立而言,反映的是对某一对象拥有使用权或所有权的人数,公共是保证公民公共权利的实质性空间[②],它具有非排他性与非竞争性的特点。

(二)公共体育

何为"公共体育"? 这是进一步探究公共体育资源内涵前还必须厘清的问题。从"公共体育"的属性研究看,多数学者认为"公共体育是公共产品",其中,"公共产品"也称"公共财产""公共物品",该词由瑞典经济学家林达尔提出,而萨缪尔森于1954年最先将"公共产品"界定为:必须是集团中的所有成

---

① 周宏.现代汉语辞海[M].北京:光明日报出版社,2002:434.
② 唐继龙.城市公共体育供给市场化方式研究——基于重庆市区游泳场馆经验的社会调查[D].重庆:西南大学,2014.

员都能均等消费的产品。只要集体里有一个成员能得到一个单位,那么按照定义,该集团中的其他成员也都能得到一个单位。[①] 公共产品分为纯公共产品和准公共产品两类,其中,纯公共产品是指那些为整个社会共同消费的产品,即任何一个人对该产品的消费都不会减少别人对它进行同样消费的机会,具有非竞争性和非排他性的特点。准公共产品(也称混合产品)是兼具公共产品与私人产品属性的产品,此类产品一般只具有非竞争性和非排他性中的一个,简单地说,同时具有非竞争性和非排他性特点的是纯公共产品,若同时具有竞争性和排他性特点的则是私人产品。那么,依据准公共产品具有的两种产品属性,可以将准公共产品分为三种:非拥挤性公共产品,即具有非竞争性的同时具有排他性,如教育、高速公路等产品;拥挤性公共产品,即具有非排他性的同时具有竞争性,如社区健身设施、公有森林等产品;利益外溢性公共产品,即在一定条件下具有非竞争性和非排他性。因此,随着人们对"公共产品"内涵认识的深入,在原有"公共体育是公共产品"认识的基础上,目前,体育界普遍认为公共体育是准公共产品,具有事业和产业的复合性质。

从对"公共体育"的政策法规研究看,《中华人民共和国宪法》《中华人民共和国体育法》和《公共文化体育设施条例》等法律法规的颁布和实施,使广大体育学者们真正开始从意识形态领域理解公共体育的内涵。如,我国《宪法》中第八十九条第七款规定国务院行使如下职权:领导和管理教育、科学、文化、卫生、体育和计划生育工作。第一百零七条规定:县级以上地方各级人民政府依照法律规定的权限,管理本行政区域内的经济、教育、科学、文化、卫生、体育事业。第一百一十九条规定:民族自治地方的自治机关自主地管理本地方的教育、科学、文化、卫生、体育事业。可见,国务院领导全国的公共体育工作,县级以上地方各级人民政府管理本行政区域内的公共体育工作。《〈中华人民共和国体育法〉释义》对《中华人民共和国体育法》第四十五条规定中的"公共体育设施"解释为:"本法所称公共体育设施专指由国家投资或筹集社会资金兴建的,用于开展社会体育活动,满足广大群众进行体育锻炼或观赏运动竞技及运动训练、竞赛需求的体育馆、体育场、游泳池、灯光球场等体育活动场所,目前暂不包括各类学校、企事业单位、军队内部和优秀运动队训练基地内的体育设施。"2003 年 6 月 26 日,国务院发布了《公共文化体育设施条例》,该条例对公共文化体育设施的规划、建设、使用、服务、管理、保护和法律责任等

---

① 张大超,李敏.我国城乡公共体育资源配置公平性评估研究[M].北京:中国社会科学出版社,2015:48.

方面做了规定。因此,各级政府在公共体育的建设、管理、法律责任等方面发挥着重要的作用

从对"公共体育"的学术研究看,国内对公共体育的研究较晚,早期,学者凌平[①]对公共体育管理进行研究,认为公共体育管理是联邦政府根据基本法的条例制定与实施各种体育政策与措施的总称。王亚飞[②]从哲学的角度入手,指出公共体育的社会伦理是人们在公共体育实践活动的基础上形成的调节与规范人们社会行为的道德规范的总称,是体育精神与道德进步的有机结合。因此,"公共体育"应该与学校体育教育中的体育课程区别开,目前,官方和学术界对"公共体育"概念的界定很少,本研究认为,公共体育是由各级政府管理,以促进大众全面发育、提高大众身体素质与全面教育水平、增强大众体质与提高运动能力、改善大众生活方式与提高生活质量的一种有意识、有目的、有组织的具有事业和产业复合性质的社会体育活动。

(三)公共体育资源的内涵

厘清了"公共体育"概念的基本含义后,接下来探究一下何为"公共体育资源"。著名的体育学者董新光[③]认为,政府公共体育资源是政府体育行政部门拥有或掌握的具有公共物品性质的,用于进行体育事业社会管理和公共服务的人力、物力、财力和信息等要素的总称。梁金辉[④]指出,公共体育资源是一个社会用于提供公共体育产品与服务所需的各种条件和要素的总和,包括人力、物力、财力等有形资源(如体育管理人员、社会体育指导员、体育志愿者、体育场地设施、体育器材、体育经费等),还包括各种体育信息、科研、管理制度、政策法规等无形资源。段冬旭[⑤]认为,公共体育资源是社会向公共体育活动过程中所提供的各种要素的总和。包括有形的人力资源(如志愿者、体育管理者)、财力资源(体育经费)、物力资源(体育器材、场地设施),以及科研、信

---

① 凌平.联邦德国的公共体育管理[J].天津体育学院学报,1994,9(1):16-21.
② 王亚飞.公共体育:社会伦理向度的哲学思考[J].北京体育大学学报,2005,28(4):449-451.
③ 董新光.公共体育:论公共体育资源配置的不平衡及改革取向[J].体育文化导刊,2007(3):6-11.
④ 梁金辉.公共体育资源优化配置问题研究[J].体育文化导刊,2008(1):6-9.
⑤ 段冬旭,周剑,胡友群.基于供需理论的公共体育资源有效配置[J].沈阳体育学院学报,2011,30(6):68-72.

息、管理制度和政策法规等无形资源。张大超[1]提出,公共体育资源是政府、社会团体或企业提供的用于公共体育产品和服务的、包括营利性和非营利性的所有人力、物力、时间、信息、组织及政策法规等资源。舒宗礼[2]指出,公共体育资源是面向所有公民参加体育活动所需的场地设施、管理者、社会体育指导员、志愿者、经费、信息、政策法规、时间等所有体育环境与条件要素的总称。蔡朋龙[3]认为,公共体育资源是指由政府、体育相关部门、市场组织及其他以公共利益为目的,为满足公众用于体育健身、体育赛事欣赏、体育休闲、体育教育、体育资讯等体育需求所提供的可经营性和非经营性的产品和服务所利用或可利用的各种资源。

因此,综合学者们对公共体育资源的研究成果,可以看出:从资源的范围来看,体育资源面向的是体育的全部,而公共体育资源作为体育资源的一个组成部分,面向的是体育的局部,是"公共"而不是"私有";从资源的领域来看,公共体育资源主要针对群众体育领域,由于学校体育领域和竞技体育领域的资源所服务的对象分别是学生和专业运动员,资源普及面窄,还不能成为真正意义上的公共体育资源;从资源的主体来看,政府主要承担公共体育资源的规划、建设、管理、保护等职责;从资源的功能来看,公共体育资源在体育活动、体育产品生产、体育服务等方面发挥公益性的作用;从资源的结构来看,公共体育资源包括了有形资源和无形资源。

综上所述,本研究根据研究的需要对公共体育资源作操作性定义,认为公共体育资源是由政府、社会团体、企业和个人以公益性为目的,用于提供公共体育活动、公共体育产品和公共体育服务(包括营利性和非营利性)所需的人力、物力、财力、信息、时间、组织、政策法规等物质和非物质要素的总称。"公共体育资源"是本课题研究的主要核心概念,在进行界定时将体育系统和教育系统的体育资源作为公共体育资源研究范围,主要是出于以下几方面的考虑:

第一,从研究数据的获取来看,体育系统和教育系统的研究数据可以通过部门网站、文献资料等渠道进行收集,而其他系统涉及部门多,数据分布较零散,研究资料收集难度大;从研究的关注度来看,有关体育系统和教育系统的

① 张大超,李敏.我国城乡公共体育资源配置公平性评估研究[M].北京:中国社会科学出版社,2015:42.

② 舒宗礼.有效的市场与有为的政府:公共体育资源优化配置的关键[J].成都体育学院学报,2015,41(6):55-61.

③ 蔡朋龙.公共体育资源市场化配置中政府职能研究[D].苏州:苏州大学,2018.

公共体育资源问题仍是目前研究的焦点。因此,本课题将体育系统和教育系统的体育资源作为公共体育资源研究范围。

第二,除政府配置外,凡在政府政策的支持和鼓励下由社会团体、企业和个人配置的对外开放(公益性)或者低收费(营利性)的体育资源也列入公共体育资源范畴,有助于促进公共体育资源配置主体的多元化。因此,本课题将体育系统建设、管理或者体育系统与社会团体、企业或者个人共同建设、管理的体育资源作为公共体育资源研究范围。

第三,虽然国家出台相关政策要求学校体育场馆等资源向社会开放,但从政策执行效果来看并不是很理想,存在阻滞。将学校体育资源列入公共体育资源范畴,对促进国家政策的落地与学校体育改革的深化有重要的现实意义。因此,本课题将中小学和大学的体育资源作为公共体育资源研究范围。

(四)公共体育资源的分类

分类也称划分,就是根据一定的规律,将一个概念所反映的一类事物分成若干小类的逻辑方法,也是通过揭示概念的外延来说明概念的逻辑方法。公共体育资源是一个复杂且包容性强的系统,随着经济社会以及全民健身事业的不断发展,公共体育资源的内涵也不断充实。在进行公共体育资源的分类时不仅要结合公共体育资源的性质与特点,也要根据我国公共体育事业的发展实际进行综合考虑。本课题研究将公共体育资源做如下分类[1][2][3][4][5]:

1.根据公共体育资源存在的形式分类

根据公共体育资源存在形式的不同,可将其分为有形公共体育资源和无形公共体育资源。所谓"有形"就是有形状,人的感觉器官能够感觉到大小、颜色、材质等特点,那么,有形公共体育资源包括:公共体育人力资源、公共体育物力资源、公共体育财力资源等;所谓"无形"是指不能被人的眼、耳等感觉器官感知,可以是客观存在的物质,也可以是意识层面的非物质或者是以能量等

① 隋路.中国体育资源配置效率研究[M].北京:社会科学文献出版社,2011:23-24.
② 李洪波.城市社区公共体育资源合理配置研究[M].济南:山东人民出版社,2015:21-22.
③ 蔡朋龙.公共体育资源市场化配置中政府职能研究[D].苏州:苏州大学,2018:21-23.
④ 霍军.农村体育公共资源均衡配置及实践路径研究[M].北京:北京体育大学出版社,2018:22.
⑤ 张大超,李敏.我国城乡公共体育资源配置公平性评估研究[M].北京:中国社会科学出版社,2015:62-63.

形式存在的概念。无形公共体育资源包括公共体育信息资源、公共体育科技资源、公共体育制度资源、公共体育赛事资源、公共体育组织资源等。现对公共体育人力资源、公共体育物力资源、公共体育财力资源、公共体育信息资源、公共体育制度资源、公共体育赛事资源等概念分别定义。

（1）公共体育人力资源。是指用于提供公共体育活动、公共体育产品和公共体育服务的，并掌握一定的体育知识、技术、技能或者体育管理经验的人员的数量与质量的总称，如体育管理者、体育教师、社会体育指导员、科技人员、运动员、志愿者等，本研究主要对社会体育指导员进行分析，它是公共体育可持续发展的重要支撑条件。

（2）公共体育物力资源。是指提供公共体育活动、公共体育产品和公共体育服务所需要的各种物质资料，如体育场地、体育设备以及低值品、易耗品等。本研究主要分析体育场馆，它是公共体育可持续发展不可或缺的重要物质基础，也是体育产业的一个重要组成部分。

（3）公共体育财力资源。是指用于公共体育活动、公共体育产品和公共体育服务的资金总和，简要地说，就是用货币的形式反映公共体育所占用和消耗的人力和物力的总和，它是公共体育可持续发展的关键。

（4）公共体育信息资源。是指公共体育活动、公共体育产品和公共体育服务所需要的，以体育信息为核心的各类体育信息活动要素（体育信息技术、体育设备、体育信息生产者等）的集合。此定义是基于广义的视角，因为狭义的定义强调的是信息本身或者信息内容，把信息作为信息资源的核心要素，却忽视了"系统"。在现实中，假如只有核心要素，而没有技术、设备等"支持"部分，就无法进行有效的配置，也难以发挥信息资源的最大化效用。因公共体育信息是公共体育信息资源的核心和重要组成部分，因此，本课题研究还是把公共体育信息资源归入无形公共体育资源范畴。

（5）公共体育制度资源。是指由政府制定和实施的用于公共体育活动、公共体育产品和公共体育服务的，具有促进作用和制约作用的制度、体制、规章、政策等因素的总称，是公共体育文化资源的一个重要组成部分。

（6）公共体育赛事资源。是指满足人们观赏需求的公共体育竞赛表演服务及相关产品所需的各种相互联系、相互作用的因素及条件组合而成的系统[①]，是公共体育文化资源的一个重要组成部分。

---

① 刘秦,陈赢.体育赛事资源的界定及其构成[J].上海体育学院学报,2008,32(3):10-13.

2.根据公共体育资源的形成属性分类

根据公共体育资源的形成属性不同,将其分为公共体育自然资源和公共体育社会资源。公共体育自然资源是指人类从自然界中直接获取的提供公共体育活动、公共体育产品与公共体育服务所需的物质和空间总称(自然环境和条件)。如,开展水上运动的水面、环境和气候等,开展登山运动的山峰、环境和气候等。由于公共体育自然资源具有一定的历史继承性与稳定性,有一些现实公共体育自然资源已被广泛利用,有一些潜在公共体育自然资源因认识水平和技术水平较低而未被开发利用,公共体育自然资源不因被利用程度的不同而产生或者消亡。公共体育社会资源是指提供公共体育活动、公共体育产品与公共体育服务所需的各种社会物质与非物质要素的总称,包括公共体育人力资源、公共体育物力资源、公共体育科技等。公共体育社会资源具有后天性特点,随着经济社会的发展不断充实与完善。

3.根据公共体育资源的可利用程度分类

根据公共体育资源的可利用程度不同,将其分为现实的公共体育资源和潜在的公共体育资源。所谓现实的公共体育资源是指生产要素能够直接为公共体育活动、公共体育产品生产和公共体育服务过程所利用的公共体育资源;所谓潜在的公共体育资源是指那些由于人们认识水平和技术水平的局限性,已被认知但至今仍未被开发利用的公共体育资源。

4.根据公共体育资源是否可重复利用分类

根据公共体育资源,将其分为可再生公共体育资源和不可再生公共体育资源。所谓可再生公共体育资源是指被人类开发利用一次后,在一定时间通过天然或人工活动可以再次生成、生长、繁衍,甚至还可以增加数量的公共体育资源,公共体育可再生资源主要集中在公共体育社会资源中,如,公共体育人力资源、公共体育信息资源等。不可再生公共体育资源是指被人类开发利用一次后,在相当长的时间(千百万年以内)不可自然形成或产生的公共体育资源,如自然环境等。

5.根据公共体育资源服务的对象分类

根据公共体育资源所服务对象的不同,将其分为群众公共体育资源、学校公共体育资源、竞技公共体育资源。群众公共体育资源是指为广大群众提供参与公共体育活动,以及公共体育产品和公共体育服务所需的物质和非物质要素的总称,群众公共体育资源为增强群众体质以及全民健身战略的实施提供根本保障。学校公共体育资源是指为学校提供开展体育运动,以及公共体育产品和公共体育服务所需的物质和非物质要素的总称,学校公共体育资源为增强学生体质以及教育的可持续发展提供根本保障。竞技公共体育资源是指为运动员提供参与竞技体育训练与竞赛,以及公共体育产品和公共体育服务所需的物质和非物质要素的总称,竞技公共体育资源为提高运动员竞技运动水平提供根本保障。

(五)公共体育资源的特征

1.公益性

"公益"就是"公共的利益",是一个较为宽泛的理解,目前,政府和学术界都普遍认同公共体育资源的公益性特征。根据公益性程度的不同,可以将公共体育资源的公益性分为两类:一是公共体育资源完全公益性。公共体育资源完全公益性是指公共体育资源完全对外开放,是非营利性的。如社区体育场馆完全向居民开放,不收取任何费用;社会体育指导员无偿为群众的体育健身提供指导与帮助。二是公共体育资源不完全公益性。公共体育资源不完全公益性是指适当收费以保证公共体育资源的合理和持续使用,是营利性的。如室内体育馆适当收取一些使用费以支付水、电、管理和维修费用,以减少公共体育资源使用中"搭便车"现象,并延长室内体育馆的使用寿命,有助于提高体育场馆投资者的投资热情和信心。因此,公共体育资源公益性程度除了受公共体育资源类型影响外,还同政府政策的科学制定、有效执行和动态监督相联系。

2.多样性

公共体育资源作为资源的一种,也同资源一样具有多样性特征,具体体现在两个方面:一是公共体育资源功能的多样性。公共体育资源具有价值和使用价值,随着人们对公共体育资源认识与利用能力的不断提升,公共体育资源的功能不断扩展,不断满足人们日益增长的需求。例如,公共体育场馆资源一方面能满足人们参与体育健身的需要,另一方面,也能满足举办大型体育赛事、大型文艺演出、大型会议、大型产品会展等需要;公共体育信息资源不仅能满足人们观赏体育赛事的需要,而且能为人们科学健身提供理论指导。可见,功能特征是公共体育资源客观存在的前提条件。二是公共体育资源种类的多样性,不仅有公共体育场馆资源、公共体育人力资源、公共体育信息资源,而且还有公共体育财力资源、公共体育制度资源、公共体育赛事资源等,可以满足公共体育事业发展的需要。因此,公共体育资源从潜在转化为现实并被广泛利用时,其多样性功能就随之体现出来。

3.稀缺性

随着经济社会的不断发展、人们生活水平逐步提高,以及人们健身意识的增强,对公共体育资源的需求日渐增多。虽然人们对公共体育资源的开发与利用程度日益加深,现实公共体育资源也越来越多,但是,人的欲望是无止境的,公共体育资源仍然无法满足人们日益增长的体育需求,公共体育资源在特定的区域、时间范围内始终处于稀缺状态。正如C.E.林德布鲁斯所说:"稀缺并不仅仅意味着某些东西的数量少,它应该包括另外一层意思,最起码不能认为它表明的只是一种吝啬或自然界的不慷慨。稀缺的意思是欲望及其可行性之间的关系。"近年来,我国体育场地资源建设取得一定成绩,但与《国务院办公厅关于印发体育强国建设纲要的通知》提出的2035年人均体育场地面积达到2.5平方米的目标相比还有较大差距,尤其是中西部和广大农村公共体育场地资源建设存在的问题还较为严重。例如,第六次全国体育场地普查统计数据显示:从城乡分布来看,全国人均体育场地面积1.46平方米,其中,全国城镇体育场地面积13.37亿平方米,全国农村体育场地面积只有6.12亿平方米;从区域分布来看,东部地区体育场地面积9.38亿平方米、中部地区体育场地面积4.18亿平方米、西部地区体育场地面积4.28亿平方米。可见,虽然全国城乡人均体育场地面积有了显著增加,但与美、日等发达国家相比还处于落后状态,城乡和区域体育场地资源分布不均衡,中西部地区和广大农村依然面临公共体育资源数量的稀缺性同人们对公共体育资源需求无限性的突出矛盾。

4.替代性

由于不同区域体育资源不同,人们对体育运动的兴趣和爱好千差万别,人们可以结合自身的体育需求以及周边公共体育资源配置情况,合理选择篮球、足球、排球、羽毛球、跑步、广场舞等运动项目进行健身活动,虽然人们利用了不同的公共体育资源,但一样能达到健身效果。任海(2001)[①]强调:"由于体育活动本身的多样性,同样的效果可由不同的途径获得,这就使得各类资源的相互替代成为可能。"因此,根据公共体育资源替代性的特征,为了满足人们对体育多样性的需求,在对公共体育资源进行配置时,应避免公共体育资源配置的"一刀切"和"同质化",公共体育资源配置主体要重视实地调研和群众诉求,做到科学规划、合理配置,实现公共体育资源配置的多样化发展。

---

① 任海,王凯珍,肖淑红,等.论体育资源配置模式——社会经济条件变革下的中国体育改革(一)[J].天津体育学院学报,2001,16(2):1-5.

5.共享性

共享的意思是分享,与其他人共同拥有一件物品或者信息的使用权或知情权,有时也包括产权。公共体育资源的使用主要体现为占用与损耗,当学校、社区等公共体育资源配置状况一定时,在公共体育资源所能承担的一定范畴之内,学校和社会等公共体育资源的使用表现为共享,体现了公共体育资源的正外部性,增加一个学生或者一个居民使用公共体育资源,其边际成本不会增加,也就是学生或者居民对学校或者社区公共体育资源的共享性。相反的,如果超过公共体育资源所能承担的范畴,则将出现学校、社区等公共体育资源使用出现竞争现象。可见,公共体育资源的共享性具有一定的局限性。

6.层次性

所谓"层次"是指事物的等级性、等级秩序,是事物之间普遍差异性的表现。[①] 对公共体育资源层次性的理解可以从两个方面入手[②]:一方面可以认为公共体育资源配置分为宏观层次、中观层次与微观层次;另一方面是基于第一方面理解的基础上,不管是宏观层次也好,还是中观层次、微观层次的公共体育资源配置,其配置的主体必须针对不同的等级、规模、经济及其社会环境的影响力等因素编制不同结构、不同层次的公共体育资源配置计划和政策。如微观层次公共体育信息资源的配置,可以包括核心部分、外围部分与主体部分三个层次。

四、公共体育资源优化配置

(一)资源配置

在人类社会发展的进程中,为了解决资源稀缺性和资源需求无限性的矛盾,演化出了一种调节和优化手段——资源配置[③],至此,资源配置问题一直是经济学研究的热点问题。"资源"概念前文已界定了,而"配置"在《汉语大词典》中解释为"配备布置",具体包括两层含义:一是根据需要进行分配和调配,并部署布置;二是对环境加以装饰,在某处安排陈列各种物件。[④] 目前,学者

① 辞海编辑委员会.辞海[M].上海:上海辞书出版社,1999:358.
② 杨世木.我国体育信息资源配置研究[D].上海:上海体育学院,2010.
③ 王善迈.教育经济学简明教程[M].北京:高等教育出版社,2002.
④ 刘康.晋西北农村中小学体育教育资源配置研究[D].临汾:山西师范大学,2013.

们对资源配置的理解也较为统一。美国学者 D.格林沃尔德①认为,资源配置是资源在不同用途和不同的使用者之间的配置。我国著名的经济学家厉以宁②指出,资源配置是经济中的各种资源,包括人力、物力、财力,在各种不同的使用方向之间的分配。厉以宁还从微观与宏观两个层面做进一步的诠释,强调资源配置的合理性体现在如何将资源有效地配置到最适合的地方,以实现最大的符合社会需要的产出。③ 于法稳等④从资源配置的驱动机制入手,认为资源配置是依据一定比例把各种资源进行再组合,以满足各种社会需求,提高资源的利用效率,实现资源利用的最大化的经济活动过程。刘勇⑤强调,资源配置是根据组织目标和产出物内在结构要求,在量、质等方面进行不同的配比,并使之在产出过程中始终保持相应的比例从而达到目标。张玉国⑥等指出,资源配置是在一定经济社会背景下,根据一定比例将不同的资源进行组合与再组合,生产与提供不同产品和服务以满足不同社会需求的经济活动。岳武等⑦认为,资源配置是社会对其拥有的各种资源在不同用途、不同范围内进行分配。社会总劳动时间在各个部门之间的分配是资源配置的实质,经济效率问题是资源配置的核心问题。空间、时间与数量组成了资源配置的三个要素,三个要素缺一不可。目前,"资源配置"不仅是经济学领域研究的问题,而且也成为管理学、社会学和系统科学领域所关注的问题。⑧

(二)资源优化配置

目前,在"资源配置"研究过程中,常常涉及到"资源合理配置"和"资源优化配置"的问题,许多人把"合理"和"优化"混为一谈。在此,有必要对"资源合理配置"和"资源优化配置"之间的相互关系作一个简要的辨析。

"资源合理配置"中的"合理"一词在我国历代的古典书籍中就已出现,如

---

① 夏丽萍.高等教育资源配置研究[D].成都:四川大学,2006.
② 厉以宁.市场经济大词典[M].广州:新华出版社,1993.
③ 厉以宁.非均衡的中国经济[M].北京:北京大学出版社,1991:56-57.
④ 于法稳.资源配置的驱动机制研究[J].重庆大学学报,1999,5(4):32-33.
⑤ 刘勇,周健生,胡建忠.论高校校园文化与城市精神[J].北京体育大学学报,2006,29(5):668-670.
⑥ 张玉国,姜立嘉.我国高校竞技体育赛事资源优化配置研究——以高校篮球联赛为例[J].北京体育大学学报,2013,36(11):102-107.
⑦ 岳武,靳英丽.中国高等教育资源配置改革问题及对策研究[M].长春:东北师范大学出版社,2015:5.
⑧ 李洪波.城市社区公共体育资源合理配置研究[M].济南:山东人民出版社,2015.

《北史·斛律光传》中提到："每会议，常独后言，言辄合理。"唐代刘知儿的《史通·载言》有言："言事相兼，烦省合理"。明代张居正的《进帝鉴图说疏》说道："覆辙在前，永作后车之戒，则自然念念皆纯，事事合理。"这些文中的"合理"具有合乎事理、道理和规律的含义。百科全书也对"合理"一词进行解释，存在两层意思：一是合乎道理或事理；二是合乎个体与整体发展规律，探寻个体和整体共同提高。当个体同整体不协调时，将提供个体同整体进行交流的平台，促进二者的相互学习、相互融合。我国对"合理"一词的解释主要体现在"合乎事理、合乎规律"。[①]

20世纪90年代末，体育学术界开始重视体育资源配置的合理问题，臧超美在《合理配置体育资源，优化体育产业结构——北京市东单体育场五年巨变的思考》一文中最早提出"资源合理配置"。随后，刘可夫等[②]研究认为，体育资源合理配置就是将稀缺的体育资源合理地分配到体育生产中，使资源能够充分合理利用，并最大化地满足人们的体育需求。司荣贵[③]也指出，体育资源合理配置的终极目标是促进人的自由全面发展；经济目标是提升人力资源水平；政治目标是振奋民族精神，激发爱国主义热情；文化目标是建设社会主义精神文明。这一目标体系决定了体育资源合理配置必须遵循公平优先、兼顾效率的原则，社会效益优先、兼顾经济效益的原则，政府投入和社会运作相结合原则。李洪波[④]提出，城市社区公共体育资源的合理配置是对社区内有限的物力、人力和文化等公共体育资源进行分配、组合，以尽可能少的资源消耗满足社区居民最大程度的体育需求的过程。

至于"优化"一词，一般将其解释为"采取一定措施使变得优异"，强调"最佳"的特点。随着社会、科技的不断发展，在现有资源状况的条件下，不仅仅要考虑资源利用问题，更要考虑如何实现资源的最佳分配、最充分的利用、最大化的效率，即资源配置如何"优化"问题。所谓"资源优化配置"是指为最大限度减少浪费和实现社会福利最大化而对现代化成果与各种投入要素进行的有机结合。[⑤] 如今，随着人们对体育资源需求的日益增长，为了用好体育资源，

① 李洪波.城市社区公共体育资源合理配置研究[M].济南：山东人民出版社，2015：55-56.

② 刘可夫，张慧.论体育资源的合理开发和配置[J].福建体育科技，1999(5)：9-13.

③ 司荣贵.论体育资源合理配置的目标和原则[J].西安体育学院学报，2004(3)：28-30.

④ 李洪波.城市社区公共体育资源合理配置研究[M].济南：山东人民出版社，2015：57-58.

⑤ 马费成，赖茂生.信息资源管理[M].北京：高等教育出版社，2006：245-248.

学者们也开始重视不同体育资源的优化配置问题,提出许多资源优化配置的新观点、新见解。王茜等[1]提出,应提高竞技体育资源的利用与分配效率,并在一定的时间和空间上尽可能压缩财力、物力和人力资源消耗,以充分发挥竞技体育的各种功能,实现发展体育科技、培育体育人才与服务社会的目标。陆得志[2]认为,竞技体育人才资源优化配置是指竞技体育人才资源在地区、部门、项目及各种不同使用方向上的分配,并按照一定的经济或产出目标,在竞技体育运动训练以及比赛过程中实现人、财、物、时间、信息等诸要素的有机结合与充分发挥,以获得最大产出和最佳的动态进程。赵奎芝[3]指出,高校竞技健美操人力资源优化配置是指高校竞技健美操人力资源在各部门、各参赛项目上的分配,并根据一定的目标,实现人力、财力、物力等各种要素的有机结合,充分发挥其最大的效应,以便获得最佳效率的动态过程,实现人尽其力、人尽其用的目的。

上文分别对"资源合理配置"和"资源优化配置"的内涵进行阐释,两者存在共同点和不同点。共同点体现在以下几点:首先,具有共同的基础,即资源的稀缺性是进行资源合理(优化)配置的共同基础;其次,具有共同的目标,即充分利用资源、最大限度地满足人们的各种需求是进行资源合理(优化)配置的共同目标;不同点体现在以下几点:首先,资源分配与重组的基点不同。资源合理配置主要是基于一定的生态经济目标对资源进行分配与重组,注重人的情感;而资源优化配置是基于一定的生态经济目标选择最佳的方式进行资源的分配与重组。其次,资源配置绩效的不同。资源合理配置的成效体现在人们的各种需求能够得到最大的满足;而资源优化配置的成效不仅体现在人们的各种需求能够得到最大的满足,还强调用最少的资源投入实现最大的产出,即资源配置效率的最大化。最后,资源配置的结果不同。资源合理配置结果是否能为一个个体或者一些个体产生效益无法事先准确认定,但从整个资源分配系统来看,总的效益是好的;而资源优化配置结果不论是对整体还是对个体而言都是最好的。可见,资源的合理配置是优化配置的基础,资源优化配置是资源合理配置的最终目标,这是一个动态发展的过程,是推进社会可持续发展的重要保障。

因此,本研究认为,资源优化配置是指在现有资源的条件下,将最少的人

① 王茜,方千华.中国竞技体育资源优化配置的突变模型与时空演进规律[J].成都体育学院学报,2011,37(1):36-40.

② 陆得志.福建省竞技体育人才资源优化配置研究[D].福州:福建师范大学,2012.

③ 赵奎芝.高校竞技健美操人才资源优化配置的研究[D].厦门:集美大学,2013.

力、物力和财力等各种资源进行最佳的分配与重组,实现资产结构、产业结构、技术结构和地区结构的最佳化,最大限度地发挥和利用资源,以最大程度地满足人们对资源的需求,并实现资源使用效率最大化的动态活动过程。本课题选择"资源优化配置"进行研究,主要基于以下几方面考虑:一是新时代经济高质量发展的要求。2017年中国共产党第十九次全国代表大会首次提出"中国特色社会主义进入新时代,我国经济发展也进入了新时代"的重大论断,新时代我国经济发展的基本特征体现为由高速增长阶段转向高质量发展阶段。"高质量发展"表现为高质量的供给、高质量的需求、高质量的配置、高质量的投入产出、高质量的收入分配和高质量的经济循环。其中,"高质量的配置"就是要充分发挥市场配置资源的决定性作用,完善产权制度,理顺价格机制,减少配置扭曲,打破资源由低效部门向高效部门配置的障碍,提高资源配置效率。因此,加强"资源优化配置"研究符合新时代要求,也是当前各级政府需要深入研究和解决的重点问题。二是体育强国建设的迫切要求。近年来,我国体育资源建设有了很大发展,但人口基数大的国情和民情决定了体育资源的稀缺性仍将长期存在,人们日益增长的体育需求与体育资源配置的不充分、不均衡将成为今后体育发展的主要矛盾。要建设体育强国,就要提高体育资源使用效率问题。因此,加强"资源优化配置"研究符合体育强国建设的要求,也是体育学术界需要广泛关注和研究的热点问题。总之,本研究选择"资源优化配置"进行分析同我国经济高质量发展和体育强国建设的要求相契合,具有一定的现实意义。

(三)公共体育资源优化配置的内涵

结合上述研究成果,按照"下定义"的基本内容和步骤,对公共体育资源优化配置的内涵进行界定。第一,从"属、种"来看,公共体育资源作为资源和体育资源的种概念,具有属概念的本质属性,按此逻辑可知,公共体育资源优化配置是资源配置的种概念。第二,从"种差"来看,公共体育资源优化配置体现在"公共体育资源""优化"。因此,根据"属+种差"下定义原则,所谓"公共体育资源优化配置"是指政府、社会团体、企业和个人以公益性为目的,将最少的公共体育活动、公共体育产品和公共体育服务(包括营利性和非营利性)所需的人力、物力、财力、信息、时间、组织、政策法规等资源进行最佳的分配与重组,实现资产结构、产业结构、技术结构和地区结构的最佳化,最大限度地发挥和利用资源,以最大程度地满足人们对资源的需求,并实现资源使用效率最大化的动态活动过程。

(四)深化改革

改革是指一切在不改变社会根本制度的前提下,以和平的方式调整生产关系和上层建筑以适应生产力发展的性质、水平和要求的变革[①],改革是经济社会发展的不竭动力。

众所周知,党的十一届三中全会开启了我国改革开放的新征程,随后,我们党坚定不移地推进改革开放,改革开放的主题始终伴随和推动着中国的发展,不同时期和阶段改革开放的侧重点不同。尤其是当改革发展进入深水区和攻坚期的关键时刻,召开了党的十八届三中全会并审议通过了《中共中央关于全面深化改革若干重大问题的决定》,该决定是我们党在新的历史起点上全面深化改革的科学指南和行动纲领,标志着改革领域的不断拓展、不断深入,这是一个时代的特征,也是中国特色社会主义道路不断拓展、中国特色社会主义事业不断兴旺的反映。《中共中央关于全面深化改革若干重大问题的决定》对全面深化改革的重点、核心和关键等问题做了全面、深刻的阐述,即"经济体制改革是全面深化改革的重点,核心问题是处理好政府和市场的关系,使市场在资源配置中起决定性作用和更好发挥政府作用。"市场在资源配置中如何起决定性作用? 政府又如何更好发挥作用? 关键在于"必须切实转变政府职能,深化行政体制改革,创新行政管理方式,增强政府公信力和执行力,建设法治政府和服务型政府"。

2017年10月18日,习近平总书记在十九大报告中指出,要坚持全面深化改革,并围绕全面深化改革作出了一系列精辟论述,深刻回答了为什么要全面深化改革、全面深化改革的总目标是什么、怎样全面深化改革等重大理论和现实问题,特别是站在时代高度,对改革进行了多角度全方位的理论思考,将中国共产党的改革理论的系统探索推向了新的高度。其中,习近平总书记强调:"全面深化改革的总目标,就是完善和发展中国特色社会主义制度、推进国家治理体系和治理能力现代化"。全面深化改革总目标的提出,不仅丰富和深化了社会主义现代化的内涵,更重要的是阐明了改革的性质和根本任务,明确了全面深化改革的总抓手和总方向。

---

① 岳武,靳英丽.中国高等教育资源配置改革问题及对策研究[M].长春:东北师范大学出版社,2015:6-7.

第二节 新古典经济学理论

一、资源配置理论

资源配置问题始终是经济学研究的重要内容,资源配置有关理论是经济学的基础与核心,一般来说,资源配置的系统思想产生于新古典主义经济学。著名的新古典主义经济学家威廉·配第(William Petty)、亚当·斯密(Adam Smith)和大卫·李嘉图(David Ricardo)初步建立了资源配置理论,接着,卡尔·马克思(Karl Heinrich Marx)以劳动价值论为基础提出了社会资源配置理论,随后,资源配置理论得到不断的完善与发展。[①]

资源配置就是通过比较稀缺资源的不同用途后根据需要做出选择,并采用特定的方式对资源的使用方向与数量进行分配与重组,使资源能够得到充分发挥和利用,以获得最佳效率并最大限度满足人们需求的动态活动过程。可见,从系统论的视角来看,资源配置是由资源分配与重组过程中的各个环节组合而成的统一整体,是一个由多个子系统构成的完整系统。该系统包括资源配置主体、资源配置客体、资源配置方式和资源配置效率四个子系统,子系统间互为联系、互为作用,具体如下[②③④]:

(一)资源配置主体

资源配置要顺利实施,首先,要关注相关的利益主体,基于利益相关者的视角,资源配置问题实质上是各利益相关者使用稀缺资源的权力问题,所谓资源配置主体是指不同资源配置主体间相互联系、相互作用而构成的资源配置

---

① 胡萍.中国竞技体育资源配置评价与优化对策研究[D].哈尔滨:哈尔滨工程大学,2009:15.

② 张玉国,姜立嘉.我国高校竞技体育赛事资源失衡现象与对策研究[J].沈阳体育学院学报,2014,33(2):47-50.

③ 胡萍.中国竞技体育资源配置评价与优化对策研究[D].哈尔滨:哈尔滨工程大学,2009:15.

④ 桂世镰.通过市场配置资源的特点[N].人民日报,1992-11-6.

的有机整体,是资源配置的基础性作用能够运行的基础与载体。

资源配置主体包括宏观与微观两个部分。宏观的资源配置主体是指资源配置的管控主体,即中央政府与地方各级政府,其职责是依据国家与地方经济社会发展的战略目标与任务,通过编制具体的规划与政策,为各地资源的配置提供方向,并对资源配置全过程进行管理、评价与监控。微观的资源配置主体是指资源配置的执行主体,即资源配置的基层单位,其职责是采用竞争机制与择优选择的方式实施资源的分配、组合、调配等,以实现不同区域、不同领域和不同行业的均衡发展。本研究中的公共体育资源配置的主体主要包括中央政府、地方各级政府、各级体育行政部门、各级教育行政部门等。

(二)资源配置客体

资源配置的客体是指在资源配置过程中所涉及的所有生产要素的总称,是配置主体进行各种活动、提供各种产品和服务、保障人类的生存与经济社会发展的基础。各个配置对象主要以不同类型、不同结构、不同数量、不同质量的形成而存在,并以特定的形式与中介要素相结合来促进配置结果的实现。本课题研究中的公共体育资源配置的客体主要有公共体育场地资源、社会体育指导员、公共体育财力资源、公共体育信息资源、公共体育制度资源、公共体育赛事资源等。

(三)资源配置方式

在资源的稀缺性与人类需求的无限性矛盾日益突出的背景下,为了使资源能够实现最大化的利用,必须选择合理的方式进行资源配置。资源配置所要解决的是采用何种方式将各种资源合理地分配、组合到不同区域或者不同群体等,以保障系统的正常运转和资源利用效率的最大化。资源配置方式包括计划配置与市场配置两种。

1.计划配置方式

计划配置方式是指以政府为主导,按照预先制定的计划并通过行政调控手段使资源布局到各个部门,以促进国家经济社会的发展。计划配置方式作为一种较为传统、典型的计划经济模式,匈牙利经济学家亚诺什·科内尔(Janos·Kornai)就此提到:产出结构与需求结构的偏差是通过数量而非价格信号反映出来的,在这种经济体制下,产业结构转化的主体是企业,但调控的主体却往往是政府。因此,在权力高度集中的计划经济体制下,政府无所不包,既是运动员又是裁判员,既是资源配置政策的制定者又是资源的选择、分配、组合的执行者,政府决定一切,计划在资源配置过程中体现出基础性作用。总之,资源的计划配置方式有计划地按比例分配资源,防止因社会总供给与社会总需求的不平衡而产生的损失与浪费,以调控经济社会的正常运行与发展。

(1)计划配置方式的特点

①国家计划机构是资源配置的决策者,掌握国家宏观经济决策权与企业的微观经营活动决策权;

②计划指标通过行政指令方式层层下达,信息传递通过行政渠道纵向实现;

③企业的责任是完成国家下达的计划,企业发展的动力来自外部。

(2)计划配置方式的优缺点

①优点:总体上保持国民经济的协调发展和社会资源的合理配置;可以在全社会内,动员人力、财力、物力以应对突发事件;合理调节收入,保持适当的社会公正。

②缺点:政府决策成本过高;微观经济主体丧失活力;分配中平均主义严重。

2.市场配置方式

市场配置来源于社会化大生产背景下商品经济的客观存在,所谓市场配置方式是指在经济运行过程中,市场机制根据市场需求与供给的变动调整价格从而实现对资源进行分配、组合及再分配与再组合的过程。由于市场经济是以市场机制为主体的经济制度,在其正常运转中,市场机制在庞大的市场中通过需求与供给的相互作用及灵敏的价格反应自如地支持经济运行,即自由、灵活、有效、合理地决定着资源的配置与再配置。市场对资源的配置与再配置是通过市场价格信号变动最终实现的,价格信号的变动是价格机制对供求机制的变动,资源流向及潜在流向、资源需求量与潜在供给量的变动的灵敏反应,是供求机制与竞争机制作用的结果。同时,价格机制的运作直接决定不同产业(部门)、不同地区、不同企业的资源实际配置量,也就是说,价格机制决定资源配置的合理组织及其合理流量。

(1)市场配置方式的特点

①资源配置,是同不同部门、不同区域、不同企业和不同行业对资源使用的效率紧密联系的;

②资源配置和使用的效率,是同不同部门、不同区域、不同企业和不同行业的经济利益、经济责任紧密联系的;

③资源配置同社会需求的发展变化相联系。

这些特点,使市场成为组织社会化大生产、优化资源配置的重要手段,成为调动企业和员工积极性与能动性的有效手段。

(2)市场配置方式的优缺点

①优点:在经济生活中,市场能够及时、灵活地反映市场供求的变化,传递市场供求的信息,实现资源的合理配置;市场利用利益杠杆、市场竞争,调动商品生产者、经营者的积极性,推动科学技术和经营管理的进步,促进劳动生产率的提高,实现资源的有效利用;由于各企业提高劳动生产率的结果不同,导致优胜劣汰,使资源向效益好的企业集中。

②缺点:微观经济的个体都是从微观局部利益入手,仅通过政府与市场信号,无法掌握国民经济的全局,从而可能导致社会利益和个人利益的对立;市场调节主要采用事后调节的方法,存在调节的滞后性;市场机制易造成社会分配的不公平,从而产生经济发展的差异化;企业经营经常体现短期性和短浅性特点,从而导致市场机制的盲目性。

3.混合配置方式

混合配置方式就是在发挥国家的宏观经济调控对资源配置的指导、调整与管制作用的同时,还重视市场配置资源的基础性作用的发挥,以实现资源科学、合理、有效配置的一种资源配置模式。该方式实质上就是计划配置方式与市场配置方式相结合,充分发挥两种资源配置方式的优点,相辅相成。一方面,能充分发挥国家计划、财政、税收、法律和金融等宏观经济调控工具对资源的配置实施有效控制的作用;另一方面,能充分激发市场在资源配置中的灵活性,使多种经济成分并存,防止资源配置的固化,激发国民经济的潜在生机与活力。可见,混合配置方式能促进资源配置结构的合理化、科学化,实现国家经济社会的健康、可持续发展。

(1)混合配置方式的特点

我国经过四十多年改革开放的实践探索,逐渐形成和发展出了一种有中国特色的、符合中国国情的资源混合配置模式,与美国、法国、日本、德国等发达国家资源混合配置模式相比,具有自身的特点:

①制度基础方面,美国、法国、日本、德国等发达资本主义国家的资源混合配置方式是基于资本主义私有制基础,导致为经济基础服务成为其资源配置的目标,也就是保护极少数资产阶级的经济利益,而不关注广大劳动人民的利益。而我国的资源混合配置方式是建立在社会主义公有制基础上,全体劳动人民共同拥有生产资料,这也决定了我国资源混合配置方式的目标就是为广大劳动人民的利益服务的。

②形成方式方面,美国、法国、日本和德国等发达资本主义国家的资源混合配置方式是对过去传统自由放任的市场资源配置方式的扬弃与发展的结果,而我国资源混合配置方式是对过去传统高度集中的计划经济体制下资源配置方式的改革探索的结果,也就是在克服计划配置方式缺点的基础上吸收和借鉴市场配置方式的优点而逐渐发展起来的。

(2)混合配置方式的优缺点

①优点:通过资源的市场配置方式,有助于企业机动地结合市场供求情况的变动自发地组织生产经营活动,灵活、合理且有计划地配置资源,实现经济的繁荣发展,更好地满足广大群众多元化的需求;当出现资源市场配置的非有序化问题时,可以通过国家宏观经济政策对资源的流向进行科学引导,防止资源过度聚集在某些部门、区域、企业和行业,以保障资源的合理配置,维护国家经济社会的正常运行,也为资源市场配置的基础性作用的发挥提供良好的宏观经济环境,同时,不断完善"产权清晰、权责明确、政企分开、管理科学"的现代企业制度,为资源的市场配置创造良好的微观经济环境。

②缺点:资源混合配置方式的实施中,资源市场配置方式的滞后性、盲目性和短浅性问题无法完全解决,同时,国家宏观经济调控中的行政化和平均主义思维依然存在。因此,资源混合配置方式作为一种系统的配置模式,应积极消除计划和市场配置方式存在的问题,探寻两种配置方式融合运用的契合点,实现混合配置方式的"1+1>2"的系统效应。

(四)资源配置方法

资源配置方法就是在配置资源时所选择的程序与路径,主要包括增量(粗放式)配置方法和存量(集约化)配置方法两种。增量(粗放式)配置方法是指通过新增资源的配置来优化资源配置结构的方法,而存量(集约化)配置方法是指利用已有或已配置的资源进行再配置,以实现资源配置结构优化的方法。两种配置方法各有利弊,在资源禀赋较为丰裕、资源结构较为均衡时,采用增量(粗放式)配置方法能摆脱原有资源配置的束缚,使投入机动灵活,从而实现资源优化配置的目标;相反,在资源非常稀缺、资源结构严重失衡时,采用存量(集约化)配置方法,调整资源结构,改善资源布局,重组、合并与再利用资源,提高资源的利用效率,实现资源优化配置的短平快。

(五)资源配置效率

资源配置效率问题是经济学研究的核心问题之一,所谓资源配置效率是指在一定的技术水平条件下各投入要素在各产出主体的分配下所产生的效益。具体来说,可以从广义和狭义两个方面来理解。

广义方面,也就是宏观层面的资源配置效率,即社会资源的配置效率,主要通过整个社会的经济制度的制定与实施来实现。

狭义方面,也就是微观层面的资源配置效率,即资源的使用效率,通常指生产单位的生产效率,主要通过生产单位内部生产管理与提高生产技术来实现。现代经济学认为,市场是资源配置的最重要方式,而资本市场在资源的配置中起着极为关键的作用。在此过程中,资金首先通过资本市场流向企业和行业,然后带动人力资源等要素流向企业,进而促进企业和行业的发展。因此,资金配置是资源配置的核心,资金配置效率在很大程度上决定着资源配置效率。资源配置效率原理认为,在完全竞争市场中,资本市场资源必须根据边际效率最高的原则在资本市场之间进行配置,可见,资本市场资源配置效率的重要衡量标准就是看资本能否流向经营效益最好的企业和行业。因此,从理论上来说,效益必须同资金投入相对应,企业与行业的效益必须同其获得的资金份额对应,具体包括两层含义。一是,最好的企业和行业必须获得最大份额的资金投入,效益次之者获得资金次之,效益最差者获得的资金最少;二是,获得资金份额最大的企业和行业的效益也必须最好,两者都实现最优时,资金配置效率最高。前者实际体现了资金在企业和行业的配置状况,后者则体现企业和行业的资金使用效率状况。

二、政府干预理论

(一)政府干预理论的含义

政府干预是指政府的公共行政,主要有公共服务、社会管理、宏观调控和市场监管等公共行政。[①] 政府干预理论是经济学研究的一个基本问题,是由西方各种经济理论构成的理论体系,政府同市场关系命题是政府干预理论的核心内容,其核心含义为:在经济运转中资源配置的最有效工具是市场,然而,市场并不是万能的,也会出现失灵问题。当市场出现失灵时,政府必须进行一定的干预,但政府并不是万能的,也同样会出现失灵问题,这说明政府的干预

---

① 朱新梅.政府干预与大学公共性的实现:中国大学的公共性研究[M].北京:教育科学出版社,2007:43.

是有限度的。可见,政府与市场各有优点,经过两者的有效融合能够促进资源的有效配置。当然,在政府和市场间还离不开第三部门,该部门在资源配置中,特别是在社会公共物品的供给方面有其独特优点,但也存在志愿失灵问题。[①] 政府、市场和第三部门的关系如图 2-1 所示。[②]

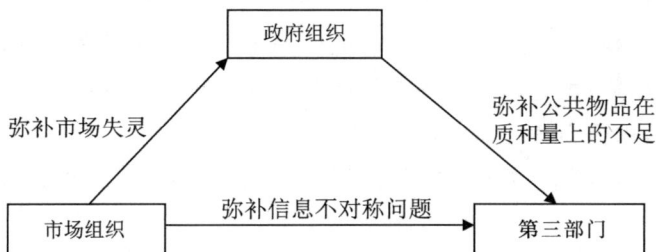

图 2-1　政府、市场、第三部门之间的关系

"政府干预理论"中最具代表性的是美国经济学家约瑟夫·斯蒂格利茨的最客观、最丰富且较为温和的政府干预理论。[③] 除此之外,后发优势理论也成为政府干预理论的一个重要组成部分。后发优势理论是由美国经济学家亚历山大·格申克龙在 1962 年创立的,"后发优势"也称"落后的优势""落后的得益""落后的有利性"等,是指后起国家在发展工业化方面具有特别的有利条件,该条件与自身经济相对落后相关先发国家不存在此条件。后发优势理论主张后进国家政府应施展后发优势的作用,特别是在市场培育上应加强政府干预。[④]

(二)政府干预理论的发展历程

根据不同历史时期的主流经济理论就政府和市场功能的根本主张的差异,可以把西方国家政府干预理论的发展历程分为四个阶段[⑤]:

第一阶段:市场经济的"守夜人"阶段(19 世纪—20 世纪初)

---

① 阚军常.政府干预理论视域下大众滑雪运动发展研究[D].长春:东北师范大学,2012:17.

② 王绍光.多元与统一——第三部门国际比较研究[M].杭州:浙江人民出版社,1999:35.

③ 李礼.斯蒂格利茨的政府干预理论述评[J].湖南行政学院学报,2009(3):5-7.

④ JANG-SUP SHIN. The economics of the latecomers [M]. London; New York: Routledge,1996.

⑤ 阚军常.政府干预理论视域下大众滑雪运动发展研究[D].长春:东北师范大学,2012:17-19.

美国著名的经济学家亚当·斯密是世界公认的市场自由主义的始祖,创立了以"无形之手"的理论为基础的市场自由主义。1776年,他在《国富论》中阐述了市场自由的优点:"看不见的手"(市场)能够自发调节,实现资源配置的最优化。[①] 在经济自由背景下,政府充当"守夜人"的角色就行了,对政府干预经济作了严格限制。政府在市场经济中的基本职责有三项:一是保护社会免遭其他社会之暴力入侵;二是尽可能地保护每个社会成员免受其他社会成员之不正义的压迫;建立和维护特定的社会公共工程和公共制度。政府在履行这些职责时,也应当考虑引入竞争。[②]

第二阶段:凯恩斯主义的"现代国家干预主义"阶段(20世纪30年代—20世纪70年代)

西方资本主义国家在20世纪30年代爆发了严重的经济危机,导致反对政府干预和主张经济自由的想法戛然而止,并产生了国家干预经济的思想。1936年,英国经济学家凯恩斯出版了《就业、利息和货币通论》一书,书中提出了现代国家干预主义的政府职能理论,该理论指出,自由市场经济着实有效,但也存在"市场失灵"的缺点,政府必须参与干预。这一理论的提出引起了一场西方思想界的革新,现代国家干预主义也从此成为西方理论界的主导。[③]"罗斯福新政"正是该经济思想的成功典范,它使美国很快就脱离经济危机的困境。

第三阶段:反对政府过度干预的"新自由主义"阶段(20世纪70—80年代)

20世纪70年代,西方资本主义国家再次爆发了严重的经济危机,国家经济遭受巨大打击并停滞不前,凯恩斯主义处于从未有过的艰难境地,这时,新自由主义的各个学派着手对"政府失灵"展开猛烈的批驳,其中,以布坎南为代表的公共选择学派提出了"政府失灵"的概念,并在《自由、市场和国家》一书中强调,政府不是全能的,人们原希望政府可以做好市场无法做到的事情,但政府干预后出现社会效益和经济效益减少的现象。并指出,政府领导人被一些利益财团选上后所制定的政策不能代表多数人的意志,政府领导人的"短期行径"较为严重,寻租活动产生了腐败并导致政府花费大量的资源进行反腐败。同时,寻租促使政府违背公平竞争的原则为一些人或财团提供特权,从而引致"政府失灵"。政府"失灵"问题越严重,寻租的影响越大,越激发人的寻租,也

---

① 周中林.市场自由与政府干预的理论与实践[J].山东社会科学,2007(1):54-57.

② [英]亚当·斯密.国富论(第一版)[M].唐日松,译.北京:华夏出版社,2005:9.

③ 梁秋云.论经济全球化下中国政府经济职能转变的战略选择[D].济南:山东大学,2005.

进一步加重"政府失灵"。①

第四阶段：政府与市场结合的新凯恩斯主义"混合型经济"阶段（20世纪90年代以来）

20世纪90年代，一些亚洲和东欧国家爆发了严重的金融危机，新自由主义的经济思想由于丧失普适性而遭到批驳与否认，此时，创立于20世纪80年代并在90年代复兴的新凯恩斯主义经济学开始得到经济学家的关注。② 其中，以美国经济学家斯蒂格利茨为首的经济学家在概括"政府失灵"与"市场失灵"理论的基础上，提出了较客观、较丰富且较为温和的政府干预理论，该理论包括市场失灵理论与政府的经济职能理论两部分。他认为，政府与市场都各自存在不足，需要两者的结合。一方面，政府应该对公共产品、垄断和外部性等市场失灵进行有效干预；另一方面，应该采取措施增强竞争、适当分解政府功能、减少政府的垄断，避免政府经济行为的低效率，主动发挥政府干预的作用。③

（三）政府干预的边界、合法性与限制

1.政府干预的边界

政府作为一个公共机构，其基本职能是提高公共福利、维护公民自由，实现社会的公共利益，但有时政府的专权也给国家的治理带来负面影响。对此，在当今社会，多数民主国家规定了政府行为的边界，也就是对政府权力设定边界，其行政方式也同样受到特殊的制约，国家政府是一个有限的政府。

对政府活动范畴的界定是政治学的一个基本问题，不同国家、不同的政治体制、不同的文化背景对政府活动范畴的认识不同，形成了诸多不同的理论。如亚当·斯密指出，"最小的政府，才是最好的政府"，政府应只在基础设施建设、产权保护和国家安全等方面发挥作用，而在其他方面主要通过市场来发挥作用；凯恩斯主义认为，在市场失灵的状况下，政府需要努力干预经济生活，因此出现政府干预的普及与政府规模的扩大；新自由主义经济学的代表人物米尔顿·弗里德曼对政府干预领域作了界定："维护法律和秩序；规定财产权的内容；作为能改变财产权的内容和其他经济游戏的规则的机构，对解释规则的争执作出裁决，强制执行合同；促进竞争；提供货币；从事对抗技术垄断的活动

---

① 闫焱,彭玫.马克思主义制度分析理论的总体构成[J].山东社会科学,2007(1):55-56.
② 周中林.市场自由与政府干预的理论与实践[J].山东社会科学,2007(1):54-57.
③ 李礼.斯蒂格利茨的政府干预理论述评[J].湖南行政学院学报,2009(3):5-7.

和从事广泛地被认为重要到使政府能进行干预的邻近影响的消除；同时，又包括补充私人的慈善事业和私人家庭对不论是精神病人还是儿童那样的不能负责任的人的照顾。"①

可见，政府干预是需要的，但不是无所不为的，否则，公民的自由就会被侵害，从而制约经济社会的发展。因此，必须对政府干预的边界进行划定②：

（1）依据国家法律规定进行划定

依据国家法律规定对政府的行为进行划定，就是任何政府的行为都要符合法律的规定和法定的程序，任何法律没有规定的范畴，政府都不要干预。对政府的行为做如下划定：

①宪法明确规定是归属政府职责范畴，且没有其他竞争者的服务项目，如立法、国防、外交等；

②宪法明确规定是归属政府职责范畴，且有其他竞争者的服务项目，如医疗卫生、体育、文化教育等；

③宪法没有明确规定是归属政府职责范畴，且存在诸多市场竞争者的服务项目，如旅游业、娱乐业、影视业等；

④宪法没有明确规定是归属政府职责范畴，且缺乏竞争者的服务项目，如科研事业、消防环保、高等教育等。

从以上提供的四种公共服务可以看出，第一种公共服务体现非竞争性、非排他性和非选择性的特征，必须由政府来供给；而其他三种公共服务体现选择性和竞争性的特征，可以通过政府、市场和社会共同供给，从而实现公共服务的社会化。③

（2）依据公共产品和服务供给的效率进行划定

公共产品和服务供给主体除了政府外，还包括非政府组织、非营利性组织以及私营机构或者个人等，他们共同管理、相互协调，构成"多中心"的公共管理体系，共同解决社会问题。因此，任何通过市场机制或者社会组织和个人就能提供公共产品和服务的领域，政府就不要干预，只根据自身能力做好相关政策的制定、引导、监管等工作，为市场的健康、公正发展保驾护航。对此，亚当·斯密强调，市场是改善福利和实现增长的最好工具，政府只局限于国防等核心功能。

---

① ［美］米尔顿·弗里德曼.资本主义与自由［M］.张瑞玉，译.北京：商务出版社，2001：36.
② 朱新梅.政府干预与大学公共性的实现：中国大学的公共性研究［M］.北京：教育科学出版社，2007：43-46.
③ 金太军，赵晖，高红，等.政府职能梳理与重构［M］.广州：广东人民出版社，2002：261.

（3）依据公私界限的区分进行划定

政府干预是政府的公共行政，其行为只在公共领域。因此，私人领域的事务，政府就不要干预。当然，由于公共事务发展的需要不同，以及社会自治发展程度的不同，政府干预公共事务的范畴也在不断发展变化，一些公共事务转变为私人事务，而一些私人事务转变为公共事务，公私边界存在模糊性。

2.政府干预的合法性

"合法性"作为政治中的一个焦点问题，已成为哲学、法学和政治学等许多学科研究的对象。如，从哲学的视角入手，"合法性"指的是合乎理性的期待，即"合理性"；从法学的视角入手，"合法性"强调的是合乎法律的精神和规定；从政治学的视角入手，"合法性"是指"合乎道义的""正当性"或"适当性"，即一种政治权力或者政治统治被统治的对象觉得是合乎道义的、正当的、适当的，以致能够自觉服从或者认同的属性和能力。对于统治的主体来说，"合法性"体现了一种有效的政治统治要有能力让被统治者觉得统治"应当服从"，并能够赢得被统治者的认同或者自觉服从；对被统治者来说，"合法性"反映了被统治者从信念和价值上认同和赞成某一政治统治，并认为是"应当"或"正当"的。目前，存在两种基本研究意向的合法性理论：一是以哈贝马斯为代表的规范主义，其注重政治统治能否具备合法性所拥有的客观准则，即政治秩序可以得到认可的"价值"，但不是得到认可的"事实"；二是以马克斯·韦伯为代表的经验主义，其重视事实问题，重申政治秩序的合法性体现在能否取得大众的赞同，但较少关注赞同的价值根据和如何做价值判定的问题。

政府的"合法性"指的是政府通过非暴力的方式让被统治者自愿或自觉地承受政府统治的能力。这里的"合法性"体现为政府对内要保证国家的和平与稳定，并提供基本的基础设施；对外要能保卫国家主权的独立，并不被他国侵略。否则，政府将丧失权力，可见，政府管理国家的"政绩"是政府"合法性"存在的基础。那么，政府干预作为政府凭借"政绩"实行其合法性的根本路径之一，不仅需要政府干预行动自身能符合规律，同时，政府干预也要符合理性的预测，是社会需要的、正当的、合乎道义的。因此，政府合法性理论主要有以下几方面[①]：

（1）政府干预是鉴于市场失灵的现实

市场失灵理论指出，当某一领域的市场无法为人们供应所需要的产品时，

---

① 朱新梅.政府干预与大学公共性的实现：中国大学的公共性研究[M].北京：教育科学出版社，2007：48-51.

市场失灵的问题就出现了,此时,政府应承担为人们提供市场无法供应的产品的职责,也就是实现资源配置的帕累托最优的职责。

在市场失灵的背景下,政府进行干预的理论基础是外部性。从经济学的角度来看,外部性的概念是由马歇尔和庇古在20世纪初提出的,是指一个经济主体(生产者或消费者)在自己的活动中对旁观者的福利产生了一种有利影响或不利影响,这种有利影响带来的利益(或者说收益)或不利影响带来的损失(或者说成本),都不是生产者或消费者本人所获得或承担的,是一种经济力量对另一种经济力量"非市场性"的附带影响。外部性的存在造成社会脱离最有效的生产状态,使市场经济体制不能很好地实现其优化资源配置的基本功能。可见,当一种产品存在外部性时常常为政府涉入其中提供了合法性。如20世纪20年代出现的经济大萧条被看作是资本主义与市场经济的失败,以致许多国家都开始重视政府干预,尤其是刚独立的发展中国家都实施政府干预战略,如资源配置中的纠正型干预举措、集中化的计划、政府干预稚嫩产业的发展等,从而使工业国的政府规模在1960—1995年的35年内比原来增加了1倍。[①]

(2)政府干预是鉴于社会公正的需要

市场是商品和服务价格建立的过程,虽然市场具有平衡供求矛盾、实现商品交换与价值、服务与传递信息,以及收益分配等功能,但是仍然无法解决社会公正问题。为此,新公共行政学指出,保证社会的公平应是政府的基本职能,同时,这也是政府能够存在的合法性根基。

政府是社会公共管理的主体,履行社会的公共权力、维护社会的秩序、保证社会的公平与公正,实现社会的公共利益是其目标。因此,要保证社会的公平与公正,政府不仅要对所有的公民平等相待,而且,对弱势群体要加强特别的保护与扶助,让所有人都能享受社会发展的成果。就如罗尔斯所说的:政府的所有政策,首先应对最弱势的群体最有利,其次才是保障最大多数人基本的社会公平。

(3)政府干预是鉴于公共福利的需要

增加社会的公共利益是一个政府存在的合法性基础之一,诸多国家的政府之所以逐步扩充政府的职能,原因在于政府致力为所有公民提供生活生存、

---

① 世界银行.1997年世界发展报告:变革世界中的政府[M].蔡秋生,译.北京:中国财政经济出版社,1997.

社会稳定和经济社会福利。① 这就是人们常说的"服务型政府"或"大政府"。在一些落后和发展中国家,政府所关注的是满足公民吃、住、穿、行等基本需求,而对一些发达国家来说,政府所要解决的是要满足公民教育、文化与健康等高级的需要。如 20 世纪 20 年代至 80 年代的 60 年里,美、英、法、德等发达国家的政府职能发生根本性转变,反映在收入和财富分配上,具体体现在:

①社会保障。主要包括老年退休金、残疾人保险、短期和长期病残救济金、为丧失家庭经济来源者提供最低生活费、失业救济等。

②提供公益帮助。不仅为儿童、残疾人、老年人、单亲家庭和贫困者提供帮助,而且在交通、住房、食品、健康等方面提供不同方式的金融帮助。有的国家甚至通过与社会保险计划融合的方式扩大社会福利。②

3.政府干预的限制

政府干预具有一定的合理性,然而,全能型政府的出现导致政府权力不断扩张,全面管制社会生活的方方面面,个人的自由受到严重的限制,制约了经济社会的发展。对此,许多国家都严格限制政府干预的范畴和方式,特别是法治较为成熟的国家都要求政府必须按照法律许可的范畴和方式履行职能。政府的职能包括消极职能和积极职能。其中,政府的消极职能是指政府通过不作为的方式实现其职能,如公民完全的学术自由和言论自由;而政府的积极职能是指政府为了满足公民的需要,保证公民的权利,通过政府积极作为的方式实现其职能,如公民的教育权等。因此,基于职能的视角,政府干预的限制包括两个方面:一是政府必须保障公民的自由,若政府的行为阻碍了公民的自由,则政府的干预必须立即停止;二是满足公民的公共需要,实行公共利益。具体来说,对政府干预的限制主要有③:

（1）法律上的限制

宪法是政府同公民间的权利与义务的协定,并限制了政府的权力。人们常说"立宪"本质上是限制国家权力,也就是政府的行为将受到宪法的制约和限定。在一个法制的国家里,政府的每一个行为都有法律的明确限定,都有确定的法律授权,政府的干预才能正常实施,使不确定性降到最低。同时,政府

---

① [美]迈克尔·罗斯金,等.政治学[M].林震,译.北京:华夏出版社,2002:29.

② [美]尼古拉斯·施普尔伯.国家职能的变迁:在工业化经济体和过渡性经济体中的私有化和福利改革[M].杨俊峰,译.沈阳:辽宁教育出版社,2004:40.

③ 朱新梅.政府干预与大学公共性的实现:中国大学的公共性研究[M].北京:教育科学出版社,2007:51-60.

干预方式也同样受到法律的严格制约,并且政府不能把权力硬加到公民头上。正如哈耶克所说的:法治的原则否定了专断的权力,即否定了任意性、特权与政府一部分广泛的酌处权。

(2)伦理上的限制

每一个政府都处在特殊的文化氛围之中,其一切活动都受到当时文化伦理的制约,比如,在中国几千年的封建社会里,一个很重要且影响大的伦理道德就是"忠孝",当时政府的一切行为都无法突破"忠孝"伦理道德的影响和制约。同样,当今政府的行为也无法回避社会伦理道德的作用,特别是"公正"这一最鲜明、最普适的伦理道德,保障社会的公平与公正是政府得以存在和产生作用的主要合法性基础。可想而知,一个丧失公平与公正的政府,自然也没有公信力可言,也谈不上所谓的"合法性"。因此,在政府干预中,很重要的一点是要维持好社会的公正性,也就是要保证程序性公正和实质性公正。如我国实施的全民健身战略,就是保障每一个公民都能享有最基本的公共体育的权利,以实现公民的实质性公正;而对于竞技体育来说,每个公民都有均等的机会参与竞技体育,参与的标准与要求一样,从而保障实质性公平。

(3)能力上的限制

政府干预的范畴也同政府自身的能力有关,通常来说,一个政府的能力越强,政府实行公共性的机会越大,政府干预的范畴也越广;相反的,政府的能力越弱,政府实行公共性的机会越小,政府干预的范畴也越窄。

①政府能力与国家权力

迈克尔·曼(Michael Mann)将国家权力分为两个方面:一是国家的基础性权力(infrastructural power),也称国家能力(等同于政府能力),也就是国家已经渗入到市民社会,并在统治范畴内实施政治决断的能力;二是国家的专制权力(despotic power),也就是国家不需要同社会的各个集团进行制度化和理性化的商讨情况下可自主行为的范畴。[①] 施密特(Carl Schmitt)提出"全能国家"的概念,并认为全能国家的权力可以蔓延到社会的各个方面,公民生存的各个领域都实行政治化,导致国家能力的松散,政府无法及时解决急、难、险、重的公共问题,政府工作绩效低,公共性实现程度减弱。其后果只能是弱国家,而不是强国家。因此,国家的独立与自由是强国家的基础,要求国家同社会间存在一定的界线,这也是当今现代国家能够为经济社会的发展与稳定提供保障的根本缘由。

---

① 李强.宪政自由主义与国家构建[M].北京:三联书店,2003:35.

②政府失灵

目前,世界各国都存在政府官员不作为、懒散、寻租、腐败等问题,"国家行动不能改善经济效率或政府把收入再分配给不恰当的人",出现了萨缪尔森所提出的"政府失灵"。政府失灵体现在以下三个方面:第一,政府计划缺乏长远眼光。政府注重眼前利益,只实施短时间内就能立竿见影的政策计划,对投资大见效慢的政策计划采取绕道走的态度。第二,政府决策缺乏代表性。政府作出的政策计划、立法等决策没能体现广大公民的利益与期盼,常常只反映少数利益集团的利益和嗜好,决策没有公共性。第三,政府行为缺乏效率。也就是政府投入成本较高,但收益不高,偶尔还出现腐败现象。①

至于政府失灵的缘由概括起来有三个方面:第一,服务意识方面。由于政府官员往往只关心自身利益,没有将精力用在服务大众利益的政策制定上,有时甚至受利益集团的影响而忽视对弱势群体的关心。第二,信息方面。由于政府不重视公民的利益诉求,官僚作风严重,信息的收集不完整,政府制定的政策缺乏科学性、合理性,结果是政府不能把公共福利配置给真正有需求的人和区域。第三,政府能力方面。由于广大公民的种族、信仰、教育、收入等不同,会产生多样化的需求,超出了政府自身的能力。②

③公共权力异化

公共权力异化是指权力的使用者直接或间接地使用公共权力为个人谋利,以满足个人的欲望,或者公共权力在使用过程中超出了法律范畴,导致公共利益受到损害。公共权力异化具体体现在公共权力部门化、公共权力本位化、公共权力私有化、公共权力商品化四个方面。

公共权力异化的缘由主要有以下几方面:第一,政府权力太大,缺少有力的监督。由于政府直接或间接掌控了社会资源和自然资源,为政府官员提供了寻租的机会。同时,政府权力无法受民主程序、法律和社会力量的有效监督,导致了权力异化变质,最终导致社会的不公平,严重降低了政府供应公共产品的实效性,政府在产权的保护、公平竞争秩序的维护、国家利益的保护等方面日渐松散与无能。③ 第二,政府权力使用的不透明,成为了少数人的特权。由于政府权力常被少数人借公共事务之名所占有,他们时常独占和封闭政府信息,用国家的名义把公共利益直接或者间接地转变成官僚阶层的私人

① 方福前.公共选择理论——政治的经济学[M].北京:中国人民大学出版社,2000:197-201.
② 席恒.公与私:公共事业运行机制研究[M].北京:商务印书馆,2003:65.
③ 李强.宪政自由主义与国家构建[M].北京:三联书店,2003:38-39.

利益。总之,对公共权力的异化问题,恩格斯在《家庭、私有制和国家的起源》一文中作了精辟的论述,即公共权力是一种从社会中产生、自居于社会之上又日益与社会脱离的力量。①②

(4)私人原因的限制

人生活在社会的大环境中,都有自己的私人空间,正如洛克(John Locke)、贡斯当(Benjamin Constant)等思想家提出,每个人都有他人不可侵入的自由空间,当这个空间被侵犯时,每个人都会感到自身处于一个自然能力难以发展的狭小空间之中,而正是这些自然能力促使每个人都可能实现或者体会到许多诸如善良、正确或神圣的目的。③ 那么,政府干预就应在个人自由空间之外,这主要是基于以下两个方面考虑:

①政府的中立。每一个现代宪法都最少包括两个不可或缺的构成要素,即公民权利的保证与国家和权力的划定,这两个要素实质上规定了"私人空间"和"公共空间"的范畴。由于公私空间的划分可以反映出政府的中立,也就是政府的权力限定在公共空间之内,政府只管理公共空间里奉公守法的公民,而不能侵入私人空间,并对私人的行为进行规定与控制,甚至代人处理私人事务,只要私人行为不对他人生活带来损害,政府就只要保持中立的态度。④

②私人空间的范畴。私人空间就是个人自由的空间,穆勒指出私人空间包括三个领域⑤:一是寻求品位和志趣的自由。人在日常生活中可以谋划适合自身的生活远景,做自己想做之事,只要所做之事没有侵害他人,不管该事如何不可想象,他人都不可干预,自己也不必对社会负责。相反,如果所做之事会对他人的利益带来损害,政府就有权力通过法律或者其他方法对其进行干预和惩处。二是信仰自由、思想自由和表明意见的自由。三是内在意识方面的自由。

因此,总的来说,私人空间主要包括哲学、道德、宗教、科学、学术、言论与良心等领域。每一个现代宪法都规定:作为主权者,不管是国王、议会、国会和选民都不能超越这个边界。⑥ 划分公私空间主要是因为:一是规定政府权力的要求;二是私人空间比公共空间更为紧要,因为自由的私人空间是一个能发

① 李景鹏.论政府政策的公共性[J].天津社会科学,2002(6):48.

② 王焱.宪政主义与现代化国家[M].北京:三联书店,2003:40.

③ [英]以赛亚·柏林.自由论[M].胡传胜,译.南京:译林出版社,2003:191-192.

④ 刘军宁.市场逻辑与国家观念[M].北京:三联书店,1995:21.

⑤ 江宜桦.约翰·穆勒论自由、功效与民主政治[M].长春:吉林人民出版社,2002:203.

⑥ [美]W.李普曼.公共哲学的复兴[M].晓蓉,译.北京:三联书店,1995:26.

挥自身特点并实现人生价值追求的最好领域。①

（5）行政对象上的限制

丹尼尔·贝尔（Daniel Bell）指出，现代社会是主要由政治体系、经济-技术体系和文化体系构成的一个完整的有机体，每一个体系都必须遵从各自的轴心原则，它们相互之间各不相同，转变的节律也千差万别，都具有各自的运转规律。因此，政府在干预政治体系、经济-技术体系和文化体系的过程中，可能会由于各个体系自身特点的缘故，导致政府干预出现了失效的现象。特别是在专业性较强的科研、教育等领域，政府干预受到的限制更大，政府只能对其进行资金以及外部条件的支持和政策引导。②

（四）政府干预的机制、方式与评价

为社会提供优良的公共产品和服务是各国政府所要实现的目标，对此，各国政府作为公共产品和服务的安排者或者提供者，会通过各种手段以及市场和社会力量来实现，例如，可以借助政府雇员与公共设施来提供，也可以走民营化之路，在政府不直接生产公共产品和服务的情况下，政府继续承担公共产品和服务安排者或提供者的责任并通过支付成本的方式来提供。③　不同国家、不同体制、不同政府框架下，政府为实现公共性所采取的机制、方式和评价也各不相同。

1.政府干预的机制

政府可以采取市场机制、科层制和治理机制来实现公共性。④

（1）科层制

科层制是指政府借助自身的行政机构和官僚或者企事业机构直接为社会提供公共产品和服务，它是一种历史悠久的政府实现公共性的机制。科层制最明显的特点就是公共产品和服务生产的主体是政府行政机构和所管理的企事业单位，配置公共产品和服务的唯一方式是政府的行政命令。那么，公民只能接受政府所提供的公共产品和服务。正是由于对政府所提供的公共产品和服务缺少有效的监管措施，导致政府部门及其工作人员往往出于部门利益或

① 贺照田.后发展国家的现代性问题[M].长春:吉林人民出版社,2002:68.
② [美]丹尼尔·贝尔.资本主义文化矛盾[M].赵一凡,等译.北京:三联书店,1989:56.
③ [美]E.S.萨瓦斯.民营化与公私部门的伙伴关系[M].周志忍,等译.北京:中国人民大学出版社,2002:69.
④ 朱新梅.政府干预与大学公共性的实现:中国大学的公共性研究[M].北京:教育科学出版社,2007:61-64.

者个人利益而乱用公共资源和公共权力,导致政府提供公共产品和服务的效率低下,更有甚者出现无法提供的严重后果。

(2)市场机制

为了改变科层制下政府实现公共性效率低下、公民对政府的不信任的现状,美国、英国、澳大利亚等发达国家进行了一场政府变革运动,即以市场化变革为导向,将市场竞争机制带入政府的公共部门及其公共管理之中,以推动政府公共服务的市场化。[①]

政府公共服务市场化的重要条件是公共服务要做到服务布局分散化、服务机构小型化、服务顾客选择化。其中,可选择性作为公共服务的市场机制的最大特征,通过给予每个公民自由选择的权利来提升政府的服务质量与效率,这就要求公共服务提供者不仅应具备多元化、非垄断化且可选择性,而且应凭借公民的自由选择以激发不同服务提供者间的竞争来提高公共服务的质量与效率。

政府公共服务市场化有两种形式:其一,从有自然垄断特点的公共事业部门入手,市场化的具体表现形式有构建新的竞争实体、划分经营范畴、限定控股份额等,也可以放开基础设施、限定价格、分散经营等。[②] 其二,从公共产品与服务的提供部门入手,市场化的主要形式是市场竞争,具体来说,市场竞争就是比较政府部门与外部服务承接者,将原由政府部门负责的活动向社会开放,不管结果是继续由政府部门承接还是采用承包合同的方式,其目的是通过采用最佳的公共服务方式以提高公共服务的效率。依据市场竞争者的不同,公共服务竞争包括公对公的竞争、公对私的竞争、私对私的竞争三种类别。

(3)治理机制

20世纪70年代,新公共行政学理论在世界逐步兴盛起来,其突出政府的伦理使命,提倡民主行政,即公民参与公共事务的管理,也就是公共治理。所谓"治理"是指政府、非政府组织等不同主体参与公共事务的管理过程。可见,公共事务管理的主体除政府外,还可以是非政府组织、非营利组织、公民组织等通过自愿的方式参与到公共服务的活动中。而公共产品和服务提供的方式包括行政命令、协商、谈判、合作等。与市场机制一样,治理机制也着力构建最低程度的政府,通过分散权力和承包合同,把市场机制和准市场机制作为服务

---

① [美]B.盖伊·彼得斯.政府未来的治理模式[M].吴爱明,等译.北京:中国人民大学出版社,2002:25.

② [美]戴维·奥斯本,彼得·普拉斯特里克.政府改革手册——战略与工具[M].谭功荣,等译.北京:中国人民大学出版社,2004:175.

分配的工具,政府在其中只是掌舵者,而不是划船者。

2.政府干预的方式

政府干预的方式是指政府干预时所采取的手段或者途径,基于政府干预的效用,政府干预分为间接干预和直接干预;基于政府干预的层次,政府干预分为微观干预和宏观干预。具体有以下几种方式:

（1）行政手段

行政手段有直接行政和间接行政,其中,直接行政是传统政府最常使用的干预手段之一,所谓"直接行政"就是政府凭借命令、通知、意见和指示等方式直接指导下属的部门或者企事业单位的行为。在直接行政过程中,由于政府干预过多,下属的部门或者企事业单位的自主性受到制约,结果是造成市场的歪曲、政府的扩张,最后导致恶性循环。

（2）经济手段

政府为了实现预期制定的目标,经常采用财政拨款的经济手段来激励和引导行政对象朝政府期盼的方向发展。经济手段是一种间接的调节方法,具有灵活机动的特点,政府应该结合实际需要,及时对一些急需资助与发展的项目和群体进行财政帮助。在实施经济手段过程中,必须做到目标明确、程序公开公正,用招投标和立法的形式来进行。

（3）信息手段

公开信息不仅作为一种监督权力和配置资源的方法,也是一种间接控制的方法。当今,是一个信息爆炸的时代,各国政府作为最大的信息集散机构,常通过公开信息的方法来调控社会生活,让公民及时了解政府施政的方针、政策及其效果,有利于公民和市场主体实时采用相应办法,不断调整各自的行为,对政府来说,这也是政府公开行政的具体表现,是一种承诺,也是一种要约。信息公开主要有公开政府行政主体、公开政府行政对象、公开政府行政过程、公开政府行政结果等。

（4）评监手段

政府作为公共权力机构,具有最高的公共权力和最强的财政能力,政府采用评价和监管的方式也具有最高的权威性。因此,政府在实施干预过程中,可以依据对下属的部门或者企事业单位的行为进行科学评价的情况,对其给以奖励或者惩罚,以提高他们的工作积极性和改革创新的热情,实现对其的动态监管。

（5）法律手段

为了实现国家治理能力和治理体系的现代化,各国政府都制定相应的法律法规来规范社会秩序和公民行为,保障经济社会的有序发展,法律已成为政府干预社会活动的主要方式之一。所谓法律是指由国家制定或认可并以国家强制力保证实施的,反映由特定物质生活条件所决定的统治阶级意志的行为规范体系。法律是统治阶级意志的体现,是国家的统治工具。法律分为宪法、法律、行政法规、地方性法规、自治条例和单行条例等,其中法律是从属于宪法的强制性规范,是宪法的具体化。

要发挥法律在政府干预中的作用,首先,要保证法律的代表性。公民在法律面前要能人人平等,就要使制定的法律能体现不同阶层、不同群体的利益,尤其不能忽视弱势群体的利益。其次,要保证法律的稳定性。法律一经制定,在一定时期内就不能随机变动,同时,也要注意法律的调适性问题,即政府要能根据经济社会发展变化的需要及时修订或者废止不符合时代要求的法律,防止出现制约经济社会发展的制度性障碍。最后,要保证法律实施的有效性。法律制定生效后,政府要对法律规范调控的对象实施动态的检查与监督管理,做到有法可依、执法必严、违法必究。

3.政府干预的评价

政府通过公共权力对政治、经济、文化和社会生活等方面实行干预,其效果不仅关系到公民对政府工作好坏的评价,关系到政府的合法性问题,也关系到政府的执政地位。因此,应该重视对政府干预过程和干预结果进行动态的评价与监管。

(1)政府干预评价的意义

政府干预评价是实现公共性的一个关键环节,具有重要的现实意义,具体表现为:有助于提高公共资源的利用效率、公共服务的质量以及顾客的满意度,以实现公共利益的最大化;有助于提高政府公共服务的能力,以保证对人民负责;有助于强化对政府公共权力的监管和约束,以防止资源浪费和腐败等现象的发生;有助于推动政府的改革创新,以实现国家的长治久安。

(2)政府干预评价的内容

要科学、合理地评价政府干预的效果,可以从不同的角度入手。从政府公共性的特点来看,可以对实现公益性、共享性、参与性和公开性等的程度进行评价;从政府工作的目标来看,可以对公共性实现的效率和方式的合法性进行评价;从公民需要来看,可以对获得性、满意度、回复性等进行评价。

(3)政府干预评价的主体

政府是一个实行统治和社会管理的公共机构,每一个个体和组织都具有对其干预效果实施评价的权利,但是,因不同评价主体在进行评价时所持的标

准各不相同,评价的结果也千差万别。评价主体主要有以下几种:

①公众。政府存在的合法性体现在要为公众提供好的公共产品和服务,可以说,公众是利益的最直接受益者,是最能体味到政府干预能否满足自身预期的需求,是最能感触到自身权益是否受到损害。因此,政府干预评价的主体首先是公众。在实际评价过程中,由于信息的不对称,公众难以把握政府施政的实际情况,对政府干预评价的准确性、客观性和科学性将受到影响。但公众的满意度是政府干预评价最基本的指标。

②政府机构。政府机构的评价包括上级对下级的评价和自我评价两种。其中,因上级具有监管的职责,所以,上级对下级的评价更具有客观性,但评价数据的收集受制于下级部门。对于自我评价,因政府机构为了维持自身的利益和合法性,评价常放大成绩,掩盖失误,评价的客观性大打折扣。

③中介机构。中介机构是一个独立、专业的专门评价机构,由于该机构不属于政府管辖范畴,是一个营利性组织。为了提高服务的信誉度,中介机构不仅不采用政府提供的数据,而且亲自收集和采用有关数据,所以评价结果相对科学、准确和客观,有效促进政府干预绩效的提升。可见,在竞争激烈的国家里,其中介机构的发展水平是权衡政府干预是否民主与高效的主要指标。

(4)政府干预评价的制度

为了保证公众参与政府干预绩效评价活动的顺利开展,必须在政府和公众间构建起有利于交流和畅通的相关制度,具体包括:

①服务承诺制度。服务承诺制度是培育服务行政文化的一种重要制度,是建设服务型政府的重要手段。服务承诺制度是许多国家提高政府服务质量的有效途径,用公开承诺的方式把政府服务的内容、标准、责任公之于众,主动接受公众的监督,自觉提高服务水平和质量。服务承诺制度包括公开办事内容、办事标准、办事程序、办事时限、监督机构、举报电话、赔偿标准等内容。对于未能履行承诺的责任人与责任单位必须按照相关规定给予当事人一定的赔偿。因此,服务承诺制度为评价确立了具体的评价对象、评价范畴、评价标准等,也是评价政府公共性实现的重要依据之一。当然,为了保障服务承诺制度的贯彻实施,防止其徒有虚名,还需要构建问责制,保证对政府干预评价出现负面评价时有相关人员承担责任。

②信息公开制度。信息不仅是一种重要的资源,而且,也是一种控制权力的工具。所谓信息公开制度是指有关保障公民了解权和对了解权加以必要限制而组成的法律制度。政府掌控了大量独有的信息,因此,对政府干预的评价离不开对政府信息公开程度的评价,它是政府消除欺诈、腐败与不公平,实现

公共性的一个重要指标,也是对政府干预进行评价的首要条件。从大的方面来看,信息公开制度包括政府施政过程的全面公开,主要有公开行政程序、公开行政过程、公开行政结果、公开决策程序、公开决策过程、公开决策结果、公开事务研究等信息。要做到信息公开性就要求政府能及时将信息通过政府公报、政府网站、新闻发布会以及报刊、广播、电视、网络等多渠道传递给广大公民,以利于公民能够参政议政,并对政府的干预实行有效的动态的监管。

③公众选择制度。公众作为政府公共服务的对象,公众对政府服务方式、服务内容的选择情况不仅体现公众对政府的评价权、监管权和调控权的实现,也可以说是对政府公共性最直接的评价和最有效的调控,因此,公众选择制度是对政府实现公共性进行有效监控的一种最有力的工具。为了保证公众选择制度的实施,必须疏通政府利民便民渠道,提高政府利民便民的智能化水平。

(5)政府干预评价的指标

①责任性。政府存在的宗旨就是为公民提供公共产品和服务,也就是政府所应履行的职责。政府能否兑现承诺和履行职责也最直观地反映了政府干预的好坏。可见,责任性不仅是政府干预评价的重要指标之一,也是政府能否实行自我激励、自我管束的重要衡量标准之一。[①]

②合法性。政府干预过程中的每一个行为不但要适合法律法规和精神,也要受到公民的自愿遵从与认同。因此,公民的评价和满意度可以作为评价政府合法性的重要指标之一。

③公平性。政府公共性的关键因素是公平,公平成为政府合法性的根本,政府在干预过程中必须遵循公平性原则。公平性是指公民享有社会基本权利的机会均等、公民享有补偿的平等、公民的功绩同其获益平衡。

④公开性。也就是政府信息的公开性,任何公民都有权利获取同自身利益相关的政府信息,如,政策的制定、政策的执行、法律法规、财政预算、财政开支等信息。对公开性的评价主要涉及信息公开的数量、信息公开的质量、信息公开的时效、信息公开的渠道等方面。

⑤有效性。有效性体现为社会效益和经济效率两个方面。其中,社会效益是指政府干预活动能否达到预期的目标,一个无法实现预期目标的政策或者干预活动是无效的,断定政府干预是否成功的最重要的标准就是社会效益。而经济效率关心的是成本,评价政府干预的效率重点在节约成本,涉及的成本包括直接成本、社会成本等。

---

① 俞可平.引论:治理与善治[M].北京:社会科学文献出版社,2000:14.

第三节　马克思主义制度学说理论

一、马克思主义制度学说的产生与贡献

马克思、恩格斯利用辩证唯物主义与历史唯物主义,研究各个时代作为人类社会发展基础的生产关系,特别是重点研究资本主义社会的生产关系,从而创立了无产阶级政治经济学,它是马克思主义理论最详细、最深刻的证明与运用。马克思主义政治经济学中涉及的作为经济制度的生产关系与作为上层建筑的与经济制度相适应的法律、政治等制度体系,即马克思主义制度学说,前者可以认为是一种居于经济关系范围内的狭义的制度,后者可以认为是一种广义的制度。马克思主义制度学说由制度分析的理论前提、制度分析的逻辑起点、制度分析的核心环节、制度的产生及其内在结构、制度的变迁及社会形态的更替、制度产生与发展中差异性及整体图景等六个问题构成的完整并具有严谨逻辑结构的理论体系。根据该理论体系内部层次的不同,分为作为制度分析的一般结构理论命题与一般理论命题两种。[①] 可见,马克思主义制度学说在本质上是一种整体、宏观和动态的制度分析理论。

纵观制度经济学理论的发展历程,不难看出,160多年以前,马克思的《资本论》一书对人们的思维方法产生了长期性的影响,尤其是对制度与经济发展关系的开拓性探究,使其成为整个经济发展史研究中的先行者,为制度经济理论的创立与发展做出巨大贡献。对此,雅诺什·科尔奈(Janos Kornai)指出,马克思是对制度学说做出历史贡献的第一人;美国著名的经济学家、历史学家道格拉斯·诺思(Douglass C.North)也认为,自己在制度分析方面深受马克思历史唯物论的影响,并认为:"在详细描述长期变迁的各种现存理论中,马克思的分析框架是最有说服力的,这恰恰是因为它包括了新古典分析框架所遗漏的所有因素:制度、产权、国家和意识形态。马克思强调在有效率的经济组织中产权的重要作用,以及在现有的产权制度与新技术的生产潜力之间产生

---

① 李省龙.布坎南公共选择理论与我国政府决策行为[J].经济学动态,2003(5):13-17.

的不适应。这是一个根本性的贡献。"①配杰威齐(S.Pejovich)也说:"的的确确许多社会科学家包括亚当·斯密都重视产权,马克思却第一个断言,对于产权的规范是因为人们要解决他们所面临的资源稀缺问题,而且产权结构会以其特定而可预见的方式来影响经济行为。"②对此,西方经济学界在评价马克思对制度学说的贡献时都有一个共同的认识,就是"他(马克思)能够被认为是制度范式的鼻祖是因为他不把自己限于去检验资本主义的特定领域(政治领域或者经济的、社会的或意识形态领域)。他将所有的领域放在一起观察,并分析它们之间的互动关系。从那以后,这些领域相互之间的影响,它们之间的因果关系的主要趋势才被依据制度范式进行思考的研究者纳入其从事研究的主要课题之中"。③ 因此,马克思在制度研究方面的独特之处正是马克思主义的精髓,也就是马克思的辩证唯物主义和历史唯物主义,它在西方制度研究学派和研究结构中具有重要的地位和作用,并对新制度经济学理论的形成与发展产生重大的影响。

二、马克思主义制度学说的基本论点

马克思的制度经济学思想相当丰富,几乎涵盖新制度经济学所探讨的国家、企业、产权、制度变迁和意识形态等每一个制度领域。本课题将马克思主义制度分析理论作为研究的理论基础之一,主要是根据马克思主义唯物史观有关经济结构中生产力和生产关系、社会关系中生产方式和社会意识的关系的典型阐述,可以将其归纳为以下基本论点④:

第一,生产力是人类改造物质世界和生产物质产品的能力,体现了人与自然的关系,是生产方式中最活跃、最革命的因素。社会生产力发展的需要是人类社会由低级逐渐向高级发展的动力,也是经济可持续增长的根源。生产力发展水平状况决定了社会关系状况,也决定了社会发展的形态。因此,从生产力和生产关系的相互关系可以看出,生产力的发展是生产关系发生改变的根本原因,也是新旧生产关系更换的主要根据,同时,也是经济社会变迁的根本力量。

① [美]道格拉斯·C.诺思.经济史中的结构与变迁[M].陈郁,罗华平,等译.上海:三联书店,1991:68.
② [冰]思拉恩·埃格特森.新制度经济学[M].北京:商务印书馆,1996:55.
③ 吴敬琏.比较[M].北京:中信出版社,2002:17-18.
④ 康宁.中国经济转型中高等教育资源配置的制度创新[M].北京:教育科学出版社,2005:68-71.

第二,生产关系是在一定的生产力水平背景下,人们在生产过程中所产生的人和人之间的关系,主要由生产、交换、分配和消费等环节构成,与生产力相比更具有相对稳定性。生产关系最主要的特点就是与其一定发展时期的生产力相适应,是不以人的意志为转移的。在一定时期出现新的生产力时,就需要调节和改革先前的生产关系,以适应生产力的发展需要。因此,当出现生产关系的某些延迟性、相对独立性和妨碍生产力的问题时,就会出现生产关系同生产力发展不协调的现象。

第三,一个社会"生产关系的总和构成了社会的经济结构,即有法律的和政治的上层建筑竖立其上,并有一定的社会意识形态与之相适应的现实基础"①,可见,上层建筑一经产生就具备相对独立性的特点,此时,社会意识形态的存在对生产力造成的影响不只是被动和消极的,而是一个具有能动特点的繁杂过程。具体体现为:社会意识的发展呈现历史继承性或者路径依赖的特点;社会意识对社会存在的影响具有消极和积极的作用,其作用的范围、程度和时间各不相同;社会意识同社会存在发展变化间产生不一致性。

第四,19世纪,马克思在《政治经济学批判导言》中提出,"技术揭开了人与自然之间的关系模式,它通过生产过程来维持它的生活,因而也揭示了它的社会关系的形成方式以及由此引出的思想观念"。② 可见,早期制度经济学派还就制度创新决定论和技术创新决定论进行争执之时,马克思就开始对生产方式的变化(技术变迁)和生产关系(制度变迁)之间的辩证关系作了精辟的论述,认为两者互为联系、互为作用、互为影响,并指出,从人类社会发展的长远趋向来看,生产方式已成为社会组织变迁的动态力量。③

第五,实现资源配置的三个基本条件分别是:其一,市场主体介入健康有序市场的基础是确定商品经济的地位,对此,马克思认为,商品交换是一个惊险的跳跃,假如跳不过去,摔坏的不是商品,而是商品生产者自己④;其二,含糊的产权将阻止交易行为的产生,并对交易规模与经济效率带来影响,因此,劳动力所有权的确定将促进商品生产和专业化;其三,消除商品生产垄断和财富增长所具备的条件是个性化的自由人联合体。以上三个条件是构建完善市场经济的基础因素,同时,也是经济社会发展和产权关系的前提条件。

总之,马克思将唯物史观贯穿于社会发展缘由的研究中,形成了有特色的

① 马克思恩格斯全集(第13卷)[M].北京:人民出版社,1962:8.
② 马克思恩格斯全集(第13卷)[M].北京:人民出版社,1962:406.
③ 张建华.创新、激励与经济发展[M].武汉:华中理工大学出版社,2000:94.
④ 李义平.产权与经济发展[N].中国经济时报,2003-11-6.

马克思主义制度学说,并认为制度是"内生与经济社会系统的变量,力图透过私有制商品经济表层的物与物的关系揭示人与人之间的利益冲突"[1],展现社会发展的矛盾以及资本主义生产关系的形成、转变和运转的原理,阐述了资本主义经济增长中的演变的内在矛盾、发展规律和最后演化的历史走向,强调反映生产力发展方向的制度改革是社会关系能否存在和适合的基础。因此,马克思有关制度研究的独创性体现在不但确立了制度经济学理论的历史唯物主义基本思想,并将制度元素纳入社会发展历史的宏观研究构架中,从而使制度分析成为经学家的研究范畴。[2]

三、马克思主义制度学说与新制度学派的区别

马克思的制度学说对新制度经济学的创立和发展所做的贡献是不言而喻的,但与新制度经济学不同,有其自身的特点,具体体现在以下几方面:

第一,基于理论来源的视角,马克思的制度分析是确立在劳动价值论的基础上,而新制度经济学的制度分析是确立在新古典理论的要素论的基础上。[3]

第二,基于理论重点的视角,马克思根据社会形态的更迭是一个由较低级向一个更高级转化历程的演变规律,将制度分析的重点集中在宏观长远的社会形态改革缘由上,也就是长期制度变迁的痕迹同制度变量(生产力、生产关系、经济基础、上层建筑等)间的相关性分析,而"不将自己囿于检验资本主义或其他体制的某些方面的制度,从而提供了一个系统性观点"[4];新制度学派有关制度变迁却将制度确定为一个研究对象,重点研究制度自身的形成、更迭与演变的历程,尤其重视对微观的社会内部的制度部署对制度变迁作用的研究。

第三,基于理论结论的视角,马克思的制度分析重申不同阶级利益的矛盾与制度变迁的革命之路;而新制度经济学的制度分析以人类选择的合理性为基础重申制度变迁的渐进性。可见,西方制度学派所研究的制度为市场经济制度的确定、演变和完善的制度,所展示的制度规律为市场经济制度的形成、发展、完善的过程。[5]

---

① 张建伟.经济理论中的制度分析:在批判中超越[J].财经研究,1999(1):39-42.
② 吴敬琏.比较[M].北京:中信出版社,2002:17-18.
③ 卢现祥.西方新制度经济学[M].北京:中国发展出版社,1996:247.
④ 吴敬琏.比较[M].北京:中信出版社,2002:17-18.
⑤ 卢现祥.西方新制度经济学[M].北京:中国发展出版社,1996:247-248.

1978 年我国实行改革开放以来,经过四十多年的大胆探索与实践,取得了举世瞩目的巨大成就,市场经济体制在不断的丰富和完善。实践证明,从计划经济向市场经济的转化本质上就是制度的调节、替换和革新过程。本研究正是基于此变革的大环境之中,不仅以马克思的制度分析为基础,又吸收和运用新制度经济学的理论与分析方法,尤其是借助比较制度的方法分析不同制度环境下制度的移植和制度的革新问题。

第四节　新制度经济学理论

20 世纪 60 年代起始,新制度经济学的产生与发展成为经济学发展历程中最为闪亮的一幕,尤其是 1991 年、1993 年和 2009 年新制度经济学的开拓者科斯、重要代表诺思与威廉姆森先后获得诺贝尔经济学奖之后,新制度经济学的影响力又得到提升,以至于西方有人将新制度经济学、宏观经济学和微观经济学三者构建成现代经济学的完整体系。对此,美国著名的经济学家、2001 年诺贝尔经济学奖获得者斯蒂格利茨认为:新制度经济学从新的视角来解释制度并检查它的结果,21 世纪将是新制度经济学繁荣发达的时代,它将对越来越多的引导经济事务的具体制度安排提出自己的真知灼见,并且为改变这些安排以增强经济效率提供理论基础。[①]

一、新制度经济学的产生与发展

(一)新制度经济学的产生

新制度经济学的产生经历了 19 世纪 20 年代至 30 年代的以凡勃伦(Thorstein Veblen)为代表的旧制度主义,随后是 20 世纪 30 年代至二战后期的以贝利(Berle A.A.)为代表的制度主义,最后发展为当今的以罗纳德·科斯(Coase Ronald)为代表的新制度经济学。可以说,新制度经济学主要源自罗纳德·科斯 1937 年出版的《企业的性质》一书。在书中,他第一次提出了交易费用(交易成本),并用其对各种制度问题进行分析与研究。接着,在 1960

---

① 袁庆明.新制度经济学[M].北京:中国发展出版社,2014:1.

年发表的《社会成本问题》一文中,他明确使用了"交易费用"概念,并着重分析了交易费用同产权制度安排间的内在关系,同时,基于交易费用范畴把产权制度问题列入经济研究范围,从而产生了从产权配置入手来诠释制度的科斯定理。从此,新制度经济学步入快速发展的轨迹,标志着新制度经济学的形成。

(二)新制度经济学的发展

1960年,斯蒂格勒对"科斯定理"命名之后,许多与科斯定理相关的问题成了经济学家关注和研究的重点问题,如交易费用、产权、国家、制度变迁和契约等,由此,新制度经济学产生了了不同的分支范畴。根据所研究的对象及其问题的不同,有涉及交易费用与科斯定理等新制度经济学基础理论的研究,主要代表为威廉姆森、诺思、张五常等经济学家;有涉及国家、企业、产权和契约等特殊制度的研究,主要代表为阿尔钦、德姆塞茨、巴泽尔等经济学家;有涉及制度与制度变迁一般问题的研究,主要代表为舒尔茨、林毅夫、福格尔等经济学家。根据新制度经济学与其他学科融合的不同,有新制度经济学与政治学融合而成的交易费用政治学研究;有新制度经济学与发展经济学融合而成的发展经济学的制度学研究;有新制度经济学与博弈论、计量分析和数理模型分析融合而成的数理化、模型化的研究。因此,新制度经济学许多理论命题正不断被研究与解决。

二、新制度经济学的研究对象与方法

(一)新制度经济学的研究对象

新制度经济学家对新制度经济学的研究对象的阐述各不相同,罗纳德·科斯认为,新制度经济学的研究对象是制约人并对经济绩效有决定作用的经济制度;诺思指出:"制度经济学的目标是研究制度演进背景下如何在现实世界中做出决定和这些决定又如何改变世界。"[①]弗鲁博顿和芮切特提出:"新制度经济学至少试图说明制度确实重要。它认为,不同的组织结构对激励和行为有不同的影响,而且,在新制度经济学中,制度本身被看作是经济学分析的合理对象。"[②]可见,新制度经济学家对新制度经济学研究对象的表述本质上

---

① [美]道格拉斯.C·诺思.经济史中的结构与变迁[M].上海:三联书店,1991.
② [美]埃里克·弗鲁博顿,[德]鲁道夫·芮切特.新制度经济学[M].孙经纬,译.上海:上海财经大学出版社,1998:1-2.

是相同的,也就是新制度经济学是借助经济学的方法来研究制度的组成、运转、演变和影响的经济学。因此,制度作为经济学的研究对象可以说是新制度经济学对传统经济理论的一次变革,制度成为继技术、偏好和天赋要素后又一大柱石。

(二)新制度经济学的研究方法

科斯、诺思、弗鲁博顿和芮切特等新制度经济学家都采用新古典经济学的分析方法(如,成本收益分析、均衡分析、边际替代分析、博弈论等)研究制度安排的运转与演变问题,从而拓宽了微观经济学的使用范畴,同时,其预测能力也得到进一步提升。当然,新制度经济学同新古典经济学在具体的研究方法方面也存在不同:前者更侧重从经济生活的客观实际入手,强调对事实的全面调查,以探寻解决问题的办法;后者更注重研究的数学化、抽象化和形式化。[①]

三、新制度经济学的基本假设与分析层次

通常来说,经济学家在从事经济研究时都会选用一个分析构架,分析构架不同,经济分析的结果也存在差异,新制度经济学在继承新古典经济学的基础上又对其进行变革。当然,不管采用何种分析构架,普遍都包括基本假设和四个分析层次[②]:

(一)新制度经济学的基本假设

新制度经济学基本保留了新古典主义的理性选择、稳定性偏好和均衡分析等三个要素,却摒弃了完全信息、完全理性和确定性等基本假设,具体有以下几方面假设:其一,不完全信息假设,也就是经济主体不具备获取自身所需求的全部信息的完全能力,尤其是在不完全信息的条件下,交易双方存在信息的不对称;其二,有限理性假设,也就是要深入了解客观世界的制度和经济的运转,需要认识到人的分析和处理信息的能力是有限的,世界是一个充满不确定性的风险世界;其三,机会主义假设,也就是人存在自私自利之心,甚至狡诈欺骗行为,包括见机行事、投机取巧、故意隐瞒或歪曲事实、违约等;其四,个人主义的效用最大化假设,也就是每个人总是在一定制约背景下追求自己的效

---

① 袁庆明.新制度经济学教程(第二版)[M].北京:中国发展出版社,2014:15.

② 胡乐明,刘刚.新制度经济学原理[M].北京:中国人民大学出版社,2014:11-12.

用的最大化,而对于每一个组织的集体行动,都必须分析任何个人的行为及其产生的相互影响,集体行动的基本准则才能得到最后的阐释。

(二)新制度经济学分析构架的四个层次

第一层次,就是市场经济制度与私有产权制度不是固定不变的,都经历形成和变迁的历程。新制度经济学所要研究的就是这些基本制度环境的变迁以及对客观经济活动的影响问题。

第二层次,就是追求个人效应的最大化,其中,个人是指官员、公务员、企业主和员工等组织成员。

第三层次,就是运用均衡分析的方法研究个体相互作用的均衡结果,并进一步研究明确制度形态和变迁的各方相互博弈的"均衡解"。

第四层次,价值评价的标准采用新古典的"帕累托最优"的效率标准,不采用道德与伦理标准。

四、新制度经济学的理论分支

新制度经济学经过了孕育、产生和快速发展阶段,如今,已逐步形成了较为成熟的交易费用理论、产权理论、组织理论、契约理论、制度变迁理论和新经济史学等理论分支。下面简要介绍与本课题研究有关的产权理论和制度变迁理论。

(一)产权理论

科斯定理指出,当交易费用大于零时,产权的不同界定将对资源的配置造成影响,可见,产权的安排是非常重要的。20 世纪 60 年代以来,通过德姆塞茨、阿尔钦、张五常、巴泽尔等经济学家的不断努力,产权理论逐渐形成。

1.产权的概念、构成和类别

(1)产权的概念

产权简要地说就是财产的权利,许多经济学家对此进行界定,概括起来从两个视角入手[①]:其一,从人同产权的关系的视角入手,认为产权是一种人对财产的行为权利。如,德姆塞茨认为:"产权包括一个人或其他人受益或受损的权利……"华特斯指出:"产权是指人们有资格处理他们控制的东西的权利,

---

① 袁庆明.新制度经济学教程(第二版)[M].北京:中国发展出版社,2014:121.

即人们有权拥有明智决策的回报,同时也要承担运气不好或失职所带来的成本。"其二,从以财产为基础形成的人同人的关系的视角入手,认为产权是一种由物的存在产生的人们之间互为承认的行为关系。如,费雪认为:"产权不是物质财产或物质活动,而是抽象的社会关系。一种产权不是一种物品。"弗鲁博顿与配杰威齐指出:"产权不是指人与物之间的关系,而是指由物的存在即关于它们的使用所引起的人们之间相互认可的行为关系……"总之,产权不仅体现人们拥有财产使用的权利,而且还明确了人们的行为规范,这也体现了产权的本质特征。而划分、确定、界定、保护和行使产权必须遵循一系列规则,即产权制度。

（2）产权的构成

产权的多重性决定产权是由多种权利构成的完整结构,一个完整的产权结构反映了主体对客体所具有的一种法定、最高、排他专属的占有关系（所有权）、支配使用关系（使用权）、收益占有关系（收益权）和任意处置关系（处置权）。因此,所有权、使用权、收益权和处置权构成了完整的产权结构。[①] 具体来说[②]:所有权是指在法律范围内,产权主体将财产（产权客体）作为自身的专有物,排斥他人随意侵夺的权利,是产权的核心和基础;使用权是指产权主体使用财产的权利,是产权的具体化;收益权是指产权主体获得资产收益的权利,是产权的重要内容;处置权是指产权主体将物或对象以某种形式交与他人支配、占有和使用,以变换财产的主体,也是产权的重要内容。

（3）产权的类别

产权的类别可以从产权的排他性程度、产权的特征、产权的主体和客体等不同的角度进行划分,大多数西方经济学者主要依据产权的排他性程度将产权分为私有产权、共有产权、国有产权、社会产权和公有产权五种类别,具体来说[③]:私有产权（private property rights）是指对必然发生的不相容的使用权进行选择的权利的分配;共有产权（communal property rights）是指将权利分配给共同体的所有成员;国有产权（state-owned property rights）是指国家按可接受的政治程序来决定谁可以使用或不能使用这些权利,它就能排除任何人使用这一权利;集体产权（collective property rights）是指集体组织机构通过民主程序决定权利的使用;公有产权（public property rights）是指由社会全体

---

① 袁庆明.新制度经济学教程(第二版)[M].北京:中国发展出版社,2014:128-129.
② 卢现祥,朱巧玲.新制度经济学(第二版)[M].北京:北京大学出版社,2017:115-116.
③ 卢现祥,朱巧玲.新制度经济学(第二版)[M].北京:北京大学出版社,2017:117.

成员共同占有的产权。从经济学的角度来看,不同的产权类别对资源配置的效率将产生不同的影响。

2.产权的属性和功能

(1)产权的属性

不同的产权类别,其属性也不相同。对于私有产权来说,主要体现为可分割性、排他性、可让渡性与清晰性等属性。而对于共有产权来说,其属性刚好相反,即不可分割性、非排他性、不可让渡性与不清晰性。其中,可分割性是指特定财产的各项产权可以分属于不同主体的性质;排他性是指一个主体阻止另一个主体进入特定财产权利的领域,以维护特定的财产权利;可让渡性是指产权在不同主体之间的转手与交易;清晰性是指不同主体之间存在清晰的产权界限。[①]

(2)产权的功能

所谓产权的功能是指定义与实行产权的功能,产权的功能包括微观功能和宏观功能。其中,微观功能有激励和约束功能、减少不确定性功能和外部性内在化功能;宏观功能有资源配置功能和收入分配功能。概括地说[②][③]:激励和约束功能强调产权是利益和责任的关系,基于利益的视角是一种激励,基于责任的关系是一种约束,它是产权主要的功能;减少不确定性功能强调产权的界定与实行可以减少不确定性,从而降低交易费用,同时,交易费用的降低又对产权主体产生激励作用;外部性内在化功能强调产权的界定和实行会导致外部性内在化,当可以提高产权主体的收益并具有激励产权主体的作用时正外部性内在化出现,当提高产权主体的成本并具有约束产权主体的作用时负外部性内在化出现;资源配置功能强调不同类别的资源需要同不同的产权形式相匹配,生产资源能够优化配置并有效利用的基础是要有合适的产权安排;收入分配功能强调不同的产权界定会导致收入分配的不同。

3.产权的界定和保护

(1)产权的界定

产权的界定指的是财产权利归属主体的确立,虽然科斯提出了产权界定对市场交易与资源配置的重要作用,但是,没有明确产权界定的程度问题。对此,德姆塞茨、巴泽尔等经济学家研究后指出,产权不可能完全被界定,人们对

---

① 袁庆明.新制度经济学教程(第二版)[M].北京:中国发展出版社,2014:131-134.
② 袁庆明.新制度经济学教程(第二版)[M].北京:中国发展出版社,2014:136-139.
③ 卢现祥,朱巧玲.新制度经济学(第二版)[M].北京:北京大学出版社,2017:119-120.

一项资产的关注不是其所有属性,而是能给资产拥有者带来利益的一个或者多个属性。可见,对产权的界定只能做到相对清晰,即产权界定的相对性。[①] 当然,产权界定的效率水平由交易成本决定,当交易成本较低时,清楚地界定产权有助于经济主体通过自觉的竞争实现资源配置的最优化,甚至私人提供公共物品;当交易费用较高时,私有产权难以界定,导致一部分产权被置于"公共领域"。在产权界定过程中,政府发挥了重要作用:一方面有助于限定和规范人们的无序竞争和争夺,降低产权界定成本;另一方面有助于保持产权界定的稳定性。[②]

(2)产权的保护

任何一个社会都必须对财产实施有效保护,否则,财产的积累将是缓慢的,财产的价值也会降低,进而影响国家从落后向发达的转变。因此,巴泽尔提出,每一个人的每一项权利的有效性都依靠个人为保护该项权利所做的努力他人企图享有该项权利所做的努力,或任何"第三方"保护该项权利所做的努力。[③] 经过新制度经济学家的研究后认为,产权保护的社会机制有:用武力或武力威胁建立排他性;用价值体系和意识形态影响私人的动机从而降低排他性的成本;习俗和习惯法;由国家或其他代理结构强制实施的规则,包括宪法、普通法、成文法和行政法规等。上述四种机制互为联系,不同国家其保护机制的构成也不同。[④]

(二)制度变迁理论

制度变迁理论(Institution Change Theory),20 世纪 70 年代前后,旨在解释经济增长的研究受到长期经济史研究的巨大推动,最终把制度因素纳入解释经济增长中来。

1.制度的起源与含义

(1)制度的起源

制度(institution)是如何产生的,目前,存在交易费用说和合作起源说两种。其中交易费用说认为人们在节省交易费用并选择最优产权安排过程中产生制度;而合作起源说却认为制度是人们在合作博弈中产生的,是借助集体理

---

① 袁庆明.新制度经济学教程(第二版)[M].北京:中国发展出版社,2014:143-144.

② 胡乐明,刘刚.新制度经济学原理[M].北京:中国人民大学出版社,2014:70.

③ [美]Y.巴泽尔.产权的经济分析[M].费才域,段毅才,译.上海:上海三联书店,1997:153.

④ 袁庆明.新制度经济学教程(第二版)[M].北京:中国发展出版社,2014:147.

性与第三方强行改正个体理性导致的集体非理性。一般意义来说,新制度经济学家认为,制度是因资源的稀缺现实存在,人们为了能充分发挥资源效率而生存,便产生了用来制约人们行为的不同制度安排。①

（2）制度的含义

那么,何谓"制度"？诺思指出"制度是为约束在谋求财富或本人效用最大化中个人行为而制定的一组规章、依循程序和道德伦理行为准则,也称制度安排"。② 胡乐明等认为,制度是指有约束力的规则体系,包括正式的法律法规、非正式的道德伦理和风俗习惯等。③《辞海》中,制度被注释为:要求成员共同遵守的、按一定程序办事的规则或行为准则;在一定的历史条件下形成的政治、经济、文化等各方面的体系。④《牛津大辞典》对制度的定义是:一种已经在一个民族的政治生活和社会生活中建立起来或长期形成的法律、风俗习惯、使用习惯、组织或其他因素。那么,中外学者对制度内涵的诠释趋于相同,并且,认为制度都具有以下特点:制度是在设定的社会中人的利益与选择的结果;制度是维护社会组织间及其组织内人们互相往来的"游戏"规则;制度通常由正式或者非正式制约与实行机制组成;制度的产生和演变是一个长期、较为稳定和有条件的变化过程,大多数制度是一种稀缺、无形的"公共品"。⑤

2.制度变迁的含义与主体

（1）制度变迁的含义

所谓制度变迁(institutional change)是指新制度(或新制度结构)产生、替代或改变旧制度的动态过程。作为替代过程,制度变迁是一种效率更高的制度替代原制度;作为转换过程,制度变迁是一种更有效率的制度的生产过程;作为交换过程,制度变迁是制度的交易过程。制度的变迁具体体现在制度的结构、制度的性质、制度的种类、制度的地位等方面。

（2）制度变迁的主体

对于制度变迁是否存在主体,以哈耶克为代表的演进主义变迁观认为,制度变迁是一个自然演变过程,是不存在主体的;而以诺思为代表的建构理性主义变迁观却指出,制度变迁全由人的意志所决定,是人们选择和设计的结果,

---

① 胡乐明,刘刚.新制度经济学原理[M].北京:中国人民大学出版社,2014:199-200.

② 林毅夫.再论制度、技术与中国农业发展[M].北京:北京大学出版社,2000:13-14.

③ 胡乐明,刘刚.新制度经济学原理[M].北京:中国人民大学出版社,2014:6.

④ 辞海编辑委员会.辞海(1979年版)[M].上海:上海辞书出版社,1980:185.

⑤ 康宁.中国经济转型中高等教育资源配置的制度创新[M].北京:教育科学出版社,2005:73.

是存在主体并由主体决定的。制度变迁是人对一些规则的否定和扬弃,并编制或者选取新的规则过程,可见,制度变迁离不开主体,但也要认识到,每一主体的制度变迁的行为与方案最后都不由主体的意志决定,而是取决于客观条件。对此,马克思不仅强调客观因素——生产力对制度变迁的决定作用,同时,也强调人的主观能动性,即人民群众是历史的创造者。制度变迁的主体包括开创性的初级行动团体与追随初级行动团体的次级行动团体。其中,初级行动团体是指制度变迁的创新者、策划者和推动者;次级行动团体是指制度变迁的具体实施者。①

3.制度变迁的分析构架

制度变迁就是对制度非均衡的一种响应,所谓制度非均衡是指制度的供给与需求的不一致。为此,可以采用"供给-需求"分析法建构制度变迁的分析构架,也就是在一定的制度环境里,研究具体的制度安排的革新与变迁。当人们在创立与使用新的制度安排的预期净收益为正时,新的制度安排的需求就会产生,而影响制度需求的外生因素有产品与要素的相对价格、技术、偏好与市场规模等。决定制度供给的成本因素主要包括规划设计组织实行的费用、消除旧制度与改革阻力的费用、制度改革与变迁导致的损失、实行成本与随机成本等,而宪法秩序、现行制度、设计成本、知识积累、科学进步、文化和公民态度等外生因素都将影响制度的供给。②

上述任何一个因素产生变化,都将出现制度的非均衡,其包括供给不足与供给过剩两种类型。具体来说:制度供给不足是指制度的供给无法满足社会对新制度的需求而出现制度的真空或者低效制度的无法替换,"搭便车"和政府"失灵"都将导致制度的长期供给不足;而制度供给过剩是指制度的供给超出社会对制度的需求,或者是特意供给,或者是保持一些低效、过期的制度,政府的过多干预而出现的设租和寻租活动使制度的长期过剩难以避免。③

4.制度变迁的动因与方式

(1)制度变迁的动因

所谓制度变迁的动因是指促进制度改变的动力源泉,对制度变迁的动因研究也是制度变迁理论的主要内容。新制度经济学运用现代经济学来分析制度变迁问题,认为制度变迁是基于两方面的考虑:其一,制度革新和变迁有利

---

① 胡乐明,刘刚.新制度经济学原理[M].北京:中国人民大学出版社,2014:205-206.
② 胡乐明,刘刚.新制度经济学原理[M].北京:中国人民大学出版社,2014:200-205.
③ 袁庆明.新制度经济学教程(第二版)[M].北京:中国发展出版社,2014:345-351.

可图,即制度革新和变迁所获得的收益大于所支出的成本时,制度革新和变迁才能够出现。就如诺思所说:"如果预期的收益超过预期的成本,一项制度安排才会被创新。只有当这一条件得到满足时,我们才可望发现在一个社会内改变现有制度和产权结构的企图。"其二,资源相对价格的变化也会使制度需求或者制度偏好产生转变,也成为制度革新和变迁的动力,其中"相对价格变化"也包含成本-收益的有关变化。

(2)制度变迁的方式

制度变迁的方式和过程极为复杂,目前,制度变迁的方式较为典范的有需求主导型变迁和供给主导型变迁、渐进式变迁和激进式变迁、诱致性变迁和强制性变迁。其中,需求主导型变迁是指寻求最大化利益的独自行为主体始终在规定的制度约束背景下,追求预先确定对自身有利的制度安排与界定,当出现制度的不均衡时,就形成制度变迁的需求,该变迁是以市场经济为基础的自下而上的变迁;供给主导型变迁是指在一定宪法秩序与道德规范下产生,且权力中心所提供新的制度安排的能力与愿望作为制度变迁的主要因素的变迁方式,该变迁过程中政府成为确定制度供给的形式、方向、进程和战略安排的主要力量;渐进式变迁是指新旧制度的承接较好,过程较为稳定、时间较长且没有产生较大社会动荡的连续的变迁方式;激进式变迁是指短时间内采用坚决举措实施制度革新而不管各种关系协调的非连续的变迁方式;诱致性变迁是指个人或多人在接受制度不均衡所导致的获利机会时所实行的自发性变迁方式;强制性变迁是指通过政府的命令以及法律的介入与实施所进行的变迁方式。[①]

5.制度变迁的过程与现象

(1)制度变迁的过程

当前,新制度经济学界较认可的是诺思与戴维斯在《制度变迁的理论:概念与原因》一文中对制度变迁过程划分的五个步骤[②]:第一,初级行动团体的产生,该团体由个人或多人构成并对制度变迁起决定作用。第二,初级行动团体拟定制度变迁方案,该方案应受到制度环境与制度结构的认可。第三,遵循利润最大化的原则,初级行动团体对预期纯收益为正值的若干制度变迁方案实施比较与抉择。第四,次级行动团体的产生,该团体由个人、多人或政府部门构成并协助初级行动团体获取预期纯收益。第五,两个行动团体齐心协力

---

① 胡乐明,刘刚.新制度经济学原理[M].北京:中国人民大学出版社,2014:208-211.

② 袁庆明.新制度经济学教程(第二版)[M].北京:中国发展出版社,2014:371-374.

通过制度变迁方案并付诸实践,以实现制度的变迁。总之,通过上述过程,实现了制度安排的均衡,然而,因供求因素的变化,导致制度安排的不均衡,又进入一个制度变迁的周期。[①]

(2)制度变迁的现象

新制度经济学家认为,制度的变迁过程存在时滞、连锁效应和路径依赖三种现象。具体来说[②],制度变迁的时滞现象体现为从认知制度的非均衡、发现潜在利润的存在到实际发生制度变迁之间有一个较长的时期与过程,它由认知和组织的时滞、发明时滞、菜单选择时滞和启动时滞四个部分组成。连锁效应是指国民经济中各个产业部门之间互为联系、互为影响、互为依赖的关系机制,是由著名的经济学家赫希曼提出的。产业间的关系包括前向连锁与后向连锁两种方式,其中,前向连锁是指一个产业部门同以它的产出为投入的部门间的联系;后向连锁是指一个产业部门同向它提供投入品的上游部门间的联系。路径依赖是指制度变迁受到从过去积累而成的传统制度的制约,可以说,制度变迁过程中存在路径依赖是诺思对新制度经济学的一个重大贡献。他认为,路径依赖是对长期经济变化做分析性理解的关键,尤其是较好地阐释不同时期、不同国家和不同地区发展的差异性,并指出发展中国家的经济长期停滞不前的原因是缺乏进入有法律约束和其他制度化社会的机会。从历史发展来看,成功的路径依赖和持续失败的路径依赖存在不同的特点。

五、新制度经济学的理论特征及其对本研究的启示

新制度经济学理论呈现以下几个特征[③④]:其一,认为马克思主义制度学说有关唯物史观的思想对新制度经济学的理论核心产生的影响较大。重申经济发展不仅仅只是经济现象,还同政治、法律和制度有关联,有时还是起决定作用。其二,强调制度同增长的关系。认为经济长期发展的主要原因归结为制度,将制度从外生变量纳入经济活动的创新模型中的一个内生变量,倡导动态的进化论和整体论的观念。其三,注重制度同时间的关系。认为制度对目前和将来经济社会发展的变迁途径有决定作用,并思考制度研究同历史进程

①　胡乐明,刘刚.新制度经济学原理[M].北京:中国人民大学出版社,2014:212.
②　袁庆明.新制度经济学教程(第二版)[M].北京:中国发展出版社,2014:374-383.
③　胡乐明,刘刚.新制度经济学原理[M].北京:中国人民大学出版社,2014:12.
④　康宁.中国经济转型中高等教育资源配置的制度创新[M].北京:教育科学出版社,2005:79.

的逻辑一致性。其四,关注制度同人的行为的关系。人类行为应构建在制度结构上,而不只是个人爱好上。其五,采用新古典经济学的理论与方法分析制度,而不是伦理学和心理学的方法。其六,围绕新古典经济学的配置问题展开对制度的分析。其七,坚持新古典经济学的帕累托效率标准作为制度的效率评价标准,而不是伦理学标准。其八,在自由主义哲学的基础上,重申制度安排、产权界定的目的是称颂私有产权,以充分发挥市场机制。

因此,深化福建省公共体育资源优化配置改革将涉及以下几个同制度变迁有关的问题。首先,不仅仅需要重视公共体育资源增量的突破,而且,还要发挥存量的效用,这也是一个制度革新与探寻外在"利润"的过程;其次,随着公共体育资源存量改革的到来,强制性制度变迁日渐削弱,诱致性制度变迁日益明显。最后,公共体育资源优化配置改革不仅与制度环境有关联,还同正式和非正式的制度安排相联系。同时,改革之初的路径依赖以及公共体育资源配置中各集团利益的再分配都将对改革进程产生影响。

第五节　风险管理理论

一、风险

随着人类文明的进步,科技水平的不断提高,人类也将面临自然风险、技术风险、社会风险、经济风险等许多现实存在和潜在的风险,风险与人类结伴而行,已成为人们非常关注的问题。如股票、期货、房地产等方面的投资,有时投资者因获得成倍的增值而惊喜,有时又不得不承受大幅度贬值带来的伤感,这种"高风险,高回报"的投资充分展示了风险的魅力,投资报酬或损失的不确定性是显而易见的。随着人类在与风险"打交道"的过程中,对风险的含义、特征等基本理论的深入了解,风险意识有了进一步的增强。

(一)风险的定义

"风险"一词来自英文单词"risk"的中文翻译。"risk"这个单词于17世纪中期出现在"英文世界"(Flanagan and Norman,1993)里。它源自法文"risque",意指航行于危崖间;而法文"risque",又源自意大利文"risicare",意思是胆敢；而意大利文的"risicare"的源头来自希腊文"risk"。①

　　目前，对风险概念的理解，国内外学者众说纷纭，有不同的认识和观点，没有适用各个领域的一致公认的定义。概括起来可以分为客观实体派和主观建构派两大学术流派。② 客观实体派就是从"客观"或"实体"观念出发，以实证思维为指导，运用工程物理和技术等理论、工具与方法，通过对风险及其相关范畴的分析，得出有关风险的观点和方法。主观建构派是从"主观"或"建构"观念出发，以后实证思维为指导思想，运用社会、文化、人类文化等理论、工具与方法，通过对风险及其相关范畴的分析，得出有别于传统或较早观点的有关风险的系列观点和方法。

　　客观实体派在20世纪20年代就提出风险的概念并加以描述，发展至今，对风险的定义有以下四种观点。

1.损失机会和损失可能性

　　美国学者海恩斯（Haynes）认为："风险一词在经济学和其他学术领域中，并无任何技术上的内容，它意味着损害或损失的可能性。偶然的因素用以划分风险的不同性质，某种行为能否产生有害的后果应以其不确定性而定。如果某种行为具有不确定性，其行为就反映了风险的负担。"③可见，将风险定义为损失机会，说明风险是在一定时间内损失发生的次数和频率。而把风险定义为损失的可能性，则表明风险是损失事件发生的概率。通俗地讲，若损失事件发生概率为"1"表示损失事件发生，"0"表示损失事件不发生，则当损失事件发生概率介于1和0之间时，由于损失事件发生的不确定性，人们必须承受损失事件可能引发的精神压力，并做好准备时刻应对可能发生伤害与损失的威胁，因而就有感受到风险的存在。

2.损失的不确定性

　　美国哥伦比亚大学的学者威雷特博士（Allan H.Willett）最早对风险问题展开系统的研究，他认为："风险是关于不愿发生的事件发生的不确定性之客观体现。"④具体包括两层含义：一是风险是客观存在的现象；二是风险的核心与本质具有不确定性。⑤ 美国经济学家奈特（Frank H.Knight）出版的《风险、不确定性及利润》（*Risk, Uncertainty and Profit*）一书中，将风险定义为可能

---

① 宋明哲.现代风险管理［M］.北京：中国纺织出版社，2003.
② 卓志.风险管理理论研究［M］.北京：中国金融出版社，2006:4-22.
③ 何文炯.风险管理［M］.大连：东北财经大学出版社，1999.
④ 黄津孚.论机遇与风险的关系［J］.福建论坛（人文社会科学版），2004(6):19-23.
⑤ 李中斌.风险管理解读［M］.北京：石油工业出版社，2000.

测定的不确定性,而把无法用大数法则来分析测定的不确定性定义为真正的不确定性,并指出不确定性才是真正利润的源泉的风险学说。[①] 美国著名的风险管理学家威廉姆斯(C.A.Williams)认为:"风险是关于在某种给定的状态下发生的结果的客观疑问。"[②]美国学者罗伯特.梅尔(Robert.Mher)指出,"风险是有关损失的不确定性"。[③] 有的观点认为风险是指损失的不确定性,不确定性包括损失发生的不确定性和损失程度的不确定性。也有的观点认为不确定性分为主观的不确定性与客观的不确定性[④],对决策产生影响的不确定性才称之为风险,而对决策不产生影响的不确定性不能称之为风险。[⑤]

3.实际结果与预期结果的偏差

长期以来,统计学家基于统计学视角,将风险定义为实际结果与预期结果间的偏离程度。Phillip 认为,"风险是围绕着一项投资所预期的收益与可能得到的收益两者之间的差异"。[⑥] 普雷切特(Pritchett S.T.)认为,"风险是未来结果的变化性。当我们处于这么一种状态中,即事件的结果可能不同于我们的预期,那么风险就存在了"。[⑦] 哈林顿(Scott E. Harrington)、尼豪斯(Gregory R.Niehaus)认为,"风险通常的含义是指结果的不确定状态,或者是实际结果相对于期望值的变化。在其他情况下,风险也指期望值本身(例如,损失的期望值)"。[⑧] 斯凯博(Skipper)认为,"风险为预期结果与实际结果间的相对变化。当结果存在几种可能且实际结果不能预知时,我们就认为有风险"。[⑨] 学者卓志指出:"风险可以从两个方面加以定义,从易于定性分析的要求看,风险可描述为与不确定性相联系的损失可能性。从易于定量分析的角

---

① 黄津孚.论机遇与风险的关系[J].福建论坛(人文社会科学版),2004(6):19-23.

② [美]C.小阿瑟·威廉斯,迈克尔·L.史密斯,彼得·C.扬.风险管理与保险(第8版)[M].马从辉,刘国翰,译.北京:经济科学出版社,2000.

③ 卓志.风险管理理论研究[M].北京:中国金融出版社,2006:4-22.

④ 许瑾良.风险管理[M].北京:中国金融出版社,2006.

⑤ 唐寿宁.风险不确定性与程序[M].北京:中国财政经济出版社,2001.

⑥ GOVE.Webster's third new international dictionary[M].Springfield, MA: Merriam-Webster,1981.

⑦ [美]特瑞斯·普雷切特,等.风险管理与保险(第七版)[M].孙祁祥,译.北京:中国社会科学出版社,1998.

⑧ [美]哈林顿,尼豪斯.风险管理与保险[M].陈秉正,译.北京:清华大学出版社,2005.

⑨ [美]小哈罗德·斯凯博.国际风险与保险:环境—管理分析[M].荆涛,等译.北京:机械工业出版社,2003.

度看,风险可描述为实际结果偏离预期结果而导致的可能性。"①学者刘金章、王晓炜将风险描述为:"风险结果发生的不确定性,包括发生与否的不确定性,发生时间的不确定性,发生状况以及其结果的不确定性。这种不确定性是指实际结果与预期结果之间的相对差异。差异越大,风险越大;反之,风险越小。"②

4.风险的获利

20世纪90年代以来,不少国内外学者提出,风险既有损失大的一面又有获利的机会,不能把风险仅等同于损失。赵其宏指出,风险是一种动态行为,对经济主体会产生双重影响,一方面可认为是遭受损失的可能性,另一方面也可认为是取得收益的可能性。③张超慧、张俊从利益角度探讨学校体育风险问题,认为学校体育活动应由损失型行为转变为利益追求型行为,改变对学校体育风险就是体育伤害的片面认识。④

20世纪80年代以来,随着社会发展的不断复杂化,许多人文、文化与哲学等社会科学学者向传统的有关风险及其性质的理论与观点发起挑战,不基于统计学、经济学、安全工程、财务等学科的视角,而是运用心理学、哲学、社会学和文化人类学的理论和方法研究风险及其性质,逐渐形成了与客观实体学派不同的主观建构学派,概括起来存在以下两种观点,即以心理学为基础的风险概念与性质的基本观点和以社会学、文化人类学与哲学学科为基础的风险概念与性质的基本观点。⑤

本研究是基于"实体"学派思维背景下,对风险的概念和性质进行界定,但没有涉及风险带来的获利问题研究。对风险的认识不仅要从风险内涵的角度去深刻地理解风险及其性质,而且要从其外延和特征的视角对风险进行全面、深入的细致分析,只有这样,对风险的认识才能透彻并得到升华。

(二)风险的特征

王凯全认为风险具有以下六个特征⑥:

① 卓志.风险管理理论研究[M].北京:中国金融出版社,2006:4-22.
② 刘金章,王晓炜.现代保险辞典[M].北京:中国金融出版社,2004.
③ 赵其宏.商业银行风险管理理论[M].北京:经济管理出版社,2001.
④ 张超慧,张俊.学校体育风险利益透视[J].北京体育大学学报,2004,27(5):603-604.
⑤ 卓志.风险管理理论研究[M].北京:中国金融出版社,2006:4-22.
⑥ 王凯全.风险管理与保险[M].北京:机械工业出版社,2008:5-15.

1.客观性

风险的存在是不以人的意志为转移,即不管人是否意识到风险的存在,它都是客观存在,不可避免的。但是,从整体上来说,风险又有一定的规律性,随着现代科学技术水平的提高,人们经营管理能力的增强,人们可以运用一定的数学或统计学的方法进行识别、衡量和评价风险,并采用一定的应对措施在有限的时空内改变风险发生的条件,从而将风险降低到一定程度。

2.不确定性

风险事故发生具有偶然性,即风险事故发生的时间、发生的地点、发生可能性、发生的结果和损失程度都无法预先准确判断。不确定性在多数情况下,可以用客观概率来度量和估计,当事件出现的结果未知且结果概率无法确定时,这样的不确定性是介于完全确定和完全不确定之间的不确定,是"完全"的不确定。

3.损失性

风险事故的发生都会给人们带来经济上的损失或人身伤害,经济上的损失可以用货币进行衡量,人身伤害表现为所得的减少或支出的增加或两者都存在,实质上还是经济的损失。损失分为直接损失和间接损失两种形态,直接损失是指风险事故直接造成的有形或实质损失,如财产损毁、人身损伤;间接损失指风险事故发生时引发的无形损失,如收入损失、责任损失。在当今社会,经济费用可以衡量一切风险造成的损失,投保成为人们损失后获得经济补偿的有效方式。

4.可测性

风险的不确定性在一定程度上体现为个体风险发生的偶然性和不确定性,但从总体上来看,风险呈现出一种随机现象,可以用数理统计原理,对一定时期内特定风险发生的频率和损失率加以正确的测定。如溺死对个体来说是偶然事件,但对某一地区人的各年龄段溺死率的长期观察统计,就能准确推出该地区各年龄段稳定的溺死率。风险的可测性为保险费率的厘定奠定基础。

5.可变性

风险的可变性体现在以下三个方面:一是风险性质的变化。如车祸对个体来说是纯粹风险,而对保险人来讲是投机风险。二是风险程度的变化。随着人们对风险认识的深入和抗风险能力的增强,在一定程度上能改变和控制引发风险的因素,减少风险发生的频率和损失程度。同时,日益完善的预测方法与技术提高了风险预测的准确性,从而风险的不确定性也相应减少。三是风险生灭的变化,即某些风险在一定时期和范围内被消除。而当技术逐步创新、开发和利用,许多新的风险也随之而来,如2020年年初新冠肺炎疫情在全世界的蔓延,给各国的社会经济发展和市民正常生活造成很大影响,也带来很大的压力。

6.传递性

风险可通过媒体、社会、组织和个人等途径进行扩散和传播,形成社会经验,从而引起多方的关注和重视,对人们的风险决策造成影响。风险传递产生的这种社会扩大效应,首先围绕直接受害者,而后向社会扩散,犹如一颗落在水中的石头,立刻在水中泛起涟漪且向四周扩散,这就是人们常说的"涟漪效应"。

(三)风险的构成

1.风险的构成要素

基于传统的风险"实体"学派思维理念,一般认为风险由各种各样的要素构成,具体来说,风险的构成要素包括风险因素、风险事故和损失,三者相互联系、相互作用,决定风险的存在、发生与发展。[1][2]

(1)风险因素

风险因素是指引起或增加风险事故发生的机会或扩大损失程度的条件,是风险事故发生和造成风险损失的直接或间接的原因。在现实中,风险因素是不以人的意志为转移的,是客观存在且无法回避的,是引发风险事故的潜在缘由。它会促进风险事故发生或增加出险频率与损失幅度。风险因素根据性质的不同,通常分为实质性风险因素(非人为因素)和非实质性因素(人为因素),非实质因素又分为道德风险因素和心理风险因素。

①实质性风险因素也称物理风险因素,是指有形的并能直接影响事件的物理功能的风险因素,也可理解为,某一有形物本身所具有的能够导致和增加损失机会和损失程度的客观条件和原因。人们有时对实质性风险因素在一定条件下可以加以控制,但有时却束手无策。如就汽车厂家而言,生产的刹车系统、发动机功能;就建筑物而言,建筑物的分布和材质等。

②道德风险因素是指与人的品行修养有关的无形因素,即因个人的不正直、不诚信和不轨行为,故意引发风险事故,导致人员伤亡和财产损失的条件或原因。如纵火、诈骗等都是道德风险因素。

① 王凯全.风险管理与保险[M].北京:机械工业出版社,2008:5-15.
② 卓志.风险管理理论研究[M].北京:中国金融出版社,2006:4-22.

③心理风险因素是指与人的心理状态有关的无形因素,也就是说,由于人们的不关心、不注意以及存在侥幸依赖的心理,导致风险事故发生机会和损失程度增加的因素。如汽车投保后人们疏忽日常的安全驾驶和保养、游泳场馆投保后存在侥幸心理而不注重日常安全管理等。

（2）风险事故

风险事故又称风险事件,是指造成生命财产损失的偶发的不幸事件,是造成损失的外在原因或者直接原因。风险事故是风险因素的外在表现,风险事故的发生证实了风险因素的存在,使风险变为现实,并导致损失的严重后果。如火灾、地震、疾病等,就是风险事故常见的表现形式。风险只有通过风险事故的发生,才能导致损失,如新冠肺炎导致人的死亡,其中新冠肺炎是风险因素,死亡是风险事故。风险事故使风险可能性转化为现实性,因此,控制风险事故是风险管理的关键环节。

（3）风险损失

风险损失是指非故意的、非计划的和非预期的经济价值的减少。它包含两个重要的因素,一是"非故意、非计划、非预期的";二是"经济价值减少"。两者缺一不可,否则不构成损失。如刹车失灵导致车毁人亡,地震发生造成房屋倒塌和物质的毁坏等符合风险理论意义下的损失。

有的学者认为损失一般包括间接损失和直接损失两者形式。所谓"间接损失"是指随着风险事故发生而产生的无形损失,包含额外费用损失、责任损失和收入损失等。所谓"直接损失"是指因风险事故发生产生的直接实质或有形的损失。

有的学者认为损失包括费用损失、实质损失、责任损失、收入损失、信誉损失和精神损失等六种类型。

2.风险及其构成要素之间的关系

从上述分析可知,风险包括风险因素、风险事故和风险损失三种风险要素。只有理清风险因素、风险事故和风险损失三者之间的关系,才能对风险有一个全面、深刻的认识。

（1）风险与风险损失间存在密切的关系

首先,风险是客观存在的,其存在决定了损失发生的可能性,但是损失发生的概率、损失的程度是不确定的,不是所有的风险必然造成损失,也不是所有损失完全由于风险的缘故。其次,风险程度和损失机会具有一定的关联性,也就是说,风险程度越小,损失机会也越小;反之,风险程度越大,损失机会也越大。可见,通过剖析损失机会能够判断风险存在的程度及其规律。

（2）风险因素与风险事故间存在关联性与转化性

一般情况下,风险因素是风险转化为事故的条件或原因,有时风险因素作为损失产生的间接原因,则其是风险因素;有时风险因素作为损失产生的直接原因,则其转变为风险事故。如,泥石流使公路路面泥泞而发生车祸,导致人员伤亡,则此时泥石流是风险因素;若泥石流直接将路上行人掩埋,则此时泥石流是风险事故。

（3）风险、风险因素和风险事故间的关系

风险是潜在、隐蔽的,但又是现实客观存在的,人们时常难以准确把握。风险因素是风险产生的条件或原因,如果没有风险因素,无论什么情况,也不可能发生风险。风险事故大多情况下是外在的,人们能够看得见、摸得着和感受得到的事故或事件。

（4）风险和不确定性间的关系

风险是客观存在,同时,又是主观的不确定且可以度量和构建的。风险同不确定性间常常交错在一起,无法严格区分开,即不确定性里隐藏着风险,风险也充溢着不确定性。总之,风险、风险因素、风险事故和风险损失间的关系如图 2-2 所示。

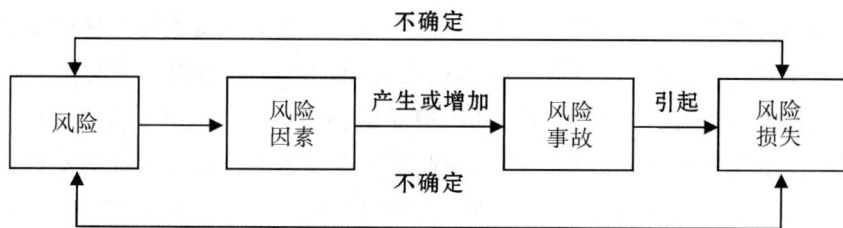

图 2-2　风险及其构成要素之间的关系

（四）风险的分类

不同风险产生的条件、形成的过程和造成的损失是各不相同的。通过对风险的科学分类,有助于人们从外延上把握风险,也便于不同领域的学者对风险进行研究。依据不同标准,风险可做如下分类:[1][2][3]

---

①　卓志.风险管理理论研究[M].北京:中国金融出版社,2006:4-22.

②　王凯全.风险管理与保险[M].北京:机械工业出版社,2008:5-15.

③　胡宜达,沈厚才.风险管理学基础——树立方法[M].南京:东南大学出版社,2001:7-10.

1.按风险的可能后果分类

按风险的可能后果分类,可分为纯粹风险和投机风险。纯粹风险是指只有损失机会而无获利可能的风险,其导致的后果有无损失与损失两种,结果比较容易预测,是目前保险能够处置的风险,又称可保风险,也作为风险管理研究的主要对象。如人的生老病死、自然灾害与意外事故等。投机风险是指既有损失机会又有获利可能的风险,投机风险的后果有三种可能:一是损失;二是获利;三是没有损失。投机风险在金融市场中常出现,如汇率的变化导致的损益、市场价格的变化引起的商业价格波动等。对上述两种风险,在一定时间里,人们比较容易区分开来,但随着时间和空间的变迁,对风险的归属和后果性质无法准确区分和把握。

2.按风险的对象性质分类

当风险的对象是公司或团体时,风险可分为财产风险、人力资产风险、责任风险;当风险的对象是家庭与个人时,风险可分为财产风险、人身风险和责任风险。财产风险是指由于意外事故或自然灾害而导致一切有形与无形财产的损毁、灭失或贬值的风险,如汽车行驶过程中,有遭受碰撞、翻车等损失的风险。责任风险是指因个人、家庭或团体乃至国家的疏忽或过失行为,造成他人(第三方)财产损失或人身伤亡,依据法律、契约或道义应负法律责任或契约责任的风险,如医疗事故导致病人的伤残或者死亡等。人力资产风险和人身风险分别指人力资源或人的生命与身体遭受的伤残、死亡、丧失劳动能力、增加费用支出以及因伤病死亡导致公司企业生产力衰退或家庭个人经济不稳定的风险。在上述几种风险中,财产风险、人力资产风险和人身风险较易理解和控制,责任风险因其复杂性而较难控制。

3.按风险产生的原因分类

按风险产生的原因可以分为自然风险、社会风险、政治风险、经济风险和技术风险。自然风险是指因地震、水灾、旱灾、风灾等自然力不规则变化引起的种种现象所导致的对人们的经济生活和物质生产及生命造成的损失和损害,自然风险具有风险形成的周期性、风险形成的不可控性和风险事故引发后果的共沾性等特征。社会风险是指由于个人或团体的过失行为、不当行为、故意行为对社会生产及人们的生活造成损失的可能性,如抢劫、玩忽职守等。政治风险又称国家风险,它是指在对外经济投资和贸易往来过程中,因政治原因或其他不能控制的原因,使债权人可能遭受损失的风险,如战争、叛乱、宗教或种族冲突等风险源易引发政治风险。经济风险是指生产经营活动中,由于受到市场供求关系、经济贸易条件等因素变化的影响,或经营者决策失误等,导致经济上损失的风险,如经营的盈亏、价格的上涨下落等。技术风险是指由于现代科学技术的发展,以及生产方式的转变而引发的风险,如空气污染、噪音等风险。

4.按风险产生的环境分类

可分为静态风险和动态风险。静态风险是指在政治、经济、社会、技术等方面正常的情况下,因自然力的不规则变动或人们行为的过失所造成的风险,该种风险在任何情况下都是无法避免的,没有得利的机会,只有损失的可能,如疾病、欺诈、地震等。动态风险是指由于社会、经济、技术或政治等的变动所导致的风险,该风险不仅有损失的可能,也有盈利的可能,如政治经济体制改革、人口增长、技术进步、成本的提高等都可能引发风险。静态风险与动态风险的区别体现在:首先,两者损失不同。静态风险对社会和个人而言,都为纯粹损失;动态风险对社会总体而言不一定存在损失,且有可能获利。其次,两者发生特点不同。静态风险遵循概率分布,即在一定条件下发生且呈现一定的规律性;动态风险却没有规律性,与静态风险截然不同。再次,两者性质含量不同。静态风险通常情况下是纯粹风险;动态风险既包括纯粹风险也包括投机风险。最后,两者影响范围不同。静态风险一般仅影响少数个人;动态风险影响则较广泛,常常产生连锁效应。

5.按风险损失的范围分类

按风险损失的范围分类,可分为基本风险和特定风险。基本风险是指个人行为难以干预地影响整个社会或社会主管部门的风险,如政治、经济、制度和重大自然灾害等不确定因素都归于基本风险。特定风险是指风险的产生及后果方面只与特定的人、企业或部门相关,是由个人、企业或部门对其施加某种控制的因素造成的,如火灾、盗窃、爆炸等。

6.按风险可否管理分类

按照风险是否能进行有效的管理分类,可分为不可管理风险与可管理风险。不可管理风险是指凭人类的知识、智慧和科学技术都难以通过有效措施进行管理的风险。可管理风险是指凭人类的知识、智慧和科学技术能通过有效措施进行管理的风险。通过风险管理者已收集的客观材料和风险管理者自身的管理能力可以对风险可否管理进行判断,但是,应认识到风险可否管理是相对的,随着人们认识能力的提高和现代科学技术的进步,不可管理风险也会转变为可管理风险。一般情况下,能够参与保险的风险是可管理风险。

7.按风险效应可否抵消分类

按风险效应可否抵消分类,可分为系统风险和非系统风险。系统风险也称不可分散风险,是指风险效应无法被抵消的风险;非系统风险也称可分散风险,是指风险效应能被抵消的风险,如在保险公司运作过程中,保险人依据风险自发机制和大数法则,对一些风险效应进行抵消或分散,而另一些风险却难以抵消或分散。

二、风险管理

(一)风险管理的起源与发展

长期以来,人们在与风险相接触的过程中,随着社会的变迁,风险的变化,人们对风险的认识也逐渐深化,对风险进行有效管理的理论和方法也在不断完善、丰富和发展。风险管理思想与方法来自组织或企业的安全管理活动,目前,学术界普遍认为,"现代经营管理之父"的法国管理学家亨利·法约尔(Henri Fayol)最早把朴素的风险管理思想与方法传入企业的生产经营管理活动中,而美国在 20 世纪 50 年代初最早将风险管理(risk management)的理论和方法运用于生产实践中。可以将风险管理的起源与发展归结为以下几个阶段:第一阶段,19 世纪前的风险管理意识的萌芽阶段;第二阶段,19 世纪末至 20 世纪初的风险管理思想的产生阶段;第三阶段,20 世纪初至 20 世纪 70年代的风险管理的提出与关注;第四阶段,现代风险管理的逐渐形成;第五阶段,风险管理的全面发展。

改革开放后风险管理理论传入我国,随着保险业务的逐渐恢复,许多来自保险界的学者开始关注和研究风险管理问题。由于对风险管理的认识较为肤浅,缺乏专门的风险管理人员和风险管理机构,一定程度上影响风险管理的全面发展。总的来看,我国风险管理的理论和实践有了较大发展,但仍处于起步阶段。

(二)风险管理的定义

由于风险管理的目的、运用的范围等不同,出现风险管理的不同观点,形成相应的不同学说,随着社会的变化与发展而不断演化。

目前,学术界一般认为美国学者威廉姆斯和汉斯最早对"风险管理"的含义进行准确的界定。他们在《风险管理与保险》(*Risk Management and In-*

surance)中指出,风险管理是通过对风险的识别、衡量和控制而以最小的成本使风险所致损失达到最低程度的管理方法。把风险管理看成一门新兴的管理科学,而不只是一门技术、一种方法或是一种管理过程。[①] 进入 20 世纪 70 年代,学者克里斯蒂(James C.Cristy)在其著作《风险管理基础》中指出:"风险管理是企业或组织为控制偶然损失的风险,以保全获利能力和资产所做的一切努力。"[②] 到了 20 世纪 80 年代,多尔夫曼(Mark S.Dorfman)出版的《当代风险管理与保险教程》一书中指出"风险管理定义为处理潜在风险损失的计划和安排。风险管理的核心是处理一个组织遭遇的意外损失风险,从而保障其资产安全。风险管理对每个面临潜在风险的组织,包括商业公司、非营利组织、个人和家庭,都有积极意义"。[③] 康斯坦斯 • M.卢瑟亚特(Constance M. Luthardt)与巴里 • D.史密斯(Barry D.Smith)等都强调风险管理的过程,并提出"风险管理是指制定并执行处理损失风险决策的过程。它包括识别损失风险,以及随后使用各种技术消除、控制、转移那些风险或为那些风险融资"。[④] 步入 20 世纪 90 年代,由于风险的不断变化发展,许多学者从新的视野对风险管理以及思想进行全面、系统的研究。如美国风险管理和保险学权威专家斯凯博(Skipper)教授在其出版的《国际风险与保险》一书中,将风险管理定义为"各个经济单位通过对风险的识别、估测、评价和处理,以最小的成本获得最大安全保障的一种管理活动",同时,也强调"传统的风险管理主要涉及那些只有损失而没有获利可能性的情况,而这一观点正在随着企业管理者和政府官员的意识转变而转变,即他们意识到零散的风险管理和对一个组织可能面临的所有风险连贯统一的管理相比缺乏效率和效能,这种整体性的方法包括所有存在的结果,既有损失机会,又有获利可能"。[⑤] 我国学者魏迎宁在《简明保险辞典》[⑥]中指出,风险管理是指各经济单位,通过风险识别、风险估测、风险评价,并在此基础上优化组合各种风险管理技术,对风险实施有效的控制,妥善处理风险所致损失的后果,期望达到以最小的成本获得最大安全保

---

① 卓志.风险管理理论研究[M].北京:中国金融出版社,2006:4-22.

② 洪锡熙.风险管理[M].广州:暨南大学出版社,1999.

③ [美]马克 • S.多尔夫曼.当代风险管理与保险教程(第 7 版)[M].齐瑞宗,等译.北京:清华大学出版社,2002.

④ [美]康斯坦斯 • M.卢瑟亚特,巴里 • D.史密斯,埃里克 • A.威宁.财产与责任保险原理(第 3 版)[M].英勇,于小东,译校.北京:北京大学出版社,2003.

⑤ [美]小哈罗德 • 斯凯博.国际风险与保险:环境—管理分析[M].荆涛,等译.北京:机械工业出版社,1999.

⑥ 魏迎宁.简明保险辞典[M].北京:中国金融出版社,2003.

障的目标。风险管理是风险识别、风险评价、风险控制和管理效果评价这一基础程序周而复始进行的过程。陈秉正教授提出:"风险管理是通过对风险进行识别、衡量与控制,以最小的成本使风险损失达到最低的管理活动。"①

从整体来看,风险管理的理论和方法在不断丰富、完善和发展。风险管理是一个全面、系统的过程,不仅包括管理科学,而且包括决策科学。作为管理科学而言,风险管理重视"管",同企业的管理活动相关联,通过计划、组织、控制和协调等方式对企业潜在损失进行管理,将意外损失降低到最低程度。作为决策科学而言,风险管理体现在:首先,依据企业的管理目标,识别出可能给企业带来损失各种潜在风险因素;其次,对识别出的风险因素进行科学分析与评估;再次,合理选择风险管理应对措施,并实施风险管理决策;最后,对风险管理决策和实施效果进行检查与评价。

综上所述,本研究将风险管理定义为:各经济单位在风险识别、风险评估的基础上,优化组合各种风险应对措施,检查与评价风险应对措施实施效果,并对风险造成的损失进行妥善处理,实现以最小的风险管理成本获取最大的安全保障目标的管理过程。此定义包含以下含义:风险管理不仅是一门管理科学,也是一个科学的决策过程;风险管理的主体为经济单位,即个人、企业、社会团体和政府等;风险管理的目标是以最小的风险管理成本获取最大的安全保障。

(三)风险管理的目标

从上述风险管理的定义中得知,风险管理的最终目标是以最小的风险管理成本获取最大的安全保障。其中,风险管理成本是指风险管理过程中,所投入的财力、物力、人力和机会成本。安全保障指的是实施风险管理后取得的效果,即减少预期损失和实际损失后经济补偿的获取。最大安全保障就是将预期损失减少到最低程度和实际损失后最大经济补偿的获取。在实际运作过程中,各经济单位可以根据各自的实际状况制定具体的风险管理目标,风险管理目标主要分为损前目标和损后目标。所谓损前目标,是指采用经济的方法来预防潜在的损失,减少潜在损失带来的忧愁与烦恼,对企业来说,就是要降低经营成本、减少忧愁、满足法规要求,以保障企业能承担社会责任。损前目标包括经济合理目标、社会公众责任目标、安全系数目标等。所谓损后目标,是指维持企业的收入稳定和持续增长,保证企业生产经营活动的连续性,使企业

---

① 陈秉正.公司整体化风险管理[M].北京:清华大学出版社,2003.

能承担相应的社会责任,概括起来,就是"维持生存、持续经营、收入稳定、继续成长和完成社会责任"。①②③

在制定风险管理目标时,各经济单位应结合实际科学制定风险管理工作的具体、特定和可实现的目标。特别是对企业来说,在制定风险管理目标时应坚持基本准则,如"符合企业总目标""成本效益比较""量力而行,不贪小失大"等。

(四)风险管理的组织

风险管理工作一般通过组织来实施完成,组织作为一个系统,主要由人、环境、技术和组织结构等因素构成。完善的组织结构有助于发挥组织效力,协调各方力量顺利完成既定的风险管理目标。为了实现风险管理目标,充分合理利用财力、物力和人力等资源,应对组织结构进行科学的设计。不同组织状况具有不同的组织结构,有的将风险管理工作分散到不同部门,有的成立专门的风险管理部门,由专门的风险管理人员负责管理工作。组织结构通常用组织结构图来表示,由从左到右、从上到下的若干横向和纵向的职位或职务构成,这些职位或职务间是相互联系,而不是彼此孤立的。组织结构一般有直线型、职能型、直线-职能型等。

作为专门的风险管理部门,因组织的性质和规模的不同,风险管理部门的结构也存在差异,如小的企业人数少、规模小,负责风险管理的人员可能只有一人。风险管理部门组织结构设置应本着精简高效、有效协调和职、责、权统一的原则,一般情况下,风险管理部门的内部组织结构如图 2-3 所示。

(五)风险管理的程序

风险管理作为一种应对风险的科学方法,不管是个人、家庭、企业或政府机构,风险管理人员在进行风险管理中都应当遵循一定的程序(即步骤),具体来说,风险管理的程序包括风险管理计划的制订、风险识别、风险评估、风险应对、风险管理检查与评价五个环节,这五个环节形成闭合的循环系统。如图 2-4 所示。

1.风险管理计划的制订

风险管理计划的合理制订是风险管理的第一步,具体地说,风险管理计划

① 卓志.风险管理理论研究[M].北京:中国金融出版社,2006:39-42.
② 许谨良.风险管理(第三版)[M].北京:中国金融出版社,2006:6-7.
③ 王凯全.风险管理与保险[M].北京:机械工业出版社,2008:16-19.

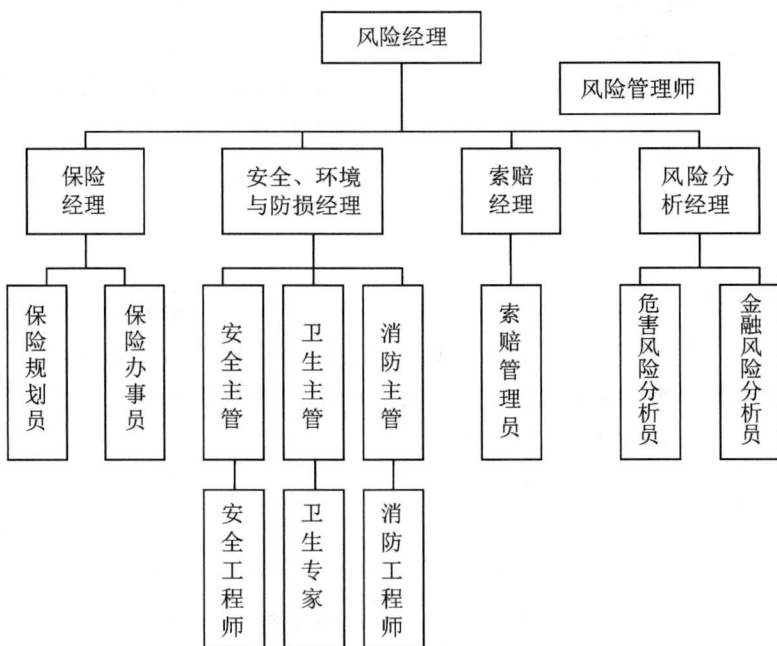

图 2-3 风险管理部门的内部组织结构

图 2-4 风险管理的基本程序

主要包括以下两部分内容:

(1)确定风险管理目标

目标是一切行动的纲领,风险管理能否成功关键在于是否提前确定目标,即明确风险管理所要达到的目的是什么,通过明确目标把风险管理的各项工作有机地连接成一个整体。同时,应将风险管理的目标与"风险管理政策"相融合,也就是必须制定出实现风险管理目标所需的有效政策措施。因此,各经济单位在制订风险管理计划时,预先就要通过衡量风险和收益,尽早制定风险管理目标和风险管理的政策。对于企业来说,风险管理目标和风险管理政策主要由公司董事会制定,因董事会最后对公司的资产负有责任。

(2)确定风险管理人员的职责及其同其他部门的合作关系

风险管理工作需要各部门相互协调、相互配合来共同完成,但风险管理部门作为风险管理的专门机构,风险管理人员对此负有主要责任。风险管理计划中要明确风险管理人员以及相关联其他部门人员的职、责、权,理顺各部门人员间的合作关系。一般情况下,风险管理计划在风险管理策略书中体现出来。

2.风险识别

风险识别是风险管理的第二步,是指各经济单位对所面临的各种潜在的风险及其风险事故发生的原因加以判断、归类整理和性质鉴定的过程。简要地说,风险识别的重要工作就是识别和记录各种可能对各经济单位产生不良影响的因素。通过识别存在的风险、存在范围及其产生原因的剖析,为后续的风险评估打下基础。风险识别的基本方法概括地说,就是基于系统的观点,全方位地分析事物发展的整个过程,把引发风险的因素分解为单一的、易于识别的基本单元。由于风险的存在是多种多样,纷繁复杂,有的是潜在的,有的是外在的,而且,随着时间和条件的改变,引发风险发生的风险因素也不同,风险发生的可能性和损失程度也有所差异。因此,风险识别有时不是一次就能完成的,必须经常化开展。同时,应强调的是,风险识别不是片面的工作,而是系统、综合的思辨过程,凡是与各经济单位相关联的信息都有可能成为风险识别的依据。

一般情况下,风险管理人员应重点对以下几种潜在的损失进行识别:由于财产损失所引发的收入损失、其他营业暂停损失及其额外的支出费用;财产的物质性损失及其额外的支出费用;由于管理人员玩忽职守、不忠行为等产生的损失;由于损害他人利益而引发的诉讼所导致的损失等。

3.风险评估

风险评估是指在风险识别的基础上,分析所收集的大量的损失资料,结合经验或者运用概率论和数理统计的知识,估计和预测风险发生的损失频率和损失程度,并依据国家已有的或者社会可以接受的安全指标,确定各经济单位面对风险可否要处置以及处置到何种程度的过程。风险评估是风险管理中最困难的阶段,包括风险估测和风险评价。

风险估测就是对风险事故造成财务损失的概率及其损失的程度进行衡量。损失的概率指的是损失可能发生的次数,损失程度指的是损失金额的大小。衡量工作可以采用经验或主观衡量,即依据经验或者通过专家来衡量,也可以采用客观衡量,即依据获得的大量的损失数据,采用统计推断的方法来衡量,客观衡量在实际中使用较多。风险评价就是在估测风险损失的概率和程度的基础上,结合其他内外因素进行系统、全面的综合考虑,最后确定风险发生的可能性、危害程度以及危险等级,并与国家已有的或者社会可以接受的安全指标相比较,决定是否需要采取应对措施,以及采取应对措施到何种程度。可见,风险评价的工作重点是采用定性和定量的方法分析风险的性质,判断风险管理成本的效益,决定风险是否要处置和处置的程度。

因此,风险评估使风险分析定量化,为风险决策和选择最佳的风险应对措施提供可靠、科学依据。

4.风险应对

风险应对是指为实现风险管理目标,根据风险评估结果,选择最佳对付风险方法并实施风险管理的过程。对付风险的方法分为控制法、财务法和内部风险抑制三类。

控制法是指改变引起风险事故和扩大损失的各种条件,来降低损失频率和损失程度的方法,如风险规避、损失控制和非保险转移等。财务法是指以提供基金的方式,消化发生损失的成本,以及对无法控制的风险所做的财务安排,如风险自留、保险、套期保值和其他合约化风险转移手段等,其中,保险是最常用的财务型的风险管理技术。控制法和财务法是基于减少期望损失的角度来改变风险,而内部风险抑制却是通过减少将来结果的变化,即减少方差,以提高风险管理人员对将来结果判定的把握性。在选择对付风险方法时,风险管理人员应结合风险管理目标、风险评估结果,科学、合理地对方法进行一定的优化组合,选择最佳的方法,以提高应对风险的针对性和实效性。

风险管理人员选择完对付风险的方法后,还需将此方法付诸实践。在对付风险方法的实施阶段,风险管理人员可以采用直线职权(line authority)和参谋职权(staff authority)两种方式。直线职权是指主管具有直接命令的权力,如对某一损失风险决定使用保险的方法后,风险管理人员有权力选择保险人,制定合理的保险责任限额与免赔额。参谋职权是指具有提供咨询的参谋权力,如对城市道路交通事故风险决定使用防损方法,在防损措施中有一项是在市区下坡处安装减速装置,风险管理人员不能命令工人安装,只能对相关部门提供参考意见。

5.风险管理检查与评价

风险管理检查与评价是指对风险应对措施的科学性、实用性及其收益性情况的分析、检查、修正和评估。风险管理的检查与评价的目的是:首先,风险管理的过程是一个动态过程,风险是处于不断变化的状态,旧的风险消失,新的风险出现,原有的对付风险的方法可能不适用未来。其次,风险管理的决策是否正确,也需要通过检查与评价来加以判断,对错误的应及时纠正。

对风险管理的检查与评价可以采用效果标准和作业标准。效果标准就是能否以最小的风险成本获得最大的安全保障作为标准,体现在责任事故损失的减少、责任保险费率减少、意外事故损失的概率和程度降低、风险管理部门管理成本的减少等,作业标准体现在对风险管理部门工作的数量与质量的考评。在实际操作中,难以单一使用一种标准,因为只使用效果标准时,没有考虑意外事故发生的随机性;只使用作业标准时,没有将风险管理工作对经济单位的影响和经济贡献体现出来。因此,对风险管理的检查与评价应将两种标准综合使用。用能否以最小的风险成本获得最大的安全保障作为风险效益评价的标准。

在明确风险检查与评价标准后,接下来要做的就是将风险管理工作的实际结果同效果标准与作业标准进行比较,如果比标准低,必须及时纠正,或者考虑对标准进行调整。如,自留风险的损失增加许多,这时必须对自留风险的水平再一次核定,对不合理的效果标准进行调整。

本章小结

本章通过对文献资料的梳理与总结,结合本课题研究的需要,对深化公共体育资源优化配置改革研究的相关基础理论做了阐释。首先,在遵循"属＋种差"的下定义原则基础上,分别对资源、体育资源、公共体育资源、资源配置、公共体育资源配置、深化改革等核心概念进行界定,并分析了公共体育资源的分类与特征。其次,介绍了新古典经济学理论中的资源配置理论和政府干预理论。资源配置理论方面,主要解析了资源配置的主客体、资源配置的方式、资源配置的方法和资源配置的效率;政府干预方面,主要解析了政府干预理论的含义、政府干预理论的发展历程、政府干预的边界,合法性与限制、政府干预的机制,方式与评价。接着,剖析了马克思主义制度学说理论,着重分析马克思主义制度学说的产生与贡献、马克思主义制度学说的基本论点,以及马克思主义制度学说与新制度学派的区别。随后,阐述了新制度经济学理论,重点论述了新制度经济学的产生与发展、新制度经济学研究对象与方法、新制度经济学的基本假设与分析层次以及新制度经济学的产权理论和制度变迁理论。产权理论方面,主要分析了产权的概念、构成和类别、产权的属性和功能、产权的界定和保护;制度变迁理论方面,主要分析了制度的起源与含义、制度变迁的含义与主体、制度变迁的分析构架、制度变迁的动因与方式、制度变迁的过程与现象。并总结了新制度经济学的理论特征及其对本课题研究的启示。最后，阐明了风险管理理论，先后诠释了风险的定义、特征、构成和分类，以及风险管理的起源与发展、风险管理的定义、风险管理的原则、风险管理的目标、风险管理的组织、风险管理的程序。

第三章　福建省公共体育资源配置的历程、反思与主要成绩

福建省,简称"闽",省会福州,是中华人民共和国省级行政区。位于中国东南沿海,东北与浙江省毗邻,西北与江西省接界,西南与广东省相连,东南隔台湾海峡与台湾隔海相望,陆地总面积 12.14 万平方千米。2019 年 10 月,入选国家数字经济创新发展试验区。截至 2019 年年底,福建省下辖福州、厦门、泉州、漳州、莆田、龙岩、三明、南平、宁德 9 个设区市,和一个平潭综合实验区,下设 12 个县级市、29 个市辖区和 44 个县(含金门县),常住人口 3 973 万人。

福建省体育运动具有悠久的历史,自春秋战国以来,由于社会生产的发展与人民生活的需要,福建大地的先人们在闽文化和中原文化的相互融合过程中,不断创立具有福建特色的各种体育活动,如"五祖""白鹤"等拳种,并被广为流传,舞龙、舞狮、龙舟等群众喜爱的民族传统项目也被广泛开展。同时,也涌现裴次元、方七娘、马约翰、陈嘉庚、吴传玉、郭跃华、郑达真、陈亚琼、栾劲等一大批促进了福建省体育运动发展的福建名人。经过一代一代福建人的共同努力,福建体育运动得到快速发展,也为我国体育的发展及其走向世界做出巨大贡献。

公共体育资源作为发展福建省公共体育事业的重要基础条件,其配置也伴随着福建省体育的发展而不断完善,也为后人留下历史痕迹。因此,踏着前人的足迹,剖析福建省公共体育资源配置走过的历程,总结取得的主要成绩,从中反思得与失,为未来福建省公共体育资源的有效配置奠定基础。

第一节　福建省公共体育资源配置的历程

一、中华人民共和国成立前（1949 年以前）

　　1840 年，第一次鸦片战争爆发后，福州、厦门被迫开放为通商口岸。随着对外贸易的进行，西方近代体育通过建立基督教青年会及其兴办新学等路径不断传入福建。在沿海城市的一些学校最早增设体操课（后称为体育课），校与校之间也开展竞赛活动。在 1915 年之后的 14 年里，先后举办的 3 次全省学校联合运动会有利推动了近代体育在学校的广泛开展。尤其是 1929 年后，建成了省立福州公共体育场[①]与各县立公共体育场，从此，近代体育开始由学校向社会发展。到了 1935 年，随着教育厅体育督学堂的设立和相关制度的制定与实施，以及体育师资培训班的创办，福建省体育运动也得到较快发展。可见，早期公共体育的物力资源、财力资源、体育信息资源和制度资源的积累为近代体育由学校向社会延伸与发展奠定了坚实基础。福建省公共体育资源配置经历了引入、消化和初建的历史时期，具体体现为[②]：

　　在公共体育物力资源（主要指体育场地）配置上，最早建设的体育场地是唐元和八年（813），由福州刺史裴次元在冶山（福州屏山）建设的马球场（见图3-1）。清光绪三十一年（1905），福州基督教青年会体育部在福州南台仓霞洲建了 1 个健身房和 1 个游泳池（含跳板）。随后，在民国十八年（1929）至二十六年（1937）的 9 年里，省政府又根据国民政府教育部令，先后建设了包括福建省人民体育场在内的 61 个公共体育场，其中 2 个省级、52 个县级、7 个区级。在此期间，学校体育场地建设最为突出的是陈嘉庚创办的学校，在爱国华侨陈嘉庚先生的大力支持下建起了 1 个田径场（见图 3-2）、1 个体育馆、2 个雨盖操场、2 个游泳池和多个室外篮球场。从统计数据来看，中华人民共和国成立前，福建省体育场地数量少，累计大小运动场 117 个。

[①]　创建于民国 18 年（1929）福建南较场，民国 27 年（1938）改称"福建省公共体育场"，1949 年更名为"福建省人民体育场"，1969 年后改建为五一广场。

[②]　福建省地方志编纂委员会.福建省志·体育志[M].福州：福建人民出版社，1993.

图 3-1　冶山唐代马球场遗址

图 3-2　陈嘉庚创办的厦门大学上弦场

在公共体育财力资源配置上,民国时期,福建省政府将体育事业经费作为文化教育事业项目支出,投入的经费并不多。根据《福建省立福州公共体育场民国二十八年度工作报告》记载,从民国十八年(1929)至民国二十八年(1939),省立福州公共体育场作为指导全省体育工作的事业单位,获得省教育厅的业务经费总计 4 886.86 元(包括业务活动费和职工薪酬),年均 488.68 元。其中,年度最低 390 元,最高 690 元。(以上为中华人民共和国成立前的法币)

在公共体育信息资源配置上,主要通过创办各类刊物来刊载和传播国内外体育知识与相关新闻,为拓展近代体育在福建省开展的广度发挥了重要作用。例如,1932 年 5 月在厦门创办了《精武特刊》、1937 年 7 月创办了《福建体育》、1948 年 9 月创办了《南强体育月刊》(见图 3-3)等。

图 3-3 《南强体育月刊》

在公共体育制度资源配置上,出台了《福建省各级公共体育场暂行章程》《福建省各级竞赛办法》《中小学体育课程标准》《闽南体育会章程》等,为推动群众体育、竞技体育和学校体育的发展提供有力制度保障。

二、改革开放前(1949—1977 年)

中华人民共和国成立后,毛泽东提出"发展体育运动,增强人民体质"的指示。该指示全面而深刻地表达了体育运动的精髓,成为指导当时中国体育事业发展的根本性纲领,使福建省体育运动在质和量上发生了很大变化。20 世纪 50 年代早中期,随着福建省各级体育组织机构的不断建立与完善,各类体育场地设施的不断修复与建设,各类体育学校、国防体育俱乐部和体育训练班的不断创办,以及各类体育专业运动人才的不断培养,使福建省体育运动技术水平逐年提高,在许多体育比赛中获得金牌并刷新纪录。20 世纪 50 年代末,由于受到"大跃进"运动"左"的错误思想的影响,以及三年困难时期的影响,在一定程度上制约了福建省体育事业的健康发展,后在中国共产党和人民政府的正确领导下,经过全体体育工作者的共同努力,竞技体育、群众体育也有了较大发展,并在国内外体育赛事上取得较好成绩,为中国体育"冲出亚洲,走向世界"初立新功。然而,1966 年"文化大革命"开始后,传统体育作为"四旧"受到批判,竞技体育、学校体育和群众体育遭到严重破坏,福建省体育运动发展出现"滑坡"。1976 年 10 月,中共中央政治局执行党和人民的意志,一举粉碎"四人帮",从而终止了"文化大革命"这场灾难,福建省体育运动也结束了在低谷徘徊的状态,逐渐向上回升。福建省公共体育资源配置在这一时期也走过曲折发展的动荡建设历程,具体体现为[①]:

在公共体育人力资源配置上,1949—1977 年,福建省体育运动委员会主要举办了各类体育干部培训班(见表 3-1),在提高体育骨干运动竞技水平和指导能力的同时,也促进了群众体育运动的广泛开展。

表 3-1　1949—1977 年福建省举办的各类体育干部培训班概况

时　间	培训班名称及目的	参加人员	培训内容
1953 年 10 月	**福建省体育干部训练班** 目的:培训高级竞技运动的指导人员	各地、市、县优秀运动员	政治、语文、俄语、体育理论、运动训练等
1954 年 5 月	**福建省体育干部训练班** 目的:培训开展群众体育活动的积极分子	省总工会所属基层干部,省、市、县机关干部,福建省军区等体育干部	政治、体育工作方针与任务、体育理论、体育行政、体育与卫生、裁判法等
1955 年 2 月	**训练工作巡回讲习会** 目的:推动群众体育开展,提高运动技术水平	体育教师和教练	体育工作方针与任务、体育行政、运动生理卫生、裁判法、田径、体操等技术
1955 年 12 月	**福建省职工体育干部训练班** 目的:提高职工体育骨干技术和理论水平	工厂、企业、机关、街道主办体育工作的骨干	政治、体育工作方针与任务、体育理论、体育行政、体育与卫生、裁判法等
1956 年 4 月	**福建省体育专职干部训练班** 目的:提高各市、县专职体育干部的领导能力与专业水平	各市、县体育专职干部	

---

① 福建省地方志编纂委员会.福建省志·体育志[M].福州:福建人民出版社,1993.

续表

时　间	培训班名称及目的	参加人员	培训内容
1956 年 6 月	**福建省海防前线民兵军事体育干部训练班** 目的:提高海防前线民兵体育干部的领导能力与专业水平	海防前线民兵中的体育骨干	
1956 年 6 月	**福建省职工体育协会干部训练班** 目的:提高各地开展职工体育活动的专、兼职干部的领导能力与专业水平	全省各地负责开展职工体育活动的专、兼职干部	
1956 年 7 月	**福建省学校体协干部训练班** 目的:提高学校体协体育干部的领导能力与专业水平	各中等以上学校的团干部、学生会体育干部和军体干部	
1956 年 12 月	**福建省农业生产合作社体育干部训练班** 目的:提高农业生产合作社体育积极分子的领导能力与专业水平	各农业生产合作社的体育积极分子	
1957 年 3 月	**福建省体委、团委体育骨干轮训班** 目的:提高各地体委、团委体育骨干的领导能力与专业水平	各地体委、团委的体育骨干	
1958 年 11 月	**福建省体委干部训练班** 目的:提高各地体委机关干部的领导能力与专业水平	各地、市、县体委机关干部	
1970 年 11 月	**群众体育运动骨干毛泽东思想学习班** 目的:提高各地体委机关军代表、体育骨干和体工大队干部的领导能力与专业水平	各地、市、县体委机关军代表、体育骨干和省体工大队干部	

　　在公共体育物力资源(主要指体育场地)配置上,福建省人民政府一方面加强原有体育场地的修缮与改建工作,另一方面,每年增加体育场地建设的财政投入,一大批体育场地设施陆续建成(见表 3-2,图 3-4)。体育场地的数量从 1950 年的 180 个增加到 1978 年的 6 993 个,体育场地的类型也不断增多,满足了田径、排球、篮球、足球、网球、体操、武术、乒乓球、羽毛球等运动项目开展的需要。

表 3-2　1950—1977 年福建省部分体育场馆建设概况

时间	名称	基本情况	适宜开展的运动项目
1957 年	福建省体育训练班（1960 年改为福建体育学院运动系）基地	初建于省人民体育场东侧，内有 300 米圆形风雨跑道 1 个和网球场 2 个，以及班部办公楼、图书馆、教学楼、宿舍等附属生活设施	田径、网球等
1974 年	福建省体育馆	位于福州"五一"广场南侧，占地 17 000 平方米，内设 6 000 多个座位	篮球、排球、羽毛球、乒乓球、手球、体操、武术、举重、拳击等
1973 年	漳州体育训练基地	用于接待本省、国家体委和国外体育团队的体育训练、竞赛活动。占地 21 651 平方米，有排球训练馆 3 个、健身房 1 个、室外排球场 3 个、室外篮球场 1 个	排球、篮球
1973 年	"五四"游泳馆（扩建）	位于福州五四路中段，游泳池长 50 米，宽 18 米，深 1.2～4 米，有 2 个跳台（2 米、5 米），并附属生活设施	游泳、跳水

图 3-4　漳州女排训练基地

　　在公共体育财力资源配置上，自中华人民共和国成立以来，福建省人民政府非常重视体育事业的发展，将体育事业经费纳入财政支出范畴。同时，随着福建省国民经济收入的不断增长，用于体育事业的经费也波动增长（见表3-3），省级人民政府的财政投入是体育场馆建设的主要资金来源。

表 3-3　1952—1977 年福建省体育事业经费概况

单位:万元

年　　度	业务经费	基建经费	年　　度	业务经费	基建经费
1952 年	27.90		1953 年	26.80	
1954 年	41.10		1955 年	31.30	
1956 年	74.00		1957 年	77.00	
1958 年	126.10		1959 年	198.60	
1960 年	278.91		1961 年	188.52	
1962 年	124.00		1963 年	130.00	9.80
1964 年	200.00	3.00	1965 年	225.00	2.40
1966 年	236.00	29.90	1967 年	138.00	
1968 年	140.00		1969 年	110.00	
1970 年	55.00		1971 年	113.00	
1972 年	320.00	69.00	1973 年	420.00	201.00
1974 年	312.00	209.00	1975 年	470.00	100.00
1976 年	501.00	85.00	1977 年	516.00	85.00

在公共体育信息资源配置上,福建省体育期刊、体育报纸和各地市、县报纸陆续大量创办(见表 3-4),中央人民广播电台和各地人民广播电台举办广播体操节目,以及大量专兼职体育记者的参与,极大促进了体育赛事、体育技术、体育理论等公共体育信息的制作与传播,同时,各地图书馆的建成也为公共体育信息的收集与传播创造条件。可以说,这一时期,福建省公共体育信息资源的建设迈上了一个新的台阶,也为福建省体育事业的发展提供了帮助。

表 3-4　1949—1977 年福建省广播电台、体育期刊与报纸创办概况

类　型	时　间	具　体　内　容
广播电台	1951 年 12 月	定时、定频率播放《广播体操》的音乐
体育刊物	1950 年代	《象棋月刊》《福建体育》
体育报纸	1950—1970 年代	《福建体育报》《福建体育简报》,各地市、县的《体育情况反映》《体育动态》《体育简报》等
各级报纸	1949—1970 年代	《福建日报》《厦门日报》《泉州日报》《新闻西报》《闽北人民报》《南平人民报》《尤溪农民报》《新农村报》《永安报》《农民报》等

在公共体育制度资源配置上,制度制定并出台的数量不断增加,制度内容不断丰富,制度制定主体更加多元化,制度受众范围不断拓展,制度资源建设不断完善,制度由上往下执行,为公共体育事业的发展提供了制度保障(见表3-5)。

表 3-5　1950—1977 年福建省出台的体育制度概况

时 间	名 称	制 定 主 体	受 众
1954 年 6 月 3 日	关于推行《准备劳动与卫国体育制度》预备级暂行条例	省体委等 6 单位	群众
1955 年 12 月 12 日	《关于小学推行儿童广播体操》	省体委等 7 单位	小学生
1957 年 3 月 9 日	《加强学校〈劳动卫国制度〉工作领导》	省教育厅等 4 单位	学生
1957 年 7 月 10 日	《关于开展万人渡江活动》	省体委等 6 单位	群众
1957 年 10 月 17 日	《11 月 10 日定为全省城镇群众性体育活动日》	省体委等 5 单位	群众
1957 年 11 月	《关于在全省推行第三套儿童、少年、成年广播体操》的通知	省体委等 6 单位	群众
1959 年 1 月 4 日	《加强体育工作》	中共福建省委	社会
1964 年 3 月	《关于在机关企业、厂矿、学校中大力开展广播体操的通知》	省人民委员会	机关企业、厂矿、学校
1964 年 7 月 31 日	《关于开展游泳、射击、通讯、登山活动的通知》	省体委、省军区、团省委、省总工会	群众
1964 年 7 月	《关于当前中小学体育工作的八点意见》	省体委、省教育厅	中小学生
1973 年 12 月 20 日	《积极开展冬季群众性体育锻炼的通知》	省体委等 6 单位	群众
1974 年 4 月 8 日	《全省各项竞赛设立风格奖制度和暂行评定条例》	省体委	运动员
1976 年 8 月 9 日	《关于在全省开展军事体育工作的报告》	省体委、省军区司令部	全省
1976 年 12 月 1 日	《大力发展以长跑和"三操一拳"为主的群众性冬季锻炼运动的通知》	省体委等 10 单位	群众

三、改革开放后(1978—2000 年)

1978 年 12 月 18 日至 22 日,党的十一届三中全会在北京胜利召开,全会重新确立了党的马克思主义的思想路线、政治路线、组织路线,并形成了以邓小平为核心的党的中央领导集体,揭开了改革开放的序幕。以这次全会为标志,中国进入了改革开放和社会主义现代化建设的历史新时期,是中华人民共和国成立以来党的历史上具有深远意义的伟大转折。之后,改革开放特殊政策在福建开始实行,尤其自 20 世纪 90 年代中期以来,随着《中华人民共和国体育法》《全民健身计划纲要》《奥运争光计划》等出台,福建省各级政府部门立足当前,展望未来,勇于创新,使福建省各项建设日新月异。在福建省体育事业发生翻天覆地变化的这一重要时期,体育事业不仅被纳入社会发展规划,也成为社会主义精神文明建设的重要内容,群众体育有了新的进步,学校体育有了新的突破,竞技体育有了新的提高。这些成就与变化也促进了福建省公共体育资源配置进入一个前所未有的恢复发展的新时期,具体体现在①②③:

在公共体育人力资源(主要指社会体育指导员)配置上,第一期社会体育指导员培训班由省体委于 1996 年举办,主要对在全民健身活动中从事体育技能传授、健身指导与组织管理工作的社会体育指导员进行集中培训,此次培训共有 32 人达标。6 月,经省体委审核后批准了 22 名省级首批社会体育指导员。11 月,福建共有 11 人被国家体委授予"国家级社会体育指导员"称号。随后,每年全省各地、市、县都举办不同类型的社会体育指导员培训班。截至 2000 年年底,全省累计有社会体育指导员 3 526 名,其中,有 57 名国家级、733 名省一级,其他的为省二、三级社会体育指导员。同时,在各城市社区,许多体育活动中心、健身中心和辅导站等还培养了大量群众体育活动骨干,为福建省公共体育事业的发展提供了有力的人才支撑。

在公共体育物力资源(主要指体育场地)配置上,福建省各地、市、县政府在以财政拨款为主的情况下,积极拓宽融资渠道,通过自筹资金、社会捐赠等方式增加建设资金,在对全省原有的体育场地重新进行修缮、改建和扩建的同时,建成省体育中心(见图 3-5)、省游泳跳水比赛馆、中国女排腾飞馆(见图

---

① 福建省地方志编纂委员会.福建省志·体育志[M].福州:福建人民出版社,1993:377.

② 福建省地方志编纂委员会.福建省志·体育志[M].北京:社会科学文献出版社,2016.

③ 福建省统计网.福建统计年鉴 2001 年[EB/OL].(2003-11-20)[2020-05-06].http://www.fujian.gov.cn/szf/gk/.

3-6)等大型体育场馆。据统计,从 1978 年至 1988 年的十年时间里,福建省陆续建成各类体育场、馆、池共计 5 028 个,占全省体育场馆设施总数的 42.24%。截至 1995 年年底,福建省第四次全国体育场地普查数据显示,全省体育场地的数量已达 14 836 个,占地面积 2 824 万平方米,场地面积 1 918 万平方米,建筑面积 121 万平方米,人均占有场地面积 0.6 平方米,投资金额达到 15 亿元。特别是 1997 年"全民健身工程"的实施,加快了全省体育场地的建设步伐,从 1996 年至 2000 年的短短 5 年时间,建成体育场馆 5 483 个。可见,全省体育场地在数量、规模、投资等方面较以往有较大发展。

图 3-5　福建省体育中心

图 3-6　漳州中国女排腾飞馆

在公共体育财力资源配置上,从 1979 年开始,福建省财政采用分级管理体制,体育事业经费除了省财政拨款外,各地、市、县也增加了体育事业经费的投入。1984 年 10 月 10 日,中国田径协会和中国体育服务公司在北京发行"发展体育奖——1984 年北京国际马拉松赛"奖券。这是中华人民共和国成立后第一次发行体育彩票。从 1984 年到 1994 年,体彩共为北京国际马拉松发行了 12 期"发展体育奖券",而这也成为中华人民共和国成立后彩票的雏形。其后,福建省发行了"福建省体育中心建设纪念奖券",从而开启了我国体育彩票发展之门。1994 年 4 月 5 日,经中国人民银行批准,原国家体委(现为国家体育总局)体育彩票管理中心正式成立,对全国各地发行的体育彩票进行统一管理、编号、印刷和发行,并正式定名为"中国体育彩票",为中国体育事业科学调配、提供资金。这标志着我国体育彩票事业开始进入法治化、规范化的管理轨道。自 1994 年至 1999 年年底共销售体育彩票 102 亿元,筹集公益金30.6 亿元,为我国体育事业的不断发展提供资金保证。2000 年福建省体育彩票销售人均全国第一,有力支持了福建省"奥运争光计划"与"全民健身计划"的顺利实施,有效弥补了福建省体育事业发展资金的不足。同时,随着党的第十一届三中全会的胜利召开,群众体育意识不断增强,社会对体育也越发重视,原以政府财政拨款的单一融资模式发生根本性改变,捐赠、社会赞助、创收等也成为体育事业发展资金的来源。捐赠方面,在旅外侨胞多,归侨和侨眷人数比例大且居住较为集中的闽南个别市(县)表现特别突出,通过成立晋江县(现为晋江市)磁灶中学体育基金会、毓英体育基金会等途径,从经费上支持学校或家乡体育事业的发展。1980—1984 年,晋江县侨胞及台胞、港澳同胞捐赠给本县学校修建体育场馆和购置运动器材的资金多达 50 万元。社会赞助方面,从 1979—1987 年的 9 年时间里,港澳同胞、海外侨胞资助福建省优秀运动员、省级以上竞赛及其他相关体育活动的资金累计 150 万元。创收方面,自1983 年 6 月以来,省内体育系统很好地利用体育场馆设施做好创收工作,统计数据表明,1985—1987 年的 3 年时间里,各体育场馆的创收金额达到 601.69 万元,其中,省级体育场馆的创收达到 316.56 万元,约占全省体育场馆创收总额的 52.6%。

在公共体育信息资源配置上,改革开放不但促进了我国经济的发展,带动了科技的创新与利用,也使福建省公共体育信息资源的配置发生根本性转变。一方面,这一时期继续发展报纸、刊物等平面媒体,例如,1982 年 1 月 13 日《福建体育科技》创刊(见图 3-7),推广应用体育科研成果,促进体育科学事业的发展;1994 年 4 月 1 日,为了"传递两岸体育资讯,助推海峡体育发展"创办了《海峡体育报》（见图 3-8），以体育为媒，搭建两岸新闻交流平台；一些报刊、电台增设体育专栏、专版和专题节目。另一方面，充分发挥电视、广播等视听媒体的作用，无论是电台（电视台）座数和节目套数，还是每日（每周）播出时间、每日制作节目时间和覆盖率都逐年提高（见表 3-6 和表 3-7），尤其是 1994年成立了福建电视台体育频道（TV8，现为福建省广播影视集团电视体育频道），该频道是我国最早的专业体育电视媒体之一，也是省内唯一的专业体育电视媒体，公共体育信息传播方式发生质的变化。从 1998 年开始，移动、联通先后大范围拓展短信业务，2000 年，我国手机短信息量突破 10 亿条，为公共体育信息的快速传播创造了条件。可见，福建省公共体育信息资源配置朝着多样化、规模化和专业化方向发展，并由静态的平面媒体向动态与声音相融合的视听媒体转变。

图 3-7　《福建体育科技》

图 3-8 《海峡体育报》

表 3-6 1978—2000 年福建省广播基本情况

年 份	广播事业				
	电台（座）	节目（套）	每日播音时间（时:分）	每日制作节目（时:分）	覆盖率（％）
1978 年	3	4	60:25		
1980 年	3	4	63:50		40
1985 年	3	4	61:20	17:36	55
1986 年	3	5	65:34	19:02	63
1987 年	4	6	70:47	12:53	63
1988 年	5	7	75:52	23:25	63
1989 年	9	12	105:02	27:46	63
1990 年	9	12	110:42	29:52	67
1991 年	9	12	114:34	28:12	71
1992 年	16	19	169:23	32:20	73
1993 年	33	35	311:03	76:34	76
1994 年	43	44	565:35	115:21	82
1995 年	47	50	701:57	194:09	86
1996 年	48	54	765:08	211:45	90
1997 年	48	54	764:27	243:34	91
1998 年	9	58	752:54	297:09	93
1999 年	9	58	869:59	319:43	95
2000 年	9	72	1035:07	355:05	96

表 3-7　1978—2000 年福建省电视基本情况

年　份	电视事业				
	电视台（座）	节目（套）	每周播出时间（时:分）	每日制作节目（时:分）	覆盖率（％）
1978 年	1	1	15:41		
1980 年	1	1	27:00		60
1985 年	3	4	230:00	3:16	65
1986 年	6	7	471:14	2:00	76
1987 年	6	7	409:11	2:20	80
1988 年	8	9	381:86	2:26	80
1989 年	8	9	394:54	3:35	80
1990 年	9	10	367:53	3:34	82
1991 年	11	12	432:29	4:29	84
1992 年	11	12	463:42	5:35	87
1993 年	12	14	664:06	9:30	88
1994 年	13	15	698:20	13:03	89
1995 年	13	15	909:09	17:07	90
1996 年	14	15	920:39	18:26	91
1997 年	14	15	1208:05	25:46	94
1998 年	10	15	1384:09	24:57	95
1999 年	10	16	1596:39	39:54	97
2000 年	10	16	1612:15	45:15	97

在公共体育制度资源配置上，改革开放后，福建省各级党委、人大、政府和有关部门，根据竞技体育、群众体育和学校体育发展的需要及其存在问题，先后制定并颁布法律法规和相关政策措施（见表 3-8）。同时，为了加强我省体育法治工作的顺利开展，2000 年，福建省体育管理部门还成立了专门处室。总之，福建省公共体育制度资源配置逐步走上全面化、规范化，更注重人文关怀。

表 3-8　1978—2000 年福建省出台的体育制度概况

时　间	名　称	制定主体	受　众
1978 年 2 月 27 日	《1978—1985 年省体育事业发展规划》	省体委	社会
1984 年 12 月	《关于优秀运动员、教练员奖励试行办法实行细则的补充规定》	省体委	运动员、教练员
1990 年 7 月 18 日	《关于退役运动员安置工作暂行规定》	省体委、省人事局、省劳动局、省编委	退役运动员
1991 年 12 月 13 日	《福建省体育场地设施管理办法》	省政府	各级政府、单位和部门
1996 年 6 月 27 日	《福建省贯彻〈全民健身计划纲要〉实施意见》	省政府	全民
1997 年 2 月 5 日	《关于福建省退役运动员安置工作的意见》	省人事局、劳动厅、教委、体委	退役运动员
2000 年 7 月 22 日	《福建省体育局职能配置、内设机构和人员编制规定》	省委办公厅、省政府办公厅	省体育局

四、21 世纪以来(2001 年至今)

进入 21 世纪,体育事业真正成为国民经济和社会事业发展的重要组成部分,其战略地位越来越受到福建省各级党委、政府及其社会的重视与关心。2002 年,省委、省政府颁布了《关于进一步加强和改进新时期体育工作的实施意见》,为全省体育工作的目标和任务提出了具体要求。2008 年北京奥运会上,福建运动健儿获得 3 金 2 铜和 1 枚武术金牌的历史最好成绩,金牌总数并列全国第七,从而更加坚定了全省人民为中国由体育大国向体育强国迈进的信心,也为福建省未来体育的发展指明了方向。新时代,我国社会的主要矛盾发生改变,各地、市、县党委、政府以满足人民群众不断增长的体育需要为出发点,围绕《“健康中国 2030”规划纲要》要求,深化体教融合,大力促进社区、学校、农村、企业等不同区域体育的均衡发展,更加关注幼儿、少年、青年、中年、老年生命全周期体育的发展,发挥了体育在维护社会稳定、促进社会和谐发展、建设全面小康社会、提高人民群众身体素质与健康水平等方面的独特作用。这与 21 世纪以来福建省公共体育资源的建设与创新发展密不可分,福建省公共体育资源在数量和质量等方面都跃上一个新的台阶,为福建省体育事

业的发展提供了不竭动力,福建省公共体育资源配置步入了全面发展的新时代,具体体现为①②③:

在公共体育人力资源(主要指社会体育指导员)配置上,为了更好贯彻落实《全民健身计划》和《社会体育指导员管理办法》,切实加强社会体育指导员队伍建设,福建省各级体育行政部门首先拓展培训资金渠道,除了每年都划拨社会体育指导员工作专项经费,并保证逐年增加外,还积极争取企业和社会赞助,实现资金来源多元化、多渠道。其次,不断健全社会体育指导员组织机构与工作机制,2012年10月30日在福州召开了福建省社会体育指导员协会成立大会,"十二五"期末,全省各设区市和80%以上的县(市、区)都成立了社会体育指导员协会,形成比较完备的行业管理体系。再次,加强社会体育指导员培训基地的建设,福建将在现有1个国家级、3个一级社会体育指导员培训基地的基础上,进一步加强和完善各地二、三级社会体育指导员培训基地建设,基本形成较为完备的社会体育指导员培训网络,建立规范化、制度化的培训机制。接着,重视社会体育指导员培训大纲的修订,以及社会体育指导员培训教材的建设。最后,举办全省社会体育指导员交流展示大会,不断提高社会体育指导员的胜任力和影响力。这些举措都保证了福建省社会体育指导员队伍建设的顺利开展,据统计,2003年,全省培训各级社会体育指导员累计1 000多人,其中16人被国家体育总局评为"全国优秀社会体育指导员";2004—2006年,全省共培训各级社会体育指导员310名;2007—2008年,全省共培训各级社会体育指导员200名;截至2008年,全省共有各级社会体育指导员29 259名,其中,国家级96人、省一级2 374人、省二级8 189人、省三级18 600人;到"十二五"期末,福建社会体育指导员队伍的数量达到55 500名,占全省总人口的1.5‰以上,社会体育指导员队伍结构得到优化(见表3-9、表3-10),并建立起比较完善的社会体育指导员组织和服务网络体系。

---

① 福建省地方志编纂委员会.福建省志·体育志[M].北京:社会科学文献出版社,2016.
② 邹京,施纯志."互联网+"对社会体育指导员培训模式的影响——以国家级社会体育指导员培训基地为例[J].山东体育科学研究,2019,23(1):40-46.
③ 福建日报.福建省84个县(市、区)融媒体中心全部挂牌成立[EB/OL].(2018-12-29)[2020-05-06].http://www.mnw.cn/.

表 3-9　2012—2017 年福建省培训国家社会体育指导员人数及年龄结构

年份	30 岁及以下	31～40 岁	41～50 岁	51～60 岁	61 岁以上	总人数
2012 年	6	30	28	17	7	88
2013 年	20	34	24	16	6	100
2014 年	14	32	27	19	10	102
2015 年	17	16	20	20	7	80
2016 年	7	16	16	14	9	62
2017 年	5	22	30	21	13	91

表 3-10　2012—2017 年福建省培训一级社会体育指导员人数及年龄结构

年份	30 岁及以下	31～40 岁	41～50 岁	51～60 岁	61 岁以上	总人数
2012 年	55	57	39	37	20	208
2013 年	23	61	66	60	40	250
2014 年	52	67	76	71	33	299
2015 年	55	63	91	47	44	300
2016 年	44	74	80	97	78	373
2017 年	69	83	120	107	47	426

在公共体育物力资源(主要指体育场地)配置上,随着福建省经济社会的快速发展,人民生活水平的不断提高,以及健身意识的不断增强,群众对体育场馆的需求逐年增加。2014 年 10 月 20 日,国务院正式发布《加快发展体育产业促进体育消费的若干意见》,将全民健身上升为国家战略,并明确到 2025 年,人均体育场地面积达到 2 平方米。对此,福建省各级政府、企业和社会力量结合城镇化发展、乡村振兴战略和福建省的山、水、湖、泊等自然禀赋进行统筹规划体育场地设施建设,体育场馆的数量逐年增加,规模逐年扩大,类型逐年丰富(如三明市区城市绿道、南平市建瓯市小松镇绿道、厦门环东海域滨海旅游浪漫线彩虹跑道等),分布逐年完善,智能化水平(如宁德的智慧体育公园)不断提高。其中,大型体育场馆数量不断增加,成为城市的标志性建筑,尤其是乡村体育场地设施较过去有很大改善,全省体育公共服务能力逐年提升(见表 3-11～表 3-13、图 3-9～图 3-13)。

表 3-11　2003 年、2013 年、2018 年福建省体育场地数量与规模发展概况

年份	数量（个）	万人场地数量（个）	用地面积（万平方米）	场地面积（万平方米）	建筑面积（万平方米）	人均场地面积（平方米）
2003 年	30 000	8.60	5 420.82	4 117.08	200.29	
2013 年	62 736	16.62	7 886.43	5 984.72	499.68	1.59
2018 年	110 522	28.04		8 551.92		2.17

数据来源：第五次、第六次全国体育场地普查数据。

表 3-12　2003 年、2013 年福建省体育场地系统分布概况

年份	系统	数量（个）	用地面积（万平方米）	场地面积（万平方米）	建筑面积（万平方米）
2003 年	体育系统	715	368.62	212.07	65.62
	教育系统	19 111	3 379.43	2 621.53	54.40
	其他系统	10 174	1 672.78	1 283.48	80.27
2013 年	体育系统	964	605.90	465.13	133.71
	教育系统	21 428	3 985.29	3 167.28	136.63
	其他系统	40 344	3 295.24	2 352.31	229.34

数据来源：第五次、第六次全国体育场地普查数据。

表 3-13　2018 年福建省体育场地机构分布概况

系　统	数　量（个）	场地面积（万平方米）
事业单位	43 942	3 791.60
村委会	39 315	1 926.59
企业	8 407	1 544.83
居委会	12 349	715.47
机关	3 870	332.17
民办非企业	1 822	133.54
社会团体	386	61.47
农村集体经济组织	17	1.15
农村专业合作社	15	1.00
其他组织机构	399	44.09

数据来源：福建省 2019 年体育场地统计调查数据（截至 2018 年 12 月 31 日）。

图 3-9　福建省体育馆

图 3-10　三明市区城市绿道

图 3-11　建瓯市小松镇绿道

图 3-12　厦门环东海域滨海旅游浪漫线彩虹跑道

图 3-13　宁德智慧体育公园"五方位体测亭"

在公共体育财力资源配置上,福建省各级政府逐年增加财政预算支出(见图 3-14),用于文化体育等的预算支出由 2004 年的 161 246 万元提高到 2018 年的 847 306 万元,14 年的时间政府财政预算支出增长了 5.25 倍。其中,作为纳入政府性基金预算的体育彩票公益金,近年来,按照《彩票管理条例》《彩票管理条例实施细则》《彩票公益金管理办法》等规定要求,福建体彩人大力弘扬"责任、诚信、团结、创新"的体彩精神,倡导践行"公益体彩,乐善人生"的公益理念,始终坚持"来之于民,用之于民"的发行宗旨,走出了服务社会、践行公益,并具有福建特色的体育彩票发展之路,近十几年来,体育彩票公益金不断增加(见表 3-14),极大促进了福建经济与体育事业的发展。

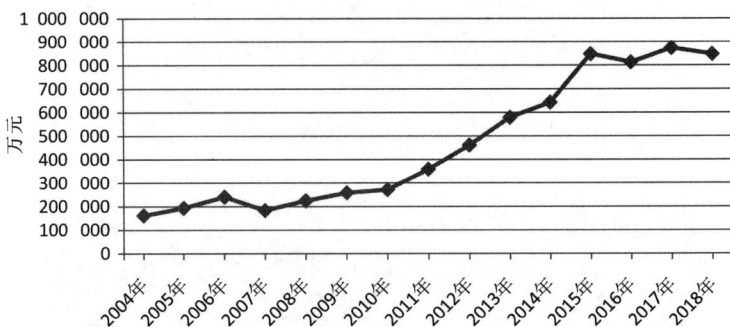

图 3-14　2004—2018 年福建省文化体育等财政预算支出

表 3-14 年　2016—2018 年福建省体育彩票销售及省本级体彩公益金使用概况

年份	销售（亿元）	占全国比例(%)	省本级（亿元）	市县级（亿元）	群众体育（万元）	竞技体育（万元）	体育产业（万元）
2016 年	80.58	4.28	6.35	5.23	18 293.16	20 994.25	7 070
2017 年	106.46	5.08	7.87	6.15	18 008.44	25 506.85	6 154
2018 年	120.98	4.22	8.57	6.63	22 297.66	29 180.22	6 784

资料来源：福建省体育彩票管理中心。

　　在公共体育信息资源配置上，秉承"在继承中发展，在发展中创新"的理念，走有福建特色的公共体育信息资源建设与发展之路。首先，继续挖掘报刊等传统平面媒体的潜力。不仅努力拓展报纸的版面，增设群众喜闻乐见的内容，而且，结合时代需要，积极创办体育专业刊物，不断创编新的栏目，及时记录、编写和传播福建体坛风云人物及其事迹。其次，充分发挥广播、电台等视听媒体的作用。北京奥运会申办成功后，福建省体育局专门成立了新闻宣传中心，通过广播、电视普及奥林匹克知识，宣传北京奥运会，同时，还传递福建体育声音，讲好福建体育故事。再次，加强体育教育基地的建设。通过建设体育展览馆、体育专题博物馆，为宣传体育知识，展示福建体育发展历史和体育发展成就提供良好环境。最后，注重网络端、微信端、手机 App 等数字媒体的广泛运用和精准化评估，提高体育信息传播的便捷性和有效性。如今，出现了把广播、电视、报纸等既有共同点，又存在互补性的不同媒体，在人力、内容、宣传等方面进行全面整合，实现"资源通融、内容兼融、宣传互融、利益共融"的新型媒体——融媒体，将成为未来媒体传播的一种先进手段，福建省各地、市、县融媒体中心的成立，有力促进了福建省体育信息资源的建设与发展的转型升级（见表 3-15，图 3-15～图 3-17）。

表 3-15　**2001 年至今福建省体育报刊、体育教育基地、体育网站等创办概况**

类　型	时　间	具　体　内　容
体育刊物	2001 年年初	省体育局创办每旬一期的内部刊物《体育信息》
	2006 年	省体育局创办了《海峡体育》杂志，2006 年 5 月获得 CNQ 刊号，每月一期，设有"体坛信息""每月一星"等栏目
体育报纸	2001 年年初	拓展《海峡体育报》版面内容，增设《体坛新闻周刊》《体育彩票专刊》等内容
体育教育基地	2004—2006 年	建设"福建体育展览馆"并对外展出，内容包括"群众体育""竞技体育""体育产业"等照片、实物、资料等
	2008 年 2 月 11 日	中国第一座奥林匹克专题博物馆——厦门奥林匹克博物馆正式对外开放
体育网站	2004 年	创办了福建省体育局门户网站福建体坛网
App		①健康福建 App 是由福建省卫计委（现为福建省卫生健康委员会）组织建立的一款医疗健康服务软件，为用户提供各种生活小常识和健康小知识，让用户能够更加健康快乐地成长。 ②福建体育彩票 App 是一款非常受彩民们欢迎的彩票软件，拥有多种彩票玩法，以及各种彩票辅助功能，全方位满足各类彩民的购彩需求。 ③智运动 App 是隶属于福建省闽城体育文化发展有限公司旗下以"人—物—场"三者全线结合的 O2O 垂直运动生态平台。其依托于闽城体育产业资源，以服务体育爱好者为宗旨，将运动智能化，开启运动与智能相结合的全新运动理念，打造城市中央的生态化运动体系。 ④福建省建瓯市智慧体育服务平台，设有建瓯体讯、竞技体育、全民健身、户外运动、体育导航、赛事服务、赛事应急、体育商城等服务栏目
融媒体	截至 2018 年 12 月 17 日	福建省 84 个县（市、区）融媒体中心全部挂牌成立，实现县级融媒体中心全覆盖，不仅丰富了报纸、广播、电视等传统媒体的报道素材，又满足了不同职业、不同年龄受众对网络新媒体等传播平台的信息需求，从此，掀开了福建省县级媒体深度融合发展的新篇章

图 3-15　福建省体育局门户网站

图 3-16　厦门奥林匹克博物馆

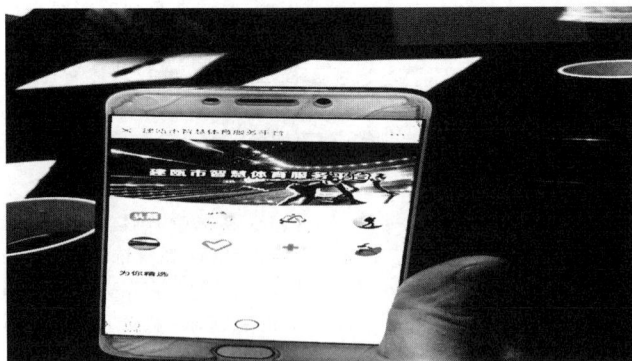

图 3-17　建瓯市智慧体育服务平台

在公共体育资源制度资源配置上,2008 年 9 月 29 日,时任中共中央总书记、国家主席胡锦涛在北京奥运会、残奥会总结表彰大会上提出:进一步推动我国由体育大国向体育强国迈进。体育强国建设是我国整体强国战略的一个重要组成部分,制度建设不仅是国家、社会强弱和贫富的关键,也是促进我国由体育大国向体育强国发展的有效推动力。2012 年,党的十八大报告明确全面建成小康社会的宏伟目标,并提出了全面建成小康社会目标的新要求。面对新的形势和任务,需要站在新的历史起点上进行全面深化改革开放。2013年,党的十八届三中全会提出,全面深化改革的总目标是完善和发展中国特色社会主义制度,推进国家治理体系和治理能力现代化。进入新时代,面对我国社会主要矛盾已经转化为人民日益增长的美好生活需要和不平衡不充分的发展之间的矛盾的现实,党的十九大提出:坚持全面深化改革。必须坚持和完善中国特色社会主义制度,不断推进国家治理体系和治理能力现代化,坚决破除一切不合时宜的思想观念和体制机制弊端,突破利益固化的藩篱,吸收人类文明有益成果,构建系统完备、科学规范、运行有效的制度体系,充分发挥我国社会主义制度优越性。2020 年 4 月 27 日,习近平总书记在中央全面深化改革委员会第十三次会议上发表重要讲话。他强调,我国疫情防控和复工复产之所以能够有力推进,根本原因是党的领导和我国社会主义制度的优势发挥了无可比拟的重要作用。发展环境越是严峻复杂,越要坚定不移深化改革,健全各方面制度,完善治理体系,促进制度建设和治理效能更好转化融合,善于运用制度优势应对风险挑战冲击。可见,党的十八大以来,以习近平同志为核心的党中央,把坚定制度自信和不断改革创新统一起来,不断推进中国特色社会主义制度体系的完善和发展,既激活了改革发展动力,也增强了人民群众的获得感、幸福感、安全感。在此背景下,福建省各级党委、政府始终坚持人民至上、生命至上,把人民生命安全和身体健康放在第一位,增强以改革推进国家制度和国家治理体系建设的自觉性,突出制度建设这条主线,继续全面深化改革,不断健全完善公共体育服务制度体系,逐步提高公共体育制度执行效率,有效促进福建省公共体育事业的可持续发展。具体体现为(见表3-16):

表 3-16　2001 年至今福建省出台的体育制度概况

类 型	时 间	名 称	制定主体	受 众
综合	2001 年 2 月 14 日	《福建省人民政府关于印发〈福建省国民经济和社会发展第十个五年计划纲要〉的通知》	省政府	各市、县（区）政府等
	2002 年 12 月 3 日	《中共福建省委、福建省人民政府关于进一步加强和改进新时期体育工作的实施意见》	省委、省政府	各地各部门
	2005 年 1 月 21 日	《福建省人民政府关于贯彻国务院〈全面推进依法行政实施纲要〉的实施意见》	省政府	各市、县（区）政府,省政府各部门等
	2002 年 3 月 6 日	《关于下发〈福建省体育局公共资源市场化配置暂行管理办法〉的通知》	省体育局体育经济处	直属单位
	2006 年 1 月 26 日	《福建省人民政府关于印发〈福建省国民经济和社会发展第十一个五年计划纲要〉的通知》	省政府	各市、县（区）政府,省政府各部门等
	2008 年 8 月 5 日	《关于恳请国家体育总局支持海峡西岸经济区体育事业发展的请示》	省体育局	海峡西岸经济区
	2011 年 1 月 22 日	《福建省人民政府关于印发〈福建省国民经济和社会发展第十二个五年计划纲要〉的通知》	省政府	各市、县（区）政府,平潭综合实验区管委会等
	2011 年 11 月 8 日	《福建省人民政府关于印发〈福建省全民健身实施计划（2011—2015 年）〉的通知》	省政府	各市、县（区）政府,平潭综合实验区管委会等
	2013 年 10 月 9 日	《关于进一步加强学校体育工作的实施意见》	省教育厅、省发改委、省财政厅、省体育局	学校

续表

类型	时间	名称	制定主体	受众
	2013 年 11 月 19 日	《福建省教育厅关于印发〈福建省学校体育工作三年行动计划（2013—2015 年）〉的通知》	省教育厅	学校
	2014 年 5 月 15 日	《中共福建省委 福建省人民政府关于印发〈福建省新型城镇化规划（2014—2020 年）〉的通知》	省委、省政府	各市、县（区）党委、政府等
	2016 年 2 月 29 日	《福建省人民政府关于印发〈福建省国民经济和社会发展第十三个五年计划纲要〉的通知》	省政府	各市、县（区）政府，平潭综合实验区管委会等
	2016 年 4 月 28 日	《福建省人民政府办公厅关于印发〈福建省"十三五"体育事业发展专项规划〉的通知》	省政府办公厅	各市、县（区）政府，平潭综合实验区管委会等
	2016 年 10 月 15 日	《福建省人民政府关于印发〈福建省全民健身实施计划（2016—2020 年）〉的通知》	省政府	各市、县（区）政府，平潭综合实验区管委会等
	2017 年 5 月 28 日	《中共福建省委 福建省人民政府关于印发〈"健康福建 2030"行动规划〉的通知》	省委、省政府	各市、县（区）党委、政府等
人力	2005 年 2 月 23 日	福建省人民政府办公厅转发省体育局等部门〈关于进一步做好退役运动员安置工作实施意见〉的通知	省体育局、省编办、省教育厅、省财政厅、省人事厅、省劳动和社会保障厅	各市、县（区）政府，省政府各部门等
	2005 年 4 月 3 日	《福建省体育局贯彻关于退役运动员安置工作实施意见的操作方案》	省体育局	
	2008 年 4 月 11 日	《关于下发〈福建省优秀运动队运动员选调暂行办法〉的通知》	省体育局竞体处	各训练单位、省少体校、省体科所

续表

类 型	时 间	名 称	制定主体	受 众
	2010 年 1 月 25 日	《关于印发〈福建省 2010—2020 年体育人才培养计划〉的通知》	省体育局、省委组织部、省教育厅、省财政厅、省科技厅、省人社厅等	各市、县（区）委组织部,体育局,教育局,财政局,科技局等
	2012 年 10 月 22 日	《福建省体育局关于印发〈福建省社会体育指导员发展规划（2011—2015 年）〉的通知》	省体育局	各设区市体育局、平潭综合实验区管委办
	2012 年 8 月 10 日	《福建省人民政府办公厅转发体育局等部门〈关于进一步加强运动员文化教育和运动员保障工作实施意见〉的通知》	省政府办公厅	各市、县（区）政府,平潭综合实验区管委会等
	2013 年 1 月 21 日	《关于退役运动员自主择业经济补偿标准和接收退役运动员安置补助费调整后操作办法的通知》	省体育局	各设区市体育局、各直属单位
	2013 年 1 月 23 日	《关于印发〈福建省优秀运动员优秀教练员关怀基金实施暂行办法〉的通知》	省体育局	各设区市体育局、平潭综合实验区管委会等
	2014 年	《福建省体育局下发〈福建省运动员技术等级管理实施细则〉的通知》	省体育局	各设区市体育局、平潭综合实验区管委会等
	2016 年 12 月 26 日	《福建省人民政府办公厅关于强化学校体育促进学生身心健康全面发展的实施意见》	省政府办公厅	各市、县（区）政府,平潭综合实验区管委会等
	2020 年 6 月 11 日	福建省体育局 福建省民政厅印发《福建省关于促进体育社会组织健康发展的若干措施》的通知	省体育局、省民政厅	各设区市政府、平潭综合实验区管委会,省有关单位

续表

类 型	时 间	名 称	制定主体	受 众
物力	2006 年 8 月 4 日	《福建省人民代表大会常务委员会关于颁布施行〈福建省体育经营活动管理条例〉的公告》	省人大	体育经营者
	2008 年 12 月 30 日	《福建省教育厅　福建省财政厅　福建省体育局关于做好福建省学校体育场馆向社会开放试点工作有关问题的通知》	省教育厅、省财政厅、省体育局	各设区市教育局、财政局、体育局
	2010 年 2 月 5 日	《关于下发〈2010 年福建省实施乡（镇）农民体育健身活动中心工作方案〉的通知》	省体育局群体处	各设区市体育局
	2012 年 5 月 31 日	《福建省人民代表大会常务委员会关于颁布施行〈福建省学校安全管理条例〉的公告》	省人大	学校
	2014 年 6 月 28 日成文，2018 年 11 月 14 日发布	《福建省公共游泳场所管理办法》	省政府	各公共游泳场所
	2020 年	《中共福建省委 福建省人民政府关于开展 2020 年为民办实事工作的通知》	省委、省政府	各市、县（区）党委、政府等
	2020 年 2 月 11 日	《福建省体育局关于印发〈2020 年全民健身场地设施建设项目实施方案〉的通知》	省体育局	各设区市体育局、平潭综合实验区旅游与文化体育局
财力	2002 年	《省体育局关于印发〈福建省体育彩票全民健身工程管理办法（试行）〉的通知》（拟废止）	省体育局	各设区市体育局、平潭综合实验区旅游与文化体育局
	2008 年	《关于印发〈福建省县级市、县、区新建体育场馆经费补助办法（试行）〉的通知》（已废止）	省体育局、省财政厅	各市、县、区体育局、财政局等

续表

类型	时间	名称	制定主体	受众
	2009年6月29日	《福建省财政厅 福建省教育厅 福建省体育局关于下达福建省学校体育场馆向社会开放试点学校经费补助的通知》	省财政厅、省教育厅、省体育局	有关县（市、区）财政局、教育局、体育局
	2011年3月28日	《福建省体育局关于体育彩票条块结合管理试点工作的通知》	省体育局	省体彩中心、漳州市体育局、南平市体育局
	2013年7月19日	《福建省关于印发〈福建省体育局经营创收单位管理办法〉的通知》（已废止）	省体育局	各直属经营创收单位
	2014年7月29日	《福建省人民政府印发〈关于推进政府购买服务的实施意见〉的通知》	省政府	各市、县（区）政府,平潭综合实验区管委会等
	2015年	《福建省新建体育场馆建设项目省级以奖代补资金管理办法》	省财政厅、省体育局	各市、县（区）财政局、体育局
	2015年6月25日	《福建省人民政府关于进一步扩大有效投资的若干意见》	省政府	各市、县（区政府,平潭综合实验区管委会,高校等
	2016年	《福建省中型体育场馆免费低收费开放补助资金管理办法（试行）》	省财政局、省体育局	各市、县（区）财政局、体育局
	2019年6月17日	《福建省体育局关于印发〈福建省体育局部门预算管理办法〉的通知》	省体育局	各直属单位,机关各处室
	2017年	《福建省财政厅 福建省教育厅关于印发〈全民健身场地设施建设项目资金管理办法〉的通知》	省财政厅、省教育厅	各设区市财政局、教育局等

续表

类　型	时　间	名　称	制定主体	受　众
信息	2019 年 2 月 28 日	《福建省体育局　福建省财政厅关于印发〈福建省促进公共体育设施建设激励资金管理办法〉的通知》	省体育局、省财政厅	各设区市体育局、财政局等
	2007 年 2 月 1 日	《福建省人民政府办公厅关于加强政府网站建设和管理工作的若干意见》	省政府办公厅	各市、县（区）政府,省政府各部门等
	2007 年 10 月 12 日	《福建省人民政府办公厅关于福建政府门户网站内容保障方案(暂行)的通知》	省政府办公厅	各市、县（区）政府,省政府各部门等
	2008 年 6 月 11 日	《福建省人民政府办公厅关于印发福建省 2008 年政府信息公开工作要点的通知》	省政府办公厅	各市、县（区）政府,省政府各部门等
	2008 年 3 月 14 日	《福建省人民政府办公厅转发省数字办关于 2008 年"数字福建"工作意见的通知》	省政府办公厅	各市、县（区）政府,省政府各部门,各高校等
	2008 年 6 月 12 日	《省数字办、省效能办关于印发〈福建省电子政务绩效考核办法（试行）〉的通知》	省数字办	省直各有关部门,各市、县（区)信息化主管部门等
	2008 年 9 月 19 日	《福建省人民政府办公厅关于印发〈福建省政府网站绩效评估实施方案〉的通知》	省政府办公厅	各市、县（区）政府,省政府各部门等
	2013 年 8 月 5 日	《福建省体育局关于政府信息公开保密审查的暂行规定》	省体育局	局机关各处室、直属各单位
	2014 年 2 月 11 日	《福建省政府信息公开办法》	省政府	各级人民政府、公民、法人等
	2015 年 10 月 10 日	《福建省体育局门户网站管理办法》	省体育局	各设区市、平潭综合实验区等

第二节　福建省公共体育资源配置的反思

1949 年中华人民共和国成立之后,在中国共产党领导下进行了农业、手工业、资本主义工商业的社会主义改造。1956 年,社会主义三大改造的顺利完成,实现了把生产资料私有制转变为社会主义公有制的过渡,标志着我国从新民主主义社会跨入了社会主义社会,社会主义基本制度在我国初步建立,这一阶段,以社会主义公有制为主体的多种经济成分并存的经济体制向高度集中的计划经济体制转变。由于受到经济体制的影响,福建省公共体育资源的配置也常有"计划"的色彩。1978 年改革开放后,我们党把工作重心转移到经济建设上来,我国由计划经济体制逐步向市场经济体制转变,到了 1992 年,党的十四大正式确立"我国经济体制改革的目标是建立社会主义市场经济体制"。2017 年 10 月 18 日,习近平同志在十九大报告中指出,要加快完善社会主义市场经济体制。经济体制改革必须以完善产权制度和要素市场化配置为重点,实现产权有效激励、要素自由流动、价格反应灵活、竞争公平有序、企业优胜劣汰。可见,二十多年来,在党中央的正确领导下,经过全党全国各族人民的共同努力,无论是在社会主义市场经济理论研究还是在实际改革中,都取得了举世瞩目的成就。从中也可以看出,市场在公共体育资源配置的地位和作用日渐明显,计划和市场在公共体育资源配置中相互依存、相互作用。反思福建省公共体育资源配置发展历程,公共体育资源在配置方式、配置方法和配置制度上都呈现出时代特点。

一、福建省公共体育资源配置方式的时代特点

中华人民共和国成立之初,国家经济落后、资源匮乏、社会秩序混乱、体育还很不发达,尤其是国家的安全威胁还依然存在。在此背景下,为了能尽快摆脱困境,实现经济社会的快速发展,在苏联计划经济管理模式的影响下,结合我国经济社会发展现状,选择计划经济管理体制也是理所当然的。

在计划经济管理体制下,国家及其各省市采用同计划经济管理体制相适应的政府直接领导且高度集权的计划配置方式来配置公共体育资源。改革开放前,由于美国等西方发达国家长期对我国实施政治、经济和外交的封锁,为

了打破被动局面,并摘去"东亚病夫"的帽子,国家将体育作为促进友谊、增强团结、展现中国新形象,提高国际地位的一个重要政治手段。对此,福建省各市、县(区)上下同心,在政府的统一领导下,有计划地集中全社会体育资源积极支持专业运动队伍的建设与发展,建立三级训练体制为国家输送田径、游泳、自行车等项目的优秀体育人才,不仅改变了福建体育落后的面貌,而且促进了福建省竞技体育的快速发展,诸如倪志钦、吴传玉等许多运动员在国内外赛场上摘金夺银、为国争光。同时,福建省着力创办体育报刊以大力推进体育宣传工作,积极培养体育骨干,努力筹措侨资以改扩建体育场馆,使福建省的学校体育和群众体育有了较快发展,群众的身体素质有了明显的提高。因此,运用计划的方式配置公共体育资源不但是基于国家建立初期基本国情和生产力条件的历史、合理的必然抉择,也是体现国家意志、完成国家任务、提高国际地位的有效途径,推动了各省、市体育事业的发展。

　　1978年我国实行改革开放,经济社会发展步伐逐渐加快,原有传统的计划经济管理体制的缺陷日益突出,我们党对计划与市场关系的认识不断深化对计划经济管理体制的改革愈加迫切。对此,1992年党的十四大确立了社会主义市场经济体制的改革目标,这是我国经济体制改革目标的重大突破,预示着社会主义市场经济时代的来临。1993年5月,原国家体委出台了《关于深化体育改革的意见》,明确提出今后体育发展的总体目标为:改变原来在计划经济体制下,单纯依赖国家和主要依靠行政手段办体育的高度集中的体育体制,建立与社会主义市场经济体制相适应,符合现代体育运动规律,国家调控,依托社会,有自我发展活力的体育体制和良性循环的运行机制,形成国家办与社会办相结合、集中与分散相结合的格局。力争在20世纪末初步建立具有中国特色的社会主义体育新体制。同年,又下发了《关于培养体育市场,加快体育产业化进程的意见》,提出体育事业发展的基本思路,即"面向市场、走向市场,以产业化为方向"。

　　由于我国经济管理体制的改革,公共体育资源的配置方式由原来的计划配置方式转变为计划与市场相结合的混合型配置方式。回望体育改革之路,1994年足球职业联赛开启了中国体育的市场改革之路,随后,篮球、排球、乒乓球和体育健身娱乐业也踏上了市场化发展的新征程。1996年,《国民经济和社会发展"九五"计划和2010年远景目标纲要》又再次提出体育要走"社会化、产业化道路"。2000年,国家体育总局颁布《2001—2010年体育改革与发展纲要》强调:"国家对体育事业的管理方式,正从直接、微观管理向间接、宏观管理转变。市场对体育资源配置发挥越来越重要的基础性作用。各级体育部门要认真研究和合理安排好资源配置方式,积极探索社会主义市场经济条件下体育事业的发展机制。"2015 年 2 月 27 日,中央全面深化改革领导小组第十次会议审议通过的《中国足球改革总体方案》提出:"发挥社会主义制度优势,整合资源,形成合力;充分发挥市场机制作用,激发活力,创造公平诚信环境,鼓励保护平等竞争。"2016 年,《体育发展"十三五"规划》指出:"必须始终坚持以改革促发展,破除体制机制障碍,充分发挥市场在体育资源配置中的决定性作用和更好地发挥政府作用,积极培育社会力量参与体育发展,不断完善中国特色体育发展道路。"可见,经过"摸着石头过河"的大胆探索,市场机制作为公共体育资源配置手段的作用愈发突出,公共体育资源的开发数量逐步增加,服务质量稳步提升,公共体育资源的市场配置是大势所趋。当然,由于受计划经济体制下不同行业、不同部门、不同区域公共体育资源分割配置的体制性和先天性的影响,以及改革过程中产生的"双轨制"持续问题与市场发育中产生的"要素组合时差"问题,导致福建省公共体育资源配置在转型期出现高度的不确定性和不平衡性,以及改革成本高昂的特征,配置方式在不同时期、不同行业、不同部门和不同区域发挥的作用比例存在差异。① 因此,当下,计划和市场两种配置方式存在并存现象,具有政府主导下的渐进性的混合配置方式的特征,为促进福建省体育事业的发展奠定基础。

二、福建省公共体育资源配置方法的时代特点

改革开放前,由于实行计划经济体制,所制定的公共体育资源配置计划的主要目标是实现公共体育资源的充分利用。然而,因计划体制、管理方式、法制和技术等缘故,这一时期福建省公共体育资源的配置方法主要采用粗放式的配置方法,具体体现在以下几个方面:

从计划经济体制的角度来看,公共体育资源的配置主要采用行政计划的方式来实施,政治目的性明显。政府的行政命令成为配置公共体育资源的主要手段,即运动员的训练和竞赛、学校体育教育、群众体育等有关业务性与学术性的事宜都通过政府编制与发布的文件进行限定。可见,政府公共体育资源管理范畴边界不清,造成原本稀缺的公共体育资源的经济性不断弱化,严重影响了其他经济主体投资发展体育事业的积极性,制约了公共体育资源配置

---

① 康宁.中国经济转型中高等教育资源配置的制度创新[M].北京:教育科学出版社,
2005:132-133.

的可持续发展。与此同时,体育的政治和社会服务功能不断提升,为了能满足各省、市政府的政治需求,主要从政治的视角来配置公共体育资源。例如,在计划经济时期,政府作为公共体育产品生产的唯一投资主体,在解决体育场馆建设所需的基建费与事业费时,主要将其归入中央及其地方政府的财政计划,并规定建设的投资布局及其方向。因此,采用粗放式的配置方法也是体制的需要。

从管理方式的角度来看,中华人民共和国成立初期,我国借鉴了苏联高度集中的行政管理体制,该管理体制的特点为:政府以计划经济手段配置体育资源,以行政手段管理体育;政府既是"办"体育的主体,也是"管"体育的主体,管办不分。[①] 在这种管理体制下,政府既是国有资产的代表,也是理性的"经济人",对公共体育资源的配置数量和去向有高度的决定权,对其实行粗放式的配置方法。为了完成上级布置的任务,常常在缺乏深入调研和科学决策的情况下就不计后果地投入大量的人力、物力、财力等资源,忽视产出效率和边际收益成本,造成高投入、低产出的后果。同时,缺乏有效的激励和惩罚机制,导致公共体育资源的浪费,但该种配置方法能在短时间里促进国家及其各省竞技体育水平的提高,以致国家及其各省政府常成为公共体育资源配置行为的买单者。因此,采用粗放式的配置方法也是管理的需要。

从法制的角度来看,在计划经济体制背景下,国家的法律法规不健全,各省体育事业发展中的公共体育资源配置更多依据国家及其各省政策进行实施,由于在公共体育资源配置中的责、权、利不清晰,管理边际模糊,缺乏相关法律法规的约束和社会的有效监督,体育主管部门或者相关企业只在软约束下自行其是,从而造成公共体育资源的过度投入和低效产出,以及"搭便车"等不良后果,导致公共体育资源的流失与浪费,较长时间陷入公共体育资源稀缺与公共体育资源浪费的漩涡之中。因此,采用粗放式的配置方法也是法律不健全的必然选择。

从技术手段的角度来看,20世纪50年代至70年代,虽然世界迎来了由经济发达国家掀起的科技革命浪潮,但是因计划经济体制下的闭关自守缘故,丧失了借鉴和吸收国外先进科技成果、提高国家整体科技水平的机会。在这种国际和国内背景下,基于国家层面,国家及其各省将重点集中在基础研究上,应用研究较少,公共体育资源的有效转化缺乏科技支撑;基于企业层面,企业只能按照国家计划实施生产,企业竞争压力小,不仅缺乏争取超额利润的冲劲,而且技术转化能力低,公共体育资源配置效率不高。因此,采用粗放式的

---

① 姜玉红.我国公共体育资源管理中的政府职能[D].呼和浩特:内蒙古大学,2009:18.

配置方法也是技术手段落后的必然结果。

改革开放后,市场在经济社会发展中的作用日益增强,公共体育资源的配置方法也开始向集约式配置方法转变,但是,由于体育事业管理体制改革相对滞后的缘由,粗放式的配置方法仍将在较长时间内占据主导地位,无论是公共体育资源的管理手段,还是公共体育资源的投入产出比,都能看到粗放式配置方法的身影,在一定程度上影响了公共体育资源配置效率。总体来说,随着公共体育资源配置方法的不断优化,福建省公共体育资源配置效率较过去有了较大提高,改革成效日益显现,为促进福建省体育事业的发展提供动力。

三、福建省公共体育资源配置制度的时代特点

中华人民共和国成立以来,我国公共体育资源配置始终处在计划经济的制度环境下,所采取的是利用政府高度集中的行政手段配置人力、财力、物力、信息等公共体育资源的一种制度安排,短时间里体育事业得以高速发展。然而,随着时间推移,体育事业可持续发展的动力在不断失去,1978年后,这种制度安排是否继续存在遭到质疑。经过一些探索性的改革并冲破传统体制束缚呈现新机之时,人们逐渐反思传统体制,并随着探索范围不断拓展,资源配置绩效的不断提高,人们更加坚信:传统的计划配置无法再扩大公共体育资源,也无法提高公共体育资源的配置效率。至此,以市场为导向的经济体制改革也被推上历史舞台,改革冲破了传统的配置模式,公共体育资源增量以新的内容、方式、本质与发展走向产生出转型期新的公共体育资源配置的制度安排。为了能阐释制度的时代特点,下面以公共体育资源配置中的关键性资源——"财力"为例进行比较分析。

在计划经济时期,财政体制下的公共体育资源配置呈现行政性、强制性、抑制性和路径依赖的特点。具体来说,"行政性"体现为在法律制度不完善的背景下,国家及其各省政府部门在进行公共体育预算的编制、决策和执行时不但受人为因素的影响,也受相关行政部门的限制;"强制性"体现为国家及其各省政府为了完成目标并实现所赋予的规定职能,利用国家权力并集中有限的稀缺资源实现对公共体育经费的统一配置;"抑制性"体现为在原有的制度安排下,政府作为公共体育经费的唯一供给者,只能采用平均分配的方式统一配置与管理有限的资源,以解决公共体育资源不足的困境。对此,各省市的体育部门和教育部门只有被动地接受计划分配的公共体育经费,并在有限的经费条件下完成规定的任务;"路径依赖"体现为计划经济财政体制下的公共体育

配置制度一旦形成并成为习惯,以后财政制度的选择都受原有制度安排留下的"路径依赖"影响,并制约后续的改革。

随着社会主义市场经济体制的确立和不断完善,巩固和发展以公有制为主体、多种所有制经济共同发展的基本经济制度促使经济主体日益多元化,为后来公共体育投资主体的多元化奠定制度基础。特别是我国收入分配体制改革的不断深化,使国家财政管理的内容和性质发生了根本性改变,不仅产生了面向全社会的税收制度,而且建立了面向公共体育事业的财政管理构架。几十年来,福建省政府通过有效干预,先后出台体育彩票健身工程管理、新建体育场馆经费补助、学校体育场馆对外开放经费补助、政府购买公共服务、扩大有效投资、体育场地免费低收费开放补助、公共体育设施建设激励资金管理等制度,使公共体育资源配置更为公平、更有效率,为福建省公共体育事业的发展输入源源不断的血液。因此,在市场经济体制下,通过制度创新使福建省的公共体育资源配置产生显著的变化:

从公共体育资源配置主体来看,由单一化的投资主体向多元化的投资主体转变。公共体育投资主体的多元化体现为经济的组织与成分的多元,以及对利益和投资需求的多元。当政府从"全能政府"转变为"服务政府"其目的在于进一步加强和改善政府的服务功能,特别为非公有制经济提供全方位的优质服务。实行投资改革后,政府的许多政策都聚焦培育投资主体,激发投资主体的投资热情,一方面,投资者为国家与社会的贡献借助税收制度来呈现,而投资者的获益借助投资取得相应的回报与制度保障;另一方面,国家及其各省政府为广大纳税者提供公共体育服务,同时,制定政策以调适公共体育领域出现的外部性,促使投资者的预期收益大于投资成本。这一制度安排一改过去对公共体育投资无收益的惯性思维,也是投资主体多元化行为的合理诠释,而改革以来所做的许多制度创新都可以说是有效实行该行为的制度安排。

从公共体育资源配置方式来看,由供给计划约束型向需求创新放开型转变。[1] 中华人民共和国成立后所采取的二元社会的体制,政府的供给能力制约了群众对公共体育需求的满足,在这种供给制度下也逐渐形成全由国家安排的观念,这些正式和非正式的约束始终对公共体育供给政策造成影响。改革前政府拨款原则是供给的给定计划,其多少以国家计划发展公共体育的具体要求为指引,对执行者的需求及其意见方面有所忽略。在转型的过程中,如果市

---

① 康宁.中国经济转型中高等教育资源配置的制度创新[M].北京:教育科学出版社,2005:162.

场对公共体育投入的增加并同财政体制改革相统一时,需求的主体就有可能成为投资主体,从而出现投资的多元化,成为打破计划约束的主要因素。福建省财力制度的变迁反映的正是投资观念的转变对探寻打破计划约束的一种制度安排。从第六次全国体育场地普查数据可以看出,政府对福建省体育场地的建设资金投入比例逐渐降低,自筹部分比例逐渐提高,自筹资金除来自创收和捐赠外,更多通过资本市场的方式获取。

从公共体育资源配置动力来看,由政府的强制性向自发性转变。"强制性"指的是国家通过政治权力对公共体育资源采用同一计划的配置行径。基于公共体育资源保障的视角,借助强制性对提高公共体育资源的合理配置具有一定的益处。但应该看到,在计划经济阶段,这种强制性更多显示出对公共体育资源使用主体的制约,强调严格按照政府的规定开展行动。进入改革开放后,体育体制改革不断深化,基本形成符合社会主义市场经济发展要求的政府主导、多元投入、管理有序、运转协调的体育运行机制。福建省在体育事业发展资金的筹措上,在开源节流的同时,出台融资政策,拓展融资渠道,提高企业、个人等投资体育事业的自发性和积极性,并通过完善市场机制提高竞争意识,福建省公共体育资源的增量有了根本性改变,配置水平明显提升。

总之,虽然我国市场经济体制已基本建立起来,但是,制度环境的不完备,以及体育事业发展和转型期双轨制的相对滞后,导致市场机制的配置作用仍没有达到预期效果。概括起来,计划经济体制与市场经济体制下公共体育资源配置特点的区别如下[①]:一是,公共体育资源配置方式发生根本转变的基本因素是制度变革的内在逻辑。不仅公共体育资源配置变化特点同制度环境有着紧密的联系,而且不同的制度环境下公共体育资源的配置主体、配置动力、配置产权和配置决策存在不同特点。改革开放后,转变的配置方式促使公共体育资源的增量产生了变化,也导致增量性质的改变。二是,市场经济体制下,公共体育资源配置呈现新的发展趋势,即市场机制促使计划经济体制下政府传统职能的转变并逐步取代其中的部分职能,已成为影响公共体育"关键"资源配置的基础力量,以及公共体育资源优化配置的内在因素;因市场因素的存在,企业、社会组织和个人等构成的社会力量日益突显,与市场力量、政府力量共同构成相互依存、相互影响的公共体育资源配置力量;市场当中存在的外部性较强的公共体育资源的配置可以通过政府职能转变后的有效干预从宏观

---

① 康宁.中国经济转型中高等教育资源配置的制度创新[M].北京:教育科学出版社,2005:164-165.

上实现供需的协调发展,如融资政策的出台等;市场经济体制下,公共体育资源配置主体的多元化及其产权的清晰化促使决策由高度集中、自上而下向分散化、地方化发展;政府从微观管理层面退出越快,微观管理范围越小,政府职能转变后的有限干预效率也就越高。三是,通过分析公共体育资源转变特点可以看出,一次次公共体育资源配置方式的调整,公共体育资源在体制内外都将产生显著的变化,都与各时期制度创新的侧重点息息相关;改革都会触及公共体育资源配置的产权问题,分析财力资源配置方式可知,以往强调的是在规定的所有制构架范围内的配置计划问题,而改革开放之后,除了强调打破原有所有制构建以提高政府之外的投资力度外,更加重视研究所有制实现形式的多元化以及经营权和所有权的分离问题,即计划经济体制下往往从狭义的角度研究公共体育资源配置问题,而在市场经济体制下,还从广义的角度研究公共体育资源配置的所有权、分配权和使用权等问题;在市场经济体制下,政府配置公共体育资源的作用需要重新被认识与构建,政府、市场和社会力量的作用因经济基本制度的改变而发生变化。

第三节　福建省公共体育资源配置的主要成绩

　　1993 年《关于深化体育改革的意见》和《关于培养体育市场,加快体育产业化进程的意见》的出台标志着我国公共体育资源配置改革的序幕已缓缓拉开,福建省公共体育资源配置经过几十年的改革,取得了一定成绩:从宏观层面看,在公共体育资源配置改革的目标上,由局部改革向全面改革转变;在公共体育资源配置改革的功能上,由适应供给约束型向需求导向型转变;在公共体育资源配置改革的动力上,由利益各方获益向改革体育行政体制转变;在公共体育资源配置改革的途径上,由自上而下向上下互动、社会广泛参与转变。从微观层面看,逐步构建起中央统一领导、地方统筹管理的公共体育资源配置行政体制;逐步构建起以政府配置为主、社会各界广泛参与的多元化公共体育资源配置格局;逐步构建起以政府财政拨款为主、多渠道筹资并存的公共体育资源建设投资机制;逐步构建起具有中国特色的公共体育资源配置制度体系。概括起来,就是在市场经济体制下,对公共体育资源配置行为具有影响的政府力量、市场力量和社会力量的作用得以更好的发挥,使体育的本质得以回归。

一、公共体育资源配置制度选择中政府力量的重构

政府力量是指政府在公共体育资源配置过程中的基本形式与表现样式。众所周知,西方的市场经济制度已有 300 多年的历史,由于经济环境、历史背景、发展路径和生产目的等因素不同,我国的社会主义市场经济与西方的资本主义市场经济有本质的区别。我国是在政府的有效推动下逐步建立起市场经济体制,因此,在市场经济体制下,政府在使用资源配置权时与计划经济体制下有所不同,既不能简单地理解为是将计划经济中政府的个别职能同市场经济中所附有的个别职能相叠加,更不能理解为替代或超越市场的政府,而是在市场经济培育过程中改变传统的政府职能,并在市场经济的基础上重新构建政府的职能。制度学派认为,制度的主要提供者之一是政府,制度的更新同政府的行为息息相关,制度在演变过程中,政府行为的变化程度体现了制度更新的程度。

从前面公共体育资源配置中的关键性资源——"财力"为例进行比较分析可以看出,不同公共体育资源配置存在不同的制度安排,政府的行为也存在差异。在计划经济体制下体育财政拨款制度反映的是国家公共积累条件下平均主义配置的特征,所有人的个人利益不存在差别,每个人的利益最后都集中为国家利益。此时,政府对公共体育资源配置的干预行为是一种无边界与无条件下的行政命令,政府配置公共体育资源的权力缺乏法律法规的约束,权力出现无限化,尤其是在实际工作中政府行政审批制度没有法律法规的约束,造成因过滥的审批导致市场无序的局面,公民享受公共体育资源的权利受到损害。改革开放后,出现了多种经济所有制成分以及多种分配方式并存的分配制度,广大群众的生活水平不断提高,健身意识不断增强,对公共体育资源的需求日益迫切,政府对公共体育资源建设的财政支出负担逐步加重,因此,摆脱计划经济体制的束缚,并根据市场经济体制的特点,建立适应现代政府需要的公共财政制度已迫在眉睫。对此,国家经历了 20 世纪 80 年代的财政包干制、20世纪 90 年代的财政分税制和 21 世纪财政预算支出制度的改革,目前,形成了市场经济背景下政府、社会和个人共同投资、共同受益的公共体育资源配置经费体制。而此时,政府对公共体育资源配置的干预是一种有边界与有条件的,并通过增强服务意识、优化服务环境、提高服务质量和效率、强化宏观调控等方式对公共体育资源配置进行有限干预。

总之,制度的选择伴随着政府行为的变迁,但是,计划经济体制下的政府向市场经济体制下的政府转变,不只是政府从垄断性和竞争性行业中抽身,并

仍按照计划经济体制的方式处理公共体育资源配置问题,也不是退出公共体育资源配置中的一些领域或者强化公共体育资源配置中的一些领域问题,而是要解决政府公共服务能力和边界问题,以及面临的制度环境的变化对其影响的问题,即政府行为的改变不是水平与范畴的改变,而是本质与性能的改变。在市场经济体制不断完善的转型过程中,市场经济替代计划经济的制度变革成了政府"重构"的前提条件,也成为政府同其他领域与组织的行为关系产生质的转变的主要缘由。同时,政府作为统领改革全局不但要做好自身的重塑工作,还要重视面向市场的培养与塑造。当然,政府在"重构"过程中,还会遭遇各方利益集团的阻挠,在一定程度上会影响政府"重构"的进程。对此,2004 年 3 月 22 日,国务院出台了《全面推进依法行政实施纲要》;2011 年 8 月 2 日,福建省人民政府发布了《福建省人民政府关于加强法治政府建设的实施意见》(已废止);2019 年 4 月 15 日,中共中央办公厅、国务院办公厅印发了《法治政府建设与责任落实督察工作规定》,这些制度的出台为政府的"重构"奠定基础,营造了良好的环境,可以说,在市场经济体制下,建立一个不断完善的公共服务型政府还有很长的路要走。

二、公共体育资源配置过程中市场力量的发挥

市场力量是指在公共体育资源配置过程中,对其配置具有基础性作用并对政府力量和社会力量具有约束作用的一个概念范畴。追溯经济学的发展历程我们知道,200 多年前,古典经济学的开创者亚当·斯密(Adam Smith)在《国富论》(1776 年)中将"个人满足私欲的活动将促进社会福利"作为逻辑起点,推出市场就是"自由放任秩序"。他认为,政府应最低限度地干预个人追求财富的活动,完全不用担心这种自由放任将导致混乱,市场受"一只看不见的手"的指引,使各种生产要素合理分配,资源合理配置,经济富有效率。本质上是依靠自由市场的竞争使得生产要素合理流动,从而达到效率最大化。也就是说,亚当·斯密的市场概念重点在于强调限制政府对个人经济活动的干预。随后,新古典经济学为"自由放任秩序"构建了形式上"完美"的数学模型:一般均衡。在这个模型中价格是最重要的自变量,这一模型也可以叫价格机制。达到一般均衡的过程,也是一个社会资源在价格的指引下流动的过程,所以,价格机制调节社会资源的配置。到了 20 世纪 20 年代,世界经济处于大萧条的困境,也促使西方的经济学家对古典经济学理论中"市场"的内涵重新进行审视。结果认为,完全的自由放任是不行的,看不见的手有时并不存在,市场

会失灵,对此,约翰·梅纳德·凯恩斯(John Maynard Keynes)主张政府应积极扮演经济舵手的角色,透过财政与货币政策来对抗经济衰退乃至经济萧条,从而诞生了"宏观经济学"。对于市场失灵,新制度经济学的鼻祖、产权理论和产权经济学的奠基人罗纳德·哈里·科斯(Ronald Harry Coase)却认为,外部性效用问题无须政府干预,可以通过明确相关产权,利用市场来解决。可以说,古典经济学家诠释了"市场"是"自由放任秩序",那么科斯就回答了怎么去实现"自由放任秩序"或者"价格机制"。

基于上述经济学理论视角,了解计划经济体制向市场经济体制转型中公共体育资源配置的变迁,可以从一个角度体现市场力量替代政府力量对公共体育资源配置的影响。在计划经济时代,政府不仅是公共体育资源的唯一供给者,也是资源配置规则的唯一制定者和执行者。公共体育资源配置是在政府的统一领导下实行统一计划、统一拨款、统一生产、统一使用、统一管理,结果是公共体育资源的建设资金不足、数量与类型少、分布不均衡、使用效率低、建设与发展缓慢,严重制约了体育事业的发展。进入市场经济体制时期,一方面,社会也期盼政府能将有限的精力投入到对社会体育组织的培育及其市场竞争秩序的维护上,而不是既当运动员又当裁判员;另一方面,随着公共体育资源配置主体的多元化以及对公共体育资源配置选择的多样性也成为政府向社会寻求力量参与公共体育资源建设的基础与改革动力。此时,所有的行为主体都意识到公共体育资源配置改革在传统政府统一管理下已无法实现更大发展时,改革已是大势所趋。可以说,政府在公共体育资源配置权力的弱化同市场机制配置公共体育资源的进入是转型中制度"替代"的结果。因此,在市场经济体制下,公共体育资源配置由受政府力量主导向主要受市场力量影响转化,是一个不断优化的过程,具体缘由如下:

第一,从公共体育资源配置改革主体来看,改革的动力源于可以获得的外部"利润"。这里的"利润"就是改革的成本与收益相比的净收益。在公共体育资源配置改革的大背景下,过去从政府能够获得的一部分"利润"已迁移到其他市场主体上,政府转变职能后社会产生的公共体育资源增量必须通过市场机制的作用才能获得。

第二,市场机制的潜在逻辑已成为公共体育资源配置改革主体实现上述"利润"的适优解。在市场经济条件下,由于劳动分工的不同使每个行为主体的决策出现分散化,信息是决策的基础,为了能够以最低的成本获取公共体育资源配置信息,市场必须选择一种机制,也就是在价格引导下的竞争机制,该机制成为各行为主体获取信息的主要路径。例如,体育场地设施建设通过实施价格机制下的招投标制度以及借助信息平台,不仅为企业、社会和个人获取信息、做出参与建设决策并为获取最后"利润"提供条件,而且通过竞争机制使各参与者成为竞争对手,政府也能结合价格和资质等因素挑选出最佳对象,以生产更优质的体育场地设施等产品,为广大群众提供优质的体育服务,赢得良好的社会效益和经济效益。当然,在进行公共体育场地资源建设时还必须明晰该场地资产的所有权、经营权、使用权和最后的处分权,它是公共体育场地资源配置的核心问题。

　　第三,市场机制具备自动调节的功能,在一定条件下,该功能能促进公共体育资源的供求关系实现动态的均衡性。例如,高尔夫球是一项"贵族运动",其场地的建设除了受到国家土地政策的约束和消费者的消费水平影响外,更关键是受到市场机制的制约。近些年来,通过政府的有限干预和市场机制调节功能的发挥,各地高尔夫球场的建设趋于均衡发展的态势,一方面,满足了部分高消费群体的健身需要;另一方面,也保护了生态环境,推动高尔夫球运动的可持续发展。

三、公共体育资源配置过程中社会力量的参与

　　《国务院办公厅关于政府向社会力量购买服务的指导意见》指出:"承接政府购买服务的主体包括依法在民政部门登记成立或经国务院批准免予登记的社会组织,以及依法在工商管理或行业主管部门登记成立的企业、机构等社会力量",可见,社会力量涉及范围广,包括社会组织、企业、机构等。概括起来,社会力量是指置身于国家力量之外,具有独立性、正规性和合规性的特点,能够参与和作用于社会发展的党群社团、社会团体、非营利性机构、非政府组织、企业以及作为自然人的社会公民等各力量的总称。[1][2] 中华人民共和国成立以来,我国社会力量在不同的经济体制下受重视程度不同[3]:计划经济体制下,政府作为公共体育资源配置的唯一行政干预者,社会力量参与公共体育资源配置缺乏制度环境和市场环境,导致社会力量的参与度不高。到了 1950

---

① 　王先亮,王晓芳,韩继振.社会力量办体育的可行性及实现路径[J].体育学刊,2016,23(6):26-29.

② 　张洪柱,樊炳有.公共体育服务供给中政府与社会力量博弈分析[J].体育文化导刊,2017(8):3-7.

③ 　郭修金,陈德旭.治理视域下社会力量参与全民健身研究[J].南京体育学院学报,2016,30(4):11-16＋67.

年,中央人民政府政务院出台了《社会团体登记管理暂行办法》,此时,社会团体才受到关注,利益才得以受保护。1978 年改革开放后,随着广大群众日益增长的健身需要,企业、社会组织、机构等自身实力的增长以及参与社会服务责任感的增强,有力促进了社会组织的发展。1988 年后,政府对民间组织进行治理,由民政部担负起民间组织的行政管理职责,并制定了《社会团体登记管理条例》,开始了对民间组织的整治工作。1992 年,在市场经济体制确立的背景下,社会力量的稳定性才真正得到保障。1996 年,政府做出对民办非企业单位按照相关法规实行归口登记管理的决定。随后的 1998 年 10 月,国务院颁布新的《社会团体登记管理条例》和《民办非企业单位管理条例》。2013年,《国务院机构改革和职能转变方案》强调“以充分发挥市场在资源配置中的基础性作用,更好发挥社会力量在管理社会事务中的作用”,并指出“加强社会管理能力建设,创新社会管理方式。公平对待社会力量提供医疗卫生、教育、文化、群众健身、社区服务等公共服务,加大政府购买服务力度”。2014 年,《国务院关于创新重点领域投融资机制鼓励社会投资的指导意见》提出“通过独资、合资、合作、联营、租赁等途径,采取特许经营、公建民营、民办公助等方式,鼓励社会资本参与教育、医疗、养老、体育健身、文化设施建设”。2016 年,《关于改革社会组织管理制度促进社会组织健康有序发展的意见》强调“以社会团体、基金会和社会服务机构为主体组成的社会组织,是我国社会主义现代化建设的重要力量”。《福建省全民健身实施计划(2016—2020 年)》也明确提出“推进体育社会组织改革,提升发展活力”。2020 年 6 月 11 日,福建省体育局、福建省民政厅出台了《福建省关于促进体育社会组织健康发展的若干措施》。这些政策的颁布与实施,为社会力量的发展、地位的提升、政府职能的转变、“政府失灵”的解决等奠定制度基础,至此,已逐步形成“政府、市场、组织和公民共建、共治、共享”的公共体育资源配置模式,呈现出“政府主导、全员参与”的良好发展态势,社会力量成为公共体育资源配置不可或缺的主力。据统计,截至 2012 年年底,全国体育社会组织 23 590 个,占社会组织总数的 5%,其中,基金会 41 个,民办非企业单位 8 490 个,社会团体 15 059 个。[①] 福建省级组织中,体育社团占 65.22%,体育类民办非企业单位占 32.61%,体育基金会占 2.17%。[②] 第六次全国体育场地普查数据显示,各类企业积极参与体育场地的建设(见图 3-18、图 3-19),其中,2013 年福建省各类企业、社团、个人等

---

① 李雪颖.激发体育社会组织活力[N].中国体育报,2014-01-11(001).

② 梁晶.治理理论视角下福建体育社会组织发展研究[D].福州:福建师范大学,2018:15.

社会捐赠 126 294 万元用于体育场地的建设(2003 年为 52 194.67 万元),10 年时间增长率高达 141.97%。[①]

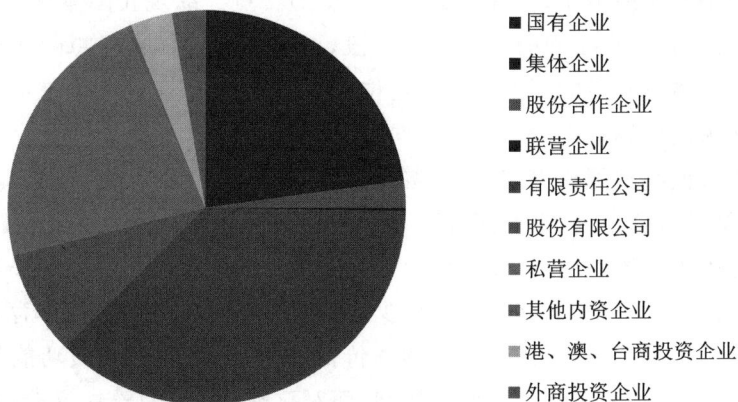

- 国有企业
- 集体企业
- 股份合作企业
- 联营企业
- 有限责任公司
- 股份有限公司
- 私营企业
- 其他内资企业
- 港、澳、台商投资企业
- 外商投资企业

图 3-18　全国各类企业体育场地建设占比

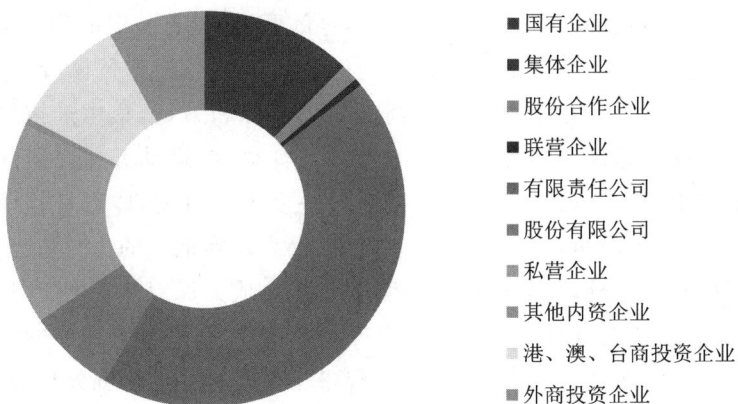

- 国有企业
- 集体企业
- 股份合作企业
- 联营企业
- 有限责任公司
- 股份有限公司
- 私营企业
- 其他内资企业
- 港、澳、台商投资企业
- 外商投资企业

图 3-19　全国各类企业体育场地建设面积占比

四、公共体育资源配置变革中体育本质的回归

追溯几千年来古希腊的发展历史,不难看出:它不仅创造了悠久灿烂的古代文化,而且构建了独立、完整的体育体系,产生了荷马时期的以实用主义为特征的工具论和以自然主义为特征的本体论。其中,工具论强调体育是为国

---

① 夏博雯,魏德样.福建省体育场地发展的动态特征分析——基于"五普""六普"数据挖掘视角[J].体育科学研究,2018,22(5):36-43+88.

家需要服务的,是作为增强民族意识及其保卫政权的工具,反映了国家本位,呈现实用主义特点;本体论强调以人为中心的个人本位,关注体育促进人均衡发展进程中的价值本质,呈现人文体育思想的特点。纵观我国体育走过的70多年的风雨历程,在不同的发展历史阶段,留下了两种体育思想的变迁轨迹,也经历了对体育本质的不同认识与定位,不但将"东亚病夫"的形象彻底改变,而且已成为世界体育大国,如今,正向"体育强国"不断迈进。

中华人民共和国成立前,国内贫穷落后,公共体育资源相当匮乏,国民身体羸弱,被西方称之为"东亚病夫"。为了改变这一切,一些仁人志士把西方体育的做法引入中国,倡导将体育作为强身健体,减少疾病,培养中华民族自尊、自强精神的有效手段,尤其是利用极少的体育资源首先发展学校体育,以促进国民体质的增强,体现了体育的生物学价值,并认为体育的本质功能是"增强体质"。到了中华人民共和国成立初期,面对百废待兴和社会主义改造等国内形势,以及复杂的国际形势,国家的重建与保家卫国成为当时国家最为紧要的迫切任务。在此背景下,通过实行"劳卫制",开展工间操等体育运动,鼓励民众积极投身体育锻炼,对促进我国民众体育的开展,具有一定的积极意义。同时,举全国之力快速、高效地配置有效的体育资源服务于竞技体育,在短时间里,通过"举国体制",在全国范围内调动相关资源和力量,集中选拔、培养、训练有天赋的优秀运动员参加奥运会等国际体育赛事,运动健儿在国际赛场上不断摘金夺银,为国争光,竞技体育得到较快发展。可见,体育承担了冲破西方经济封锁、化解军事压力、展示国人形象、提高国际地位的历史重担,这也是当时在国内和国际环境影响下的必然抉择,体育成为保卫政权的工具,呈现政治的本质功能,而公共体育资源的高效配置为体育政治本质功能的实现奠定了基础和条件。改革开放的到来,不仅促进了经济社会的不断发展,也提高了广大群众的物质文化生活水平。传统体育的政治本质功能已无法适应群众对体育的多样化需求,无法适应时代对体育的要求。至此,"以人为本"的人文体育观成为当今时代的主流,它认为:体育是人的体育,人是体育的主体,体育为人的发展而存在。进入新时代,习近平总书记指出:"体育是社会发展和人类进步的重要标志,是综合国力和社会文明程度的重要体现。体育在提高人民身体素质和健康水平,促进人的全面发展,丰富人民精神文化生活,激励全国各族人民弘扬追求卓越、突破自我的精神方面,有着不可替代的重要作用。"可见,如今体育的本质突破历史的局限,回归实现人的自由、和谐和全面发展的本源,公共体育资源的配置也为体育今后的价值取向和"体育强国"最终目标的实现提供坚实的保障。

本章小结

位于我国东南沿海的福建省体育运动具有悠久的历史,为我国体育的发展及其走向世界做出了巨大贡献。作为福建省公共体育事业的重要基础条件——公共体育资源,其配置也伴随着福建省体育的发展而不断完善,也在体育发展史上留下不可磨灭的历史印迹。中华人民共和国成立前,福建省公共体育资源的积累为近代体育由学校向社会延伸与发展奠定基础,其配置经历了引入、消化和初建时期;中华人民共和国成立至改革开放前,福建省公共体育资源配置走过了曲折发展的动荡建设时期;改革开放后至 20 世纪末,福建省公共体育资源配置进入一个前所未有的恢复发展的新时期;21 世纪以来,福建省公共体育资源无论在数量和质量等方面都跃上一个新的台阶,为福建省体育事业的发展提供不竭动力,福建省公共体育资源配置迈入了全面发展的新时代。

回望几十年来福建省公共体育资源配置发展历程,无论是在社会主义市场经济理论研究还是在实际改革中,无论是从宏观层面还是从微观层面来看,都取得了非常亮眼的成就。从中也可以看到,市场在公共体育资源配置中的地位和作用日渐显著,计划和市场在公共体育资源配置中相互协调、相互补充、相互促进。公共体育资源配置方式由原来的计划配置方式转变为计划与市场相结合的混合性配置方式;公共体育资源配置方法由粗放式向集约式转变;存在公共体育资源配置制度环境不完备,体育事业发展和转型期双轨制的相对滞后,导致市场机制的配置作用仍没有达到预期效果。当然,概括起来,就是在社会主义市场经济体制下,对公共体育资源配置行为具有影响的政府力量、市场力量和社会力量的作用得以发挥,即公共体育资源配置制度选择中政府力量的重构,公共体育资源配置过程中市场力量的发挥和社会力量的参与,使体育的本质得以回归,助力福建省体育事业实现大发展、大提升、大跨越。

第四章 福建省公共体育资源配置存在的主要问题与原因

第一节 福建省公共体育资源配置存在的主要问题

由于受经济社会发展水平、地域、文化等因素的影响,福建省公共体育资源配置尚未达到规范、科学的程度,还存在许多不足的地方。

一、公共体育资源配置的主体较单一

如前所述,公共体育资源配置的主体主要是指中央政府、地方各级政府、各级体育行政部门、各级教育行政部门等。在计划经济体制下,虽然公共体育资源归属全体市民所有,但是因协调成本的缘故,公共体育资源的配置无法由全体市民共同参与,只能由代表全体市民的国家或者政府按照国家和市民的需求配置公共体育资源。中央政府、地方各级政府、各级体育行政部门、各级教育行政部门等管理和投资体育,并成为配置公共体育资源的唯一主体,而企业、社会组织和个人等其他经济主体是没有机会参与公共体育资源的建设与发展。改革开放后,随着公共体育资源配置的方式由过去以政府配置为主向以市场配置为主的方向转化,公共体育资源配置的主体也逐渐向政府、企业、社会组织和个人共同参与的多元化发展。由于路径依赖的制约和相关制度的不完善,福建省公共体育资源配置的主体除公共体育物力资源(主要是指体育场地)和公共体育财力资源的配置主体多元化特点明显外,公共体育人力资源(主要是指社会体育指导员)、公共体育信息资源和公共体育制度资源的配置

主体仍然局限于各级政府部门,政府依旧是上述资源配置政策的制定者、配置过程的参与者,配置结果的检验者,社会力量的作用还没有被充分发挥,导致公共体育资源配置总量的不足。可见,目前福建省公共体育资源配置主体的多元化格局还没有真正完全形成。

二、公共体育资源配置的效率不高

随着我国改革的不断深化,福建省公共体育资源的建设与发展有了长足的进步,但是公共体育资源稀缺与公共体育资源配置效率低下并存的问题没有得到根本解决。公共体育资源配置还难以实现帕累托最优目标,帕累托最优的三个条件还无法完全满足。公共体育资源配置效率不高具体体现在如下几方面:

(一)公共体育资源使用效率不高

由于管理理念、管理方法、管理手段的滞后,以及管理制度执行的阻滞和经营的不善,长期以来,许多公共体育资源被闲置及浪费,公共体育资源的社会效益和经济效益没有得到充分发挥。从公共体育人力资源(主要是指社会体育指导员)来看,在数量上,福建省各级别社会体育指导员的数量逐年增加,但人均社会体育指导员数还很低。2011年全国社会体育指导员数量接近65万人,人均社会体育指导员为1:2000[1];在使用上,一方面,由于采用分级培训制度,即按照国家级、一级、二级和三级分别设置培训内容、培训课时等,结果是社会体育指导员类型少,难以满足群众不同项目健身指导的需要,只有40%的被调查群众对社会体育指导员的健身指导满意。同时,社会体育指导员的指导能力不强,尤其是在健身方法、健身评价、运动损伤的预防与康复等方面的指导较为薄弱,严重影响社会体育指导员的指导效率。另一方面,由于社会体育指导员使用政策和激励机制不完善,社会体育指导员参与公益健身指导的积极性没有被充分调动起来,造成了社会体育指导员指导效率的低下,仍有40.89%的社会体育指导员没有为群众提供健身指导服务,与日本98%以上的社会体育指导员参与公益指导相比还有很大差距。[2] 对此,一些基层

[1]　周松青,何颖,胡建忠,等.中日社会体育指导员现状的比较及对策[J].首都体育学院学报,2013,25(4):309-313.

[2]　倪同云,林显鹏,陈琳.中日社会体育指导员管理体制的比较研究[J].体育科学,1999,19(2):1-5.

体育干部感慨道:"国家花那么多钱培训社会体育指导员,但其作用没有真正发挥出来!"从公共体育物力资源(主要是指体育场地)来看,目前群众身边的体育场地仍然严重不足,70%的被调查群众希望增加体育场地的数量。而且,体育场地类型较单一,室内场馆较少,50%的被调查群众对增加室内场馆有强烈的要求。同时,体育场地智能化水平不高,同质化较为严重,缺乏合理性、合情性和科学性。无法满足不同地域、不同群体健身的需要,导致体育场地资源的闲置和浪费。在体育场地对外开放方面,第六次全国体育场地普查数据显示,截至2013年,福建省体育场地部分开放和全天开放的数量为42 650个,体育场地开放率67.98%,同第五次全国体育场地普查结果相比,体育场地开放率提高了21.51%。① 虽然福建省体育场地对外开放的天数增加,但每个体育场地健身人次的提高不显著,体育场地使用效率不高,提升空间还较大。从公共体育财力资源来看,由于忽视边际成本收益与投入产出比率等问题,财政投入决策前缺乏科学的调研论证和规划,导致高投入低产出的结果。例如,全民健身路径的建设,使福建省乡村体育场地的数量有了明显的提高,但是,由于乡村群众健身意识较为淡薄以及缺乏健身指导,许多全民健身路径闲置或者挪为他用。尤其是近年来,一些损坏的全民健身路径得不到及时的维修和更换而成为沉没成本,有违建设全民健身路径的初衷。从公共体育信息资源来看,57%的被调查群众对健身信息的获取满意,33%的被调查群众主要通过网络或者手机获取健身信息,27%的被调查群众通过电视获取健身信息,群众获取体育信息的渠道呈现多样化的特点。一些市、县为了便于群众参与体育健身创建了运动 App 平台,但因群众对其认知和管理使用不到位的缘故,运动 App 使用率不高,导致便民、利民和惠民效果不显著。

(二)公共体育资源流转效率不高

公共体育资源流转是指公共体育资源使用者在其所取得的使用期限内,以转包、租赁、借用、互换、转让、入股或其他合法方式,将剩余期限内的公共体育资源使用权转移给其他单位、组织或个人的行为。通过公共体育资源的流转有助于促进公共体育资源的更新与增值,从而保持公共体育资源配置系统的活力。纵观福建省公共体育资源配置,很大的缺陷就是公共体育资源流通渠道不顺畅,系统间和系统内公共体育资源的流通出现阻滞,制约了公共体育资源流转效率的提升。就公共体育人力资源(主要是指社会体育指导员)而

① 寇健忠.体育场地资源配置的均衡性研究[J].北京体育大学学报,2017,40(4):14-20.

言,一方面,社会体育指导员数量不足;另一方面,体育系统与教育系统间、体育系统和教育系统内,以及体育系统、教育系统同社会之间社会体育指导员的使用缺乏规范、有效的公共流通使用机制,更多是通过私人关系实现。就公共体育财力资源而言,福建省公共体育财力资源呈现单向流动的特点,即公共体育资源更多是体育系统流向体育系统、教育系统流向教育系统,用于群众体育的财力资源不多,37%的被调查群众要求增加财力支持。多渠道的相互流动仍处于起步阶段,纵横交错的公共体育资源流通网尚未形成。就公共体育物力资源(主要是指体育场地)而言,虽然国家和各省出台了体育场地对外开放政策,但政策执行的效果并不理想,许多系统、单位的体育场馆仍处于自用的封闭状态,该资源在社区居民、学校学生和运动员之间的流动难以广泛实施。

(三)公共体育资源增值效率不高

增值就是相对价格的提高。由于许多公共体育资源要素及其产生的体育产品没有融入市场,公共体育资源的投入同产出的双向驱动过程仅体现在资源转变为产品的单向流动过程。针对体育产品的多角度、所在层次的后续开发与利用不足的问题,体育产品对公共体育资源的增值功能不能得到有效发挥,导致公共体育资源的利用纯粹是资源耗费的过程。例如,社会体育指导员主要承担在竞技体育、学校体育、部队体育以外的群众性体育活动,在该活动中从事技能传授、锻炼指导和组织管理工作等职责。随着群众对体育需求发展的多样化,对社会体育指导员也提出更高的要求,社会体育指导员的角色在不断转换,其职责也随之改变。但目前对社会体育指导员职责变迁的研究还没有引起足够重视,尤其是群众体育诉求将成为新常态,群众体育诉求的传达及其解决反馈应成为社会体育指导员下情上传、上传下达的重要职责,它是社会体育指导员价值提升的重要动力。对于体育场地来说,当前更多体现的是其有形资产的价值,而对其无形资产的挖掘、利用还很薄弱,体育场地的增值空间较大。

(四)公共体育资源综合利用效率不高

综合利用是对物质资源效能的充分利用。具体说,它是指充分合理地利用物质资源,使有限的物质由无用、少用变为有用、多用,或使有害变为有利,做到物尽其用,减少浪费的一种经济技术活动。长期以来,福建省各系统、各单位、各部门都投入大量的资金建设各自的公共体育资源,由于管理上缺乏专门的协调组织和协调机制,相互之间无法进行系统的规划与建设,存在公共体育资源的重复建设和闲置浪费,严重影响公共体育资源的综合利用效率。与此同时,由于管理者缺乏系统观,各系统、各单位、各部门内部对公共体育人力资源、公共体育物力资源、公共体育财力资源、公共体育信息资源、公共体育制度资源等的建设与使用也无法进行综合、长远的计划与安排,没有产生1+1>2的效果,一定程度制约了群众体育事业的发展。这也是今后深化公共体育资源优化配置改革应着重解决的问题。

三、公共体育资源配置的结构不均衡

公共体育资源配置的结构不仅反映各时期政策的空间安排,还体现各地经济社会发展水平的均衡程度、文化的同质化程度,以及体育思想、体育文化、体育观念的深入程度。福建省包括9市1区,由于各地经济、体育、文化、教育、科技基础参差不齐,发展水平也各不相同,公共体育资源配置结构的不均衡仍旧存在,具体体现为:

(一)公共体育资源配置的空间结构不均衡

空间结构,属于建筑结构的一种,是指结构构件三向受力的大跨度,中间不放柱子,用特殊结构解决的空间。本研究的"空间结构"是指区域结构、城乡结构。从公共体育资源配置的区域结构来看,由于闽东、闽南不仅经济社会发展水平整体较高,优势资源丰裕,投资环境优越,区位优势明显,政府的宏观调控能力较强,产业的市场化和社会化程度较高。[1] 而且,公共体育资源的建设与经济社会协调发展状况较好。因此,闽东、闽南公共体育资源无论是在数量、质量和规模上,还是在资金投入上都比闽中和闽西高。例如,在体育场地投资上,截至2013年,福建省体育场地投资金额为294.11亿元,其中,65.16%的投资来自福州、厦门、泉州等经济发达的闽东、闽南地区;在体育场地人均投资上,平潭体育场地人均投资金额为277元,不及厦门市的1/4。[2] 从公共体育资源配置的城乡结构来看,由于过去城乡二元经济结构的存在,它不仅是一种自然空间结构的差异,也是一种产业结构和经济结构的差异,更是一种国家政策主导下制度设置的差异,导致城市的道路、通信、卫生、体育和教育等基础设施发达,而农村的基础设施落后。例如,清流县长校镇因缺少建设土地而制

---

① 寇健忠.体育场地资源建设与社会经济协调发展评价研究[J].北京体育大学学报,2018,41(10):39-47+54.

② 寇健忠.体育场地资源配置的均衡性研究[J].北京体育大学学报,2017,40(4):14-20.

约了体育场地的建设,这也是乡村体育场地资源落后的普遍原因。再加上城市对公共体育资源的需求远远高于农村,这也导致了城市公共体育资源丰富,而乡村公共体育资源相对匮乏,城乡公共体育资源配置不均衡。例如,在社会体育指导员分布上,90%的社会体育指导员在城市,而乡村仅占 10%,乡村社会体育指导员的配置与 2018 年乡村常住人口占总人口的 40.42%是不相称的。

(二)公共体育资源配置的类型结构不均衡

近年来,公共体育资源配置总量有了增加,但公共体育资源配置的类型结构性矛盾比总量性矛盾更为突出。具体体现为公共体育资源在群众体育和竞技体育之间的配置不均衡、公共体育资源在奥运项目和非奥运项目之间的配置不均衡、公共体育资源在优秀运动员和后备人才培养之间的配置不均衡、公共体育资源在重点学校和普通学校之间的配置不均衡。从群众体育和竞技体育之间的配置不均衡来看,由于计划经济体制下产生的"举国体制"的实施及延续至今,福建省许多公共体育的人力资源、物力资源、财力资源、信息资源和制度资源度投入到竞技体育中。虽然极大促进了福建省竞技体育水平的提高与发展,但是因公共体育资源用于群众体育的少,导致公共体育资源在群众体育和竞技体育之间的配置差距日益扩大,配置不均衡的矛盾日益突出,严重影响了健康中国战略的有效实施。从奥运会项目和非奥运项目之间的配置不均衡来看,为了能在奥运赛场上摘金夺银,为国争光,提升福建省的整体形象。福建省将大量的公共体育资源用于羽毛球、举重、蹦床等奥运项目上,以致奥运项目和非奥运项目之间的公共体育资源配置的不均衡矛盾不断加剧,造成奥运项目水平逐步提高,而非奥运项目水平则发展较为缓慢甚至退步,严重阻碍了福建省非奥运项目的发展。从优秀运动员和后备人才培养之间的配置不均衡来看,很多公共体育资源配置给优秀运动员,而给予后备人才培养的公共体育资源较少。结果是福建省一些运动项目出现后备人才不足或者断层问题,严重制约了福建省竞技体育的可持续性发展。从重点学校和普通学校之间的配置不均衡来看,基于政策倾斜、资源禀赋和区位优势等原因,重点学校往往有机会获取更多的公共体育资源,相反地,普通学校能够得到的公共体育资源较少,严重影响了福建省教育的公平性。

四、公共体育资源配置的市场化程度不高

中共十八届三中全会审议通过的《中共中央关于全面深化改革若干重大

问题的决定》指出："经济体制改革是全面深化改革的重点,核心问题是处理好政府和市场的关系,使市场在资源配置中起决定性作用和更好发挥政府作用。"可以说,从根本上确立了经济体制改革的市场化导向,指出了全面深化改革的重心与关键所在。该决定的出台,有利于在全党全社会树立关于政府和市场关系的正确观念,有利于转变经济发展方式,有利于转变政府职能,有利于抑制消极腐败现象,是我们党在理论上的又一重大飞跃。经过近些年的发展,福建省公共体育资源的配置有计划的方式,也有市场的方式,也有依据公共体育资源的类别和性质的不同通过计划和市场相结合的方式。纵观福建省各类公共体育资源配置状况,许多是基于行政手段并以计划的方式对公共体育资源进行配置,市场的作用还没有真正完全发挥,市场化程度还有待提升。在公共体育人力资源(主要是指社会体育指导员)配置方面,社会体育指导员的配置由于受制度、指标、经费以及人为等诸多因素的影响和制约,使福建省社会体育指导员的配置还无法与群众体育发展的实际需要相结合,并按照市场的方式来实行,导致培养出的社会体育指导员类型单一、乡村社会体育指导员严重不足、社会体育指导员的积极性不高等问题。在公共体育物力资源(主要是指体育场地)配置上,最能反映市场的决定作用。目前,福建省体育系统、教育系统的体育场地除了满足日常的训练、教学需要外,多数还依照国家和福建省制定的相关政策,实行免费或者低收费的对外开放。但从实际运行情况来看,教育系统的大部分室内体育场地因没有完全通过市场的机制来经营与管理,学校不仅没有盈利,反而要承担体育场地的维护、维修和管理费用,严重影响了福建省体育场地对外开放政策的贯彻与有效实施。在公共体育信息资源配置方面,福建省一些市体育局,县文化局、体育局和旅游局构建了运动 App,为当地群众提供场地服务、健身指导服务和赛事服务等。但还有许多地方,尤其是教育系统,公共体育信息平台的建设还很滞后,缺乏社会力量参与公共体育信息平台建设的制度安排,导致公共体育信息资源建设的市场化不高、动力不足。

五、公共体育资源配置的机制不健全

机制可以简单地理解为制度加方法或者制度化了的方法,具体来说,机制不仅包括所有相关人员必须遵守的制度,还必须借助经实践检验是有效且较为稳固的方式、方法来起作用并进行总结和提炼。福建省公共体育资源配置的机制不健全主要体现在以下几方面:

　　首先,是运行机制的不健全。所谓"运行机制"是指引导和制约决策并与人、财、物相关的各项活动的基本准则及相应制度,是决定行为的内外因素及相互关系的总称。为促进影响公共体育资源配置的各种因素之间的相互联系、相互作用,并保证公共体育资源配置目标和任务的真正实现,必须建立一套协调、灵活、高效的运行机制。但长期以来,运行机制不健全严重影响了福建省公共体育资源的有效配置,主要体现在以下几方面:一是省、市、县各级体育部门、教育部门在配置公共体育资源时职责不清晰、权力不明朗、组织不明确,有时出现职能的缺位、越位和错位,造成公共体育资源配置的群众需求依据、社会现实依据和经济效益依据的缺失。二是公共体育资源配置的运行程序不规范,即对公共体育资源配置的具体步骤、具体流程、具体环节及其配置方案的出炉、讨论和决定等都没有明确的规定,导致公共体育资源配置的人为性和随意性,对公共体育的人力资源、财力资源和物力资源的配置缺乏民主性和科学性。三是缺乏对各类公共体育资源配置的系统协调机制,也就是公共体育的人力资源、物力资源和财力资源常采用纵向的"条条"配置。系统间和系统内缺乏相互的协调,系统性弱,不利于公共体育资源配置的系统功能和综合效益的发挥。

　　其次,绩效评价机制的不健全。所谓"绩效评价"是指组织依照预先确定的标准和一定的评价程序,运用科学的评价方法,按照评价的内容和标准对评价对象的工作能力、业绩进行定期和不定期的考核和评价。通过实施公共体育资源配置绩效评价机制,不但有助于各系统、各单位、各部门客观了解公共体育资源配置的有效性,而且也为今后公共体育资源配置的调整与实施提供科学依据。但从福建省各市、县体育系统和教育系统对公共体育资源配置情况来看,普遍缺乏公共体育资源配置绩效评价机制,该项工作还没有引起广泛的重视,尤其是缺少一套科学、规范、可操作的公共体育资源配置绩效评价标准,严重影响了福建省公共体育资源配置效率的提升。

　　最后,动力机制的不健全。所谓"动力机制",概括地说,是指动力的来源,也就是发展动力的根源。对企业(单位)来说,企业(单位)动力机制是使企业(单位)和职工都有应获利益和应负责任。激励职工把企业(单位)目标的实现和企业(单位)主人积极性的发挥融合在一起,形成企业(单位)发展的巨大推动力。企业(单位)运行的动力,归根到底来自企业(单位)内部不同行为主体对自身经济利益的追求。企业(单位)的动力机制,就是通过激发企业(单位)内部的利益动机而形成企业(单位)经济运行所必需的动力。企业(单位)动力机制的实质就是通过一定的经济利益机制,充分调动与发挥企业(单位)职工的积极性、主动性和创造性。福建省公共体育资源配置的动力机制建设还相当薄弱,缺乏动力机制建设的顶层设计和制度安排,公共体育资源配置效率好坏都一样,造成公共体育资源配置主体的积极性、主动性和创造性无法提高,以及责任心的弱化,严重制约了福建省公共体育资源的建设与发展。

六、公共体育资源配置的制度不完善

制度是人类文明的结晶,早期,T.W.舒尔茨在《制度与人的经济价值的不断提高》一文中把制度定义为管束人们行为的一系列规则,规则包括社会、经济和政治行为。制度作为一种无形的公共规则,是人类观念的反映和既定利益背景下的公共选择。当制度形成后,将会逐渐地对人类行为带来影响,同时,也作为制约人类行为的条件。① 可见,如果公共体育资源配置没有科学、规范、系统的规章制度作保障,将会陷入公共体育资源配置无据可依、无章可循的乱象之中,导致公共体育资源的浪费。福建省公共体育资源配置的制度不完善体现在以下几方面:其一,独自对公共体育人力(主要是指社会体育指导员)资源、公共体育财力资源、公共体育物力(主要是指体育场地)资源等有形资源配置和公共体育信息等无形资源配置的相关制度出台,但制度"令"出多门,相互不配套、不统一,缺乏系统性。其二,缺乏对公共体育资源配置的指导思想、组织架构、配置原则、配置方式、配置机制等进行宏观、系统、全面规定的政策,出现公共体育资源配置的随意性、多变性和短视性也不足为奇。其三,同公共体育资源配置紧密相连的体育管理制度不健全,38%的被调查群众要求完善体育管理制度。在已有制度中,有的制度较为陈旧,一定程度影响了公共体育资源的配置,甚至出现公共体育资源的重复配置和浪费现象的发生。其四,制度执行机制不健全。制度的生命力在于执行,执行的关键在于执行力。只有把共同的战略目标任务转化为思想和行动自觉,才能增强执行力,展现执行力。由于福建省公共体育资源配置缺乏健全权威高效的制度执行机制,无法对制度执行情况进行监督,在制度执行过程中出现做选择、搞变通、打折扣等现象,弱化了制度的权威性和执行力,导致制度不能落地、管用和见效。②

① 康宁.中国经济转型中高等教育资源配置的制度创新[M].北京:教育科学出版社,2005:19.
② 人民网.新华社评论员:强化制度意识,增强制度执行力——六论学习贯彻党的十九届四中全会精神[EB/OL].(2019-11-07)[2020-06-12].https://theory.people.cn/n1/2019/1107/c40531-31443218.html

七、公共体育资源配置的可持续性不强

可持续性是指一种可以长久维持的过程或状态。人类社会的持续性由生态可持续性、经济可持续性和社会可持续性三个相互联系不可分割的部分组成。

由于各地社会、政治、经济、文化、体育等发展状况差异显著，只有改变过去传统的配置方式，因地制宜，实行差异化的配置方式，才能实现福建省各地公共体育资源配置的均衡、可持续性发展。目前，福建省公共体育资源配置因导向偏差的缘故，不同程度地影响了其可持续发展。具体来说：一是偏离了公共体育资源差异化配置的理念。由于许多公共体育资源配置的市场化程度不高，往往采用行政手段通过计划的方式配置资源，结果是各地资源配置的同质化明显。例如，全民健身路径的配置，一方面，存在产品配置的趋同，即省里统一配置，各地配置的健身路径在种类、色彩和设计等方面都大致相同，个性化特点不明显；另一方面，产品特征趋同，即企业生产的健身路径在类型、色彩、功能、材料等方面相似性较多，人本性和舒适性不够。[①] 二是偏离了公共体育资源系统配置的方式。一些地方将"公共体育资源配置"简单地理解为"物力配置""财力配置"，而不重视公共体育人力资源、公共体育信息资源和公共体育制度资源的投入，导致系统性不强，公共体育资源整体发展缓慢。三是偏离了公共体育发展目标。由于各地都确定了不同的公共体育发展目标，公共体育资源配置的基本要求就是要结合公共体育发展目标，公共体育资源要为实现公共体育发展目标服务。但福建省一些地方公共体育资源配置情况不容乐观，出现平均、随意配置公共体育资源，资源配置重点不突出，主次不分明，缺乏中长期规划。造成公共体育资源的离散，无法形成合力，制约了公共体育发展目标的实现，与公共体育发展目标不同步。

第二节 福建省公共体育资源配置存在问题的原因

如今，福建省公共体育资源配置改革依然存在许多问题，原因是多方面

---

① 寇健忠，吴鹤群.福建省全民健身路径工程品位化发展研究[J].体育文化导刊，2016（9）：44-49.

的,主要有经济发展水平的缘由、配置体制的缘由、配置理念的缘由、配置权力的缘由、配置文化的缘由、配置创新的缘由。

一、经济发展水平

体育是社会文化系统的一个重要组成部分,依赖于经济社会发展水平。经济发展水平不仅对社会的繁荣发展起决定作用,而且也直接影响公共体育资源的供给能力与配置。改革开放前,国家在"一穷二白"的基础上着重进行社会主义改造与建设,经济发展水平不高,政府用于公共体育资源建设的资金投入少。与此同时,群众的体育消费水平不高,对公共体育资源的需求较为单一。以致公共体育资源的总量增长较为缓慢,公共体育资源的配置也较为简单。改革开放以来,国家经济快速发展,用于公共体育事业发展的资金投入逐年增加,为公共体育资源的建设与发展提供了资金保障。同时,群众的人均收入水平不断提高,国家统计局官网信息显示,2019 年上半年,全国居民人均可支配收入为 15 294 元,全国居民恩格尔系数为 28.2%,连续八年下降。品质化、个性化、多样化消费活跃,用于日常生活消费资金逐步减少,而用于体育、文化等消费不断增加。[①] 特别是随着城镇化进程的加快,城市人口的不断增加,对公共体育资源的需求日益增长,必须依据经济发展水平、群众收入水平、群众消费结构和人口增长等因素的变迁,对公共体育资源的配置进行重新调整和布局。目前,公共体育资源配置与计划经济体制下的配置相比,公共体育资源的配置层次在不断提高,公共体育资源的配置内容不断丰富,公共体育资源的供给能力与配置复杂程度不断提升。可见,经济发展水平差异是福建省公共体育资源配置改革存在问题的基础性原因。

二、配置体制

体制是指国家机关、企业事业单位在机构设置、领导隶属关系和管理权限划分等方面的体系、制度、方法、形式等的总称。[②] 在计划经济体制下,福建省公共体育主要采取集权式管理体制,政府在公共体育的建设、发展与改革中起

---

① 中国新闻网.2019 年全国居民恩格尔系数 28.2% 连续 8 年下降[EB/OL].(2020-01-21)[2020-03-21].https:// www.chinanews.com/cj/2020/01-21/9066069.shtml.

② 辞海编辑委员会.辞海[M].上海:上海辞书出版社,1999:3575.

着决定性作用。政府成为唯一的权力中心,统一管理体育和教育领域的所有资源,企业、社会组织和个人难以涉入其中。从而陷入政府财政投入有限,而社会力量无法发挥作用的困境,致使公共体育资源不足的问题长时间得不到解决。改革开放后,随着我国市场经济体制的建立与不断完善,过去高度集权的计划经济管理模式不断被弱化,市场的作用日益增强,由过去在公共体育资源配置中起基础性作用转变为决定性作用,并通过市场需求的变化及时调整公共体育资源配置,以实现公共体育资源配置效率的最大化。然而,因高度集权思想影响产生的路径依赖,行政本位型的资源配置方式仍普遍存在,虽然它有助于政府保持政令畅通,落实责任,但在公共体育资源配置中不仅因行政权力的膨胀而无法做到公开透明,而且缺乏应有的监督与约束机制而容易滋生出腐败和权力寻租的现象。严重影响了公共体育资源配置的科学性、民主性、公平性,也制约了社会力量参与公共体育事业发展的积极性。因此,行政权力的过度集中和膨胀化是福建省公共体育资源配置改革存在问题的体制性原因。

三、配置理念

《辞海》对"理念"一词的解释有两条,一是"看法、思想、思维活动的结果",二是"理论,观念(希腊文 idea),通常指思想,有时亦指表象或客观事物在人脑里留下的概括性的形象。"[①]2008 年北京成功举办奥运会,中国从此步入后奥运会时代,国家提出由体育大国向体育强国迈进的战略。对此,不但要深化行政体制改革,关键还要转变政府观念,以适应后奥运会时代发展的新要求。但在现实中,由于受中国几千年传统行政文化的影响,传统的资源配置理念和计划经济管理方式方法仍在相当长的时间存在,具体表现为:一是集权性、统一性和封闭性的管理体制特征鲜明,即上级对下级是"管、包、统"思想,下级对上级是"等、靠、要"思想。二是政府只重视人、财、物等有形资源,忽视信息、制度等无形资源,是狭隘的资源观,缺乏完整的资源系统观。三是政府只重视人力、物力和财力等资源的投入,而忽视产出效益,缺乏成本意识、利润意识、效率意识、经济核算意识,对优化公共体育资源配置和公共体育资源配置效益缺少顶层设计,采用"粗放型"的发展方式。四是只关注政府的财政投入,而忽视社会资本的作用,投资模式单一,缺乏创新意识。因此,对市场经济管理的原则、方法及其价值观一时还难以接受,导致政府部门管理观念变革的艰辛,从

而影响了福建省公共体育资源的布局和调整。可见,配置理念的滞后是福建省公共体育资源配置存在问题的思想性原因。

四、配置人员

公共体育资源配置作为一门科学,有自身的特点和规律,要科学、有效地配置公共体育资源,不仅要遵循公共体育资源配置规律,还要求公共体育资源配置者必须是资源配置的行家。目前,福建省体育系统和教育系统的许多公共体育资源配置者与行家标准还有一定差距,普遍存在以下几个问题:其一,对公共体育资源配置的基本知识掌握不多,特别是对公共体育资源配置的基本概念、基本原理、基本规律、基本规则、基本模式、基本机制等知之甚少,严重影响公共体育资源配置的科学性和实效性;其二,对公共体育资源配置的作用缺乏深刻认识,即没有深刻认识到公共体育资源配置结果对竞技体育、学校体育发展过程的持续影响,没有深刻认识到公共体育资源配置结果对竞技体育、学校体育发展水平的持续影响,没有深刻认识到公共体育资源配置对教练和运动员的行为、教师和学生的行为的持续影响,没有深刻认识到公共体育资源配置结果对健康中国战略实施的持续影响;其三,忽视公共体育资源的配置过程,也就是把公共体育资源配置理解为公共体育人力资源、公共体育物力资源、公共体育财力资源等的简单分配过程,轻视公共体育资源配置前期的调研与研判,做出不具有规范性和科学性的草率决策,不符合各地的客观实际和群众所需,不重视公共体育资源配置后的绩效评价与持续跟踪修订工作。

五、配置权力

目前,福建省在公共体育资源配置中,许多还是行政权力居于支配或主导地位,行政权力普遍存在于体育系统、教育系统内公共体育资源配置的各领域、各环节,仍然是公共体育资源配置的决定性力量,具体体现为:一是行政权力的泛化。所谓"权力泛化"是指一种非制度安排的地位实现现象,即由于职业权力的迅速崛起、膨胀和蔓延而出现的权力自行分配趋势。① 进入 21 世纪以来,我国处于第三次社会转型期,即以科学发展为主题,以加快转变经济发

---

① 张剑.从公共权力泛化看我国腐败的治理[J].中共郑州市委党校学报,2009(1):116-119.

展方式为主线。从粗放式增长转向集约型增长，从投资推动型增长转向创新推动型和消费投资协调型增长，从外向主导型转向内需主导型。在此阶段，由于一些体制的不完善，存在许多缺陷与脆弱的地方，为掌权者借助权力泛化来获取自身利益创造了条件。首先，是法律体系的不完善。目前，有关公共体育资源配置的法律法规不多，难以对公共体育资源配置中人的行为进行规制，无法形成有效的约束机制，执法者无法可依。其次，是监督机制的不完善。当前，缺少一个对公共体育资源配置进行监督的独立、权威并能严格执法的组织机构，导致对公共体育资源配置中出现的问题因地方和部门的保护，以及其他人为干预而无法及时解决。同时，新闻媒体还难以独善其身并发挥舆论监督作用。最后，是宏观调控的无力。宏观调控是政府作为市场经济的主体，通过行政手段与经济手段（主要是财政手段），实现以经济主体为主导、经济主体与经济客体的对称关系为核心、经济结构平衡与经济可持续发展的经济行为。在公共体育资源配置过程中，由于政府职能的转型发展比市场经济的发展速度慢，政府用来调整公共体育资源配置行为的传统方法出现失灵或者弱化。同时，与市场经济体制相适应的监督机制还没有完全建立，导致许多不符合规则的经济行为出现，为权力泛化下腐败现象的滋生提供便利。二是学术权力的弱化。这里的"学术权力"是指由资源配置专家、学者等组成的专家委员会所具有的咨询、讨论、评估和决策等权力。近年来，随着政府职能的转变及其科学配置公共体育资源意识的增强，专家、学者和第三方机构越来越受到政府的重视，但学术权力在公共体育资源配置中的作用并没有被充分发挥，还存在学术权力弱化现象，具体体现为：一方面，一些专家委员会成员多数是行政官员，而资源配置的专家、学者人数并不多，导致公共体育资源配置的咨询、讨论、决策、评估等大多由行政官员来实施，专家委员会行使的更多是行政权力，学术权力的价值无法真正体现；另一方面，虽然专家、学者参与公共体育资源配置的整个过程，但赋予专家、学者的更多是咨询权、讨论权，而评价权和决策权等完全掌握在行政官员手上，专家委员会的学术权力作用没有真正发挥出来。

六、配置文化

中华传统文化是中华文明成果根本的创造力，是民族历史上道德传承、各种文化思想、精神观念形态的总合。中华传统文化的精华不仅展示了中华民族最深层的理想追求，也是中华民族独有精神标识的体现。长期以来，中华传统文化的价值观对公共体育资源的建设、分布、调整等产生一定的积极影响和消极影响。从积极影响来看,中华传统文化作为一个互为联系、不可分割且统一的思想价值体系,主要包括儒墨法道四家哲学流派,不同流派都产生许多哲学思想。如天人合一思想,是中华民族五千年来的思想核心与精神实质,它强调了人与自然的辩证统一关系。天人合一思想警示人们,在体育场馆的建设中,不仅要重视自然环境的保护,而且要将体育场馆的建设与自然环境的有机融合,促进人与自然的和谐共处。又如兼容并蓄的思想,体现了中华民族谦虚的精神,强调不仅要传承好中国传统文化,还要吸收外国优秀文化,从而创造出悠久、灿烂的中华文明。对此,启发人们在公共体育资源配置中要积极吸收国内外先进的资源配置经验,做到引进—消化—吸收—再创新,不断提高公共体育资源配置的效率。从消极影响来看,由于受到"以父权为中心,以长子继承权为中轴"的宗法制思想的影响,在当今公共体育资源配置者身上体现为:一家独大,脱离群众,脱离实际,不善于听取群众意见,严重影响公共体育资源配置的客观性和民主性。又如崇古薄今是古代社会人们常常怀揣的心态,即始终抱有守旧的思想,不重视创新,排外意识强,并成为当时社会所追求的信仰与美德,成为评估道德水平高与低的重要依据。这种保守思想根深蒂固地存在于社会发展中,也给当今一些公共体育资源配置者带来负面影响:工作安于现状,缺乏创新精神,时常"穿新鞋走老路",在制约公共体育资源配置的可持续性发展的同时,也严重阻碍了体育强国战略的有效实施。

七、配置创新

改革创新不仅是经济社会发展的不竭动力,也是公共体育资源配置的活力所在。长期以来,由于受思想观念、区域差异、相关政策等各种因素的影响,导致福建省一些地市公共体育资源配置改革步伐较为缓慢,滞后于福建省经济社会的发展。例如,第六次全国体育场地普查数据研究结果显示,福建省的宁德市、漳州市和平潭区体育场地资源的实际建设水平落后于各自经济社会发展水平。[①] 如今,我国全面深化改革已进入深水区,福建省公共体育资源配置改革也面临着许多突出问题与挑战:一是机构改革问题。政府机构改革后,县(区)体育局、文化局和旅游局组建成一个单位,由于事多人少,从事体育工作的人员无法专注公共体育资源配置和监管工作,可以说是有心无力,虽然实

---

① 寇健忠.体育场地资源建设与社会经济协调发展评价研究[J].北京体育大学学报,2018,41(10):39-47,54.

行政府购买公共服务,但也在一定程度影响公共体育资源配置的宏观调控和监管工作。二是改革制度的执行问题。制度是保证公共体育资源配置顺利实施,维护公平、公正的有效手段,而制度的有效执行是体现制度作用的重要保障。但在一些公共体育资源配置制度的执行过程中,由于政出多门,管理时常出现越位、缺位等现象。例如,国家虽然颁布了《城市社区体育设施建设用地指标》《城市居住区规划设计规定》等制度,但由于缺乏有力的监管和惩罚,一些开发商违规将社区内体育场地用地用于商品房的建设,导致制度流于形式。三是改革利益问题。改革开放至今已有40多年了,虽然原有的利益格局已被打破,但又出现各式各样的利益集团,又构筑起新的利益格局。为了将此格局固化,一些系统、单位和个人想方设法阻挠改革的继续深化,严重影响公共体育资源配置改革的进程。例如,体育场地的建设、使用和管理的利益分配问题。四是改革动力问题。公共体育资源配置改革是一个"摸着石头过河"的社会实践活动,需要每一位资源配置者与时俱进,始终保持"爱拼才会赢"的工作热情和"敢想、敢干"的创新精神。然而,在实际工作中,由于体育系统和教育系统缺乏完善的激励机制,资源配置者缺乏责任心和事业心,资源配置改革的积极性不高、动力不足。

本章小结

经济社会发展水平、地域、文化等因素影响福建省公共体育资源配置。目前,福建省公共体育资源配置存在主体较单一、效率不高,即使用效率不高,流转效率不高,增值效率不高,综合利用效率不高、结构不均衡,即空间结构不均衡,类型结构不均衡、市场化程度不高、机制不健全,即运行机制不健全,绩效评价机制不健全,动力机制不健全、制度不完善、可持续性不强等问题。究其原因,主要是经济发展水平、配置体制、配置理念、配置人员、配置权力、配置文化、配置创新等缘由造成的。

第五章 国外发达国家公共体育资源配置的主要经验与启示

第一节 国外发达国家公共体育资源配置的主要经验

国外发达国家公共体育资源配置历史较为悠久,尤其是美国、英国、德国和日本,各个国家在公共体育人力资源配置(主要指社会体育指导员)、公共体育物力资源配置(主要指体育场地)、公共体育财力资源配置、公共体育信息资源配置和公共体育制度资源配置等方面均呈现不同的特点。

一、公共体育人力资源配置的主要经验(主要指社会体育指导员)

(一)美国

美国作为世界体育强国,社会体育指导员的培训也居世界领先地位。社会体育指导员的工作主要针对康复与健身两方面,具体包括健身、康复和竞技等不同领域约 10 个类别。不同管理部门培养不同类型的社会体育指导员①②③:1950 年成立的美国体育教练员联合会(NATA)实行"实习制"计划，培养的社会体育指导员任务是伤害预防、疾病康复和应急处置，参训学员至少有 800 小时以上的实习经历，个别损伤率较高的项目也至少要求有 200 小时以上的实习经历;1957 年成立的美国运动医学学会(ACSM)由以北美为中心的 60 多个国家共计 12000 会员组成，培养的社会体育指导员的主要任务是在预防性和治疗性运动领域对没有病史的居民和预防成人病进行指导和制定运动处方，负责对健身教练、运动指导员、健身总监、运动检查师、运动指导专家、运动计划总监的指导员进行认证;1978 年成立的美国国家体能协会(NSCA)培养的社会体育指导员任务是肌肉力量训练、肌肉力量调整计划的制定和提供健身指导服务等;1985 年成立的国家体育舞蹈联合会(IDET)培养的社会体育指导员任务是健身活动的指导，对有氧健身教练员进行理论与实战两方面的认证，其中，理论占 70%，营养与体重占 20%，健康与急救占 10%。

　　美国的社会体育指导员培训实行分类分级制度，依据不同级别和类别体育指导员的特点设置培训的内容，有助于体育指导员结合各自需要进行选择，从而，保证体育指导员在牢固掌握体育理论的同时，还能提高专项运动技能水平，以培养出较高综合素质的体育指导员。社会体育指导员资格认证标准和培训由各社会组织自行制定、自行组织、自行经营和自行管理，无论是专门的体育组织，还是与体育有关的其他社会组织，它们在体育的组织管理方面保持着很强的独立性和自治性，许多组织都有相当严格的体育指导员认定标准。④

(二)英国

　　促进国民积极参与体育活动是英国社会体育指导员培养的唯一目的，并以此开展培养和使用工作。英国社会体育中央审议会(CCPR)是英国最大的休闲体育机构，该机构和国家职业培训组织共同负责社会体育指导员的管理，而社会体育指导员的资格认定由各单项团体独自负责。1981 年，CCRR 制定

① 王瑜."体医结合"全民健身进社区背景下社会体育指导员岗位设置的理论与实践研究[D].南宁:广西民族大学,2016.
② DAMIR S,RADMILA K,et al. Religiousness as a protective factor for substance use in dance sport[J].Journal of religion and health,2009,48(3),269-277.
③ CHERY P S,MAUREEN R W.Achievement goal orientations and motivational outcomes in youth sport:the role social orientations[J].Psychology of Sport & Exercise,2009,10(2):255-262.
④ 姚向颖.中国、日本、美国社会体育指导员管理体制比较研究[J].福建师大福清分校学报,2007(5):76-80.

了社区体育指导员制度,简称"CSLA 制度"。英国的社会体育指导员包括社区体育指导员、高级指导员、基础户外训练指导员 3 种类型,不分级别。体育、娱乐和相关职业培训组织认证的社会体育指导员有 1 类,包括 4 个不同级别。不同类型的社会体育指导员的授课内容不同,不仅重视体育理论、专项运动知识的学习,而且注重、指导实践能力的培养。培养方式具有鲜明的针对性、层次性、递进性和差异性。① 在培训课时方面,英国的社会体育指导员(以 16 岁以上国民为对象)都应该参加 25 小时以上的 7 个项目的组织管理、体力、比赛活动组织等内容培训,并参与社区的志愿者指导工作,而且,要在体育俱乐部、比赛组织或社区体育俱乐部中参加最少 10 个小时的志愿者工作后才能进行资格认定。高级指导员在社区体育指导员的基础上(以参加过 CSLA 培训班的人为对象),还必须学完 6 个项目的培训并参与 30 个小时以上的志愿者活动后才能进行高级资格认证。基础户外训练指导员(以 18 岁以上对户外运动有兴趣者为对象)必须参加 90 个小时的培训并参与 30 小时的志愿者活动后进行资格认证。英国社会体育指导员的培训重视实践活动能力的培养,并体现社会体育指导员的志愿指导观念。②

在职业标准方面,英国的积极休闲和学习部门技能委员会 Skills Active 负责制定"社会体育指导员"职业标准,标准的具体研制工作由行业机构、前国家培训组织的岗位专家和雇主代表负责。标准注重指导者在教学、训练、锻炼和健身、游戏和观众安全等方面的指导。标准能结合工作岗位实际,量身定制,符合用人单位和企业的要求。根据国家职业标准设置课程,重视客户服务、活动组织管理、团队合作和自我提高等能力培养,每一种能力的培训内容都有具体的操作标准。③ 在激励措施方面,1997 年,英国实行"社会体育指导员参与计划",通过奖励模式提高指导服务动机④,原则是"社会体育指导员任用—强化志愿服务动机—继续任用",保障社会体育指导员的权益。

---

① 戴俭慧,刘小平,罗时铭,等.英、美、德三国体育指导员制度及启示[J].上海体育学院学报,2003(4):26-31.

② DUBBERT P M,VANDER WEG M W,et al.Evaluation of the 7-day physical activity recall in urban and rural men[J].Medicine and science in sports and exercise,2004,36 (9):1646-1654.

③ Skills Active. National Occupational Standards[EB/OL].(2015-09-29)[2020-06-13].Skills Active, http://www. skillsactive com/Standards-quals/national-occupational-standards.

④ L FUDGE. An investigation into volunteering at a local sport club:a case study of wootton bassett tennis club[J].University of Wales,2011,15(2):215-223.

（三）德国

德国对社会体育指导员的培养相当重视,由德国体育联合会负责社会体育指导员的管理,社会体育指导员包括社会体育指导领域、竞技体育领域和体育产业领域,分为公益性、有偿服务和职业的社会体育指导员 3 类,德国认证的社会体育指导员工作涉及技能传授、训练、健身指导、体育经营等方面,因此,社会体育指导员分为普通社会体育指导员,负责大众健身运动和康复工作;体育经营社会体育指导员,负责健身俱乐部的运作与管理;青少年健康社会体育指导员,负责青少年校外体育项目的指导工作;特定项目的社会体育指导员,负责大众健身和运动康复工作。社会体育指导员分为初级、中级、高级、学位级 4 个级别,其中,各单项体联负责初级和中级资格培训,各州体联负责高级培训,科隆教练员学院负责学位级资格培训。每年大概有 100 个教育机构接受 4 万多人的培训。①②

德国社会体育指导员管理体制先进,体现在:政府职能部门和体育组织、社团协调配合,政府放权,由体育组织和社团自行实行市场化管理;加强监督与评价,制定激励措施,具有社会体育指导员资格证书的所在俱乐部能够从当地州体联获取补贴;1999 年,开始实行"体育运动中的隐藏之星"活动评选,树立社会体育指导员的正面形象,促进体育志愿服务工作的发展。③

（四）日本

日本非常重视国民的体质健康,1911 年成立日本体育协会时就明确提出《振兴国民体育运动》与《提高国际比赛竞技力》两大目标。1957 年,日本就开始实行社会体育指导员制度,1961 年 6 月,日本出台了《体育振兴法》,其中,第二章第 11 条指出:作为培养社会体育指导员的主体,国家和地方公共团体应定期组织学习会、研讨会或者其他形式的培训活动以提升社会体育指导员的综合素质。同时,还强调社会体育指导员必须依据锻炼者的性别、年龄与身体素质的不同编制差异化的训练计划,并指导其正确执行计划。1987 年开始,实行社会体育指导员培训。

社会体育指导员分类方面,早期,社会体育指导员培训主要针对社区居

---

① 李向东.中国与德国体育管理体制的比较研究[J].体育文化导刊,2005(6):53-55.
② 戴俭慧,刘小平,罗时铬,等.英、美、德三国体育指导员制度及启示[J].上海体育学院学报,2003(4):26-31.
③ 仝云.社会体育指导员激励机制研究[D].苏州:苏州大学,2009.

民、竞技运动员和在商业性体育场馆就业的指导员,分为从事经验管理、从事教练员、从事医学调整师三大类,后不断细化,分 10 大类别,包括 46 个大项目 84 个具体指导项目。随后,《社会体育指导员知识、技能审查认定制度》明确了 8 种类型的培养对象:地区体育运动指导员、提高比赛能力的指导员、在商业体育场馆中的指导员、野外活动指导员、体育活动计划指导员、与娱乐有关的指导员、少年体育运动指导员、会员指导员。截至 1999 年 10 月 1 日,依据上述制度被认定的指导员数达到 10 万多人。[①] 社会体育指导员每 4 年培训一次,不断更新理论知识,提高其实践能力。2005 年,对其进行改革后分为 3 大类:第一类是体育指导员基本资格、竞技体育项目指导资格和健身指导资格认证;第二类是运动健康管理、竞技体育康复训练师资格认证;第三类是俱乐部经营与管理资格认证。[②]

社会体育指导员管理方面,文部省规定社会体育指导员的培训课程与内容,并对培训和管理进行监督;社会体育指导委员会负责社会体育指导员的培训、推荐和派遣;日本体育协会负责社会体育指导员的资格管理、审核和颁发资格认定证书。社会体育指导员的管理制度在管理模式、涉及范围、分级分类、课程管理及其岗后的考评和交流制度等较为成熟。[③] 目前,日本社会体育指导员管理做到了 5 个"重视",即重视政策、法律的保障;重视社会体育指导员的网络化管理;重视培养不同类型的社会体育指导员;重视社会体育指导员队伍培养和认定工作;重视原有社会体育指导员的知识更新与再培训。[④]

社会体育指导员培训方面,首先,日本社会体育指导员培训管理机构有 3 级,一级是最有权威代表性的体育协会,由各企业团体、加盟俱乐部等机构组成理事会;二级是专门管辖培养的委员会;三级是理事会直管的事务局下设的体育运动指导员培训部,其下设组织科与管理科,负责组织、培训、信息资料收集、资格晋升、资格处理与确认、管理登记等工作,管理体制和培训机制较为成熟。[⑤] 其次,培训内容和课时采用分级分类别制度,依据各级各类社会体育指导员服

---

① 李梅.2002—2009 年我国社会体育指导员发展动态变化研究[D].苏州:苏州大学,2011.

② 金妍宏.人口老龄化背景下公益性社会体育指导员需求与供给研究[D].天津:天津体育学院,2019.

③ 钟建明.日本体育指导员管理制度研究[J].体育文化导刊,2003(5):34-37.

④ 徐云.日本发展社会体育指导员经验给我们的思考[J].乐山师范学院学报,2008,23(5):99-101.

⑤ 李相如.日本大众体育和社会体育指导员的发展概况[J].首都体育学院学报,2002(4):12-14.

务对象的不同设置培训内容,培训的重要环节是指导实践。例如,健康运动实践指导员的任务是结合健身者的健康状况、运动技术与体质水平等基本情况编制运动计划,并对其进行具体指导。健康运动实践指导员要获得资助并注册需要参加 26 小时的理论学习并取得 17 学分,同时,参加 24 小时的实践学习并取得 16 学分。[①]

社会体育指导员资格认证方面,由日本体育协会、厚生省、劳动省 3 个主要行政部门负责社会体育指导员的认证和管理,社会体育指导员有 9 大类,每一类又包括不同的小类与不同资格。体育协会负责认证的社会体育指导员包括基础体育运动指导员、竞技类体育指导员、健身体育指导员、体育运动医生、俱乐部管理者 5 类,重点是一些特定场所从事技能传授、健身指导和俱乐部经营管理的人员;厚生省认证的是健康运动指导员与健康运动时间指导员 2 类,重点是运动处方制定与为特殊群体提供运动康复和体育休闲等服务工作的人员;劳动省认证的是健康管理指导员与健康管理教练员 2 类,重点是健康测试、终身活动计划和指导工作的人员。[②]

社会体育指导员激励机制方面,利用"互联网＋"优势,完善服务体系;结合大数据的分析和整合,有效促进日本社会体育指导员有序、健康发展;构建网络化的管理模式,搭建多元化的激励管理体系:政府与体育协会相结合的监管评价模式;结合评价,政府出资为指导效率高、群众满意度高的指导员发放奖金;证书有效期 4 年,定期培训学习,体现人文关怀。[③] 设立"社会体育优良团体""体育功劳者"等 4 种奖励。同时,社会体育指导员立法和推行资格证书双管齐下,并做到资格与工资挂钩。

截至 2005 年 4 月 1 日,日本实际登记注册的社会体育指导员数为10.7705 万人,分为专任与兼任 2 种类型。其中,平均每个民间体育场馆有 5.6名体育指导员,平均每 3 个公共体育场馆有 1 名体育指导员。民间专任体育指导员人数是公共专任体育指导员的 3 倍,民间兼任体育指导员人数是公共兼任体育指导员的 1.5 倍。90% 以上的社会体育指导员是公益性的,参与指

①　DUBBERT P M,VANDER WEG M W,et al.Evaluation of the 7-day physical activity recall in urban and rural men[J].Medicine and science in sports and exercise,2004,36(9):1646-1656.

②　郝欢欢.全国社会体育指导员交流展示大赛内容及形式的研究[D].西安:西安体育学院,2018.

③　叶雨菲.社会体育指导员指导行为及激励因素研究——以沈阳市为例[D].沈阳:沈阳体育学院,2018.

导的指导率达到 98%。① 随着经济社会的发展,社会体育指导员的数量持续增加,专业化程度不断提高,分工愈加细化,制度越趋完善。大学或者学院的体育系也负责培养体育运动指导员,民间体育运动团体也参与社会体育指导员的培养,并出现专门培养社会体育指导员的学校。

二、公共体育物力资源配置的主要经验(主要指体育场地)

(一)美国

19 世纪末,一些体育学者就已经开始研究运动场馆、游乐场等公共体育设施。1989 年,杰布林(C.Zueblin)等美国学者曾在社会学杂志(*American Jounmal of sociology*)发表了《芝加哥的市立运动场》和《小型运动场的运动》等论文②,为后续美国体育场地的建设、经营与管理打下基础。

体育场地投融资方面,20 世纪以来,美国体育产业迅猛发展,政府不断完善相关政策法规,带动了体育场地的建设与发展,也促进了体育场地投融资模式的完善与创新。目前,美国体育场地投融资经过体育场馆民营化、公共化和公私合作 3 次治理形成包括政府资本、民间资本(私人资本)、公私合营、补助金等 4 种形式。其中,政府资本有税收、参与凭证、市政公债、特定权力机构债券。税收包括餐饮税、销售收入税、汽车租赁税、旅馆税、汽车旅馆税等,政府较为青睐汽车租赁税、旅馆税、汽车旅馆税,这些税主要针对的是访问者,对本地市民没有太大影响;市政公债包括资本支持型债券、税收支持型债券和项目收入支持型债券。1961—2003 年,美国政府对各类体育场地的投资额占体育建设总额的 51%,政府资本仍占据了重要地位,但呈下降趋势。政府的投资决策由政府、企业和社会团体共同决定,重视公众的广泛参与,并由议会(居民)对方案进行投票后确定。决策模式体现多中心特点,决策效果较好,较少出现体育场地供过于求的现象。③ 然而,完全由政府投资、担保的传统融资模式难以解决体育场地建设资金的需求。此时,民间资本的参与有效解决了政

① 王瑜."体医结合"全民健身进社区背景下社会体育指导员岗位设置的理论与实践研究[D].南宁:广西民族大学,2016.
② 卢元镇.体育社会学[M].北京:北京体育大学出版社,2001:6.
③ 余胜茹.中、美两国政府投资大型体育场馆决策模式的比较[J].南京体育学院学报,2016,30(5):69-74.

府财政投资困难的问题。民间资本通过捐款、捐物、租赁、豪华套间、优先座位安排、停车费、商品收入、赞助(如获取冠名权)、永久座位许可、广告权、基金、寿险组合、资产支持型证券等新型融资模式参与体育场地的建设与管理,其中,资产支持型证券发挥越来越重要的作用,如美国科罗拉多州的 Pepsi Center(百事中心)球馆,1999 年由百事公司赞助建成①。因此,民间资本占体育场地建设资金的比重不断上升,地位也逐步提升(见表 5-1)。随后,政府与私人的合作愈加密切,民间资本主要承担资本投资,体育场地的设计、建造、融资与运营,而政府借助合同协议发挥监督作用,并给予一定的政策和资金支持,开创出多样化的公私合营的投融资模式:①PPP(public-private partnership)公私联营投融资模式,是公共基础设施中的一种项目运作模式,即政府和社会资本合作,指在公共服务领域,政府采取竞争性方式选择具有投资、运营管理能力的社会资本,双方按照平等协商原则订立合同,由社会资本提供公共服务,政府依据公共服务绩效评价结果向社会资本支付对价。该模式是基于公共部门与私人部门间互为交流与合作的"共赢",其核心是利益分配、风险分担、政府监督。②BOT(build-operate-transfer)公私联营投融资模式,实质是基础设施投资建设和经营的一种方式,即政府不参与投资,向民间资本或外资颁布特许,允许其享有一定时期内筹集资金建设某一基础设施并管理的专营权和收益权,期满后政府无偿回收经营权。③TOT(transfer-operate-transfer)公私联营投融资模式,即政府或国有企业将已建成的体育基础设施作价转让给民间资本或外资,政府获得资金后又进行新的体育场地建设,而受让方享有一定时期的专营权和收益权,期满后无偿将经营权还回政府。补助金包括联邦政府补助金、州补助金、市政部门补助金。②③

表 5-1　1973—2002 年美国体育场地融资中民间资本比重变化趋势

年　份	1973 年	1980 年	1987 年	1990 年	1995 年	1998 年	2002 年
民间资本所占比重(%)	16.2	19	19.3	20	28.6	35	37.8

体育场地布局方面,以美国职业橄榄球大联盟(NFL)、篮球联盟(NBA)、国家冰球联盟(NHL)、职业棒球大联盟(MLB)等四大职业体育联盟所属场地分布

① 2020 年改名为波尔球馆(Ball Arena),此次冠名权由波尔公司获得。
② 黄永京,陈黎明,闫田,等.民间资本在美国体育场馆融资中的作用探析[J].山东体育学院学报,2006,2(1):38-41.
③ 廖理,朱正芹.从金融产品创新看美国体育场馆融资[J].国际经济评论,2004,9(10):44-47.

特点最具有代表性。可以分为两个重要历史阶段,第一阶段(1960—1985 年)体育场地表现为郊区化分布的特点;第二阶段(1985—1997 年)表现为城市中心区域分布的特点。究其原因,其一,政府财政拨款与财政政策的支持;其二,政府对体育场地选址的科学干预,具体体现在:政府召开市民听证会,媒体报道建设规划,了解市民对选址的意见和建议,委托第三方进行科学评估;其三,体育场地建设成为增加就业率、提高税收、实现土地增值(土地价格上涨、拓展土地空间)及其附带利益的"助推剂",并成为城市振兴计划不可或缺的一部分;联盟对球队特许经营权的数量及其分布的严格管控;人口迁移与消费倾向的变化。[1]

体育场地经营管理方面,20 世纪 70 年代,美国就已经开始探寻体育场地委托经营的方法,如今,已出现 SMG、AEG 等世界著名的专业体育场地运营公司。体育场地的委托合同双方主体分别是:一方为州或者州政府,另一方为体育场地运营管理公司。合同性质方面,不是代理合同,是比较特殊、复杂的委托合同,不仅明确规定了委托人和受委托人的权利和义务,委托事项也作了明确约定,而且个别合同受托人还必须同第三方机构间的合同进行约定,影响较大的还须征得委托人同意。其中,委托人的权利与义务体现为:所有权、运营收入所有权、年度预算审批权、大额支出审批权、监管权、支付管理费用、支付运营支出。受托人的权利与义务包括:报酬请求权(委托人支付的管理费用)、场地运营管理自主权、经费使用权、员工聘任权、市场开发义务、管理维护义务、活动引进义务、成本控制义务、报告义务。委托经营的运作表现为:体育场地的收益归委托人所有并支付全部运营费用;受委托人按照委托合同进行自主经营,并受委托人监督,同时,委托人支付的管理费作为受托人的收益(见表 5-2)。[2][3][4][5][6]

---

[1] 曾建明,王健,蔡啸镝.1960—1997 年美国四大体育联盟场馆的区域分布特征及其成因——兼论对我国体育场馆优化布局的启示[J].武汉体育学院学报,2015,49(2):22-27.

[2] 严小娟.美国体育场馆委托经营研究[J].成都体育学院学报,2012,38(8):30-34

[3] Northland AEC LLC.State of Connecticut stadium management agreement[S].2007.

[4] Louisiana State,SMG.Louisiana stadium and exposition district-superdome/arena management agreement[S].2003.

[5] Louisiana Legislative Auditor.Performance Audit[R].2006.

[6] 王健,陈元欣,王维.中美体育场馆委托经营比较研究[J].西安体育学院学报,2013,30(1):1-7.

表 5-2 美国体育场地委托经营特点

内 容	特 点
委托合同性质	为委托合同,委托人(体育场馆业主)多由州或者地方政府担任,受托人由专业的体育场馆运营公司担任
受托经营人	是从事专业化、规模化与集团化经营,且具有丰裕的娱乐与大型活动资源的专业的体育场地管理公司
法律责任归属	根据委托经营合同规定,业主应承担经营者在委托经营场馆时为业主利益而产生的损失、侵权等法律责任,同时,委托人和受托人按照约定必须购买商业保险以转移风险。对于器械和设备的损耗与破损全部由业主承担
收入的归属及其运营成本的支付	业主拥有体育场地运营的全部收入,经营者必须在规定的时间里将全部收入转入业主名下的账户,不得无故使用。经营者依据合同获取约定的管理费用和激励费用。体育场地委托经营的成本全由业主承担,包括设备购买、人员支出、耗能费用。全部运营支出必须在每年开始前编制成本预算,业主普遍具有制定成本预算,业主具有体育场馆经营预算的审批权
自主经营权限	除业主确定保留的经营范畴外,经营者可以不受业主干预开展活动,具有大型活动举办权、无形资产开发权、市场开发与推广权、特许权、员工聘任权等权限,同时,经营者还能同第三方机构签订租赁、特许,或者委托其提供相关服务。经营者在预算范畴内能够自行使用全部运营费用
经营监管	依据合同规定,业主对经营者的服务标准、财务、预算、第三方独立机构、履约、部分重要的第三方合同等进行监管,其余的,业主不干预经营者的经营
经营税费	经营者接受业主的委托对体育场地进行经营,被认为是政府服务的延伸,经营者在此期间不需要纳税,同时,管理费也不用交税。在能源方面,也按公立机构与州立机构的价格,享有优惠权
经营公益使用	多数要求经营者在进行公益使用时必须比正常的价格低或者使用免费,个别还约定业主能够免费使用体育场馆,但不能影响正常的经营活动
经营风险	由于经营者负担小,只需专注体育场地的经营,即使出现亏损,经营者仍然可以获得管理费用,经营风险相对较小
经营激励机制	通常业主实行利益分享机制,提高经营者的积极性,主要利用管理费用结构的设计来激励经营者。当然,激励费用同经营业绩相联系,净收益越高,经营者获得的激励费用也越高。如,美国杰克逊维尔市同 SMG 签订的协议中强调,经营者每年总收入超过 931.3 万美元才享有激励费用,且激励费用不超过 15 万美元

　　社区体育场地方面,美国社区体育设施完备,大部分社区都有室内与室外体育设施组成的体育活动中心,在社区体育设施配套上,社区公园体育设施占多数,真正做到同居民"零距离"接触,是体育设施普及率最高的国家之一。美国森林服务部与国家公园服务部共同制定了以"健康公民 2000 年"(Healthy People 2000)作为社区公园体育配套设施的建设标准的规定,并作为评价社区体育中心建设规模的重要指标之一。其中,规定 2000 年美国社区应实现每25 000 人共有一个公共游泳池,每 1 000 人共有 4 英亩休闲公园。最后,提前4 年实现上述目标。① 在社区体育场地设施建设中注重与城市人文景观的有机融合,建设小型多用途的体育场地设施,兼顾青年人、老年人和妇女等群体的体育兴趣与需要。在社区体育场地设施的经营管理上,地方政府作为管理机构,承担体育场地设施的财政补助、建设和维护、政策法规的建设、咨询服务,以及了解社区成员的体育需求和协调各社会团体和组织的关系,通过社区体育俱乐部的建设、社区会员的发展、体育活动的开展以及体育培训与体质监测的开展,不断提高社区体育中心的经济效益。②

　　职业体育场地方面,美国职业体育场地设施的供给主体先后经历了由"政府单独供给""政府为主、职业球队为辅""职业球队为主、政府为辅"的 3 次历史变革。③ 早期,随着美国职业体育的发展,私人资本成为体育场地建设的主要力量。由于体育场地建设成本的不断攀升以及私人投资能力的有限性,20世纪 50 年代后,税收逐渐成为美国职业体育场地融资的一个重要途径。通过税收政策不仅能保证公共财政的有效供给,确保公共财政投入的有效回收,维护纳税主体的有效公平。为了实现有效供给,各城市出台政策吸引职业运动队入驻本地;为了实现有效回收,采取向职业俱乐部征税、向外地旅游者征税、向社会整体征税、向具体区域市民征税和免税政策;为了实现有效公平,认为采取利益原则进行征税是一种较为公平的方式,也就是向能从体育场地建设中获益的群体征税。④

① U.S.Department of Health and Human Services. Healthy People 2000 Review 1998-1999[M].2000.

② 林显鹏,刘云发.国外社区体育中心的建设与经营管理研究——兼论我国体育场馆建设与发展思路[J].体育科学,2005,25(12):12-16,27.

③ DENNIS R H,JOHN L C.体育财务(第 2 版)[M].谈多娇,张兆国,译.北京:清华大学出版社,2007.

④ 王龙飞,王朋.税收政策在美国职业体育场馆建设中的作用及其启示[J].西安体育学院学报,2015,32(1):33-39.

大型体育场馆方面,将收入来源和支出去向组成美国大型体育场馆盈利模式,其中,收入来源包括租赁收入(场地、设备、商铺等)、无形资产收入(冠名权、特许经营权、广告牌、专有技术和商誉等)、大型活动(体育、文化和娱乐等)、多元配套服务收入(从"用户体验最优化"入手,为用户提供多元服务,满足消费群体的不同需求。同时,服务的个性化、差异化和定制化正成为一种发展趋势)、连锁经营收入(连锁经营模式的关键是场馆的标准化运营,实现体育场馆的集团式管理,形成具有竞争力的品牌)。支出去向作为成本结构的动态反应,包括运营支出和非运营支出。运营支出包括员工工资、折旧费、能源费、差旅费等,非运营支出是指利息等财务支出。[①]

近些年来,随着体育场地建设的司法诉讼蔓延了全美,美国体育场地公共财政投入逐渐减少,民间资本的介入不断增加,环保材料在体育场地建设中被广泛使用,高校体育场地建设日益兴起,体育场地的建设已成为美国区域经济复苏与城市更新的重要举措。[②]

(二)英国

体育场地供给主体方面,包括公共主体(中央政府:借助预算与政策计划把握方向和进行评估;地区层级:供给主体)、私人主体与自愿和社区组织。三者之间构成以公共主体为主,自愿和社区组织为辅,私人主体为补充的供给网络。群众免费或者支付较低的费用就可以使用公共主体、自愿和社区组织提供的体育场地设施,私人主体提供的体育场地设施是一般用于满足较高体育消费层次要求的群体,通过会员制的方式来吸引顾客,并结合市场变化而适时调整。

体育场地功能方面,英国大众体育场地设施包括用于开展群众喜爱的休闲娱乐与体育运动的体育娱乐设施以及满足群众健身、减肥等需要的健身健康设施;依据使用环境,英国大众体育场地设施包括室内和室外设施;依据管理主体(或所有制形式),体育场地设施包括地方委员会所有的场地设施(council-owned facilities)、社区体育中心(community sport centres)、自愿运营的场地设施(voluntary run facilities)、学校场地设施(school facilities)和私人管理的场地设施(privately managed facilities)。

体育场地投融资方面,70%～80%的体育场地设施由政府出资修建,其余

---

①　黄昌瑞,陈元欣,何凤仙,等.美国大型体育场馆的盈利及启示[J].体育文化导刊,2017(12):126-131.

②　孙成林,王健.美国体育场馆发展的新趋势及启示[J].成都体育学院学报,2013,39(2):40-45.

主要由私人主体出资修建。政府资金主要由中央政府的财政拨款和彩票,并通过体育主管部门 DCMS(数字、文化、媒体和体育部)下发、分配,资金的使用与管理具体由地方政府和管辖范畴内的各组织和团体负责,许多地区体育组织主要结合"项目"实现资金的分配与管理。采用投资权与所有权相分离的所有制度,即投资建设者不一定就是设施的所有者。

体育场地规划设计方面,首先,秉持"临时"理念。例如,伦敦奥运会主会场的建设与设计就采用可拆卸的连接构造,不仅能满足奥运会开幕式的需要,而且也能保证赛后场馆的改建与"瘦身",满足大众健身的需要。其次,秉持"与城市融合"理念,英国在维多利亚时期(1837—1901 年)就注重体育场地与城市公园绿地的融合,到了温莎王朝时期(1917 年至今)更注重体育场地与城市居住绿地的融合。① 最后,秉持"智能化"理念,例如,英国曼彻斯特市新建的露天体育场(以下简称"曼城新体育场")是曼城足球俱乐部总部所在地,其通过创新的智能体育建筑理念、先进的智能建筑系统以及成功的俱乐部经营方式,成为英国最有吸引力的体育中心之一。其中,智能系统在 Cisco Aironet 无线局域网(WLAN)技术和 Fortress 智能体育场软件和射频识别(RFID)技术的基础上,集成了一套 802.11b 无线网络系统,用来实行俱乐部的智能卡系统。该系统能帮助观众在无人监控情况下的迅速入场、自动收集与构建体育场和俱乐部内客户关系管理数据、安全可靠地完成无线实时数据的查询、传输与电子交易等任务。

体育场地经营管理方面,采用多元化的方式,即自主管理、私人承包管理、委托独立的非营利组织(注册慈善团体的信托基金会)管理(如谢菲尔德国际设施管理集团——SIV)、学校与社区共同管理等。由英国国家审计署 2006 年公布的数据可知,自主管理占 47%、私人承包管理占 10%、信托基金会管理占 15%、学校管理占 16%、自愿组织管理占 4%。今后,私人承包管理和信托基金会管理的比例将不断提高。同时,中央政府和地方政府在管理上也有分工,中央政府负责体育场地预算与相关政策计划的编制及其使用效率与效果的评估;地区层级作为供给主体,负责具体的实施工作,例如,英国体育理事会(Sport Council)在 20 世纪 80 年代中期编制了社区体育中心的基本标准(SASH),要求每 25 000 人的社区必须配一个社区体育中心。同时,为了便于

---

① 任慧涛.英国城镇化进程中体育用地规划及其治理机制[J].体育与科学,2015,36(6):8-15.

供应方科学、合理地提供场地设施,还编制了可操作性的手册与指南。①

体育场地绩效评价方面,NBS(Nationd Benchmarking Service 是当前英国最重要的公共体育设施绩效评估系统)在 Sport England(英格兰体育理事会)主导下通过不同性质的专业组织共同经营;评估系统的标杆对照类别根据设施类别、设施规模、区域特征和管理方式来划分;指标体系包括获得性、利用率、服务质量和财务等维度;反馈报告内容主要以各个指标得分和结果对比为主。②

(三)德国

体育场地建设方面,二战以后,联邦德国经济得到迅速恢复和发展,为体育的发展奠定坚实基础。1960 年联邦德国奥委会、体联与文化部共同发起和实施以促进社区体育活动设施建设为目标的第一个《黄金计划》(1960—1975年),编制了不同类型的体育设施的具体建设标准,由联邦政府投资 4%、州政府投资 30%~35%,其余通过社会途径进行筹资,从而一定程度上解决了市民参与体育活动设施不足的问题。1976 年,联邦德国根据民众体育需求和兴趣的变化趋势,开始实施投资额为 76 亿马克的第二个《黄金计划》(1976—1984 年)。该计划提出建设更高要求与标准的不同类型人群需要的体育场地设施,其中,儿童游戏场分为 5 岁、6~11 岁、12 岁以上 3 种专用运动场。室外运动场人均 4 平方米,体育馆人均 0.2 平方米,游泳池人均 0.01~0.25 平方米。这一时期,体育设施建设取得显著成效,体育设施数量增速迅猛。1985—1990 年,联邦政府开始实施以改造原有体育场馆功能和条件,提高其功能水平,以及建设满足民众体育兴趣和需要的体育场地设施为目标的第三个《黄金计划》,重视在风景区和自然界建设如自然地形跑、自行车专用道等体育场地设施,强化在住宅区周边兴建休闲娱乐和运动的场地。体育设施和环保成为这一计划的突出特点。1990 年,德国统一后,为推动德国东部与柏林东部地区的基础体育场地设施的建设、扩建与改造工作,德国政府和德国体育联合会(DSB)提出了《东部黄金计划》(1992 年),由政府投资250 亿马克,计划建设 350 个项目,以振兴东部濒于瘫痪的体育事业。这些

---

① 唐胜英,Elizabeth·Pike.英国大众体育场地设施的供给、管理与使用[J].体育与科学,2015,36(2):94-100.

② 袁新锋,张瑞林,王飞.公共体育设施绩效评估的英国经验与中国镜鉴[J].北京体育大学学报,2019,42(4):33-41.

计划是德国推动大众体育以来的重要里程碑,对整个欧洲的体育模式都有深远的影响。到 1985 年,体育中心建设投入达 400 多亿马克,已建成 64 700 个社区体育中心,社区体育中心的建设和管理逐渐完善。到了 2002 年,体育场地 126 962 处,47.4% 为室外体育场地设施,27.9% 为室内体育馆。[①] 每万人共有 24.8 个体育场地。[②]

体育场地投融资方面,德国 2006 年世界杯体育场地建设采用 PPP 融资模式,不仅使融资各方利益诉求得到满足,而且,在体育场地的选址决策、功能规划和建筑形象创新等方面都尽力减弱现代化技术的异化给城市文化带来的破坏,给城市文脉带来的割裂。所谓"PPP"(Public-Private-Partnership,政企合作/特许经营)模式,是指在公共基础设施建设私有化的前提下,以各参与方的"双赢"或者"多赢"为合作理念的现代融资模式。通过该融资模式,一方面,政府、企业、个人共同参与体育场地的建设和经营管理,减轻了政府的负担,降低了融资风险;另一方面,对体育场地的选址、布局、色彩、经营等产生影响。具体体现为:布局集约化,扩大城市触媒效应;更新旧场馆,经济效益和文化效益两不误;单体设计注重功能的整合;形象塑造强调鲜明的个性;重视对弱势群体的人文关怀。[③]

体育场地规划设计方面,为举办 1972 年第 20 届夏季奥运会,德国修建了慕尼黑奥林匹克公园,因其独有的规划理念、尊重和利用自然环境,以及结构形式的精巧而闻名于世。公园场址的选择方面,选择离市区不远的荒废之地,以此振兴当地经济;功能布局方面,采用集约化布置场馆,留出大片空地建成湖面与山体,以此达到与当地自然风貌的有效融合;景观环境规划方面,在山地构筑奥林匹克山,在坡地种植草坪和矮小灌木;在台地种植高大的乔木,使三者协调、呼应。在交通方面,通过人行道将各区域连接起来,为游人体验不同环境奠定基础。[④] 又如,德国慕尼黑安联球场(Allianz Arena)精巧的结构、壮丽的外观设计是对传统足球基本理念的未来式演绎,有可变色的墙面和外

---

① 周晓军.德国体育场馆管理模式的特点及其启示[J].南京体育学院学报(社会科学版),2011,25(4):33-36.

② 林显鹏,刘云发.国外社区体育中心的建设与经营管理研究——兼论我国体育场馆建设与发展思路[J].体育科学,2005,25(12):24-28.

③ 连旭,刘德明.PPP 融资模式下的德国 06 世界杯赛场设计[J].华中建筑,2009,27(6):13-16.

④ 刘慧.奥林匹克体育中心规划设计研究——以德国慕尼黑奥林匹克公园为例[J].城市建筑,2017(35):51-53.

表,内置一流的服务设施,加之表现力极强的灯光设备,营造出舒适有品质的空间,塑造能激发观众热情的视觉形象,成为欧洲最美观、最现代化的体育场之一。建筑技术问题的难点由过去化解建筑容积和活动规模间"量"的矛盾,转化为化解建筑与活动"质"的矛盾。

体育场地经营管理方面,首先,政府采用宏观调控的手段,通过制定和实施政策,以及合理配置体育场馆资源,以发挥其主导作用。政府主要对社区、学校等公共需求的场地设施进行投资,并对使用与维护给予一定的资金支持。政府不干预社会体育团体和俱乐部等组织的内部管理事务,并对其免于征税。其次,体育场地布局的均衡化。1999—2003 年,政府通过实施《东部黄金计划》,耗资 5 500 万欧元专门用于体育场地的重建和改造,缩小东西部体育场地在数量和质量上的差距,并对东部许多体育场地的财产和所属关系逐一清理,采用俱乐部的运营方式。再次,实施市场化经营方式。德国《协会法》指出,德国的大众体育俱乐部多数归属"注册协会"(Eingtragen-er Verein),该协会具有法律行为能力,是非营利性的,营业收入主要用于补贴俱乐部正常的运转。因此,俱乐部的经营性服务目的与规模都有一定限制,把推动大众健身置于首位。社区与学校体育场地的统筹管理。1972 年,德国文化部长会议、德国体育联合会、各州体育联合会同联邦教育部长共同签订了"学校体育锻炼计划",从而强化了俱乐部与学校的合作,在不影响学校教学的前提下,俱乐部可以无偿或低费用地使用学校体育场地,不仅为学生和市民的健身提供服务,而且也提高了学校体育场地的开放利用率。最后,大众体育俱乐部实施自主化管理。竞技体育、大众体育和学校体育都是建立在俱乐部体制的基础上,是德国大众体育的主要组织形式。从 1816 年第一个俱乐部成立至 2006 年,已有体育俱乐部 90 467 个,会员 27 322 万人,占德国总人口的 33.2%。政府及其相关体育机构没有领导与管理俱乐部,各个俱乐部根据国家有关法律进行注册并结合各自章程开展活动。俱乐部的会长和理事由会员选举产生,无偿参与俱乐部管理服务,俱乐部的发展目标和工作由集体讨论决定,会员拥有投票权,市民应有的权益得到保护,俱乐部实现了自主化管理,不仅提高市民参与管理的热情,而且有助于优化俱乐部的发展目标与效益。[①]

---

① 　周晓军.德国体育场馆管理模式的特点及其启示[J].南京体育学院学报,2011,25(4):33-36.

（四）日本

体育场地建设方面，从 20 世纪 60 年代起，日本政府就有计划、有步骤地建设体育场地设施，较好地解决了国土狭小与体育场地建设的矛盾问题，形成了具有日本特色的体育场地建设、开发与管理经营模式，为其体育事业的发展提供良好的物质条件。截至 2015 年 10 月 1 日，日本第 9 次全国体育场地调查结果显示：符合调查标准的体育场地总量为 191 356 个，其中，学校体育场地为 116 029 个，占总量的 60.64%；大学、高等专科学校体育场地数量为 7 621 个，占总量的 3.98%；公共体育场地为 52 719 个，占总量的 27.55%；民间体育场地为 14 987 个，占总量的 7.83%。体育场地建设呈现数量由增到减、类型多样化、配置均衡合理、以中小规模场地为主的特点。[①] 截至 2005 年，日本平均每万人共有 26 个体育场地。[②]

体育场地种类功能方面，日本先后制定了《体育运动振兴法》《体育运动振兴基本计划》《体育运动振兴彩票法》《都市公园法》《关于面向 21 世纪体育振兴计划》等政策法规，就体育场地设施的种类、功能和附属设备等内容编制了翔实的标准，在日本体育场地设施的规划和建设中发挥重要的指引作用。根据体育场地设施管理主体（或所有制形式）性质不同，分为公立大学和专科学校场地设施、公立学校场地设施（包括小学、初高中）、公共场馆设施、工厂企业场地设施与民营场地设施（个别为非商业性设施，大部分为商业性设施）等 5种类型，公共体育设施依据生活圈不同分为 3 种类型，即社区级、市町村与都道府县。其中，社区级体育设施为社区居民日常健身活动服务，用于体育节与体育俱乐部，设施种类有 10 000 平方米运动广场、2 200 平方米多功能球场、720 平方米体育馆、25 平方米游泳池等，并配备凳子、厕所、更衣室灯光、娱乐室、健身室、会议室、扶梯（老年人与障碍者用）等附属设备。市町村体育设施为附近居民日常健身活动服务，用于运动节和体育节，综合运动场符合公园标准，3 000 平方米体育馆、50 平方米游泳池等，并配备保健咨询室、资料室、会议室、研修室、娱乐室、观众席、灯光等附属设备。道府县体育设施用于全国运动会、全省运动会、运动的选拔和训练、体育科研等，设施种类有综合竞技体育设施、综合娱乐设施、研修设施、情报中心设施等，并配备保健咨询室、资料室、

---

① 张强，王家宏，王华燕.日本体育场地发展与管理运营特点及启示[J].上海体育学院学报，2019，43(5):7-18.

② 林显鹏，刘云发.国外社区体育中心的建设与经营管理研究——兼论我国体育场馆建设与发展思路[J].体育科学，2005，25(12):24-28.

会议室、研修室、娱乐室、观众席、灯光、住宿等附属设备。①

体育场地投融资方面,《体育运动振兴法》指出,国家应对包括学校体育场地设施在内的公共体育场地设施给予补助,并在 2002 年出台了《社会体育场馆设施建设补助要领》,对补助的对象、要求、事项、标准作了明确规定。同时,采用 PFI(private finance initiative,私人主动融资模式)方式鼓励民间资金和经营管理技术参与体育场地设施的建设与管理(见表 5-3),如墨田体育馆。②

表 5-3　PFI 事业方式流程

方　式	事业方式流程
BTO 方式	Build-Transfer-Operate,建造—转移—经营
BOT 方式	Build-Operate-Transfer,建造—经营—转移
BOO 方式	Build-Own-Operate,建造—拥有—经营
RO 方式	Rehabilitate-Own,修复(经营)—拥有

(资料来源:根据 2008 年日本 SSF 财团的《体育白皮书》52 页表修制。)

体育场地经营管理方面,日本历届政府各有关省、厅都重视公共体育场地设施的建设和对公共和民营体育场地设施的管理,1976 年和 1989 年日本文部大臣颁布了《日本体育发展咨询报告》,为公共体育场地设施和民营体育场地设施的建设与发展提供有力的宏观政策保障与微观具体指导,公共体育场地设施的主干作用日益突出,其与民营体育场地设施已成为日本社会体育场地设施的主体。同时,在"小政府,大社会"改革理念的影响下,采用公共体育设施运营的指定管理者制度(以下称"指定管理者制度")。该制度是日本公共体育设施民营化管理方式的一次改革,标志着日本战后体育政策的实施重心已转入区域体育振兴的时期。《日本地方自治法》第 244 条规定,所谓"指定管理者"是指被地方自治体指定的作为地方公共体育设施管理主体的每一个组织与团体,而指定管理者制度是指如何选拔"指定管理者"、如何经营与管理公共体育活动的一系列政策安排。该制度同过去的委托管理制度有所不同(见表 5-4):

① 林伟刚.日本的体育设施建设及其启示[J].体育文化导刊,2013(12):69-72.
② 林伟刚.日本的体育设施建设及其启示[J].体育文化导刊,2013(12):69-72.

表 5-4 委托管理制度与指定管理者制度的比较

类　别	委托管理制度	指定管理者制度
委托对象	地方自治体出资的外围团体(特定团体)以及官民出资成立的第三团体	民间企业、股份公司、非营利组织及地域居民组织等具有经营能力的任意团体
选拔方法	地方自治体对特定团体的直接委托	公开招聘,专门委员会选拔并经属地议会的批准
业务范围与权限	事业活动限定在委托合同的范围内,无场馆设施的管理权限	在较广范围内代为政府管理,有设施的管理权限,可以把设施使用收费作为自己的经营收入
委托时长	一般为 1 年	一般为 4～5 年

可见,指定管理者制度同过去委托管理制度相比,委托对象更广、选拔方法更公开、业务范围更广且权限更大、时间更长,不仅能满足市民体育需求多样化的要求,减轻政府支付体育场馆建设与维修资金的困难,促进日本社会新公共管理改革运动的持续发展。[①]

学校体育场地对外开放方面,公立学校场地设施作为主要场馆设施,为日本社会体育的健康发展发挥了重要作用。随着日本体育人口数量的不断增长,日本从长远发展考虑,制定了"强化学校开放制度,挖掘潜力"等措施,很好地解决了社会体育需求不断增大所造成的体育设施不足的矛盾。由于日本50%的场地设施在公共学校且多数建在市民居住范围内,对此,通过"上下一贯的行政体制"和相关法律法规的制定,以及政府适当补贴与低收费,为学校体育场地设施的对外开放构了建良好的社会基础,学校体育场地设施的潜力得以充分挖掘,开放率不断提升,1990 年,学校体育场地对外开放率高达99.2%,正朝着体育场地设施综合化、功能多样化、对象大众化、开放集团化发展,逐渐成为日本社会体育发展不可或缺的重要物质力量。[②]

社区体育场地方面,1972 年,为了优化社会体育环境,增强市民的体质,日本出台了《关于普及振兴体育运动的基本计划》,提出重点建设社区体育中心并编制了以人均体育面积为标准的配套标准。从社区体育中心的配套设施及其服务产品来看,呈现如下特点:有特色的项目,即选择剑道、柔道、垒球和棒球等日本市民喜爱的、具有民族特色的运动项目;可操作性的项目,即选择

---

① 罗平.日本公共体育设施运营的指定管理者制度及启示[J].上海体育学院学报,2010,34(6):22-26.

② 苏连勇,大桥美胜.日本社会体育场地设施概述[J].天津体育学院学报,1994,9(2):22-30.

篮球、乒乓球等市民容易掌握和锻炼的运动项目;建设的层次性,即由下至上分为基层社区、市区町村、都道府县三个层次,且不同层次都严格明确设施标准;以人为中心,即无论项目的选择还是地址选择都考虑不同群体的体育需求及其兴趣。建设资金方面,以政府投资为主,积极鼓励社会力量参与体育场地设施的建设与管理,实现建设资金的多元化。[①]

三、公共体育财力资源配置的主要经验

(一)美国

公共体育资金主要来源于普通营业税、旅游开发税、财产税、烟酒罪恶税、个人收入所得税等。[②] 美国不设立专门的体育机构,而是由奥林匹克等非政府组织来管理国家的体育事业。国家奥委会的运作资金主要来自个体公民的捐赠、赞助、特许使用费和商业经营。随着竞技体育在弘扬国家精神上张力的增加,也开始通过转移支付国家专项资金的方式对竞技体育进行资助。同时,政府利用国家大赛的知名度,通过商标权和转播权来增加公共体育资金,以缓解国家的财政负担。在体育财政支出结构方面,政府给予美国奥林匹克等非政府体育组织一定的财政支持,以补助金的方式拨付给非政府体育组织,而非政府体育组织借助其下属机构或者合作机构等基层组织对全国的体育事业实行管理与投资。在体育行政机构运行成本方面,投入资金少,通过精简机构,提高工作效率,降低运行成本并促进公共体育事业发展。[③] 社区体育资金由政府补助,每年补助经费达到 2.5 亿美元,主要用于体育设施、公共体育服务基础设施(水电、消防等)、经营等。[④] 对于大型体育场馆,经济效益是政府对大型体育场馆进行财政补贴的主要驱动力,财政补贴模式有公共融资、显性补贴、优惠租赁和免税债券等。[⑤]

---

① 钱伟良.日美社区体育中心建设的比较研究——兼谈对我国社区体育中心建设的启示[J].成都体育学院学报,2010,36(2):37-39.

② DENNIS R H,JOHN L C.体育财务(第2版)[M].谈多娇,张兆国,译.北京:清华大学出版社,2007.

③ 王誉颖.公共财政视角下对美、英、澳三国公共体育支出的分析研究[D].济南:山东体育学院,2017.

④ FORT R D.Sports economics(Upper Saddle River)[M].NL:Prentice Hall,2002.

⑤ 王玉珍,邵玉辉,杨军.比较与启示:中美大型体育场馆公共财政补贴的对比研究[J].天津体育学院学报,2018,33(6):528-536.

(二)英国

英国体育经费的 5% 来自中央政府,95% 来自地方政府和私人,其中,私人经费中 94% 来自居民个人,6% 来自私人公私捐款。可见,政府和社会都十分重视大众体育的投入,资金来源实现多元化。[①] 其中,政府财政资金来源方面,主要利用国内的彩票基金收入来充盈国家的公共体育财政资金,使公共体育事业同彩票事业共同发展。政府每年财政拨款的 5 200 万英镑中,20% 约 1 100 万英镑用于竞技体育事业的发展和有关国际体育事务,80% 约 4 100 万英镑用于社区体育、群众体育和学校体育的发展。[②] 同时,政府还重视对民间体育机构的资金支持,统计数据显示,2008—2015 年英国政府对民间体育机构的资金支持每年达到 80% 左右。政府在做好体育事业财政资金扶持之时,还不断减少政府资金投入,降低体育行政机构运行成本,行政运行成本只占全年支出的 5% 左右。[③]

(三)德国

德国公共体育经费大部分来自地方政府财政拨款,远远高于中央政府的投入。[④] 1990 年,德国体育经费占国民生产总值的 1.4%。其中,98% 来自地方政府的拨款,2% 来自中央政府的拨款。来自私人部门的经费中,95% 为居民个人经费,5% 为私人公司经费。居民个人用于体育运动的经费,62% 用于体育健身服务,38% 用于购买体育用品。[⑤] 公共体育财政支出由各政府职能部门各自担负,做到分工明确。其中,中央政府负责全国的国防体育和竞技体育;联邦州负责州文化下的学校体育、群众体育和竞技体育;区市级政府负责场馆建设和俱乐部经营管理。[⑥] 例如,中小学体育与俱乐部的共建合作项目

---

① 高凯,孙庆祝.社区体育结构划分及其建设多元化研究[J].成都体育学院学报,2006(6):23-26,54.

② 王英峰.英国体育管理组织体系研究[D].北京:北京体育大学,2010.

③ 王誉颖.公共财政视角下对美、英、澳三国公共体育支出的分析研究[D].济南:山东体育学院,2017.

④ 国务院研究室科教文卫司,国家体委政策法规司.体育经济政策研究[M].北京:人民体育出版社,1997:170-172.

⑤ 国家体育总局政策法规司.他山之石——国外、境外体育考察报告[M].北京:人民体育出版社,2000.

⑥ Goldener Plan[EB/OL].(2017-10-10)[2020-06-15].help://www.dog-bewegt.de/foerderverein/historie/goldener_plan.html.

的经费由州政府财政统一拨付；群众体育俱乐部的经费由会费提供；竞技体育经费由奥联会(DOSB)及其附属专项联合会通过财政拨款和训练场馆的建设来支付。[①] 对于德国奥联会这一社会体育组织，政府不予拨款，所需经费完全依靠公共捐助、商业赞助和市场运作来筹集。[②]

(四)日本

日本公共体育经费的来源主要包括国家和地方财政补贴、体育振兴基金、下级加盟团体上缴的会费及注册收入(体育指导员的注册)、发行彩票收益金、民间团体的赞助费及本身的收入(会费、门票收入等)、杂项收入等[③]，其中，国家补贴最多不超过 30%。例如，1989 年，日本政府对公共体育拨款为 17.33 亿日元，这仅占日本体育协会经费的 1/4，其余 3/4 依靠赞助、会费收入等形式进行自筹。20 世纪 90 年代末，日本经济下滑，但政府对社会体育的资金投入没有减少，国家每年用于社会体育事业发展的资金 2 000 多亿日元，地方政府投入 7 000 多亿元。[④] 文部科学省 2005 年调查数据显示，日本的公共体育财政支出由多到少顺序为：竞技体育、体育设施的经营管理、体育设施的维修与管理、终身体育。[⑤]

四、公共体育信息资源配置的主要经验

20 世纪 70 年代后期至今，信息资源问题引起国外的广泛关注，并取得许多研究成果，产生了诸如 IRM(information resources management)理论的不同学术流派。尤其是美国学者列维坦(K.B.Levitan)开创性地对信息资源进行定义，他认为："信息资源不是一个简单的概念，也不是一个简单的操作。它代表着一种复杂的制度关系网。这个网跨越了传统经济、社会法律和政治界限。"[⑥]信息资源是一种一体化的机制和手段。

---

① 刘波.德国体育俱乐部建制探析[J].体育与科学,2007,28(3):57-60,64.

② 李向东.中国与德国体育管理体制的比较研究[J].体育文化导刊,2005(6):53.

③ 陈琳.日本体育财政及体育补贴制度的现状和展望[J].体育科研,2004(3):47.

④ 国家体育总局政策法规司.他山之石——国外、境外体育考察报告[M].北京:人民体育出版社,2000.

⑤ 肖焕禹.《日本体育白皮书》解读[J].体育科研,2009,30(05):17-25.

⑥ LEVITAN K B.Information resources as"goods"in the life cycle of information production[J].Journal of the American society for information science,1982,33(1):44-54.

体育信息资源作为信息资源的一个组成部分,随着人们对其认识的不断深入而得以发展。体育信息资源的内涵存在狭义与广义之分,从广义来看,体育信息资源包含了计算机与通信设备等基础设施、无形资产、奥运人力资源信息、场馆设施设备信息、奥运经费信息、信息与存储介质、训练,比赛,教学,健身和产业信息、技术,法规和制度、从事信息活动的信息人员等。由于体育信息资源能为领导机构的决策、运动训练竞赛、体育教学、体育科研和体育产业发展等提供服务,西方发达国家很早就重视体育信息中心的建设、体育信息研究领域和重点、国际交流与合作、网络体育资源的开发与利用、体育信息教育功能和体育情报等体育信息资源问题的研究。[1][2][3][4]

(一)体育信息中心的建设

长期以来,发达国家和地区都重视体育信息中心的建设,当前,德国和美国都成为国外 5 个有代表性的体育信息中心国家之一。具体是:

(1)1970 年成立的隶属于联邦内务部的德国联邦体科所(BISP),其下的信息文献中心的目标是成为德国的体育文献信息中心。德国联邦体科所信息文献中心出版书本式检索工具季刊 *Sportdokumentation*,建立了 130 000 多条的德文数据库 SPORLIT。

(2)1988 年成立的美国 Paul Ziffen 体育信息中心(PZSRC)是全美收藏体育书籍、声像资料、照片等最为集中的机构。20 世纪 90 年代以来文献资源数字化已经成为中心的重点工作,其中奥林匹克文献资源是数字化的重点。

(二)体育信息研究领域和重点

随着现代信息技术的不断发展与普及运用,体育信息的研究对象与领域也逐步得到拓展,主要体现在:

1.奥运会和国际赛事的信息服务

大型赛事的信息服务系统;奥运会和体育文献中心、研究中心的活动;比赛成绩记录系统在国际比赛中的新闻媒体服务支撑;信息传送系统中的新技术。

① 杨世木.我国体育信息资源配置研究[D].上海:上海体育学院,2010.

② 刘石.我国传媒体育信息教育研究[D].苏州:苏州大学,2006.

③ 董伦红.体育信息管理的理论构建及应用系统开发研究[D].北京:北京体育大学,2002.

④ 刘成.体育竞争情报及其对我国竞技体育核心竞争力的影响研究[D].上海:上海体育学院,2010.

2.体育档案和数字化

数字化对科研的影响；数字化文献的检索、传输和组织；数字化和知识产权法律；数字化文献的数据结构、元数据及数据采集；数字化实例研究。

3.体育统计、标准和服务

为教练员、科研工作者和行政人员提供相关统计服务；统计报告标准的确立；应用统计资料提高运动成绩；改善统计资料传输技术；数据库友好界面实例研究。

4.优秀运动员培养的体育信息

选材信息系统；训练信息数据库的编制；模拟比赛提高技术；优秀运动员的个人环境支撑；运动测试和测量标准数据库。

(三)国际交流与合作

国家与区域间的交流与合作成为常态，国际体育信息联合会近段把促进发展中国家体育信息工作的开展和建立体育信息中心作为工作的重点，以此强化发展中国家同国际奥运会和各国国家奥运会的合作，具体体现在：

(1)欧洲各地区陆续强化体育信息工作，计划建立欧洲体育信息平台。北欧合作成立了北欧国家体育信息合作体(NORSIB)，重视更新网站，并加强信息交流。

(2)北美体育图书馆网(NASLIN)，2002年美国具有体育科学硕士以上教育计划的大学中有205名图书馆馆员为会员，加拿大38所大学中有33名图书馆馆员为其会员。

(四)网络体育资源的开发与利用

1.网站建设

1974年成立的国际体育信息协会(IASI)是体育信息与体育文献领域的国际组织，重视网站建设，并通过加拿大体育文献中心完成网站的修改与完善工作，同时，确定了一年所要完成的包括章程规则修订、委员会工作、活动内容等目标。

2.网上数据库建设

德国的莱比锡应用训练科学研究所信息与文献部建立的全文数据库和另一个著名的德文数据库都在因特网上提供检索服务。

3.网址索引建设

巴塞罗那自治大学的奥林匹克研究中心与奥林匹克博物馆合作建立了奥林匹克机构、学者和其他的信息网址索引;北欧国家提供体育和大学图书馆网的链接,介绍有关研究机构和重要数据库的信息。

4.网上服务

Sports Medicine 等国际著名体育期刊不断推出电子版,并借助 OCLC(联机计算机图书馆中心)、ECO 等机构提供网上的全文检索服务。加拿大体育文献中心(Sport Information Resource Centre,成立于 1973 年)除提供目前世界上最权威的体育信息数据库的网上检索服务外,还不断丰富网上服务内容,增加了体育网址索引功能。此外,通过电子服务可以提供重要文献的网上传输,向加拿大数千名教练员提供电子版全文和组织信息。

5.网上课程建设

芬兰几所大学图书馆计划开设体育科学、教育学、心理学等网上课程,大学图书馆在体育信息工作中发挥的作用越来越大。

(五)体育信息教育功能

过去,国外学者对现代传媒体育信息教育功能的研究注重实践与理论的结合、微观与宏观的结合,并取得了丰富的成果。不仅重视有关传媒体育信息社会文化功能缺失问题的研究,还关注体育传媒对促进社会进步影响问题的研究,而且,体育传媒的娱乐化与商业化问题研究日渐凸显。这同西方经济发达、体育运动社会普及率高、体育传媒的社会影响面广不无关系。

梳理近些年国外文献资料可以看出,目前,体育传媒学者所关注的热点问题发生了转变。例如:麦尔维·米切尔认为,体育新闻的发展方向是更注重深度分析和更广泛的访谈,更关注诸如女性运动、体育产业和国际体育等问题。同时,由于全球化和信息化的影响,以及世界范围内教育活动的发展变化,体育传媒学者在研究过程中采用多学科交叉与渗透研究的方法,及时跟踪和研究体育教育、体育信息教育功能的变化规律和特点,在体育社会学、体育史学、新闻学、休闲活动研究、文化研究及性问题研究等论文、著作中出现许多较为全面、丰富的体育信息教育功能的研究成果。

(六)体育情报

体育情报是体育信息的一个重要组成部分,体育情报工作起源于 20 世纪

40 年代末和 50 年代初,是在体育文献工作基础上产生的,是科技情报工作理论与方法在体育科学技术领域中的具体应用。第二次世界大战结束以后,伴随着国际政治、经济、社会、文化的发展及其科学技术的进步,体育活动成为人类社会生活中不可或缺的重要组成部分,特别是国际体育运动迅速恢复与发展,有关体育的文献大量出现。对此,人们希望获取能及时、准确查询与体育有关的新知识、新技术和新信息的新方法,在此背景下,体育文献工作同科技情报工作有机融合产生了有组织的体育情报工作。体育情报工作的主要代表人物有原民主德国的瓦尔特·阿诺特、奥地利的约瑟夫·雷克拉,以及比利时的朱利恩·法利泽等。结合体育情报理论和实践研究的深度、广度及发展状况,将其概括为具有不同时期不同特点的探索起步阶段、初级发展阶段、迅速发展和学科争鸣阶段、拓展阶段、分化阶段(见表 5-5)。

表 5-5　不同历史时期体育情报发展的特点

时　期	特　点
探索起步阶段(20 世纪 40 年代—60 年代初)	"体育情报学"概念不清晰,体育情报研究理论缺乏系统性和完整性,实践水平较低,处于经验性知识的积累过程
初级发展阶段(20 世纪 60 年代初—70 年代末)	1977 年,雷克拉教授首次提出"体育情报学"概念,预示体育情报研究达到一定的理论高度
迅速发展和学科争鸣阶段(20 世纪 70 年代末—80 年代中后期)	体育情报研究知识的有机联系,开始关注实践经验的总结。研究领域较为广泛,采用定量分析法和现代技术手段,重视研究成果的实用性,但有价值的理论研究成果不多
拓展阶段(20 世纪 80 年代中后期—90 年代中期)	体育情报研究对象开始转为广阔的体育信息,重点关注体育信息的交流、管理和决策支持系统的开发与利用等,体育信息与体育情报研究的边界日渐模糊,情报危机出现
分化阶段(20 世纪 90 年代中期至今)	体育竞争情报研究的兴起,产业集群,国家、地区和组织竞争力的培养,合作竞争拓展等成为研究重点,竞争情报的专业化、产业化和组织化日渐明显,研究不断细化并逐步形成学科结构体系,为体育情报研究的分化奠定基础

五、公共体育制度资源配置的主要经验

(一)美国

美国体育政策是基于本国文化基础上的,国家制度是体育政策产生的基础。美国体育政策发展经历了自由放任的孕育期、自觉的成长期和职业化的

成熟期三个阶段。[①] 因此,也造就了有美国特色的公共体育制度体系,具体体现为[②③④⑤⑥⑦⑧⑨](见表 5-6～表 5-9):

表 5-6 体育场地制度及其概要

制　度	概　要
《健康公民 2000:国家健康促进与疾病预防目标》	美国森林服务部与国家公园服务部共同制定《健康公民 2000》作为社区公园体育配套设施的建设标准的规定,并作为评价社区体育中心建设规模的重要指标之一。其中,规定 2000 年美国社区应实现每 25 000 人共有 1 个公共游泳池,每 1 000 人共有 4 英亩休闲公园。最后,提前 4 年实现上述目标
《健康公民 2010》	提出为公民提供体育运动设备,学校体育场馆设施对外开放
《健康公民 2020》	提高对外开放体育场馆设施学校的比例,提高雇主提供的体育运动设备的比例
《MISSION66》(第 66 号命令)	对体育设施的配套标准及其每年体育设施建设的执行资金都作了明确规定
《土地与水资源保护法》	对体育设施的配套标准及其每年体育设施建设的执行资金都作了明确规定
《美国国民身体活动计划》	2016 年发布,提高体育活动场地对外开放率,指出开发和完善社区、公园等身体活动场所,便于市民的身体活动;改进身体活动设施的安全性、整洁性和无障碍性

---

① 吕俊莉.美、德体育政策嬗变的经验与启示[J].体育与科学,2014,35(2):19-23.

② U.S.Department of Health and Human Services.Healthy People 2000 Review 1998-1999[M].2000.

③ 王玉珍,邵玉辉,杨军.比较与启示:中美大型体育场馆公共财政补贴的对比研究[J].天津体育学院学报,2018,33(6):528-536.

④ 余守文,王经纬.中美两国体育产业财税政策比较研究[J].体育科学,2017,37(10):80-89.

⑤ 俞琳,曹可强.国外公共体育服务的制度安排[J].上海体育学院学报,2013,37(5):23-26.

⑥ 王松,张凤彪,崔佳琦.发达国家体育公共财政研究述评[J].体育学刊,2018,25(5):81-88.

⑦ 周兰君.美国老年体育政策对我国的启示[J].中国体育科技,2013,49(1):57-62.

⑧ 吴铭,杨剑,郭正茂.发达国家身体活动政策比较:基于美国、加拿大、英国、日本的视角[J].北京体育大学学报,2019,42(5):77-89.

⑨ 曹振波,陈佩杰,庄洁,等.发达国家体育健康政策发展及对健康中国的启示[J].体育科学,2017,37(5):11-23,31.

表 5-7　体育财力制度及其概要

制　　度	概　　要
《反垄断豁免政策》	因体育联盟制定了限制职业球员的自由转会和运动队的分布与数量,各州及其地方政府通过租赁等方式增加对体育场馆的资金投入
《体育场馆投资的税收政策》	向职业体育俱乐部、外地旅游者、社会整体、具体区域居民等征税,如一般财产税、床位税、汽车租赁税等。州级地方政府为了能让更多的私人资金投资建设体育场馆,还出台税收分流和税收担保等政策
《大型体育场馆公共财政补贴政策》	规定体育场馆建设补贴采用公共融资、现金支付、免税债券和以优惠价格租赁给俱乐部等方式。债券分为无担保债务和有充分信用担保的债券,其中,前者包括收益债券、参股债券和增税债券;后者包括普通债券和公债证明
《减少赤字法案》	1984 年美国国会借助该法案控制体育设施融资时采用免税债券,规定免税债券的收入禁止用来建设豪华包厢
《税制改革法案》	1986 年出台,试图取消给予体育场馆建设的联邦税收补贴,只有符合私人支付标准或者商用使用标准的才允许发行免税债券
《彩票法》	具有代表性的有加利福尼亚州的《加州彩票法令》与马萨诸塞州的《彩票法》,各州都设有体育彩票委员会,下设彩票公司,销售彩票必须是被授权的公司。彩票在发行之前,就基本确定所赢利与所收税款大部分用于体育设施的建设,不需要考虑体育财税支出政策,收入和支出互相呼应和统一
《政府绩效与结果法案》	1993 年出台,对公共体育服务的绩效评价进行规范,强调不仅要重视效率,同时,结果也不要忽视
《美国国民身体活动计划》	增加对社区、公园等地体育设施的资金和资源投入,通过商业案例促进体育活动的资金投入

表 5-8　体育信息制度及其概要

制　　度	概　　要
《老年体育计划》	2001 年,由美国疾病预防控制中心、国家老龄研究所等 6 个组织一起发布,强调构建全国信息中心,传递与老年体育活动有关的政策、宣传与教育信息

表 5-9　社会体育指导员制度及其概要

制　度	概　要
《National Physical Activity Plan》（NPAP）	重视社会体育指导员培养
《老年体育计划》	编制全国统一实行的老年健身指导员培训标准

（二）英国

英国是现代体育的发源地,体育政策发展受到人文地理、执政党的更替以及学者和管理者思想与法律等因素影响。工业革命时期,政府不干涉体育,很少制定专门的体育政策。到了 19 世纪中后期,政府开始重视工人开展的一些理性体育活动,也出台了有促进作用的法律。步入 20 世纪以后,政府开始重视和制定相关的体育政策。二战结束之后,随着英国经济的逐步复苏与社会矛盾的不断缓解,政府把体育作为公共服务的重要组成部分,体育政策也随着不同执政党的政治意识形态与公共服务政策的改变而发生变化。20 世纪 60 年代以后,随着英国经济的恢复与发展,政府开始重视大众体育的发展,通过制定体育政策,明确体育发展方向,地方政府承担促进体育发展的职责,开始从"合理娱乐"向"体育运动为全民所有"转变。中央与地方政府先后颁布了《关于全民体育运动的未来计划》《新的健康与安全法》《奥运会计划》等政策,极大促进了英国大众体育的发展。政策强调:社区居民有权利参与包括公共体育资源配置在内的有关体育政策的制定和实施;第三部门参与社区公共体育资源配置;重视社区公共体育资源规划的科学性和长远性[1][2][3][4][5][6][7][8][9](见

---

[1]　李洪波.城市社区公共体育资源合理配置研究[M].济南:山东人民出版社,2015:104-105.

[2]　王松,张凤彪,崔佳琦.发达国家体育公共财政研究述评[J].体育学刊,2018,25(5):81-88.

[3]　吴铭,杨剑,郭正茂.发达国家身体活动政策比较:基于美国、加拿大、英国、日本的视角[J].北京体育大学学报,2019,42(5):77-89.

[4]　甄媛圆,缪佳.英国体育政策的嬗变及启示[J].西安体育学院学报,2015,32(3):264-268.

[5]　王志威.英国体育政策的发展及启示[J].上海体育学院学报,2012,36(1):5-10.

[6]　姜熙.从"强制性竞标"到"最佳价值"——英国政府公共体育服务政策发展、改革与启示[J].天津体育学院学报,2014,29(6):478-483.

[7]　谢晖,赵谅.伦敦奥运会英国体育政策研究[J].体育文化导刊,2014(1):24-27.

[8]　胡军.英国休闲体育政策的演进特点与启示[J].成都体育学院学报,2012,38(1):40-43.

[9]　张文鹏.英国青少年体育政策的治理体系研究[J].北京体育大学学报,2017,40(1):71-77.

表 5-10～表5-11)。

表 5-10　体育场地制度及其概要

制　　度	概　　要
《洗浴房屋法》(1846)	指出必须建设游泳池
《公共健康法》(1875)	强调市政当局必须做好游憩场所与公共步道的建设与服务工作
《身体锻炼休闲法》(1937)	提倡全民健身,地方政府能够为了体育设施和俱乐部建设收购土地
《体育训练与娱乐条例》(1937)	由英国身体娱乐中央委员会(CCPR)发布,拨付资金,大力修建运动设施和场地
《教育法案》(1944)	规定所有教育机构必须为小学、中学和继续教育提供充足的体育训练设施,进行大量的建设体育基础设施建设
《城乡规划法》(1947)	规定地方政府能够界定游憩用地和公共建筑
《国家公园和乡村土地使用法案》(1949 年)	地方规划部门必须为国家公园提供食宿、露营和娱乐场地
《体育供给计划》(1972 年)	制定了政府到 1981 年要建设的体育场馆与设施的具体目标
《体育场地安全法案》(1975 年)	为了促进青少年体育运动发展,对体育场地的资金、建设和使用等都做了规定,要求修建大型体育场须获得地方政府的执照
《儿童法案》	必须为儿童提供玩耍的体育场地
《城镇和乡村规划法案》	规定在城镇和乡村要建设休闲体育设施
《娱乐法规》(1977 年)	体育场馆的建设开始转向小而灵活的运动中心
90 年代的社区体育(1988 年)	制定行业标准,强化社区体育设施的实用性,提高体育设施的标准化水平
《强制性竞标制度》(1988 年)	要求地方政府必须通过竞标的方法挑选最好管理其所拥有的体育设施
《体育:发展游戏》(1995 年)	强调对公共体育设施的管理采用商业化的方式,政府逐渐退出
《地方政府法》(工党)(1999 年)	将"最佳价值"引入体育与休闲设施,并规定地方政府要拨款用于公共体育设施的建设
《国家发展战略、发展目标》(2002 年)	要求完善基层体育场馆设施建设

续表

制　度	概　要
《2004—2008 区域运动计划》(2004 年)	要求不断完善社区体育设备,使青少年的健康水平能更上一个台阶
《2012 伦敦奥运会行动计划》(2008 年)	理念是全民免费游泳强调加强基层体育场馆设施建设,增强全民参与体育运动的意识,提高体育竞赛水平
《体育未来:一个新的活跃的国家战略》(2015 年)	提倡增加户外体育设施,加快学校体育设施对外开放,满足国民健身需求;身体活动场所扩展到路线和绿色空间;重视运动场所的无障碍性和安全性;提高社区体育设施质量;重视体育设施的建设同其他服务的有效整合

表 5-11　体育财力制度及其概要

制　度	概　要
《体育与娱乐白皮书》(1971 年)	体育成为公民的基本权利纳入政府公共服务的范畴,政府必须加大财政投入,向公民提供优质的公共体育服务
《"4E"原则》	对公共体育财政政策绩效进行评价
《国家体育彩票法》(1993)	指出 30％的彩票收入用于包括体育在内的 6 个"社会事业"。其中,包括公共体育设施的建设
《新的青年和社区体育 5 年战略》	政府通过彩票和财政拨款的方式,计划为大众体育提供 10 亿英镑。其中,要求在学校建设能够持续利用的体育设施
《全民体育的未来》(2000 年)	2000 年,英国工党推出,要求政府出资 1.5 亿英镑建设学校体育基础设施
《安置运动场所计划》(2010 年)	政府耗资 1.35 亿英镑用于"标志性体育设施"的建设以及现有场地设施的改建和维护工作
《未来为所有人的体育》(工党)(2000 年)	政府对大众体育的财政支持特由 2000 年的 5 亿英镑提高到 2004 年的 22.5 亿英镑
《体育未来:一个新的活跃的国家战略》	对身体活动不足的人员实行资金倾斜,重视基层体育的投资,实施税收激励,强化商业融资,实现资金来源的多样化

(三)德国

德国体育政策是建立在国家政治需要与人本需要背景之上的,并自始至终指引国家大众体育的发展,其经历了体操推广到政治体育直至以俱乐部为基点的社会主导型发展过程。[①] 因此,德国公共体育制度在不同历史阶段及其社会状态下呈现出不同的特点[②③④⑤](见表 5-12～表 5-13):

表 5-12　体育场地制度及其概要

制　度	概　要
《黄金计划》(1959 年)	由德国奥林匹克委员会提出,强调根据辖区居民的数量来修建不同类型的体育设施,并对体育场地的面积、要求和规格做了规定
《东部黄金计划》	将东德原有的体育场馆进行改建,加快东部体育的转型发展;体育场馆向所有人开放

表 5-13　体育财力制度及其概要

制　度	概　要
《基本法》	采用"分担分配原则",也就是不同级别政府的事权对应相应的财权,即"点对点"的方式,做到分工明确,90%由地方政府财政拨款
《黄金计划》(1959 年)	各级政府都提高体育场馆建设经费预算,1961—1970 年共投资 170 亿德国马克,极大改善了市民健身条件
《东部黄金计划》	联邦政府从 1999—2005 年共同投资 5 700 万欧元用于体育事业建设

(四)日本

日本体育政策学术研究开始于 20 世纪 50 年代,在不同时期,体育政策研究的对象、方法、内容等各不相同,呈现出多样性。但研究成果多从宏观的角

---

① 吕俊莉.美、德体育政策嬗变的经验与启示[J].体育与科学,2014,35(2):19-23.

② 王松,张凤彪,崔佳琦.发达国家体育公共财政研究述评[J].体育学刊,2018,25(5):81-88.

③ 曹振波,陈佩杰,庄洁,等.发达国家体育健康政策发展及对健康中国的启示[J].体育科学,2017,37(5):11-23,31.

④ 刘波.德国体育政策的演进及启示[J].上海体育学院学报,2014,38(1):1-7,30.

⑤ 缪佳.德国体育政策 3 大特征[J].上海体育学院学报,2014,38(1):8-11.

度研究国家层面的体育政策,呈现政策规划为先、政策体系结构明晰、政策内容重点突出、政策可操作性强等特点。[①] 梳理和整理日本公共体育制度资源,具体如下[②③④⑤⑥⑦⑧⑨⑩⑪⑫](见表 5-14～表 5-17):

表 5-14　社会体育指导员制度及其概要

制　　度	概　　要
《体育指导委员制度》(1957 年)	文部省为发展地区体育而设立,委员具有社会威信、履职愿望与能力,能深刻理解和认识体育,为兼职人员。承担策划、开展和参与地区运动会、社区体育大会任务,要求做好宣传、安全和环保等工作
《体育指导员制度》	开始培养社会体育指导员,不断提升其素质和能力
《体育振兴法》(1961 年)	涉及人才培养 1 条,编号为 1-11,强调系统培养社会体育指导员并定期开研究班和讲座,使社会体育指导员制度法规化和制度化
《委派社会教育干事(体育主管)制度》(1975 年)	人员由各都道府县任命,费用由政府承担一半,肩负了解居民体育需求、开展体育活动、指导健身小组和团体组织等任务

---

① 景俊杰,肖焕禹.二战后日本体育政策的历史变迁及借鉴建议[J].体育与科学,2013,34(2):107-110.

② 田福蓉.政策工具视角下的日本公共体育政策分析[D].济南:山东体育学院,2017.

③ 周松青,何颖,胡建忠,等.中日社会体育指导员现状的比较及对策[J].首都体育学院学报,2013,25(4):309-313.

④ 钟建明.日本体育指导员管理制度研究[J].体育文化导刊,2013(5):34-37.

⑤ 苏连勇,大桥美胜.日本社会体育场地设施概述[J].天津体育学院学报,1994,9(2):22-30.

⑥ 闫华,陈洪.日本、中国体育设施建设与发展措施的比较研究[J].山东体育学院学报,2006,22(6):18-21.

⑦ 谷云峰,李鹏程.中日韩大众健身设施比较分析[J].体育文化导刊,2009(4):72-74.

⑧ 臧超美.中日体育场地设施兴建与管理的比较[J].北京体育大学学报,1995,18(2):6-11.

⑨ 唐绪明.日本社会体育政策解读及对我国全民健身的启示[J].南京体育学院学报,2017,31(1):92-97.

⑩ 范威.日本社区投政策研究[J].体育文化导刊,2014(2):31-34.

⑪ 高峰.二战后日本公共体育政策变化特征及影响[J].体育文化导刊,2018(6):52-57.

⑫ 吴铭,杨剑,郭正茂,等.发达国家身体活动政策比较:基于美国、加拿大、英国、日本的视角[J].北京体育大学学报,2019,42(5):77-89.

续表

制　　度	概　　要
《社会体育指导员民间机构资格认证制度》(1987 年)	1987 年,开始实行社会体育指导员资格认证制度。2002 年以前,由文部省、劳动省和厚生省负责;2002 年之后,全部由日本体育协会等社会团体组织负责;2005 年后,又实行新的社会体育指导员制度,并逐渐成为主流。其中,厚生省委托编制健康运动指导员和运动指导担当者制度;休闲协会编制娱乐体育指导员制度;残疾人协会编制残疾人体育指导员制度
《活力 80 健康计划》(也称《第二次国民健康促进政策》)(1988)	由厚生省出台,要求大力培养运动健康指导员。大城市社会体育服务中心的社会体育指导员必须经过严格的系统培训与考核后才能正式上岗
《公认体育指导员制度》	社会体育指导员培养及其资格认证制度逐步完善且进入法制化行列
《社会体育指导员知识技能考核与评审制度》(1994 年)	将社会体育指导员培训由 3 个领域拓展为 8 个领域,培养体制不断完善,并设置资格标准。文部省采取委托培训,安排有资质指导员的岗位工作,鼓励和重视社会体育指导员的继续教育,引入函授培训模式
《高校体育指导员培养制度》	体育协会承认拥有体育系部的 15 所大学认证的学生,毕业可取得相应的社会体育指导员资格
《体育指导员知识、技能审查事项》(2000 年)	作为日本体育振兴法的规定项目,对社会体育指导员培训要求及其目的做了规定
《终身体育振兴基本计划》	明确社区体育的新目标、新要求
《新的体育指导员制度》	强化社会体育指导员的作用
《体育基本法》(2011 年)	涉及人才培养 3 条,编号为 2-11,2-25-1,2-25-2,明确国家和地方行政机构和公共组织必须做好体育指导员培养体系的开发与利用工作
《体育振兴基本计划》(2000 年)	由文部省颁布,要求各地方政府自觉将素质高的社会体育指导员安排到体育振兴部门,以满足体育俱乐部和社会体育活动中心的需要
《体育基本计划(第一期)》(2012 年)	由文部省出台,指出要培养足够的体育运动指导者

表 5-15　体育场地制度及其概要

制　　度	概　　要
《学校教育法》	第 85 条指出,在不影响学校教育的情况下,学校设施可以为社会教育或开展其他公共活动提供服务
《社会教育法》	第 44 条指出,管理学校的机关可以在不影响学校教育的情况下,将学校设施用来进行社会教育
《体育振兴法》	涉及体育场馆建设条文 4 条,编号为 1-3-1、1-12、1-13-1、1-13-2,强调社会公共体育设施的建设、使用和维修。其中,第 13 条第 1 款规定,国家和地方公共团体在不妨碍学校教育的基础上,尽力开放学校的体育设施,为居民参与体育活动提供服务。同时,从法律上对体育场馆设施的建设和经费的使用问题进行明确规定
《体育基本法》	涉及体育场馆建设条文 5 条,编号为 2-12-1、2-12-2、2-13-2、2-17、2-21。强调加强体育设施的安全性和便利性,营造良好的健身环境
《地方自治法》	第 238 条第 4 款指出,在不妨碍基本目的或用途的情况下,可以将行政财产作他用
《关于普及振兴体育的基本策略报告》(1972 年)	由文部省发表,报告指出,必须提高占总设施 70% 以上的学校体育设施利用率,并将体育设施的配置作为最低标准
《社区体育设施供给标准》(1974 年)	由经济企划厅发布,掀起日本出现"社区再造"运动的高潮
《"关于推进学校体育设施开放事业"的通知》(1976 年)	由文部省发布,明确开放的实施主体、开放的设施、开放的经费来源等,是操作性极强的法规性文件。同时,颁布了《开放设施管理细则》和《开放运作方式细则》
《活力 80 健康计划》	指出社会体育服务中心的空间设计与活动策划要考虑活动人群的特点与需求,要求公共体育设施向老年人群免费服务,并实行普及健康增进设施认定制度
《关于面向 21 世纪体育振兴计划》(1989 年)	由文部省发布,明确体育场馆设施建设方针与标准,在质与量都提出更高要求,使日本体育场馆设施的建设朝着行业标准化方向发展
《体育振兴基本计划》(2000 年)	要求提高社会公共体育设施的安全性和耐震性,到 2010 年各市区町村建立综合区域体育俱乐部和设施,以及体育中心,为日本终身体育的发展奠定基础
《地方自治法》(2003 年修订)	制定"指定管理者制度",有效提高体育场馆的经营与管理水平

续表

制　　度	概　　要
《城市公园法》与《自然公园法》	充分开发和利用户外自然资源,建设开展野外活动、自行车运动、郊游等活动设施,增加体育场地数量,人均城市公园面积已达 53 平方米
《关于普及振兴体育的基本策略》	编制了不同人口规模的居民区体育场馆配套标准
《体育基本计划(第一期)》	要求建设满足市民健身需要的综合性地区俱乐部与体育运动设施
《体育基本计划(第二期)》	强调建设满足运动员需要的基地,增加体育场馆设施的建设

表 5-16　体育财力制度及其概要

制　　度	概　　要
《活力 80 健康计划》	指出政府应承担大城市社会体育服务中心建设与维持的全部费用
《体育振兴彩票制度》(2000 年)	从 2002 年起,每年通过体育彩票收益金对全国的体育团体及其地方公共团体开展的体育振兴活动进行补助
《体育活动补贴制度》	民间团体(财团)每年向已提交申请并经审核且符合条件的团体与项目给予一定金额的补贴
《体育振兴法》	涉及体育资金投入条文共 5 条,编号为 1-20-1、1-20-2、1-20-3、1-20-4、1-22。2006 年进行改革,将建设资金由中央政府转移到地方政府
《体育基本法》	涉及体育资金投入条文 4 条,编号为 2-33-1、2-33-2、2-33-3、2-34
《体育振兴基本计划》	要求政府提高体育振兴事业的经费预算,保障体育俱乐部和体育中心的体育设施建设资金,并要提高体育振兴基金和彩票的使用效率
《体育基本计划(第二期)》	保证财政资源的有效利用

表 5-17　体育信息制度及其概要

制　　度	概　　要
《体育基本法》	涉及体育信息的条文 1 条,编号为 2-16-2,即为了推进日本的体育发展,应该在收集体育实施状况的调查研究和竞技水平的提高努力状况等成果的信息,以及其他国内外体育相关信息的收集、整理和使用等方面寻求必要的政策措施

第二节　对深化福建省公共
体育资源优化配置改革的启示

美国、英国、德国、日本等国外发达国家在政府干预,非政府组织、团体和个人的参与下,以及社会的大力支持下,公共体育资源配置体现时代特点和各国特色,由无序走向有序,积累了许多可借鉴的有益经验,有力促进了各国竞技体育、大众体育、学校体育的发展,也为福建省公共体育资源的建设与配置改革提供了宝贵的重要启示。

一、对公共体育人力资源优化配置改革的启示(主要指社会体育指导员)

随着国外发达国家经济社会的快速发展,极大促进了各国大众体育的兴起和发展,尤其是参加体育锻炼人数的不断增长,也促使社会体育指导员较早产生与较快发展,可以说,社会体育指导员是大众体育发展的产物。

在社会体育指导员管理方面,应建立较为完善的社会体育指导员管理体制。制定翔实的社会体育指导员国家职业标准、认定标准和规章制度,并确定岗位素质的具体要求。同时,做好对社会体育指导员的监督和认定工作。而各种协会、民间团体等社会性体育组织承担和负责资格培训、推荐和派遣等具体事务工作。政府与非政府组织、团体之间要做到分工明确、各负其责且合作交流,为社会体育指导员队伍的建设与发展提供组织保障。

在社会体育指导员的类型方面,要划定不同类型的专业社会体育指导员,并由不同的培训主体负责,以满足竞技体育、大众体育和学校体育发展的不同需要。与此同时,还要积极培养社会体育指导员志愿者,逐渐构建起以专业社会体育指导员为主、社会体育指导员志愿者为辅的社会体育指导员综合队伍,为社会体育指导员队伍的建设与发展提供基础保障。

在社会体育指导员的培训方面,不同类型的社会体育指导员要在培训目标、培训主体、培训组织、培训资金、培训内容、培训课时、培训考核等方面存在差异,形成多元化的社会体育指导员培训模式,并建立有效的社会体育指导员培训体制和运行机制,逐步走上规范化、法制化的轨道,为社会体育指导员队伍的建设与发展提供体制保障。

在社会体育指导员认定方面,可以根据实际形成政府认定、非政府组织认定、政府与非政府组织共同认定等不同认定主体,并按照社会体育指导员国家职业标准,对不同类型的社会体育指导员的相关理论知识的掌握和实践能力进行综合考核与评价,符合要求的颁发相应的资格证书。同时,废除资格认定终身制,定期实施社会体育指导员的再培训、再考核和再认定,为社会体育指导员队伍的建设与发展提供动力保障。

在社会体育指导员使用方面,首先,要及时对社会体育指导员进行登记注册,建立社会体育指导员使用动态网络管理体系;其次,具有相应资格的社会体育指导员应享有职业认定和劳动报酬的权利,应建立完善的社会体育指导员就业机制;最后,要加强对社会体育指导员的宣传工作,提高社会体育指导员的社会认可度和支持度,增强社会体育指导员的工作积极性,为社会体育指导员队伍的建设与发展提供激励保障。

二、对公共体育物力资源优化配置改革的启示(主要指体育场地)

体育场地是满足群众健身,促进群众体育发展的重要物质基础。国外发达国家体育场馆建设较早,发展水平较高并在规划设计、融资、建设、运营、管理和评价等方面已形成较为成熟的经验。2020年,美国人均体育场地面积16平方米,日本为19平方米,而我国仅有1.8平方米,国内人均体育场地面积严重不足。

在体育场地规划与设计方面[①],一是注重与城市的协调发展,表现为:不仅同国家和地方的政策法规相适应,还能根据人口结构、产业布局、土地功能和区域空间等城市发展指标,科学、准确地确定体育场馆的地址、种类、规模及其功能,体现城市特色,两者相互协调,共同促进。二是注重城市的发展,表现为:不仅能促进城市土地开发、延伸城市空间、拓展城市功能,而且有助于推动城市经济的发展、提升城市的竞争力。三是注重可持续发展,表现为:提高体育场地的节能环保水平,促进"生态建筑"的普及和发展,实现体育场地的绿色发展。四是注重功能和布局设计,表现为:重点空间的范围与功能得到扩展,辅助空间得到及时转换,体育场地的功能得以复合化,体育场地的经济效益得以最大化。五是注重交通组织和内外协调设计,表现为:实行人车分流、做到

---

① 刘慧.奥林匹克体育中心规划设计研究——以德国慕尼黑奥林匹克公园为例[J].城市建筑,2017:51-53.

不同的使用人群采用各自的车流线路到达不同的停车场；大力发展垂直主体停车、地下停车等模式。六是注重景观环境规划设计，表现为：能充分利用自然环境和人文环境，实现自然景观和人工景观的有机结合。七是注重配套服务设施设计，表现为：不仅能满足训练、健身、比赛的需要，同时，体育设施做到灵活变通，体育场地得以多功能利用。八是注重设计的创新发展，表现为：设计技术的系统、全面与多方的有效配合，以及先进的建筑技术与信息技术的有效融合。

在体育场地融资与建设方面，首先，政府要重视并增加体育场地建设的公共财政投入，不断完善体育场地税收政策，体现体育场地税收政策的公平性，强化体育场地公共财政管理的合理性。其次，要拓展体育场地建设的多元融资渠道，完善体育场地投融资相关政策法规，降低市场准入门槛，为民间资本的引进疏通道路，充分发挥民间资本在体育场地建设中的作用。例如，大型体育场馆的建设可采用PPP投融资模式，其前提条件是做好政策引导并实行项目机制。在PPP模式的实际运用过程中，不仅要发挥税收杠杆以实现公共财政投入回收与减轻政府财政压力的共赢，职业体育俱乐部的广泛参与还为PPP模式在大型体育场馆的应用提供有效途径。同时，要加强对大型体育场馆财政补贴效益的动态监控，通过市场来实现资源的有效配置，不断促进大型体育场馆的产业化发展。再次，体育场地的建设不追求"高、大、上"，而是注重建设者的需要及其后续的使用，体现区域民族特色与人文特点，避免同质化发展。最后，明确土地管理、城市规划、财政管理和体育等各部门在体育场地建设中的责任，构建互动式的目标执行机制，提升体育场地的建设效率。

在体育场地运营与管理方面，首先，要树立以"服务"为中心的管理理念，通过转变政府职能，即政府由过去的"供给型政府"向"服务型政府"转变，发挥政府的宏观决策、指导和监督作用。同时，不断完善体育场地服务设施，创新服务产品，拓展服务领域，提高体育场地的服务能力和品质。其次，要构建以"多元合作"为局面的管理模式，通过改革体育场地管理体制，明晰产权关系，完善相关政策，健全公开招标的机制、程序及其办法，营造良好的外部环境，选拔和培育有体育管理理念和市场经营能力的优质市场主体，加强对专业体育场地运营机构的培养，并鼓励具有一定体育专业知识、技能和管理能力的志愿者也积极参与到体育场地的管理和服务中。再次，要增强以"利用效率"为目标的管理意识，通过创建和完善体育场地数据库和专业网站，开设数据采集和检索功能，不断提高体育场地管理和服务的网络化、智能化水平，实现体育场地利用效率的最大化。最后，要完善以"监督"为导向的管理手段，通过制定体育场地的行业标准，调整对经营者的监管范畴，健全对经营者的监管机制，完善对经营者的监管制度,突出经营者的自主性和公益性,实现体育场地经济效益和社会效益的均衡发展。

在体育场地的使用与绩效评价方面,首先,要加强体育场地无形资产的开发与利用,重视体育场地的合理开放利用,开展多样化的体育活动,满足市民个性化与差异化的健身需求,从而减少体育场地的闲置浪费,尤其要实现学校体育场地与社会的共享。对此,要重视学校体育场地对外开放的政策引导工作,明确学校体育场地对外开放的范围与程度,制定可操作实施的详细方案与可量化的资金补助标准,将体育场地对外开放作为教育部门常态化的考核内容。其次,要构建体育场地绩效评价的有效路径,即不断完善体育场地绩效评价的相关法律法规,为做好体育场地绩效评价的顶层设计奠定制度保障。同时,在政府支持和引导下,通过市场调控的方式积极培育第三方评估组织并鼓励其广泛参与体育场地绩效评价工作,为推进体育场地绩效评价的多元合作奠定组织保障。还有,就是要不断完善体育场地绩效评价流程设计及其评价工具的选择,为体育场地绩效动态评价的科学化、规范化奠定技术保障。

三、对公共体育财力资源优化配置改革的启示

从公共体育财力的来源来看,国外发达国家公共体育财力资源主要以政府财政拨款为主(尤其是地方政府财政),市场、社会和个人共同融资相结合,呈现多元化的特点。随着经济社会的发展,政府财政拨款逐渐减弱,社会机制与市场机制则不断强化,市场、社会和个人等非政府融资方式成为主流,举国之力"办"公共体育事业已日益明显。对此,也从中获取许多有益启示①②:其一,发挥各类社会资金的作用。中央和地方政府的财政拨款资金主要来自各种税收,但政府对体育的资金投入将不断减少,甚至不投入,例如,美国作为目前的体育强国,政府几乎不对体育进行投资。因此,今后要以政策为引导,以市场为手段,积极引导和鼓励各类社会资金参与公共体育事业建设。其二,提高职业俱乐部经营收入。国外发达国家体育资金的重要来源就是体育俱乐部,例如,英国最为著名的曼联俱乐部,它堪称经营足球的楷模,其收入主要来自赞助商合同、媒体、金融业服务、酒店和饭店业。据有关数据统计,曼联俱乐

---

①　史松涛.国内外体育经费来源渠道的比较分析[J].财经分析,2007(9):58-61.

②　蒋诗权.发达国家社会体育发展经费募集的社会化运作研究[J].南京体育学院学报,2005,19(5):43-45.

部税前收入中,34％为门票收入,33％为商品销售收入,14％为电视转播权收入,13％为赞助商广告收入,6％为举办会议和宴会收入。可见,多样化的收入方式提高了俱乐部的获利能力和应对风险能力。其三,重视资本市场的资金。20世纪90年代后期资本市场成为西方发达国家体育资金的重要来源。1991年,英国曼联俱乐部股票刚在伦敦股票交易所挂牌上市时,其资产一夜之间增值了100多倍。其四,完善捐赠发展之路。通过完善捐赠制度,拓宽民间组织团体、企业和私人业主所提供的各类社会捐助渠道,提高捐赠总量,完善和落实社会募捐和捐赠税收优惠等方面的政策,保护公民、企业和社会组织参与事业的积极性,使其成为公共体育事业发展不可或缺的主要资金来源。其五,创新金融融资路径。通过一些金融创新方式开辟的体育融资路径,比如,采用BOT模式建设体育场馆、资金证券化的融资、政府通过特许发行的票据(franchise notes)或联赛组织机构发放的资助性贷款(leagueo bligations)以及直接的现金捐款等形式进行融资等。其六,促进个体的体育消费。通过健全体育消费政策、树立正确体育消费理念、培养合理体育消费习惯、完善体育消费设施、丰富体育消费产品与服务、优化体育消费环境,提升人均体育消费比重。

从公共体育财政支出方式来看,要做到财权与事权相统一。国外发达国家公共体育财政支出的方式包括政府财政拨款或补助金,即转移支付或转移支出的方法。其中,政府对于公共体育财政支出的方式由过去政府的一元支出方式向以政府为主的多元支出方式转变。究其原因,同政府由管制型政府向服务型政府的转形相关联。纵观发达国家公共体育财政支出方式,德国"一对一"的公共体育财政支出方式值得借鉴与推广,具体来说,就是各级政府职能部门与相应领域的公共体育财政支出对接,做到分工明确,财权同事权相统一,使各个部门间能相互协调、相互配合、相互帮助,共同参与公共体育财政支出的管理,以防止政府各职能部门间相互推诿现象的发生,大大降低行政机构运行成本,从而提高公共体育财政的使用效率。从公共体育财政支出的侧重点来看,要做到多样化和个性化相统一。国外发达国家公共体育财政支出更多用于基础设施、体育院校等体育基本建设,竞技体育、群众体育、学校体育等体育事业,反兴奋剂、体育科学研究等科学事业研究,以及国际体育事务等。然而,各个国家的国情、政治、经济、文化等实际因素不同,公共体育财政支出的侧重点也不同,例如,美国侧重体育场馆建设,英国侧重国际体育事务,德国侧重军队体育,日本侧重竞技体育。同时,还应结合事先确定的公共体育财政支出管理目标,根据绩效评定情况实行动态拨款。

四、对公共体育信息资源优化配置改革的启示

公共体育信息资源是领导机构决策、运动训练竞赛、体育教学、体育科研和体育产业发展等不可或缺的重要物质基础,西方发达国家在体育信息中心的建设、体育信息研究领域和重点、国际交流与合作、网络体育资源的开发与利用、体育信息教育功能和体育情报等体育信息资源问题研究上取得丰硕成果,积累了许多可借鉴的经验。因此,在体育信息中心的建设方面,要重视不同区域体育信息中心的建设,不仅使体育书籍、声像资料、照片等成为信息中心最为集中的文献资料,而且,要将文献资源数字化作为当前中心的重点工作来推进。在体育信息研究领域和重点方面,要重视奥运会和国际赛事的信息服务、体育档案和数字化、体育统计、标准和服务、优秀运动员培养的体育信息等内容研究,使横向研究得到不断拓展,使纵向研究得到不断延伸。在体育信息的国际交流与合作方面,要把促进发展中国家体育信息工作的开展和建立体育信息中心作为工作的重点,以此加强发展中国家同国际奥运会和各国国家奥运会的合作,并使其成为新常态。在网络体育资源的开发与利用方面,要重视网站建设、网上数据库建设、网址索引功能建设、网上服务和网上课程建设等方面,使网络体育资源的潜力得到充分挖掘,利用效率得到全面提升。在体育信息教育功能方面,要注重实践与理论相结合、微观与宏观相结合,采用多学科交叉与渗透研究,及时跟踪和研究体育教育、体育信息教育功能的变化规律和特点。在体育情报方面,要随着时代的发展变迁,使体育情报研究的对象、内容和方法等呈现时代特点,并不断细化形成学科结构体系。

五、对公共体育制度资源优化配置改革的启示

在公共体育制度的制定过程中,应做到:与国家的基本国情相适应、与区域经济社会发展相适应、与体育事业的发展相适应、与人的健身需要相适应、与时代变迁相适应。体现:"以人为本"的国家宏观上的调控同社会和个人广泛参与相融合的特点。重视:在"利国"与"利民"之间寻找平衡点;在科学、民主的社会发展观指导下规范决策程序,实现决策的制度化和责任化;在传承过程中实现新的革新与发展。凸显:体育政策的普适性、公益性、可操作性、系统性和持续性。

在公共体育制度的执行过程中,关键是体育政策目标要尊重群众、切实可

行,充分发挥体育战略发展目标的协调作用;基础是体育政策内容要明细丰富,形成兼顾多方且有凝聚力的体育政策核心;条件是体育政策之间要有效衔接,实现体育政策的合理整合与优化;保障是制度设计、制度安排、制度实施的无缝衔接,健全体育政策执行机制、保障机制、协商机制和风险防控机制;手段是要建立相互协调的体育政策工具体系,促进体育政策工具的多样化、法定化、标准化和指导化。

在公共体育制度的评价过程中,要加强对体育政策的解释与宣传,重视体育政策制定者与各相关利益者间的协商、评价和互让,制定体育政策的量化标准,完善体育政策执行的监督评价机制,不断提高体育政策的执行力和边际效应。

本章小结

本章首先梳理和总结了美国、英国、德国、日本等发达国家公共体育资源配置的主要经验,可以看出,国外发达国家公共体育资源配置历史较为悠久,在公共体育人力资源配置(主要指社会体育指导员)、公共体育物力资源配置(主要指体育场地)、公共体育财力资源配置、公共体育信息资源配置和公共体育制度资源配置等方面呈现共性和个性并存的特点,并随着时代变迁不断完善与发展,由无序走向有序,由不成熟走向成熟,为美国、英国、德国和日本等国家竞技体育、群众体育和学校体育的发展奠定了坚实的基础。同时,也为世界各国公共体育的发展提供有益启示。

其次,基于美国、英国、德国和日本等发达国家公共体育资源配置经验的基础上,归纳出对深化福建省公共体育资源优化配置改革的启示。具体体现在:公共体育人力资源优化配置改革方面(主要指社会体育指导员),应为社会体育指导员的建设与配置提供组织保障、基础保障、体制保障、动力保障和激励保障。在公共体育物力资源优化配置改革方面(主要指体育场地),体育场馆的规划设计要注重与城市的协调发展,注重城市的发展,注重可持续发展,注重自身的功能和布局设计,注重交通组织和内外协调设计,注重配套服务设施设计、注重设计的创新发展。体育场馆融资与建设要增加政府财政投入,完善融资政策法规,拓展多元融资渠道,强化财政补贴效益的动态监控,注重健身需要和后续使用,构建互动式的目标执行机制。体育场馆运营与管理要树立以"服务"为中心的管理理念,构建以"多元合作"为局面的管理模式、增强以"利用效率"为目标的管理意识,完善以"监管"为导向的管理手段。体育场馆的使用与绩效评价要强化体育场馆无形资产的开发与利用,重视体育场馆的合理开放利用,构建体育场馆绩效评价的有效路径。在公共体育财力资源优化配置改革方面,从公共体育财力的来源来看,要发挥社会资金的作用。提高职业俱乐部经营收入,提高体育博彩收入,重视资本市场的资金,完善捐赠发展之路,创新金融融资路径,促进个体的体育消费。从公共体育财政支出方式来看,要做到财权与事权相统一、多样化和个性化相统一。在公共体育信息资源优化配置改革方面,要重视不同区域体育信息中心的建设,拓展体育信息研究的宽度和深度,强化体育信息的国际交流与合作,提高网络体育资源的开发与利用效率,增强体育信息的教育功能,突出体育情报的时代性。在公共体育制度资源优化配置改革方面,公共体育制度的制定要做到与国家的基本国情相适应、与区域经济社会发展相适应、与体育事业的发展相适应、与人的健身需要相适应、与时代变迁相适应。公共体育制度的执行要把握好执行的关键、基础、条件、保障和手段等环节。公共体育制度的评价要加强对体育政策的解释与宣传,重视体育政策制定者与各相关利益者间的协商、评价和互让,制定体育政策的量化标准,完善体育政策执行的监督评价机制,不断提高体育政策的执行力和边际效应。

第六章　新时代福建省深化公共体育资源优化配置改革

第一节　新时代与公共体育资源优化配置

一、"新时代"的提出及其意义

2017 年 10 月 18 日,中国共产党第十九次全国代表大会在北京开幕,习近平总书记代表第十八届中央委员会向大会作了题为《决胜全面建成小康社会 夺取新时代中国特色社会主义伟大胜利》的报告,提出"中国特色社会主义进入新时代"的新的历史方位。这是从党和国家事业发展的全局视野、从改革开放近 40 年历程和十八大以来 5 年取得的历史性成就和历史性变革的方位上作出的科学判断。"新时代"的提出对实现中华民族的伟大复兴具有重大意义:

第一,从中华民族复兴进程来看,中国特色社会主义进入新时代,意味着近代以来久经磨难的中华民族迎来了从站起来、富起来到强起来的伟大飞跃,迎来了实现中华民族伟大复兴的光明前景。

第二,从科学社会主义的发展进程看,中国特色社会主义进入新时代,意味着科学社会主义在 21 世纪的中国焕发出强大生机活力,在世界上高高举起了中国特色社会主义伟大旗帜。

第三,从人类历史进程看,中国特色社会主义进入新时代,意味着中国特色社会主义道路、理论、制度、文化不断发展,拓展了发展中国家走向现代化的途径,给世界上那些既希望加快发展又希望保持自身独立性的国家和民族提供了全新选择,为解决人类问题贡献了中国智慧和中国方案。

第四,从中国近现代历史和世界历史来看,中国特色社会主义进入的新时代,是中国必将实现中华民族伟大复兴中国梦的新时代,是科学社会主义必将大放异彩的新时代,也是改革开放不断深入、富强民主文明和谐美丽的社会主义现代化强国必将建成的新时代。

二、新时代社会主要矛盾及其对公共体育资源优化配置的影响

辩证唯物主义和历史唯物主义都提出要正确判断与处理社会的主要矛盾,毛泽东同志也曾指出:"捉住了主要矛盾,一切问题就迎刃而解了。"因此,正确认识和把握我国在不同发展阶段的社会主要矛盾,是科学判明发展形势、正确制定大政方针的重要前提,事关党和国家事业发展全局。中国共产党以马克思主义为指导,以党的十八大以来全方位的、开创性的成就和深层次、根本性变革为现实根据,指出"中国特色社会主义进入新时代,我国社会主要矛盾已经转化为人民日益增长的美好生活需要和不平衡不充分的发展之间的矛盾。"党的十九大对我国社会主要矛盾发生历史性变化的重大政治论断,深刻揭示了我国经济社会发展的阶段性特征,为我们准确把握新时代的发展新要求提供了重要依据和实践遵循。

新时代我国社会主要矛盾的历史性变化也对公共体育资源优化配置中主要矛盾的变迁产生影响,这一变迁有其理论与现实依据。

从理论依据来看,唯物辩证法认为:矛盾无处不在、无时不在。矛盾不仅存在于我国经济社会发展的整个过程,也是经济社会发展的根本动力。进入新时代,体育事业的发展正面临前所未有的机遇与挑战,也对公共体育资源优化配置提出新的课题。尤其是面对公共体育资源配置中纵横交错的各种矛盾,只有准确找出主要矛盾,才能把复杂的公共体育资源配置问题解决好。同时,事物是不断发展变化的,社会的主要矛盾也不是一成不变的,其中,公共体育资源配置的主要矛盾也经历了一个转变的过程。1981年党的十一届六中全会指出:"我国社会的主要矛盾是人民日益增长的物质文化需要同落后的社会生产之间的矛盾",对此,"人民日益增长的体育文化需要同公共体育资源配置不足之间的矛盾"成为1981年以来政府在公共体育资源配置过程中要解决的主要矛盾。如今,随着"人民日益增长的美好生活需要和不平衡不充分的发展之间的矛盾"成为社会的主要矛盾,那么,"人民日益增长的健康需要同公共体育资源配置的不平衡不充分之间的矛盾"成为公共体育资源配置的主要矛

盾也是历史发展、人民需求转变的必然选择。

从现实依据来看,公共体育资源优化配置主要矛盾的转变是实践发展与现实问题的必然抉择,具体表现为:首先,是旧的公共体育资源配置主要矛盾解决的结果。改革开放前,我国社会生产力水平整体较低,公共体育资源供给不足,难以满足人民群众最基本的体育文化需要。经过 40 多年的改革开放,我国社会生产力水平不断提高,国内生产总值稳居世界第二,城乡居民收入逐步增加,群众生活有了较大改善,公共体育服务体系不断完善,体育文化事业快速发展,人民群众的体育文化需要得到满足,群众的获得感显著提升。因此,经过全国上下的共同努力,通过实施脱贫攻坚战略,基本摆脱贫穷落后的面貌,社会生产落后背景下的旧的公共体育资源配置的主要矛盾得到解决,全面建成小康社会目标已近在咫尺。这也为新时代我国社会主要矛盾的转变及其公共体育资源配置主要矛盾的变迁奠定了现实基础。其次,是人民群众体育需求侧的结构和层次变化的结果。需要是有机体感到某种缺乏而力求获得满足的心理倾向,它是有机体自身和外部生活条件的要求在头脑中的反映,是人们与生俱来的基本要求。需要问题不仅是一个哲学问题,也是一个现实问题。马克思指出,人的需要具有现实性、未来性、社会性、个体性、确定性和变动性的特点。马斯洛认为,人的需要由生理的需要、安全的需要、归属与爱的需要、尊重的需要、自我实现的需要五个层次构成。因此,人民群众对体育的需求也具有层次和变动性的特点。长期以来,中国共产党团结和带领广大人民群众艰苦奋斗、开拓创新,解决了十多亿人口的温饱问题,满足了人民群众的生存需要,激发了人民群众对体育、文化等精神享受的需要,也促进了人民群众体育需求结构和层次的转变。尤其进入了新时代,人民群众对体育需求的公平、公正、安全、法治、环境等方面的要求不断增长,对健康的期盼日益迫切,这也为新时代我国公共体育资源配置主要矛盾的转变提供了现实依据。最后,公共体育资源配置的不平衡不充分问题制约了人民群众对健康需要的满足。党的十九大报告指出:发展不平衡不充分的一些突出问题尚未解决,发展质量和效益还不高,创新能力不够强,实体经济水平有待提高,生态环境保护任重道远;民生领域还有不少短板,脱贫攻坚任务艰巨,城乡区域发展和收入分配差距依然较大,群众在就业、教育、医疗、居住、养老等方面面临不少难题;社会文明水平尚需提高;社会矛盾和问题交织叠加……这种发展的不平衡不充分在公共体育资源配置上体现为:公共体育资源配置存在区域差异和城乡差异,公共体育资源配置的类型、数量、质量和效率不够充分,无法满足人民群众对充足、优质公共体育服务的要求,还未达到人民群众健康需要的标准。

可见,发展的不平衡不充分问题,不仅是我国经济社会快速发展的体现,也是制约人民群众健康需要的关键因素,也成为公共体育资源优化配置主要矛盾历史性转变的重要现实依据。

第二节　新时代福建省深化公共体育资源优化配置改革目标

新时代福建省深化公共体育资源优化配置改革必须以公平、效率与生态为目标,着力解决供给与需求的矛盾,推进福建省公共体育资源的有效配置,提高人民群众的健康水平,促进人与自然的和谐,实现社会的可持续发展,核心是尽可能满足人民群众对健康的需要。具体来说,就是要实现公共体育资源优化配置改革的人道目标、价值目标、责任目标和生态目标。[①]

一、新时代福建省深化公共体育资源优化配置改革的人道目标

"人道目标"是指平等地对待世间所有生命并使其成为完整的生命的生命目标、平等地对待世间所有人并使其成为真正的人的人人目标、平等地对待自己并使其成为完整的人的个人目标。联合国科教文组织在《国际体育教育、体育活动与体育运动宪章》中明确指出:"体育与运动实践是所有人的基本权利。每个人享有对于其个性全面发展必需的参与运动的基本权利。"[②]可见,参与体育运动是每一个公民应有的权利。由于公共体育具有公益性与全民性,以致公共体育资源的配置应考虑各方面的需求,着力公平地调整公共体育资源的配置,使广大群众都能共享改革成果。因此,新时代福建省公共体育资源配置改革过程中,要实现人道目标,就是要公平与平等地对待每一个公民,让其享有合理的体育权利,并致力于促进每一个公民在其生命周期内享有与满足对体育健身的需要,进而使每一个公民成为真正的人。同时,让每一个公民都能在共享稀缺的公共体育资源中享受人生快乐,并致力于使自己成为完整的

① 李洪波.城市社区公共体育资源合理配置研究[M].济南:山东人民出版社,2015:108-116.

② 司荣贵.论体育资源合理配置的目标和原则[J].西安体育学院学报,2004,21(3):28-30.

人。在此期间,政府应树立"人民至上、生命之上"的理念,把人民群众的健康作为政府部门工作绩效评价的重要指标。

二、新时代福建省深化公共体育资源优化配置改革的价值目标

"价值目标"是指某一事物的重要性、可获得性与实用性,也就是人们对某一个人、事、物的意义、重要性、可获得性与实用性的综合评价与总的看法。可以说,价值目标是主体对客体需求的超前体现,是价值关系的理想化表现,是价值行为的目的。[①] 因此,新时代福建省公共体育资源配置改革过程中,要实现价值目标,需要在公平配置公共体育资源的同时,注重公共体育资源配置效率,不断提高公共体育资源的使用价值,最大限度地满足人民群众体育健身的需要。作为法律的基本价值之一的公平在公共体育资源配置的实行中被反映出来。过去,主要是政府依据相关政策法规等制度,借助国家权力的强制力对各类公共体育资源进行配置,忽视公共体育资源配置过程中的社会监管。在整个公共体育资源配置过程中,政府更多把"效率"当作公共体育资源配置要实现的最重要的价值目标,而"公平"的价值目标被弱化了。对此,面对新时代的要求,必须重新确立公共体育资源配置理念,把"公平"放至与"效率"同等的位置,做到"公平同效率的有机统一",从而建立正确的公共体育资源配置改革价值取向,以促进新时代福建省深化公共体育资源配置改革的全面有效实施。

三、新时代福建省深化公共体育资源优化配置改革的责任目标

"责任目标"是指不同的责任中心在考核期内所要实现的目标,它不仅是责任部门应尽的职责,也是责任部门应完成的任务,一切工作重心都围绕责任目标来开展。[②] 可见,明确公共体育资源配置的责任目标是研究公共体育资源优化配置改革的逻辑起点。《体育强国建设纲要》指出:到2035年,体育治理体系和治理能力实现现代化,全民健身更亲民、更便利、更普及,经常参加体育锻炼的人数比例达到45%以上,人均体育场地面积达到2.5平方米,城乡居民达到《国民体质测定标准》合格以上的人数比例超过92%……到2050年,全面建成社会主义现代化体育强国。人民身体素养和健康水平、体育综合实

① 孙德芳.课堂学习的选择性研究[D].北京:北京师范大学,2008.
② 李洪波.城市社区公共体育资源合理配置研究[M].济南:山东人民出版社,2015:112.

力和国际影响力居于世界前列,体育成为中华民族伟大复兴的标志性事业。公共体育资源是实现体育强国的基础,因此,新时代福建省深化公共体育资源优化配置改革的责任目标就是适度扩大规模,优化配置结构,提升配置效率与公平度,以满足人民日益增长的健康需要,不断提高人民的身体素养和健康水平,促进体育强国的建设。面对竞争激烈的体育市场以及体育资源匮乏的严峻形势,要实现公共体育资源优化配置改革的责任目标,要做到:一是遵循"问题导向、规划先行、责任明确、定位清晰、特色鲜明"的工作原则,编制科学合理的责任目标。二是构建与实施"事前预算、事中核算、事后结算"的全过程、全方位的成本资源责任目标调控流程。三是真正落实责任目标同人民群众的利益相结合的激励奖惩制度。

四、新时代福建省深化公共体育资源优化配置改革的生态目标

"生态目标"是指实现人与自然和谐共生的现代化。[①] 习近平主席在2020年9月30日联合国生物多样性峰会上指出:"生物多样性关系人类福祉,是人类赖以生存和发展的重要基础。工业文明创造了巨大物质财富,但也带来了生物多样性丧失和环境破坏的生态危机。生态兴则文明兴,我们要站在对人类文明负责的高度,尊重自然、顺应自然、保护自然,探索人与自然和谐共生之路,促进经济发展与生态保护协调统一,共建繁荣、清洁、美丽的世界"。过去,生态环境恶化的主要原因就是发展的不平衡不充分,从而导致了生态环境保护不得力,生态环境遭到破坏,人民群众对美好生态环境的需求无法得到满足,严重影响了人民对美好生活的向往与追求。因此,新时代福建省深化公共体育资源优化配置改革应树立"尊重自然、顺应自然、保护自然"的生态理念,将公共体育资源的建设、利用与自然环境的保护有机融合,尤其是近年来户外运动的广泛兴起,自然界中的山地、水体、峡谷、沙漠等地形地貌和自然资源成为人们亲近大自然、享受大自然的重要载体,也是开展户外运动的物质基础和理想体育场所。在进行户外运动的线路设计、活动开展和赛事的举办时应增强"绿水青山就是金山银山"意识,树立大局观、长远观、整体观,坚持保护优先,坚持节约资源和保护环境的基本国策,保护有特殊价值的自然环境,不破

---

① 中华文明网.准确把握新时代生态文明建设新目标[EB/OL].(2018-07-13)[2020-06-16].https:// www.wenming.cn/specials/zxdj/19d/1_n/201807/t20180713_4758815. shtml.

坏山的地质、地貌和水体的原有结构,不污染环境,以促进户外体育资源的合理开发、利用和有效的保护,做到经济发展与环境保护的有机结合,从而实现人与自然和谐共生的现代化。

第三节 新时代福建省深化
公共体育资源优化配置改革原则

一、坚持"以人为本"原则

以人为本,就是把人类的生存作为根本,就是要以实现人的全面发展为目标,从人民群众的根本利益出发谋发展、促发展,不断满足人民群众日益增长的物质文化需要,切实保障人民群众的经济、政治和文化权益,让发展的成果惠及全体人民。它体现了中国共产党全心全意为人民服务的根本宗旨,充分彰显了我们党人民至上的价值追求。[1] 正如习近平总书记在抗击新冠肺炎疫情斗争中指出的:"人民至上、生命至上,保护人民生命安全和身体健康可以不惜一切代价。"如今,"人民对美好生活的向往,就是我们的奋斗目标"。因此,新时代福建省深化公共体育资源优化配置改革要始终坚持以人民群众为中心,围绕目标,深入基层、深入群众,全面了解人民群众的体育诉求,做深做实做好决策前的调研工作,并根据不同区域的资源禀赋及其不同群体的健身特点和多元化健身需求,科学、合理配置公共体育人力资源(主要指社会体育指导员)、公共体育物力资源(主要指体育场地)、公共体育财力资源、公共体育信息资源,实行差异化的公共体育资源配置,以满足人民群众健身需要,防止公共体育资源配置的不足或者过剩现象的发生,真正为人民群众提供公共体育资源服务,真正让人民群众享受到体育改革的红利。

二、坚持政府调控与市场调节相结合原则

《中共中央关于全面深化改革若干重大问题的决定》指出:"经济体制改革

---

[1] 人民网.坚持人民至上[EB/OL].(2020-06-12)[2020-06-30].https:// aijiahao. baidu. com/s? id=16683422446622942370&wfr=spider&for=pc.

是全面深化改革的重点,核心问题是处理好政府和市场的关系,使市场在资源配置中起决定性作用和更好发挥政府作用。"可见,新时代福建省深化公共体育资源优化配置改革在配置方式仍然是政府的宏观调控与市场调节相结合。公共体育的公益性不仅要求将公共体育资源的建设列入各地国民经济和社会发展计划中,而且,政府还要根据各地经济社会发展水平、环境条件、人口特点及其体育事业发展状况,科学编制公共体育资源配置规划,从宏观上统筹调控公共体育资源的类型、数量,明晰公共体育资源的所有权、使用权、经营权和处分权。同时,要引进市场机制,充分发挥市场在公共体育资源配置中的决定性作用,使公共体育资源配置通过市场化进行运作。并积极鼓励企业、社会组织和个人等社会力量参与公共体育资源的建设,多渠道为人民群众提供体育资源,推动有效市场与有为政府更好的结合。

贯彻政府调控与市场调节相结合原则应注意:一是要明晰公共体育的公益性和非营利性,公共体育资源的配置必须满足人民群众健身的需要,必须有利于"人民的健康",以政府的财政投入为主,市场为辅。二是在满足人民群众健身需要的基础上,要发挥市场在公共体育资源优化配置中的作用,对一些体育场地、社会体育指导员培训、体育财力、体育信息等资源可以采用市场的方式进行合理配置。三是政府的宏观调控与市场调节的有机动态结合,做到统筹兼顾、界限清晰。

三、坚持创新性原则

公共体育是体育事业发展的产物,也是促进体育事业发展不可缺少的重要因素。目前,我国社会已从计划经济向市场经济转变,由过去的故步自封转向改革开放,而改革开放以创新为魂、伴创新而生、因创新而盛、靠创新而强。[①] 对此,习近平总书记指出:"改革开放 40 年的实践启示我们:创新是改革开放的生命。"所谓"创新"是指以现有的思维模式提出有别于常规或常人思路的见解为导向,利用现有的知识和物质,在特定的环境中,本着理想化需要或为满足社会需求,而改进或创造新的事物、方法、元素、路径、环境,并能获得一定有益效果的行为。中国未来发展的目标是:到 2021 年中国共产党成立 100 周年时,全面建成小康社会。到 2049 年中华人民共和国成立 100 周年

---

① 　人民网.创新是改革开放的生命[EB/OL].(2018-12-28)[2020-06-30].https:// theory. people.com.cn/n1/2018/1228/c40531-30492585.html.

时,建成富强、民主、文明、和谐的社会主义现代化国家,并逐步、最终顺利实现中华民族的伟大复兴!因此,新时代为了实现这一目标,福建省也需要深化公共体育资源优化配置改革,勇于创新,转变传统的公共体育资源的配置理念与配置模式,不断适应市场经济及其深化改革的需要,着力满足人民群众对公共体育资源的需要。

贯彻创新性原则应注意:一是要有创新意识与科学思维。创新意识就是公共体育资源配置主体要敢于标新立异,敢想会想;科学思维就是公共体育资源配置主体要建立动态思维、逆向思维、发散思维、侧向思维等。二是要有坚定的信心和意志,即公共体育资源配置主体要有克服困难的坚定信心和顽强的意志品质,并在公共体育资源配置创新陷入困境时,能及时"转向"或"紧急刹车"。三是要善于总结和借鉴前人或者他人的成功经验,及时吸取前人或者他人的失败教训,始终使自己站在巨人的肩膀上看待问题、分析问题和解决问题。四是要有丰富的知识积累与知识底蕴,即公共体育资源配置主体要掌握公共体育资源配置知识,它是实施公共体育资源配置改革创新的基础。

四、坚持系统性原则

公共体育资源优化配置改革是一项系统工程,所谓"系统性"是指一个层次分明的整体,不同维度的指标处于不同层级,形成一定的秩序、同层级指标之间、指标层与指标层之间具有清晰的逻辑关系。因此,新时代福建省深化公共体育资源优化配置改革的系统性体现为:一方面,公共体育资源配置的各个构成部分的改革是互为联系、互为协调、互为促进、互为协作,系统有序;另一方面,公共体育资源配置改革应同各地体育改革互为协同、互为促进,并为各地的综合改革服务。还有就是各类公共体育资源构成一个纵横交错的立体网络,各类资源依据一定顺序,有计划地分层次、分步骤进行有序的流动,以实现公共体育资源配置的综合效益最大化。

贯彻系统性原则应注意:一是要深入研究体育事业发展方向,全面把握经济社会发展趋势,确保公共体育资源配置符合体育事业发展及其经济社会发展的总体目标。二是要深入研究人民群众对公共体育资源的不同诉求,因地制宜、有的放矢,使公共体育资源配置更好地服务于竞技体育、学校体育和群众体育的全局。三是要深入研究各类公共体育资源配置间的相互关系,顾及个体性,重视全局性和整体性,系统地推进公共体育资源配置工作,从而产生"1+1>2"的效果。

五、坚持效率性原则

公共体育同其他公共事业一样具有较强的公益性,但公共体育资源在配置过程中也必须遵循效率性原则。"效率性"是指组织经营活动过程中投入资源与产出成果之间的对比关系,也就是说要用最小的成本做成尽可能完美的工作。在计划经济体制下,我国公共体育资源在各系统、各单位、各部门之间是相互分割,重复建设问题十分突出,公共体育资源的共享率不高,浪费现象十分严重,如体育场地不足同闲置并存问题。因此,新时代福建省深化公共体育资源优化配置改革在兼顾公平的基础上,要积极引进市场机制,从根本上解决公共体育资源条块分割与系统、部门封锁的问题,不断提高公共体育资源配置的效率,实现公共体育资源的高质量发展。

贯彻效率性原则应注意:一是要先易后难、先点后面、突出重点,并采用基础性配置同专业性配置相结合的方式,在最短的时间里做到公共体育资源配置的最优化。二是通过各种途径向社会开放各系统、各单位、各部门的公共体育资源,在遵循价值规律的基础上,借助价格与竞争机制,将公共体育资源配置给社会最需要、效率最高的区域、单位、部门,使有限的公共体育资源能够产出质量优、数量足的公共体育产品及其服务,从而满足人民日益增长的健康需要。

六、坚持协调性原则

所谓"协调性"是指生产过程的各阶段、各环节在品种、数量、进度和投入产出等方面都协调配合,紧密衔接。过去公共体育资源配置只注重数量,而忽视公共体育资源的质量,以及投入与产出问题;只注重公共体育人力资源(主要是指社会体育指导员)、公共体育物力资源(主要是指体育场地)和公共体育财力资源的建设,而忽视公共体育信息资源和公共体育制度资源的建设,各类公共体育资源无法协调发展,公共体育资源还难以综合发挥其应有的社会效益和经济效益。因此,新时代福建省深化公共体育资源优化配置改革要遵循"数量、类型、质量、效率"协调发展的原则。

贯彻协调性原则应注意:一是要做好外部协调,也就是公共体育资源配置应同各地的社会、经济的发展相协调,同各地公共体育事业发展需要相协调,同各地人民群众的健康需求相协调,积极为各地的社会、经济和文化的发展以及人民群众健康水平的提升服务。二是要做好内部协调,也就是各地要结合自身实际,充分发挥各自资源禀赋,明确定位,使各类公共体育资源建设能同步发展、特色发展,防止贪大求全、同质发展。

七、坚持风险管理原则

改革是对旧有的生产关系、上层建筑作局部或根本性的调整,任何改革都将面临各种的困难,遇到各种阻碍,一些来自人的思想观念,一些来自物质条件和外部环境。对此,新时代福建省深化公共体育资源优化配置改革不仅要对公共体育资源配置进行深入的态势分析,了解内部优势、劣势和外部的机会和威胁。而且,在全面掌握信息情报的基础上,编制科学、合理、可行的改革目标,依据公共体育资源配置改革所需的人、财、物、制度等必备条件,预测改革进程中可能出现的各类风险,制定解决公共体育资源配置风险的应对措施,实行公共体育资源配置风险管理,为公共体育资源优化配置改革的顺利实施提供保障。

贯彻风险管理原则应注意:一是建立和完善资源配置监管体系。首先,要完善资源配置监管机构,为公共体育资源优化配置风险管理的有效实施提供组织保障。其次,利用大数据对公共体育资源配置实行动态的跟踪管理。二是科学编制《公共体育资源配置风险管理操作手册》。公共体育资源配置风险管理是一项复杂、持续的系统工程,为了便于公共体育资源配置主体能实施科学、有效的风险管理程序,提高风险管理效率,应编制操作简便、规范统一、实用性强的《公共体育资源配置风险管理操作手册》。三是重视应急预案的编制与演练。遵循“效率第一,预防为主”的方针,科学编制符合公共体育资源配置风险管理的应急预案,加强应急预案的演练,熟知应急行动中的任务及其实施程序,提高公共体育资源配置主体应急处置能力。

八、坚持可持续性原则

可持续性是指一种可以长久维持的过程或状态。人类社会的持续性由生态可持续性、经济可持续性和社会可持续性三个相互联系不可分割的部分组成。可持续性是全人类共同面对的一个问题,它决定着我们未来的生活。可持续发展的公共体育资源配置原则强调的是资源配置的时间性,即公共体育资源配置不但要关注目前配置类型、规模、公平等问题,还要重视未来一定时期内各利益主体的综合效益。如,对公共体育人力资源(主要是指社会体育指导员)配置而言,应强化相关的制度建设,充分发挥社会体育指导员在公共体育的长期发展中的指导和协调作用;对公共体育物力资源(主要是指体育场地)配置而言,应将重心放在体育场馆效用的持续性。因此,新时代福建省深化公共体育资源优化配置改革只有可持续利用公共体育资源,发挥各种公共体育资源的综合效用,才能实现公共体育事业的可持续发展。

　　贯彻可持续发展原则应注意:一是要重视公共体育发展的近期、中期和长期发展目标,并结合公共体育不同阶段的发展目标制定资源配置的近期、中期和长期规划。二是要结合公共体育发展目标来确定人、财、物等有形资源与信息、制度等无形资源在不同区域、不同系统、不同单位、不同部门、不同时间的配置规模,保证各类公共体育资源的配置不背离公共体育发展目标,始终为公共体育发展服务。三是要定期检查公共体育资源配置能否同公共体育发展目标相契合,尤其是要重视检查每年的公共体育资源配置对公共体育发展长远目标的一致性和支撑度。

第四节　新时代福建省深化公共体育资源优化配置改革动力

一、动力与改革动力

　　《辞海》对"动力"的解释有两种:一是推动事物运动和发展的力量;二是使机械运转做功的各种力量,如水力、风力、电力、热力等。[1] 本研究从第一种解释出发来理解动力的内含。

　　"改革"是指改良旧制度、旧事物和旧环境,纠正现有事物中不合理的部分,使之更为完美合理,更符合事物发展的规律和人类社会的合理需要。现通常是指对旧的生产关系、上层建筑进行表面性或者根本性、局部或者整体的调节更改,使其能更好地适应目前或者将来生产力发展的需要,包括对现有经济、社会、政治、文化、环境等进行稳定性与有效性的改良革新。从国家层面来

---

[1]　辞海编辑委员会.辞海[M].上海:上海辞书出版社,1999:783.

看,改革能否成功一定程度影响一个国家、民族和民众的命运;从单位、企业来看,改革能否成功一定程度影响其生存与发展。

改革是经济社会可持续发展的强大动力,是走中国特色社会主义道路,全面建成小康社会,实现中华民族伟大复兴的必由之路与动力源泉。但改革自身也需要动力,所谓"改革动力"就是激发、推动、促进社会各领域良性变革的主观意志与客观需求、群体特征与制度生成、科技衍生与利益推动等各种趋向变革的力量集成。[①] 基于中国的视角,改革动力是指促进中国特色社会主义事业发展,实现中华民族伟大复兴的较深层次的力量来源,具有深刻的内含和丰富的外延。改革动力不是一个孤立的概念,是马克思历史唯物主义的组成部分,是我们党和国家认识规律,推动发展,永远不停歇的重大课题。[②]

二、改革动力的来源

在人类社会的发展进程中,人类始终在思考一个问题,就是改革的动力来自哪里? 对此,不同时期、不同领域的思想家作出的回答[③]:神学领域强调能否改革或者改变是由上帝的意志决定的,动力的来源是神;自然领域强调人从自然界中走来,自然界对能否改革有着决定性作用;人性领域强调所有行为的动力来源是内心,行为改革的动力来源是内心的改变;政治领域指出改革动力来源是竞争、体制、民主、形式等;而马克思历史唯物主义对改革与发展的动力来源作出了一个科学且令人信服的答案,认为,生产力同生产关系间的矛盾与运动、经济基础同上层建筑间的矛盾与运动是社会发展与改革的根本动力,该矛盾与运动体系是改革动力的根本来源。中国共产党在继承马克思主义社会发展动力论的基础上,针对中国的实际情况,对其进行了大胆的探索与发展,先后产生了毛泽东、邓小平、江泽民、胡锦涛为代表的矛盾动力观、改革动力观、创新动力观、和谐动力观。进入新时代,习近平指出,坚持和发展中国特色社会主义,根本动力仍然是全面深化改革。可见,从改革开放以来,中国经济社会发展变革主要强调改革和改革动力问题,体现出中国共产党对改革动力的认识在不断深化与升华。

---

① 张幼文.改革动力的构建与发展结构的优化——对外开放在中国经济发展中的战略地位[J].学术月刊,2009(1):59.

② 周瑞金.中国改革动力的历史考察[J].中国改革,2009(9):31.

③ 甘文波.我国改革动力的现实分析[D].长沙:湖南师范大学,2013.

三、改革动力的作用与特征

(一)改革动力的作用

对中国的改革而言,改革动力不仅是改革问题研究的一个重要热点话题,而且有其重要的价值与作用。首先,中国的各项改革都必须结合改革所具有的动力情况进行分析与研判,从而制定各项改革措施。相反地,如果缺乏改革动力的支持而盲目制定相应的改革措施,不但无法完成改革的目标和任务,也会严重打击改革者的改革信心,甚至使改革存在的各种痼疾更为稳固而难以根治。其次,动力有强弱之分,中国各项改革的动力也是如此,在深化各项改革进程中应准确把握改革存在的不同动力的强与弱,找到各项改革的切入点,采用稳进的方法并把控改革的力度,做到脚踏实地而又稳操胜券。相反地,如果忽视改革动力的强与弱,盲目强调改革措施的推进速度,结果只能是事与愿违。因此,研究改革动力的作用,对准确研判是否有动力支持及其动力的强与弱具有重要的现实意义。具体来说,改革动力的作用包括以下几点[①]:

1.基础性作用

改革动力是我国经济社会发展不可或缺的重要因素,是各项改革的基础,即"先有动力后有改革"。众所周知,小岗村农民为了填饱肚子私下进行的的土地承包掀开了我国改革开放的大幕,发展经济"填饱肚子"成为他们做出改革举动并藏于内心许久的动力之源,也为后期的改革开放奠定了坚实的基础,也萌发了改革开放的理念,为中国的改革开放发挥了基础性作用。

2.指导性作用

改革什么? 向何方发展? 动力本身就做出了明确的回答,即通过改革以憧憬美好的明天就是动力指导性所在,不仅指导人们采取科学、合理的且符合实际的有效办法,而且也为全国的改革开放实践提供指导帮助。因此,改革动力具有鲜明的选择改革发展道路和方向的特点,也就是指导性,可以说"动力所向改革所往"。

3.措施性作用

改革动力的措施性作用从改革思路到付诸实践的路径中体现出来,改革动力不仅限于改革冲动,是基于需求和目标的基础上,通过实际的改革想法、

---

① 甘文波.我国改革动力的现实分析[D].长沙:湖南师范大学,2013.

合理的改革路子、具体的改革措施,并能付诸改革实践,做到改革不空谈、不盲目时才构成"改革动力"。因此,改革动力具有鲜明的可操作性特点,即措施性,可以说"动力所规改革所举"。

(二)改革动力的特征

1.系统性

实现中国改革开放是一个系统工程,同样,改革的动力也是一个多层次、多角度和多范畴的综合系统[①],具体来说:从层次来看,中国的改革开放事业的所有动力源于自上而下不同层次部门、行业的相互作用,不管是促进作用还是阻碍作用都将其视为一个整体系统。与此同时,改革动力引发的改革效果也对社会各个层次及其个人产生作用。从更广的角度来看,中国的改革开放事业的动力主要来自人类、国际、国内、民族、自然界等不同角度的相互作用,不仅有人类发展的成功经验和失败教训的影响、国际国内各种因素的交织作用,也有民族历史沧桑与复兴的激励,自然界丰富多彩资源的吸引。从范畴来看,中国改革开放事业的动力源于经济、社会、政治、文化和生态等多个范畴,而改革动力有助于推动"五位一体"的中国特色社会主义事业的不断发展,以实现社会主义现代化和中华民族的伟大复兴。

2.长期性

长期性是指中国改革开放事业的动力始终存在于中国特色社会主义建设的进程中,不因改革开放事业的波澜起伏而消失,而是随着不同时期的改革状况随时调整重心并不断发挥作用。改革开放40多年来,中国发生了翻天覆地的变化,经济发展、社会稳定、人民安康即将实现小康社会。如今,建成富强、民主、文明、和谐的社会主义现代化国家的奋斗目标,实现中华民族伟大复兴的中国梦是党和国家面向未来的政治宣言。它着眼于坚持和发展中国特色社会主义,体现了中国共产党高度的历史担当和使命追求,具有长期性和艰巨性。因此,中国改革开放事业的长期性决定了改革动力永远在路上,没有终点并长期、动态的存在。

3.指向性

党的十八大报告提出"两个一百年"奋斗目标:第一个一百年,是到中国共产党成立100年时(2021年)全面建成小康社会;第二个一百年,是到新中国

---

① 姜国俊.行政改革动力学分析:文献梳理与领域拓展[J].上海行政学院学报,2010(5):30.

成立100年时(2049年)建成富强、民主、文明、和谐、美丽的社会主义现代化强国;并最终实现最高目标——共产主义。改革动力也始终围绕这些目标,长期坚定政治立场、明确政治方向、保持政治定力,坚持中国共产党的政治领导,这些为改革的实施以及改革动力的产生创造了条件。同时,中国共产党的根本宗旨是全心全意为人民服务,是改革开放事业的最终目标。对此,改革动力也要将着眼点落到为人民服务上,体现中国改革动力指向根本宗旨的特点。因此,中国改革动力具有明确的指向性。

四、新时代福建省深化公共体育资源优化配置改革动力研究必要性分析

公共体育资源优化配置改革就是对公共体育资源的重新整合与调配,即通过一定的方法与路径对利益进行重新调整。纵观历史发展,不外乎存在暴力与和平两种方法①,而福建省深化公共体育资源优化配置改革应是在中国特色社会主义道路下,采用以人为本的和平方法,充分展示改革的合法性、合理性、可操作性和效率性。研究改革动力不仅为福建省公共体育资源优化配置改革提供理论基础,也为公共体育资源的重新整合与调配奠定法理依据,以化解各利益主体的矛盾,畅通改革之路。因此,加强福建省深化公共体育资源优化配置改革动力研究有其必要性。

(一)公共体育资源优化配置改革动力研究有历史的必要性

福建省公共体育资源优化配置改革发端于1978年中国的改革开放,成为福建省改革浪潮的一个重要组成部分。改革开放伊始,解决物质匮乏问题成为福建省经济建设不可缺少的动力。然而,改革开放没有现成的教科书可以借鉴,只能摸着石头过河,边探索边总结,在取得经济快速发展的同时,也产生公共体育资源配置导致的不完善的利益分配局面。随着经济社会的逐步发展,其负面的影响日益显现,即基于人类对物质利益的过度追求,掌控着公共体育资源、处在物质利益分配优势位置的配置主体始终维护自身的物质利益分配局面,成为公共体育资源优化配置改革的一道屏障,构成了社会不和谐的主要因素。同时,公共体育资源优化配置改革动力在改革实践中的后劲不足,这同改革的顶层设计有关联。众所周知,经济体制改革成为改革的主战场,而政治体制改革则相对滞后。因此,加强福建省深化公共体育资源优化配置改

---

① 　杨军帅.当代中国政治体制改革的动力问题探析[D].济宁:曲阜师范大学,2012.

革动力研究,以冲破利益分配和政治体制改革的阻力,增强改革后劲是历史发展的必然选择。

(二)公共体育资源优化配置改革动力研究有现实的必要性

1978 年改革开放至今已有 42 个年头了,我国的经济改革取得了举世瞩目的巨大成就,成为世界第二大经济体,人民的生活有了翻天覆地的变化,中国人民从站起来到富起来,各项事业有了长足的发展,其中,用于体育事业发展的公共体育资源也日益丰富。但由于政府职能转变的滞后,公共体育资源配置的体制和机制不健全,政府的决策权、执行权和监督权之间没有形成相互协调和相互制约的运行机制,以致政府在公共体育资源供给中的主导作用没有真正发挥,公共服务职能没有真正体现,公共服务能力没有真正提高,市场在公共体育资源配置中的决定作用没有真正实现。从而出现福建省公共体育资源配置的数量不足、类型不多,城乡差异、区域差异显著,配置效率不高等问题,与人民的多元化、多层次的健身需要还有差距,与经济社会的发展以及人民的要求不相协调。因此,加强福建省深化公共体育资源优化配置改革动力研究,认真剖析福建省公共体育资源优化配置改革动力的分布、强弱以及迫切程度,以冲破权力结构调整和机制改革的阻力,增强改革后劲是现实发展的必然选择。

(三)公共体育资源优化配置改革动力研究有未来的必要性

党的十八大以来,中国取得了历史性变革和突破,实现从富起来到强起来的伟大飞跃,为解决人类问题贡献了中国智慧和中国方案。从改革开放 40 年历程和十八大以来 5 年取得的历史性成就和历史性变革的方位上,党的十九大报告提出了中国发展新的历史方位——中国特色社会主义进入新时代。展望新时代,站在"强起来"新的起点上,面对我国社会主要矛盾的转化,为夺取新时代中国特色社会主义伟大胜利,到本世纪中叶,把我国建设成为富强、民主、文明、和谐、美丽的社会主义现代化强国,不仅要开创性地创造更多的精神财富和物质财富以满足人民日益增长的美好生活的需要,也要提供更丰裕的公共体育资源以满足人民日益增长的健康需要。对此,面对新时代改革开放所赋予的新内涵、新特点,民主化、制度化成为新时代福建省公共体育资源优化配置改革的导向。民主化就是人民具有广泛参与公共体育资源优化配置改革决策,平等享有公共体育资源的权力,也是对公共体育资源配置权力进行制衡的有效手段,更是现代化国家所必备的条件;制度化就是要坚持和完善公共体育资源配置制度,以推进福建省公共体育资源配置的高质量发展,实现国家治理体系和治理能力现代化。因此,加强福建省深化公共体育资源优化配置改革动力研究,以冲破民主化和制度化改革的阻力,增强改革后劲是未来发展的必然选择。

五、新时代福建省深化公共体育资源优化配置改革动力分析

我国体育经过多次改革,其动力主要源于"自上而下"的行政体制的权威,在此过程中,因信息不对称的缘故,导致较少的社会力量参与福建省公共体育资源配置。进入新时代,我国体育改革步入深水区,涉及深层次的利益调整问题。对此,只通过政府"自上而下"的推进还无法实现,还必须借助"自下而上"的外源性动力,把政府的正确领导、社会组织的有效带动和个人的积极参与有机融合在一起,构建起"党委、人大、政府、政协、纪委、市场、社会"横向互动、"中央、省、市、县(区)、乡(镇、街道)、村(社区)"纵向互动,以及体育、文化、教育、卫生等不同行业间联合互动的网络治理体系。[①] 具体包括以下动力:[②③]

(一)自上而下的改革动力

1.党的决议

中国共产党是中国特色社会主义事业的领导核心,也是中国改革开放和社会主义现代化建设的见证者、领导者和组织者,处于国家政权体系的核心位置。通过中国共产党的历次代表大会对政府管理范畴的问题作出重大决策,并形成各种决议和决定等,对指导我国各项改革提供纲领性文件,为经济社会发展提供有力的"顶层设计"方案。例如,党的十一届三中全会作出改革开放的重大决策、党的十四大提出要建立社会主义市场经济体制的改革目标、十四届三中全会审议并通过《中共中央关于建立社会主义市场经济体制若干问题的决定》、十六届三中全会作出《中共中央关于完善社会主义市场经济体制若干问题的决定》、十八届三中全会作出《中共中央关于全面深化改革若干重大问题的决定》、党的十九大作出了中国特色社会主义进入了新时代、我国社会主要矛盾

---

① 刘亮.全面深化改革背景下我国体育改革的逻辑、目标、动力及路径[J].体育科学,2015,35(10):10-16.

② 刘兴鹏.我国地方政府职能转变的动力机制研究[D].武汉:武汉大学,2014.

③ 甘文波.我国改革动力的现实分析[D].长沙:湖南师范大学,2013.

已经转化为人民日益增长的美好生活需要和不平衡不充分的发展之间的矛盾等重大新论断,确定了决胜全面建成小康社会、开启全面建设社会主义现代化国家新征程的目标,对新时代推进中国特色社会主义伟大事业和党的建设新的伟大工程作出了全面部署等,均对我国全面深化改革问题作出了重大的战略部署,其中也涉及政府职能转变、资源配置改革等重大问题,对推动福建省体育事业的发展和公共体育资源的优化配置改革提供了决定性动力。

2.行政体制改革

行政体制改革是政治体制改革的一个重要组成部分,并伴随着政治体制改革实践而进行。我国改革开放和社会主义现代化建设的总设计师邓小平对于行政体制改革问题做了详尽的论述,认为改革内容包括:党政分开,着力解决党的领导问题;权力下放,着力解决中央与地方、地方与社会之间权力分配与协调的关系问题,这是中心环节;机构精简,着力解决结构、功能、运转和效率问题。我国改革开放以来的行政体制改革都是针对上述 3 项改革内容展开的,党的十八届三中全会要求,加快政府职能转变,优化政府结构,建立服务型和法治型政府。如今,政府注重权力边界的重新界定和政府的有效干预,开始实行"负面清单"和"权力清单"制度,以增强各级政府的责任意识,重视政府的顶层设计,即从整体与全局的高度进行规划设计,用最好的解决方式与实现途径来化解矛盾,尽可能地扩大公民、法人和其他组织行动的自由和自主选择的面,并借助各种通知、意见、指示、办法、规划等行政手段推进政府对公共体育资源的有效管理,如《福建省体育局门户网站管理办法》《福建省社会体育指导员发展规划(2011—2015 年)》等,逐步提高政府的公共体育服务能力,为福建省公共体育资源的优化配置改革提供了基础性动力。

3.财税制度

各级政府行使职能需要有一定的财力作后盾,尤其是政府提供公共体育资源需要花费大量的政府财政,因此国家的财税制度成为影响公共体育资源配置改革的一个重要因素,也成为中央约束地方政府的重要手段。改革开放之前,我国实行权力高度集中的计划经济体制,采用"统收统分"的财税制度,地方政府缺少财税的自主权,受制于中央政府。这种财税制度一方面导致中央政府的财政压力较大,另一方面也使地方政府缺乏强劲的改革动力。随着改革开放的不断深入,为了解决中央财政压力大的现实问题,以提高地方政府发展经济以及公共体育资源优化配置改革的积极性和主动性,依次对财税体制作了"分灶吃饭"和"分税制"的改革。其中,"分税制"的实施不仅增加了地方政府的财政收入,提高了中央政府的财政比例,提升了中央政府的宏观管理能力,也为中央政府约束地方政府且推进地方政府公共体育资源优化配置改革奠定基础。同时,在全国的财政中地方政府仅占较小的份额,中央政府的转移支付成为地方政府的财政来源,而专项转移支付明确了转移资金的具体用处和使用要求,为中央政府自上而下促进地方政府的各项改革提供了有效的制约工具,也为福建省公共体育资源优化配置改革提供了根本性动力。

4.改革意愿

众所周知,我国经济社会改革的动力部分源于基层及其广大群众,但在真正实践中还是通过政府体制内的力量来推动改革。我国的体制具有无可比拟的优势,诸如汶川地震的救灾、新冠肺炎疫情的防控等都充分体现了我国执政党人民至上、生命至上的执政理念,以及强有力的执行力;体现了我国集中力量办大事,不断深化改革的具有中国特色的制度优势。归根到底,关键就是政府要有改革意愿,尤其是中央领导集体要做好顶层设计。"顶层设计"属于工程学术语,是指运用系统论的方法,从全局的角度,对某项任务或者某个项目的各方面、各层次、各要素统筹规划,以集中有效资源,高效快捷地实现目标。"顶层设计"在中共中央关于"十二五"规划的建议中首次出现。这一新名词进入国家新五年规划,成为最高层次上寻求问题的解决之道,预示着中国改革事业进入了新的征程。做好顶层设计的关键在"顶层"二字①,要做好公共体育资源优化配置改革的"顶层设计"就要求福建省政府要当好"设计师",把好舵,特别是在公共体育资源优化配置改革进程中,要准确定位政府与市场关系,做到政府与市场不相互替代,防止市场失灵和政府失灵,避免因资源垄断导致的市场扭曲与外部性,从而减少政府行为的盲目性,以规避公共体育资源优化配置改革的风险,降低其成本,使福建省公共体育资源优化配置改革能真正落地实施,把政府的改革意愿作为福建省公共体育资源优化配置改革的战术性动力。

5.干部选拔任用制度

干部选拔任用制度是上级政府对下级政府施加影响的重要方式,也是中央政府从上到下促进地方政府各项改革的一个主要手段。目前,我国干部选拔任用制度包括选任制与委任制两种,其中,委任制在我国使用最为广泛,多数情况采取选举方式选出政府官员,有的通过上级政府事先委任再进行选举产生。这种干部选拔委任制度具有人治特点,给中央同地方,以及上级同下级之间的关系带来影响,即上级政府掌控了下级地方政府干部的任用及其提拔

---

① 吴新星.行政体制改革动力的宪法经济学思考[J].重庆科技学报(社会科学版),2011(10):128.

权力,对下级政府具有强制的约束力。因此,下级地方政府的领导干部无论是从公也好,还是从私也好,都不会作出公开反对上级政府的行为。反而是下级地方政府的领导干部为了服务群众,为了自身的发展积极支持和执行中央的决策部署。与此同时,因受这种干部委任制度的影响,地方同级领导干部之间存在人们常说的"晋升锦标赛"的激烈竞争。可见,这种自上而下的干部选拔任用制度是中央贯彻其意志,激励和促进地方政府执行中央政策的重要工具,也为福建省公共体育资源优化配置改革提供内源性动力。

6.监督制度

监督制度指的是上级政府对下级政府采取的直线监视、督促与管理,是上级政府作出的决定能一以贯之的重要手段。我国上级政府对下级政府的监督遵循"民主集中制"的组织原则,根据此原则,下级政府受上级政府的监督与领导,并对上级政府负责,这也为上级政府监督下级政府提供前提条件。具体体现在以下几方面:一是从党的角度来看,《中国共产党党内监督条例》中就党内监督的重要内容作了详细规定,制定了十项监督制度,包括民主生活会、巡视、诫勉、信访等上级党组织监督下级党组织的制度,为中央自上而下的监督提供条件与手段,也保证了中央的各项政策的贯彻落实奠定基础。二是从行政机构内部的角度来看,《中华人民共和国地方各级人民代表大会和地方各级人民政府组织法》为上级政府行政机关监督下级政府行政机关提供法理基础。其中,监督方式包括行政监察、视察、汇报、审计等。监督内容主要体现为下级政府贯彻落实中央及其上级政府的决策、命令、决定等情况。这其中也包括了对公共体育资源优化配置的改革政策落实情况的监督。因此,自上而下的监督有助于中央及其上级政府的政策能顺利实施落地,防止地方政府机会主义行为的产生,监督越全面、越严格,下级政府不作为、慢作为的行为就越容易发现。因此,同自下而上监督以及同一层次的监督相比,自上而下的监督能产生更好的效果,为福建省公共体育资源优化配置改革提供激励性动力。

7.法律法规

我国全国人大出台的各种法律、国务院编制的各种行政法规、国务院各组成部门出台的各种规章中,有许多都明确规定了地方政府的职能范畴及其行使方法。如,政府信息的公开是社会公众监督政府行为,规范政府执政,建立服务型政府的重要手段。过去由于法律不完善,各级政府信息公开的方式、内容及其范畴都较为随意,严重影响了政府信息公开的严肃性和权威性。对此,国务院在2007年1月17日出台了《中华人民共和国政府信息公开条例》,条例详细规定了政府信息公开的范畴、方式、程序及其督查与保障等内容,是各级政府信息公开的一个主要法律依据。与此同时,福建省体育局也颁布了《福建省体育局门户网站管理办法》《福建省体育局关于政府信息公开保密审查的暂行规定》等,其中,《福建省体育局门户网站管理办法》对职责分工、政府信息发布、互动交流管理、安全管理、绩效评估与奖惩等事项做了规定,从而加强和规范了福建省体育局门户网站的建设与管理。因此,法律法规对各级政府的日常管理产生权威性与制约力,将成为推动福建省公共体育资源优化配置改革的保障性动力。

(二)自下而上的改革动力

1.倒逼机制

随着我国市场经济体制的逐步完善,以及民主政治的深入推进,广大群众的改革意识较改革开放前相比有了较大的觉醒与转变。改革意识的觉醒实质上是企业、社会组织及其个人等社会力量对各项改革需要的觉醒,它是我国各项改革动力的根本所在。我国改革开放经过了四十多年的风雨历程,取得了举世瞩目的改革成就,归根到底,各项改革事业是人民群众的改革,人民群众的改革意识及其需要是改革动力的真正源头。然而,人民群众的改革意识对我国改革所起的作用是一个由量变到质变的过程,即随着人民群众需要的不断积累,对改革的期盼日益迫切,改革的意识逐渐上升,施加给政府的压力不断增强,从而形成了倒逼机制。"倒逼机制"就是把落实责任、解决问题和实现目标作为强有力的制约,以指引改革方向,制定改革措施,推动深化改革。正如习近平同志所指出的:"改革是由问题倒逼而产生,又在不断解决问题中得以深化。"纵观人类发展的历史,尤其是改革开放四十多年的历程可以看出,这种问题倒逼来自人民群众,特别是广大的知识分子等为了幸福生活和身心健康,为了实现健康中国战略而产生的意识觉醒,并通过报纸、杂志和网络等媒体渠道,以及人民代表大会制度、政治协商制度、信访制度、听证制度等制度,结合置身于中国改革开放的体会大胆地发出人民对健康的需要与深化公共体育资源优化配置改革的期盼,激发政府对民意的顺应,从而推动福建省公共体育资源优化配置改革的深入进行。可见,"民意醒则改革生"是对改革最好的诠释,人民群众改革意识觉醒的倒逼作用是福建省深化公共体育资源优化配置改革的最根本动力。

2.民主制约机制

倒逼机制客观地说是外部环境对政府施加影响的第一层面,但作为倒逼客体的政府能否及时对人民群众的诉求作出回应,外界环境对政府的倒逼力度有多大等,这些都是产生福建省公共体育资源优化配置改革动力的关键。外部环境对地方各级政府的掌控体现出社会对政府的制约,对于社会与政府的关系,恩格斯认为:"绝不是国家制约和决定市民社会,而是市民社会制约和决定国家。"①社会契约论者指出,政府是社会公众权利让渡的结果,可见,政府要对社会公众负责。而新制度经济学提出,社会公众同政府间体现的是委托与代理的关系,其中,委托人是社会公众,代理人是政府。因此,地方各级政府都受到社会的制约,从而保障政府必须及时回应社会对公共体育资源的诉求并改革公共体育资源的配置以满足其需求,这里的制约机制具体体现为民主政治体制。选举制作为民主政治体制的核心,社会公众通过选举选出政府官员,那么,政府官员就必须对社会公众负起责任,否则,对政府官员执政满意度不高的社会公众就有权力罢免这些官员,这正是民主政治的体现,也从根本上反映出政府官员的政治生命由社会公众所把控。例如,我国《中华人民共和国地方各级人民代表大会和地方各级人民政府组织法》对人民代表的选举作了明确规定,其本质就是社会对地方各级政府的制约。正因如此,地方各级政府都需要经常深入基层并虚心听取社会公众的意见,了解社会公众对公共体育资源的诉求,不断深化公共体育资源配置改革,为社会公众提供更丰富的公共体育服务。所以,倒逼机制要能产生作用,社会公众的利益表达要能落地实现,关键在于要建立社会对政府的制约机制,形成完善的民主政治体制,为福建省公共体育资源优化配置改革提供基础动力。

3.利益协调机制

利益协调机制是指对不同区域、不同城乡、不同个体的利益进行重新分配,做到和谐一致,所采用的制度化的方法配合得当。利益协调机制作为社会和谐机制的一个重要组成部分,通过实施科学、合理的社会利益协调机制,能够有效地协调与平衡利益主体与客体间的相互关系,约束利益协调主体与客体的逐利行为,促进利益协调主体与客体的友好合作。福建省在进行公共体育资源优化配置改革中,作为利益协调主体的地方各级政府要全面分析不同区域、不同城乡的政治、经济、社会、文化、生态的差异性,广泛收集不同利益客体对公共体育资源的诉求,并通过实施以下协调机制②:一是主客体平等机制,就是地方各级政府、社会组织、企业、个人等利益主客体都有平等的利益表达权利,建立比较公平的利益博弈机制。具体包括信息收集机制、利益聚集机

---

① 马克思恩格斯文集(第四卷)[M].北京:人民出版社,2009.
② 方振辉.农业转移人口市民化的利益协调机制[J].经济研究参考,2015(54):33-35.

制、诉求表达机制、施予压力机制、利益商讨机制、调整和评断机制等。二是包容机制,就是所有社会成员都能一起分享公共体育资源优化配置改革带来的红利,以消除社会不同阶层、不同群体的冲突与障碍,使所有社会成员都融入建设社会主义现代化国家的新征程中。三是成本共担机制,就是福建省在深化公共体育资源优化配置改革时,要明确各级政府、企业、社会组织及其个人的责任,构建合理的成本共担机制,制定公共体育资源配置最低标准,实施差异化的配置并采用差异化的财政转移支付和财政分担系统,做到"谁受益多,谁承担多"。四是人财结合机制,就是根据各市、县(区)、乡(镇、街道)、村、社区人口发展态势,以常住人口为依据合理安排各级公共体育资源配置的财政分配,不断完善财税制度,实现财政分配的动态化管理。五是人地结合机制,就是随着我国城镇化进程的不断推进,各市、县(区)等应把用地指标同农业转移人口进城落户的数量联系起来,并科学规划体育场馆建设的用地面积,保证人均场地面积的逐年提高。总之,通过实施利益协调机制,为福建省公共体育资源优化配置改革提供核心动力。

4.激励机制

激励机制是指通过特定的方法与管理体系,将员工对组织及工作的承诺最大化的过程。"激励机制"是在组织系统中,激励主体系统运用多种激励手段并使之规范化和相对固定化,而与激励客体相互作用、相互制约的结构、方式、关系及演变规律的总和。对于上述的三种机制,其实质上是社会建议地方各级政府实行改革而促使其作出回应的过程,可以说,它们更多是归为被动型的公共体育资源配置改革动力范畴。而激励机制主要是激发与引导地方各级政府的改革热诚并积极付诸改革实践。激励机制具有助长作用,即通过激励机制可以推动地方经济的快速发展以实现政府财政的最大化、促进社会的繁荣与稳定、为干部的升迁聚集资本、实现自我价值。激励机制具体包括精神激励、薪酬激励、荣誉激励、工作激励四种,每一种激励机制都由诱导因素集合、行为导向制度、行为幅度制度、行为时空制度、行为归化制度等因素构成,其中,诱导因素具有发动行为的作用,而后四种因素呈现导向、规范和制约行为的作用。可见,一个健全的公共体育资源配置改革激励机制必须具备上述五个方面因素,才能保证激励机制处于良性的运行状态。福建省地方各级政府在实施公共体育资源配置改革过程中,激励机制运行过程就是激励主体(主要指省级政府)同激励客体[主要指各市、县(区)政府]间互动过程,也就是通过相互交流、行为的选择、阶段性评价、终期评估和奖酬及其对比和再比较等五个步骤提高激励客体的改革积极性,为福建省公共体育资源优化配置改革提供内生动力。

5.监督机制

监督机制作为社会对地方各级政府产生作用的一种重要方式,包括系统内的自我监督和系统外的外部监督。其中,外部监督包括:一是社会公众的监督。所谓"社会公众监督"是指社会公众依据宪法和法律赋予的权利,以法律和社会及职业道德规范为准绳,对执政党和政府的一切行为进行监督。政府权力最终来自社会公众,它对政府赋有监督的权利,许多国家通过宪法来保证社会公众的监督权。如,我国宪法第41条对公民赋有的批评、建议、申诉、控告、检举、信访等权利作了明确规定。对此,借助社会公众的监督能够使政府的公共体育资源配置行为更为规范、更为廉洁、更为有效,也为服务型政府的打造奠定基础。二是社会团体的监督。所谓"社会团体"是指某一行业、职业、阶层或地域范围内的许多人,为某一非政权性共同利益而依法自愿形成并在法律范畴内进行独立活动的社会组织。① 与社会个体相比,社会团体具有较强的活动能力与利益聚集功能,监督作用能更好的发挥。我国的社会团体包括工会、妇联、共青团等,其通常借助参加人民代表大会、政治协商会议等方式来实施对政府的监督。三是新闻媒体的监督。所谓"新闻媒体的监督"是指借助广播电视、互联网、手机、报纸杂志等新闻媒介实行对政府的监督,主要通过民意调查、调查报告、政治评论、曝光等方法来引发社会团体、社会公众对政府行为的关切,从而间接地给政府带来了压力,并不断地改变政府的行为。因新闻媒体的高效监督而成为继立法、司法和行政之后的第四种权力。因此,通过新闻媒体监督可以为公共体育资源配置改革的畅达民意、维护权益和防止腐败等提供外在动力。

第五节　新时代福建省深化
公共体育资源优化配置改革之路

新时代福建省深化公共体育资源优化配置改革要实现最优化,需要各级政府的体育、教育、文化等相关部门,以及企业、社会组织和个人等树立"共建、共治、共享"的理念,勇于创新,发扬拼搏精神,大胆探索具有福建省特色与优势的公共体育资源优化配置改革之路,使福建省公共体育资源不仅在优质增

---

① 丁煌,陈世香.行政学原理[M].武汉:武汉大学出版社,2007.

量上有提升,而且在配置效率上有突破,做到公共体育资源供需的动态均衡,以满足人民群众日益增长的健康需要,为健康中国战略的实施,以及全面建设社会主义现代化强国奠定坚实的基础。具体来说,福建省深化公共体育资源优化配置改革要坚持走体制创新之路、机制创新之路、管理创新之路、制度创新之路。

一、新时代福建省深化公共体育资源优化配置改革的体制创新

福建省深化公共体育资源优化配置改革的体制创新着重强调行政体制的改革创新。行政体制的改革创新作为政治体制改革与经济体制改革的重要组成部分,是随着改革的不断深化以及社会主义现代化建设发展而逐步推进。习近平在党的十八届二中全会第二次全体会议上指出:转变政府职能是深化行政体制改革的核心,实质上要解决的是政府应该做什么、不应该做什么。重点是政府、市场、社会的关系,即哪些事应该由市场、社会、政府各自分担,哪些事应该由三者共同分担。这个问题,应该说我们党在改革开放一开始就认识到了。2016 年 3 月 5 日,习近平在参加十二届全国人大四次会议上海代表团审议时强调,深化经济体制改革,核心是处理好政府与市场关系,使市场在资源配置中起决定性作用和更好发挥政府作用。这就要讲辩证法、两点论。"看不见的手"和"看得见的手"都要用好。关键是加快转变政府职能,该放给市场和社会的权一定要放足、放到位,该政府管的事一定要管好、管到位,坚决扭转政府职能错位、越位、缺位现象。要深化行政审批制度改革,推进简政放权,深化权力清单、责任清单管理,同时要强化事中事后监管。2017 年 10 月 18 日,在党的十九次全国代表大会上,习近平指出,转变政府职能,深化简政放权,创新监管方式,增强政府公信力和执行力,建设人民满意的服务型政府。可见,行政体制改革不仅服务于经济体制改革的需要,也推进了政府职能的有效整合和政府管理方式的不断创新。因此,福建省深化公共体育资源优化配置改革的体制创新就是要做好政府角色的有效定位和政府的有效干预。

(一)新时代福建省深化公共体育资源优化配置改革的政府角色定位

新时代,随着福建省经济的快速发展,人民生活水平的逐步提高,人民群众健康意识的不断增强,对公共体育资源的需求不断增长同有限的公共体育资源供给的矛盾日益突出。要化解这一矛盾关键要转变过去单一的政府行政

计划下体育运转体制,对政府在配置公共体育资源时的责、权、利进行重新定位,更好发挥政府的主导作用,从全能型政府转变为服务型政府。

1.政府是深化公共体育资源优化配置改革的促进者

改革开放至今,我国政府的职能转变有了很大改进,过去计划经济体制下的全能型政府职能依然在经济社会的发展中发挥重要作用,但也在一定程度上影响了福建省公共体育资源优化配置改革的进程。进入新时代,随着公共体育资源配置中市场机制的引入,政府、企业、社会组织和个人之间的关系被赋予了新的含义,政府的角色和作用也呈现新的意义:一是,要强化政府职能的转变,明确政府职责,综合利用法律、信息等行政手段,提高政府运作市场经济的能力。二是在公共体育管理体制内部,正确处理好中央同地方各级政府、政府同学校的相互关系。同时,中央在向地方各级政府、学校下移管理权力时,也随之给其增加了责任与利益。在公共体育管理体制外,可以将体制内的一些权力分化给体制外的企业、社会组织,给企业、社会组织提供参与公共体育资源配置的空间。总之,公共体育资源配置的一些权力要下放给地方各级政府、学校,一些要下放给企业、社会组织,政府从全能型的直接管理转向服务型的间接管理,从行政审批转向编制规划、依法行政、政策引导和信息服务等间接管控,为福建省公共体育资源配置主体的广泛参与营造良好的政治环境。政府依然是公共体育资源优化配置改革的促进者。

2.政府是公共体育资源优化配置改革的监管者

公共体育资源是发展福建省公共体育事业的重要基础条件与实施手段,公共体育资源无论是数量、质量、类型等方面,还是使用效率方面,都对公共体育事业的发展产生重要影响。由于公共体育资源具有公共福利特点,政府在实行公共体育资源优化配置改革时,首先,要以维护广大人民群众的根本利益为工作的出发点,严把公共体育资源的配置关,制定严格的市场准入制度与标准,通过大数据对体育、教育等部门的体育场地、社会体育指导员、体育信息、体育制度等公共体育资源的配置情况实行定期或者不定期的动态检查,保证福建省公共体育资源的优化配置改革向市场化、规范化、合理化方向发展。其次,地方各级政府通过建立开放的信息反馈平台,广泛听取群众的意见,全面了解群众的诉求,为明确公共体育资源优化配置改革的目标与任务奠定基础。并将人民群众对公共体育资源配置的满意度作为政绩考核的重要依据,对考核的结果实行严厉的纠正与惩罚制度。最后,政府要把对公共体育资源优化配置改革的监督工作列入政府正常的工作范畴,并将其监督质量作为地方各级政府政绩考核的重要内容之一。

3.政府是公共体育资源优化配置市场的培育者

福建省公共体育资源优化配置改革的初衷就是增加公共体育资源供给，提高公共体育资源配置效率，以满足人民群众健康的需要。四十多年改革开放所取得的成就证明，计划经济体制下政府通过计划的方式配置公共体育资源在当时资源匮乏的背景下发挥了一定的积极作用，但也压制了企业、社会组织和个人参与公共体育资源配置的积极性，而且影响了公共体育资源的配置效率，也为体育、学校等领域的官僚主义思想的产生与蔓延提供了土壤。如今，市场在公共体育资源配置中的决定作用是经济社会发展的必然选择，要求政府权力的分化也是大势所趋，但并不等于政府完全放弃对公共体育资源配置的干预，而是要积极做好公共体育资源配置市场的培育工作。首先，从业人员要树立公共体育资源配置市场化发展理念，强化再教育培训，不断提高公共体育资源配置能力。其次，构建不同类别、不同层次的公共体育资源配置市场，以满足不同群体的需要，为公共体育的差异化服务奠定基础。再次，依然要增加公共体育资源建设的资金投入，为公共体育资源配置市场的建设创造厚实的资金支撑。接着，逐步完善公共体育资源配置运行机制，尤其要借助大数据动态分析手段，不断提高公共体育资源配置的科学化、智能化水平。最后，在法律与经济上加强对公共体育资源配置市场的支持、保护与管理。

4.政府是公共体育资源优化配置矛盾的调适者

在公共体育资源配置市场中，除了有市场经济的份额外，计划经济仍然占有一席之地。不仅有市场的影子，也有政府产生的影响，两者相互作用、相互影响，构成一个多元的配置主体网。在这个多元的配置主体网中，不同的配置主体存在不同的价值取向，无法做到完全的相互代替与重合，导致在公共体育资源配置过程中因价值取向的不同而产生相互的冲撞与矛盾。由于政府行为一般以公共利益为服务目标，并以强制手段（国家暴力）为后盾，具有凌驾于其他一切社会组织之上的权威性和强制力。同时，它由执行不同职能的机关，按照一定的原则和程序结成严密的系统，彼此之间各有分工，各司其职，各负其责。因此，对于这些矛盾，政府所具备的特点是最合适的矛盾调适者。一方面，政府可以凭借制度优势对公共体育资源配置市场中涉及的各个内容进行重新调整；另一方面，深入剖析公共体育资源配置过程中各要素间的矛盾，把竞技体育与学校体育、竞技体育与市场、学校体育与市场、市场与个人等之间产生的矛盾作为政府调适的内容，这有助于调和政府与市场间的矛盾，推动公共体育资源配置市场的可持续发展，逐步构建起竞争有序的福建省公共体育资源配置的良性循环机制，完成新时代福建省健康中国建设的历史使命。

5.政府是公共体育资源优化配置制度的制定者

新时代,市场在公共体育资源配置中起决定性作用,但也随之出现:体育资本在不同区域间、学校间和个人间产生公共体育资源配置的不公平;公共体育资源的准公共产品属性改变过去公共体育管理体制;多元体制下的各资源配置主体的法律地位发生了改变等问题,这些问题越发反映出制度性特点。新制度学认为,政府作为制度的主要来源,政府的行为与制度创新紧密相关,政府行为转变的快慢程度影响着制度创新的进程。随着市场在资源配置中起决定性作用,市场也认可多元化利益要求的存在,此时,政府要妥善处理好公平与效率问题。对于效率问题,主要借助市场来实现,政府通过解决市场的失灵问题来为市场负责;对于公平问题,政府通过保证社会的公平来为公众负责,保证公共体育资源配置的公平性是政府始终秉持的责任。对此,政府在进行公共体育资源的建设与投资时,必须结合国家发展需要、人民群众的需求、公共体育可持续发展的需要等,构建一个公平和谐的社会环境,使公共体育资源的总需求与总供给在数量与结构等方面达到均衡,实现福建省公共体育资源配置的高质量发展。与此同时,政府在配置主体关系的协调、规模效率的提高、结构布局的均衡、体育公平的促进等方面要制定相应的制度安排。

(二)新时代福建省深化公共体育资源优化配置改革的政府干预

福建省公共体育资源优化配置中出现的许多问题主要来自政府的失灵,也就是政府干预过度、不当或者不足造成的。对此,新时代福建省深化公共体育资源优化配置改革过程中,政府应实行有效的干预以解决公共体育资源优化配置中的现实问题,使政府成为真正的有为政府,不断提高各级政府治理公共体育资源优化配置的能力和体系的现代化。具体来说,政府可以从以下几方面进行干预:

1.创新方式,构建科学的公共体育资源优化配置共建体制

2016年7月1日,习近平在庆祝中国共产党成立95周年大会上指出,我们要把完善和发展中国特色社会主义制度、推进国家治理体系和治理能力现代化作为全面深化改革的总目标,勇于推进理论创新、实践创新、制度创新以及其他各方面创新。可见,创新是推进各项改革的第一动力,新时代福建省公共体育资源配置改革也要在创新上下功夫。特别是大数据、云计算、人工智能等技术的广泛运用,通过标准化、信息化对福建省公共体育资源配置的手段、评价与监督的创新,以及效能的提升都具有整体性、变革性和重塑性的作用。首先,创新配置手段。构建标准化的不同区域、不同类别公共体育资源配置的

普通模块和特色模块,并在各地组建全省联网的公共体育资源配置的大数据中心及其一体化信息平台,及时把握全省公共体育资源配置情况,结合群众所需因地制宜地选择配置模块,做到系统规划、统筹谋划。其次,创新配置评价。构建公共体育资源配置绩效评估系统,由专家组或者具有评估资质的社会中介机构定期或者不定期对福建省各市、县(区)的公共体育资源配置绩效进行评估与监控,并将评估结果信息上传一体化信息平台。最后,创新配置监督。一是要建立监督机构,明确监督行为,强化监督执法,形成机构合理、监督有力、办事高效的公共体育资源配置监督体制。二是优化监督手段,改变单一的行政手段管理公共体育资源配置,运用经济、法律、行政、规划和信息等手段对公共体育资源配置实行综合性管理。三是构建公共体育资源配置检查、评价与调控体系,强化公共体育资源的常态化评价,定期公布评价结果,及时调整与控制公共体育资源配置进程。四是构建公共体育资源配置的投诉、处理和仲裁等制度,促进福建省公共体育资源配置管理和绩效调控的科学化、制度化与规范化。五是强化监管人员的业务培训,增强责任意识,提高监管能力和水平。总之,新时代通过创新配置手段、配置评价、配置监督等方式,构建科学的福建省公共体育资源配置共建体制。

2.转变职能,构建协调的公共体育资源优化配置共治体制

公共体育资源配置是一项系统工程,不仅需要体育、教育、财政、建设、卫生等多个政府部门参与,还需要企业、社会组织和个人等社会力量共同来完成。公共体育资源公益性的特点决定了政府各部门在公共体育资源配置中所担任的角色,政府职能作用发挥的好坏直接影响了公共体育资源配置的成功与否。对此,政府各部门要一改过去的直接行政管理职能,应依据"服务型政府"、"责任政府"和"法制政府"的要求,着重做好公共体育资源的服务与监管职能,用经济、法律、信息等行政手段来履行政府职能,尤其要建立公共体育资源配置专家咨询委员会,并通过调研论证、群众参与、听证会、质询等渠道,科学编制中长期公共体育资源配置规划,做到"五个统筹",即统筹城乡发展、统筹区域发展、统筹经济社会发展、统筹人与自然和谐发展、统筹国内发展和对外开放。同时,建立由政府相关部门组成的领导小组,明确在公共体育资源配置中的职责,分清责任界限,确定责任清单,调整各方社会利益关系,建立协调机制,有力促进公共体育资源配置工作的顺利展开。最后,以公共体育资源治理结构改革为中心,要勇于探索政府、体育、学校和社会等共同参与公共体育资源配置的管理体制,由政府管理的事做好,由社会做的事要放手,做到政事分开、权责清晰,逐渐完善相互联系、相互协调、相互制约的"管、办、评"公共

体育资源配置结构,构建统筹协调、规范有序的福建省公共体育资源配置共治体制。

3.优化环境,构建多元的公共体育资源优化配置共享体制

为持续深化"放管服"改革以优化营商环境,更大激发市场活力,增强发展内生动力,2020 年 7 月 21 日,国务院办公厅发布《国务院办公厅关于进一步优化营商环境更好服务市场主体的实施意见》。所谓"营商环境"是指市场主体在准入、生产经营、退出等过程中涉及的政务环境、市场环境、法治环境、人文环境等有关外部因素和条件的总和。良好的营商环境不仅是地区经济软实力的重要体现,也是地区提高综合竞争力的重要方面,更是吸引投资的助推剂。为了鼓励和吸引社会力量积极参与福建省公共体育资源配置改革,应在优化环境上下功夫:一是优化政务环境。就是要着眼改变过去脸难看、门难进的办事风格,转变工作作风,简化办事程序,用微笑为群众办实事、解难事,营造规范有序、高效廉洁的政务环境。二是优化市场环境。就是要着眼 4 个导向,营造公平、公正的市场环境。首先,是问题导向,着眼社会力量在市场竞争中遇到的难点、痛点,以及反馈的重点和急点问题,实施精准发力策略。其次,是根本导向,就是要着眼重实效的调查研究,注重系统分析,发力研究,问题的解决方案要能落地见成效。再次,是需求导向。就是要着眼重视社会力量的需求,重点研究政策需求、服务需求。最后,是效果导向,就是要着眼群众的满意度作为一切工作的出发点和落脚点。三是优化制度环境。就是要着眼完善公共体育资源配置的法律制度,出台土地、税收、金融等优惠政策,营造保障有力、措施到位的制度环境。四是优化自然人文环境。就是要着眼改善人类赖以生存的自然环境,减少环境污染。同时,把培育和践行社会主义核心价值观同各级政府的行政管理、行业管理和社会管理结合起来,营造生态美、人美的自然人文环境。

二、新时代福建省深化公共体育资源优化配置改革的机制创新

福建省深化公共体育资源优化配置改革的机制创新主要是指政府责任管理机制的创新,它是各级政府责任能否实现的关键。作为一种"交互式安排"的政府责任管理机制,体现的是将政府同群众互换一些权力,促使政府能及时回应群众要求,以防政府的权力危害了群众的利益。[①] 对此,杜恩等认为:"责

---

① 李蔬君.当代中国政府责任问题研究[D].北京:中共中央党校,2006.

任机制在民主政策中的最终目的在于确保政府对公民偏好和需要的回应。"①
政府责任管理机制作为一个系统,为保证政府责任能有效落实,应着力创新如
下几种责任管理机制②:

(一)政府官员问责机制

政府官员问责制是为增强官员的责任感而设置的一道"紧箍咒",从而使
这些人民公仆真正做到"权为民所用,情为民所系,利为民所谋"。所谓"政府
官员问责"是指依据宪法和法律,政府官员必须承担各自所应承担的责任,包
括道义责任、政治责任和法律责任。同时,政府官员还必须接受来自内部和外
部的监督,以保证责任的落实。对此,2004 年 4 月 8 日,中共中央办公厅出台
的《党政领导干部辞职暂行规定》指出,领导干部必须为自己拥有的权力承担
相应的责任,所有重大事件或事故的责任一旦明确,就必须有人为此辞职。因
此,政府在配置公共体育资源时,必须实行问责机制,即通过实行政府官员权
力所对应的公共体育资源配置责任追究或者承担机制,增强政府官员的公共
体育资源配置责任意识,保证政府官员能依法行政,确实维护广大群众分享公
共体育资源的切身利益。

(二)政府信息公开机制

政府公开信息是约束政府权力,落实政府责任,解决政府与群众信息不对
称的有效机制。所谓"政府信息公开"是指行政机关主动公开在履行职责过程
中制作或者获取的,以一定形式记录、保存的信息。对此,2007 年 4 月 5 日,
国务院发布了《中华人民共和国政府信息公开条例》,该条例对信息公开的范
围、公开的方式和程序、公开的监督和保障等内容作了详细规定,为各级政府
信息的公开提供指导。因此,为了保障政府配置公共体育资源信息的主动公
开,各级政府不仅要搭建全省联网的一体化信息平台,不断完善公共体育资源
配置信息公开制度,而且要实行电子政务,及时发布公共体育资源配置信息,提
高政府管理公共体育资源配置的透明度。同时,通过信息平台广泛宣传公共体
育资源配置政策,广泛听取群众的新要求、新期盼,做到问需于民、问计于民。

---

① 　[美]珍妮特·V.登哈特,罗伯特·B.登哈特.新公共服务:服务,而不是掌舵(中译本)
　　[M].丁煌,译.北京:中国人民大学出版社,2004:130.
② 　李洪波.城市社区公共体育资源合理配置研究[M].济南:山东人民出版社,2015:150.

(三)群众参与机制

各级政府落实公共体育资源配置责任不仅需要社会各界的广泛支持,而且需要基层广大群众的参与和监督,保障群众的知情权、参与权、表达权和监督权。要实现广大群众参与政治的有序化和常态化,并有效地对政府的行为施加影响,必须创新群众参与福建省公共体育资源优化配置改革的机制。一方面,政府在制定公共体育资源配置政策、规划和做出决策前,要深入调查研究,并通过搭建网络、微信等信息反馈平台,以及举办公开听证会、质询会等互联网时代群众工作机制,广泛听取基层群众、专家学者的意见与建议,将存在问题的解决端口前移,保证制定的公共体育资源配置政策、规划和做出的决策符合群众的利益,满足公共体育事业发展的需要。另一方面,发挥社会体育组织的作用,把个人的所需、所盼通过社会体育组织的呼吁,以达到政府的重视和问题解决的目的。同时,还可以借助选举投票、信访办等法定渠道,及时对政府在配置公共体育资源时存在的问题进行质询和提出意见,为公共体育资源配置事中存在问题的解决提供帮助。

(四)区域协调发展机制

在党的十九大报告中,习近平总书记强调指出:"实施区域协调发展战略""建立更加有效的区域协调发展新机制"。这是对福建省公共体育资源区域协调发展提出的新部署和新要求,也是新时代解决人民日益增长的健康需要同公共体育资源配置的不平衡不充分之间矛盾的重要途径,对加快福建省现代化经济体系的建设,促进福建省公共体育资源配置的高质量发展、实现"两个一百年"奋斗目标,具有重大的指导意义。要实现福建省公共体育资源配置的高质量发展,不仅要实现公共体育资源的扩容和增效,还要实现区域公共体育资源的特色发展、差异发展和协调发展,产生"联动效应",最后实现福建省公共体育资源配置的全面发展。对此,要建立健全公共体育资源区域协调发展机制体系①:首先,要创新市场机制,使其作用能得到充分发挥,以冲破妨碍区域公共体育资源要素流动的屏障,构建完善的区域公共体育资源要素市场体系,搭建开放、统一的公共体育资源要素市场,推动公共体育资源要素的有序、自由和全面流动,不断提高体育公共体育资源要素的配置效率与公平性。其次,创新区域间的协作机制,即要充分发挥各市、县(区)的比较优势,从点、线、

---

① 姚鹏.区域的比较新优势及区域的协调联动路径[J].区域经济评论,2018(6):36-43.

圈、面全方位、多层次进行区域协作,以实现优势互补、互利共赢。从而推动企业的跨区域发展,引导体育产业的跨区域转移。再次,要创新区域间公共体育资源建设的互助机制,即由福建省经济水平较高、公共体育事业发展较快的市、县(区)对欠发达的市、县(区)进行公共体育资源建设方面的对口援助与对口帮扶,以促进欠发达市、县(区)公共体育事业的发展。最后,要创新区域间的补偿机制,遵循受益地区补偿,保护区域得到补偿的原则,以推动区域间的利益协调与均衡。

三、新时代福建省深化公共体育资源优化配置改革的管理创新

管理创新(management innovation)是经济学家约瑟夫·熊彼特于1912年首次提出的"创新"概念。管理创新是指在特定的时空条件下,通过计划、组织、指挥、协调、控制、反馈等手段,对系统所拥有的生物、非生物、资本、信息、能量等资源要素进行再优化配置,并实现人们新诉求的生物流、非生物流、资本流、信息流、能量流目标的活动。它是企业或者组织把新的管理要素(如新的管理方法、新的管理手段、新的管理模式等)或要素组合引入企业或者组织管理系统以更有效地实现组织目标的活动,具体包括管理思想、管理理论、管理知识、管理方法、管理工具等的创新。本研究将风险管理的理论与方法引入公共体育资源配置风险管理中,以促进福建省深化公共体育资源优化配置改革的管理创新,实现福建省公共体育资源优化配置治理能力和治理水平的现代化。

(一)公共体育资源优化配置风险的定义与特征

1.公共体育资源优化配置风险的定义

公共体育资源优化配置风险指政府、社会团体、企业和个人在公共体育资源优化配置过程中,由于受到各种风险因素的影响和作用,使公共体育资源优化配置结果与预期结果产生偏差而造成损失的不确定性。公共体育资源配置风险是由各种主客观因素引发的,从资源配置主体开始涉入此项工作,就充满各种不同的资源配置风险及风险组合,只是它们出现的概率和产生的影响各不相同。

2.公共体育资源优化配置风险的特征

公共体育资源配置风险作为体育风险的重要组成部分,除了具有体育风险的潜在性、客观性、无形性等一般特点外,由于许多难以预测和控制的因素

都会导致公共体育资源损失事故的发生,因而公共体育资源配置风险有其独特性。

(1)复杂性

公共体育资源配置是一个系统工程,不仅涉及对管理者、社会体育指导员的管理,还涉及对体育场地资源、体育信息资源、体育财力资源、体育制度资源等的管理,只有上述各子系统实现安全、正常、协调的运转,才能保证整个公共体育资源配置正常顺利实施,尽可能地避免和减少公共体育资源配置风险事故的发生。但有时,突发的主客观因素也对公共体育资源配置产生复杂而又不同程度的影响,常常造成公共体育资源的浪费、配置效率的低下而导致财产和生命严重的损失。可见,公共体育资源配置风险发生的风险因素有其复杂性。

(2)时滞性

时滞性体现在内在和外在两方面,从外在来看,就是从发现问题到决策执行之间有时差;从内在来看,就是从执行到起到作用的时间。同样的,政府在发现公共体育资源配置存在问题到做出决策并执行之间有时差;从公共体育资源配置的实施到效果的出现之间有时差。正是由于公共体育资源优化配置存在时滞性,导致公共体育资源优化配置风险的时滞性也很突出,特别是体育场地资源、体育人力资源从建设到配置风险的出现时间较长,事前无法预测风险的发生频率和程度,这也为公共体育资源优化配置风险的控制带来了困难。

(3)难控性

目前,我国公共体育资源配置的主体主要以各级政府的体育、教育等相关部门为主。由于市场机制还不完善,公共体育资源配置信息平台的建设还相对滞后,政府部门对大数据的分析和运用还很缺乏,信息的不对称依然存在,广大群众对公共体育资源的需求、建议和意见无法及时送达政府部门,对公共体育资源优化配置的事前、事中和事后的有效监管还很薄弱,对引发公共体育资源优化配置风险的风险因素难以及时消除,以致公共体育资源优化配置的科学性、客观性不足,从而导致公共体育资源优化配置风险事故的发生。

(二)公共体育资源优化配置风险管理

公共体育资源优化配置风险管理主要是在公共体育资源优化配置中对引发公共体育资源和生命损失发生的不确定因素进行全面识别、客观评估、有效应对并对应对效果进行检查与评价,尽可能避免和减少公共体育资源浪费、配置效率低下所带来的财产和生命损失,缩小公共体育资源配置风险管理预期目标同客观实际结果间的差距。

　　由于研究角度、适用范畴和精细程度等差异,公共体育资源优化配置风险管理程序也不同。本研究结合风险管理理论、资源配置特点及其研究需要,将公共体育资源优化配置风险管理程序分为公共体育资源优化配置风险识别、公共体育资源优化配置风险评估、公共体育资源优化配置风险应对和公共体育资源优化配置风险管理检查与评价 4 个步骤,基本程序图如图6-1 所示。

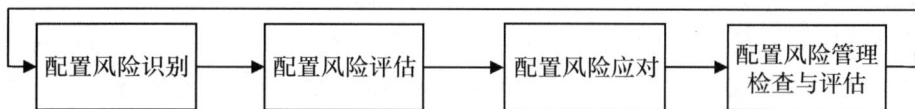

```
┌──────────────┐    ┌──────────────┐    ┌──────────────┐    ┌──────────────────┐
│  配置风险识别  │──▶│  配置风险评估  │──▶│  配置风险应对  │──▶│  配置风险管理     │
│              │    │              │    │              │    │  检查与评估       │
└──────────────┘    └──────────────┘    └──────────────┘    └──────────────────┘
```

图 6-1　公共体育资源优化配置风险管理的基本程序

1.公共体育资源优化配置风险识别

　　公共体育资源优化配置风险管理首先要解决风险识别问题,只有客观、全面地分析公共体育资源优化配置中存在的风险因素,才能对这些识别出的风险因素进行评估,并结合公共体育资源管理自身实际采取相应的有效应对举措。公共体育资源优化配置风险纷繁复杂、扑朔迷离,给识别工作带来很大的难度。在阐释风险识别的概念、基本原理、基本方法、基本原则的基础上,系统地查找公共体育资源优化配置风险因子,并初步建构公共体育资源优化配置风险识别框架体系。

　　(1)公共体育资源优化配置风险识别的定义

　　公共体育资源优化配置风险识别是风险管理的前提,也是风险管理最关键的一环。所谓公共体育资源优化配置风险识别是指采用科学的、系统的方法,分析和探究公共体育资源配置管理活动所体现的大量、可靠的信息材料,认清存在的公共体育资源优化配置损失风险因素和可能造成的后果,进而判断和辨识公共体育资源优化配置管理活动现实存在或预测未来可能发生风险的过程。概括地说,公共体育资源优化配置风险识别就是风险感知的过程,是人的主观认识与客观资源配置风险相融合的过程。

　　(2)公共体育资源优化配置风险识别的基本原理

　　在公共体育资源优化配置风险识别时,首先,要认识到公共体育资源优化配置风险识别是一个复杂的系统工程。一是,由于人在感知公共体育资源优化配置风险时认识的角度和程度不同,对公共体育资源优化配置风险的控制能力存在差异,所处的环境不同,人的心理过程和个性心理也有所区别。二是,公共体育资源配置风险有的是显性的,可以直接发现;有的是潜在的,需要预测。每一种公共体育资源优化配置风险因素所导致的损失程度也各不相同。因此,正是人的主观认识和客观的公共体育资源优化配置风险自身的复杂特点,给公共体育资源优化配置风险的识别带来很大的困难,必须全面、综合地对待和认识该风险,以防认识的简单化、单一化。其次,公共体育资源优化配置风险识别是一个长期的、持续的过程。由于人的主观认识和客观的公共体育资源优化配置风险是经常变化的,人在感知公共体育资源优化配置风险的过程中要反复、多次地了解和发现该风险因素的变化情况和发展的态势,掌握该风险因素的变化可能带来的损失,识别新风险,及时妥善地调整应对方法与措施,为后续的公共体育资源优化配置风险评估、公共体育资源优化配置风险应对和公共体育资源优化配置风险管理检查与评价创造良好的条件。否则,就有可能给组织或个人造成不必要的损失。

对此,公共体育资源优化配置风险识别的过程,就是把风险因素分割成许多简单而又易于辨识和判断的基本单元并加以分析的过程。具体步骤包括信息资料的收集和整理、分析和探究损失性、确定公共体育资源优化配置风险事故、形成公共体育资源优化配置风险识别报告书等。要做好公共体育资源优化配置风险识别工作必须注意以下几点:第一,信息资料收集的全面、客观、及时、准确;第二,树立风险识别的长期性、连续性、艰巨性的思想;第三,做到人人参与、系统运作。

(3)公共体育资源优化配置风险识别的基本原则

①全面性原则

任何一个外显或潜在的公共体育资源优化配置风险因素都可能引发损失事故的发生,在进行公共体育资源优化配置风险识别时,就要客观、全面地鉴别出影响公共体育资源优化配置的风险因素,避免因管理者的主观臆断而遗漏一些风险因素,最后导致财产和生命的损失,特别要重视关键风险因素的识别。

②目标性原则

公共体育资源优化配置管理涉及面较为广泛,是一个多因素、多结构和多层次的系统工程。公共体育资源优化配置风险的发生常常是由许多因素引发的,一个风险源也许会产生多种结果,以致在公共体育资源优化配置风险识别时会出现风险因素重叠、交叉与遗漏现象。因此,风险的识别应根据公共体育资源优化配置风险管理目标逐层展开,通过目标来查找目标损害因素,而后由目标损害因素来查找风险因素,就能够较为全面地识别出公共体育资源优化配置风险因素。因此,目标是公共体育资源优化配置风险识别的着眼点。

③系统性原则

公共体育资源优化配置风险的产生不是单方面的,而是受许多相关联的要素及其内外环境的影响。在风险识别时就要从公共体育资源优化配置管理活动的全局出发,结合公共体育资源优化配置风险管理目标,从与公共体育资源优化配置风险管理相联系的人、财、物、信息和制度等入手,系统地分析可能造成公共体育资源损失的各种风险因素,保证公共体育资源优化配置风险识别的总体化、综合化。

④重要性原则

为了保证公共体育资源优化配置管理活动有一个安全环境,风险管理人员应遵循重要性原则,即在风险识别时要有侧重点,尽可能以最低的成本取得最佳的效益,避免和减少风险带来的损失,重要性原则体现了风险识别的效率。因此,要结合公共体育资源的实际情况,选择并采用效率最优的识别方法,在全面识别风险因素的基础上,通过排序选择较为重要的风险因素进行分析,以节约成本,提高公共体育资源优化配置风险识别的效率。

(4)公共体育资源优化配置风险识别的基本方法

风险识别方法是人们在长期风险管理的实践中形成和发展起来的,每一种风险识别方法都有各自产生的历史背景和环境条件,都有适合的领域和对象。根据体育的特点,现介绍几种适合体育领域运用的风险识别方法,风险管理者可以根据需要选择一种或几种方法进行识别。

①现场调查法

现场调查法是风险管理者直接到现场调查和访问,及时发现问题并反馈调查情况,是对风险的全面调查。具体步骤为:

首先,做好调查前的准备工作,包括确定调查对象与调查时间、设计调查表(内容涉及调查对象的名称、年限、职能、目前情况、故障情况与采取的措施等事项)。

其次,实施现场调查和访问,并认真填写调查表。

最后,反馈调查的结果,特别是调查中出现的突出问题。现场调查法可获得第一手材料,能与基层人员形成良好的人际关系。

②专家调查法

专家调查法就是咨询从事体育风险管理的管理人员、技术人员和研究学者等专家,归纳、整理和分析上述专家的反馈意见,初步确定引发公共体育资源优化配置的风险因素,并请专家与管理人员对公共体育资源优化配置存在的风险因素与风险事故的关系进行判别,最终编制公共体育资源优化配置风险因素检查表。具体包括德尔菲法与头脑风暴法。

德尔菲法,又称专家预测法[1],是一种简单、实用且运用广泛的识别方法,常在研究对象复杂且无法采用分析的方法进行识别时采用。该方法主要通过多次召开专家会议或问卷调查的方式获取专家对风险可能存在的意见,并对每一次意见进行整理、分析和总结,最后识别出风险。该方法能充分发挥专家的知识和经验,提高识别的可靠性。

头脑风暴法,20 世纪 70 年代末,头脑风暴法传入我国,因操作简单被广泛应用到各个领域。该方法主要由具有体育风险管理的实践和理论研究的专家 10 人左右组成专家小组,针对确定的主题召开专题会,每一位专家都充分发表个人意见,激发参会者的积极性和创造性,提出尽可能多的意见,最后,由会议主持人总结本次会议得出的几条结论。

③事故树法

事故树法(Fault Tree Analysis)又称故障树法[2],已在风险辨析中被广泛地采用。就是从位于上端的结果入手,分析和列举位于下端的引起故障发生的各种原因,进而识别出风险。因事故树法将影响管理目标实现的各种因素和相互间的因果关系都清晰体现出来,直观明了,便于深入地定性和定量分析风险。

首先,事故树法采用图表的方法对引发事故的各种原因逐一分解,对事故树中所有列出的事故原因进行研究,可以得出最重要的事故所在。可见,事故树法是风险识别的一种有效工具,由结果入手分析原因,并进一步识别出繁杂系统中的风险。

其次,对事故树法的定量分析,即全面查找一切可能性和相互间的内在关系,并标识出各种可能性概率与各种可能性所带来的效益,随后进行综合计量,最终得出风险产生的总概率,这就形成概率树或者决策树。

最后,通过事故树法还有助于灵敏度的分析,即主要风险因素的分析。同时,还可采用子路径的最小割集分析来断定系统的危险度,采用最小径集分析查找风险控制的最优措施。

① 王凯全.风险管理与保险[M].北京:机械工业出版社,2008:33-43.
② 卓志.风险管理理论研究[M].北京:中国金融出版社,2006:43-46.

④列表检查法

列表检查法又称安全检查表法或风险检查表①,就是用事先已列出风险损失清单、潜在风险和资产等内容的调查表对主要风险逐一检查以发现风险。检查表可以为制式表格,也可以为专用表格。其中,制式表格多数由风险管理或者保险咨询的机构与专家提供,表格内容有已识别出的最基础的各种损失风险,有助于管理者参照检查并及时发现风险。也可以将潜在风险与资产一一列出,若将损失风险、潜在风险及其资产等结合使用,更有助于全面地认识和理解风险。专用表格只针对某一特定的企业使用,主要是企业的风险管理人员结合自身特点与资产情况而编制的风险一览表。因此专用表格更加体现企业特有的风险,针对性强。本研究采用针对公共体育资源优化配置风险的专用检查表。依据系统分析的思想,在前期收集大量资料以及实地调研的基础上,通过系统分析引发公共体育资源优化配置风险的各种风险源,初步编制了公共体育资源优化配置风险检查表,并邀请具有体育风险管理实践和理论研究经验的权威专家和管理者组成专家咨询小组,由每一位专家和管理者对检查表提出意见和建议,随后对这些意见和建议进行归纳、总结和分析,不断对检查表中的风险因素进行修改、补充和完善。具有用途广泛,操作简便,便于跟踪和调整的特点。

除了上述方法外,还有流程图法、结构分解法、情景分析法、环境扫描法、财务状况分析法、可行性研究等其他风险识别的方法,这里就不逐一介绍。结合研究的需要,主要采用"列表检查法"对公共体育资源优化配置风险进行识别。

(5)公共体育资源优化配置风险源分析

公共体育资源优化配置风险识别前,关键要从理论与实践上对造成公共体育资源优化配置损失事故发生的各个风险源进行全面、系统的客观分析。本研究基于人、财、物以及其他方面对风险事故作梳理和总结,查找导致公共体育资源优化配置损失的各类风险源,为建构公共体育资源优化配置风险识别框架体系奠定基础。

①风险源的定义及其分类

风险源(sources of risk)是指那些可能导致消极后果或积极后果的因素和危害的来源②,是风险内部所具有的本质特征,而风险因素、风险事故与风

① 卓志.风险管理理论研究[M].北京:中国金融出版社,2006:43-46.
② [美]C.小阿瑟·威廉斯,迈克尔·L.史密斯,彼得·C.扬,等.风险管理与保险[M].马从辉,刘国翰,译.北京:经济科学出版社,2000:63-65.

险损失是风险的外部表现。

风险源主要由风险类型和风险因素构成,一般来说,人类主观认识的局限性、应对风险能力的有限性以及客观事物变化的不确定性是导致风险发生的主要来源,因此,概括起来,风险源主要包括主观风险源和客观风险源两种。其中,客观风险源有自然环境和人为环境两种,人为环境包括社会环境、政治环境、经济环境、法律环境和操作环境等。

②公共体育资源优化配置风险源

确定公共体育资源优化配置风险源可以从形成公共体育资源优化配置风险的来源出发,对造成公共体育资源优化配置损失的风险因素进行归类,得出"公共体育资源优化配置风险源"。

根据影响公共体育资源优化配置的因素分析,导致公共体育资源优化配置风险的风险源包括公共体育资源配置主体产生的风险源和公共体育资源自身产生的风险源两大类型,其中,公共体育资源配置主体产生的风险源主要指管理风险,而公共体育资源自身产生的风险源主要指公共体育人力资源优化配置风险(主要是指社会体育指导员)、公共体育物力资源优化配置风险(主要是体育场地)、公共体育财力资源优化配置风险、公共体育信息资源优化配置风险和公共体育制度资源优化配置风险5种类型。每一种风险类型都包括许多具体的风险因素,风险因素能否列举全面会直接影响风险识别的效果。因此,在收集公共体育资源优化配置风险因素时,通过中国知网、中国期刊全文数据库、万方数据资源系统、网站等渠道检索、收集和阅读有关体育资源配置、公共体育资源配置等期刊、硕博论文等文献资料,并阅读了许多相关图书,如《城市社区公共体育资源合理配置研究》《中国体育资源配置效率研究》《我国城乡公共体育资源配置公平性评估研究》等。经过收集和整理,初步确定管理风险因素6项、公共体育人力资源优化配置风险因素6项、公共体育物力资源优化配置风险因素7项、公共体育财力资源优化配置风险因素7项、公共体育信息资源优化配置风险因素4项和公共体育制度资源优化配置风险因素5项。

为了使初步确定的公共体育资源优化风险因素尽可能全面、准确,采用专家调查法,征求专家对初步确定的"风险类型"和"风险因素"的意见。综合专家反馈的意见,在管理风险因素中,增加"管理者的管理能力";在公共体育物力资源优化配置风险因素中,增加"体育场地配置的智能化";在公共体育财力资源优化配置风险因素中,将"体育融资成本"改为"体育资金配置成本","体育融资时间"改为"体育资金配置时间";在公共体育制度资源优化配置风险因素中,增加"体育制度的监控机制"。调整后公共体育资源优化配置风险包括6种风险类型,每一种风险类型又有不同的风险因素组成,风险类型和风险因素构成了"公共体育资源优化配置风险源"(见图6-2)。

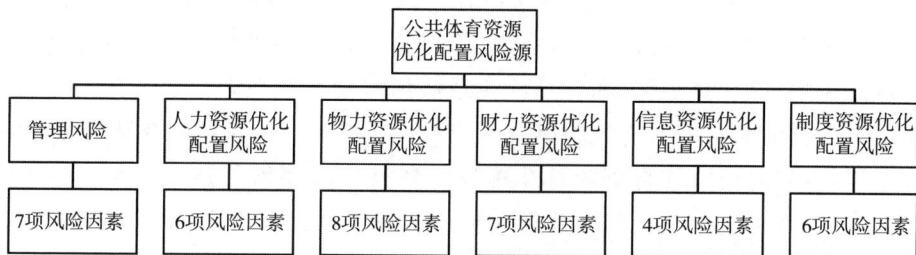

图 6-2　公共体育资源优化配置风险源

③公共体育资源优化配置风险识别

为了使识别出的公共体育资源优化配置风险因素更加客观、全面和系统,在已确定的公共体育资源优化配置风险源的基础上,本研究进一步采用"风险检查表"的方法来识别公共体育资源优化配置风险因素,就是将可能引发公共体育资源配置损失的所有潜在风险分类列在表上,由具有管理实践经验的管理者和理论研究的专家对其进行识别,通过归纳和统计后确立公共体育资源优化配置风险因素,并编制《公共体育资源优化配置风险检查表》,便于管理人员、专家对风险类型和风险因素一一进行对比检查,统一识别出显性、已认识到的风险和隐性但可以预测的风险,进而判断是否存在检查表上列出的风险。

在编制《公共体育资源优化配置风险检查表》的过程中,严格按照风险检查表编制要求认真做好编制工作。为了保证《公共体育资源优化配置风险检查表》的有效性,根据已初步确定的"公共体育资源优化配置风险源",编制《公共体育资源优化配置风险检查表(1)》,并对检查表的信度和效度进行检验,结果表明,该问卷是有效、可靠的,能满足研究的需要。随后,让高校的专家和三明市体育局、南平市体育局、清流县文化体育旅游局、建瓯市文化体育旅游局、德化县文化体育旅游局等体育管理者分别对检查表中列出的六类风险的风险因素进行识别,即对公共体育资源优化配置的各种风险因素与造成配置损失的风险事故"密切"关系一一进行判定,为最后编制正式的《公共体育资源优化配置风险检查表(2)》奠定基础。

对管理者和专家进行问卷调查所回收的问卷进行统计显示,全部被调查者都认为"体育场地配置分布""社会体育指导员配置分布""社会体育指导员配置质量""体育制度的执行力"4项风险因素与造成风险事故的关系"密切",大部分被调查对象认为"体育场地配置的智能化""体育资金配置时间""体育信息传播反馈""体育制度的宣传力度"4项风险因素与造成风险事故的关系为"一般",只是在"公共体育资源配置监控系统""体育场地配置规模""体育资金配置来源""社会体育指导员继续教育""体育信息传播时间"5项风险因素与造成风险事故的"密切"和"一般"关系认识程度上存在差异,大部分被调查对象认为其他风险因素与风险事故的关系为"密切"。从问卷调查结果统计可以看出,专家对公共体育资源优化配置的各种风险因素与造成风险事故"密切"关系的认识基本上与基层管理人员的认识相吻合。总之,前期所收集、整理的公共体育资源优化配置风险类型和风险因素较为全面,所编制的《公共体育资源优化配置风险检查表(2)》可以满足公共体育资源优化配置风险识别的需要。

④公共体育资源优化配置风险因素检查项目

在编制《公共体育资源优化配置风险检查表(2)》时,基于风险因素存在的不利因素导致损失的视角,提出公共体育资源优化配置风险检查的详细项目,具体见图6-3至图6-8。

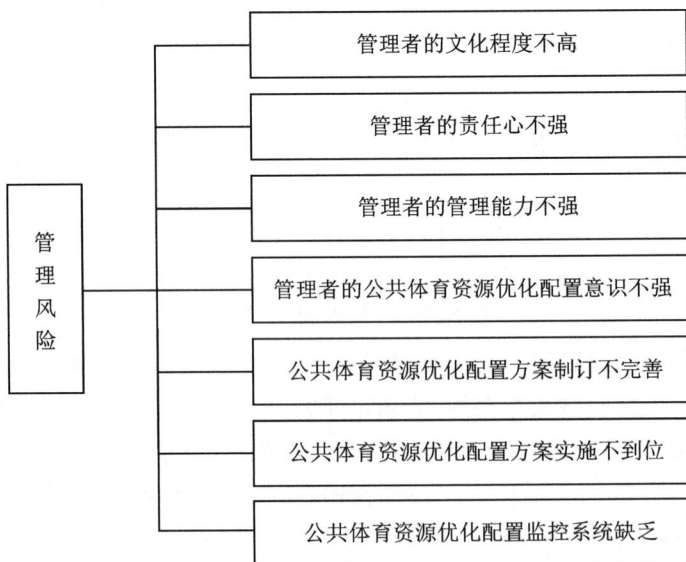

图6-3　公共体育资源优化配置管理风险检查项目

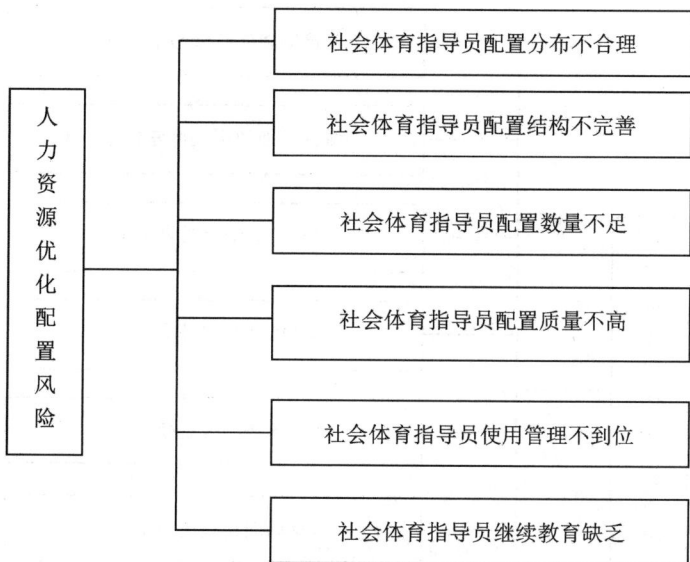

图 6-4　公共体育人力资源优化配置风险检查项目

⑤实际管理中公共体育资源优化配置风险的识别

公共体育资源优化配置主体（主要是指管理者）能根据过去的经验识别出许多常见的公共体育资源优化配置风险，但对于一些新出现的、尚未发现的风险就难以识别，必须通过一定的方法、工具才能完成。本研究在公共体育资源优化配置风险识别的准备阶段采用现场调查法、专家调查法、列表检查法等方法识别出公共体育资源优化配置风险源，在此基础上编制《公共体育资源优化配置风险检查表(2)》，它是管理者在实际公共体育资源优化配置风险管理中定期或不定期对公共体育资源配置工作进行定性检查的有效工具，可以较快地识别出当前面临的公共体育资源优化配置风险以及来源。该方法操作简便，易于掌握。

在进行公共体育资源优化配置风险识别时，管理者利用各自专用的《公共体育资源优化配置风险检查表(2)》逐一对表中列出的风险从"可能出现"和"不可能出现"中选择一项，如果出现表中没列出的风险，识别者可以将风险填写在表中预留的空格里，同时对此风险进行识别。识别完后，将各自识别出的"可能出现"的公共体育资源优化配置风险汇总在一起，就是公共体育资源优化配置可能面临的风险。对这些识别出的风险还必须做进一步的风险评估。

```
                        ┌─────────────────────────────┐
                        │      体育场地配置分布不合理      │
                        └─────────────────────────────┘
                        ┌─────────────────────────────┐
                        │      体育场地使用人群差异化      │
                        └─────────────────────────────┘
                        ┌─────────────────────────────┐
                        │      体育场地配置数量不足      │
                        └─────────────────────────────┘
┌─────┐                 ┌─────────────────────────────┐
│ 物  │                 │      体育场地配置种类不全      │
│ 力  │                 └─────────────────────────────┘
│ 资  │                 ┌─────────────────────────────┐
│ 源  │─────────────────│      体育场地配置规模较小      │
│ 优  │                 └─────────────────────────────┘
│ 化  │                 ┌─────────────────────────────┐
│ 配  │                 │      体育场地配置质量不高      │
│ 置  │                 └─────────────────────────────┘
│ 风  │                 ┌─────────────────────────────┐
│ 险  │                 │     体育场地配置智能化较低      │
└─────┘                 └─────────────────────────────┘
                        ┌─────────────────────────────┐
                        │      体育场地对外开放不充分      │
                        └─────────────────────────────┘
```

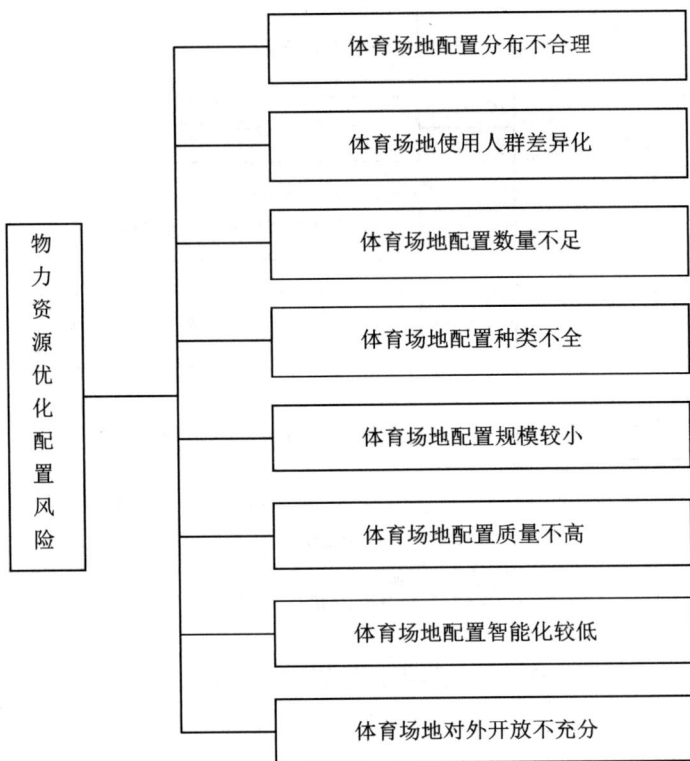

图 6-5　公共体育物力资源优化配置风险检查项目

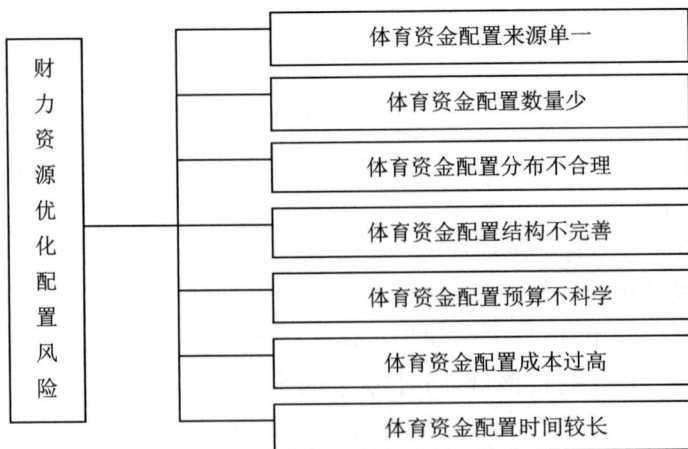

```
                        ┌─────────────────────────────┐
                        │      体育资金配置来源单一      │
                        ├─────────────────────────────┤
                        │      体育资金配置数量少       │
┌─────┐                 ├─────────────────────────────┤
│ 财  │                 │     体育资金配置分布不合理     │
│ 力  │                 ├─────────────────────────────┤
│ 资  │                 │     体育资金配置结构不完善     │
│ 源  │                 ├─────────────────────────────┤
│ 优  │─────────────────│     体育资金配置预算不科学     │
│ 化  │                 ├─────────────────────────────┤
│ 配  │                 │     体育资金配置成本过高      │
│ 置  │                 ├─────────────────────────────┤
│ 风  │                 │     体育资金配置时间较长      │
│ 险  │                 └─────────────────────────────┘
└─────┘
```

图 6-6　公共体育财力资源优化配置风险检查项目

```
                    ┌─── 体育信息配置内容不丰富
   信
   息                ├─── 体育信息配置渠道单一
   资
   源                │
   优 ───────────────┤
   化                │
   配                ├─── 体育信息配置时间较长
   置
   风                │
   险                └─── 体育信息配置反馈较慢
```

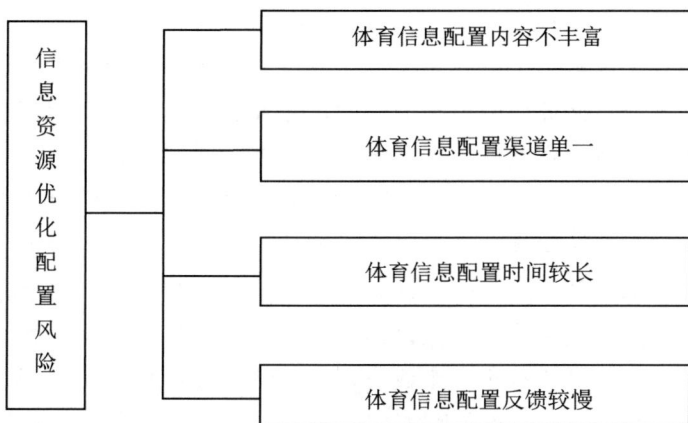

图 6-7　公共体育信息资源优化配置风险检查项目

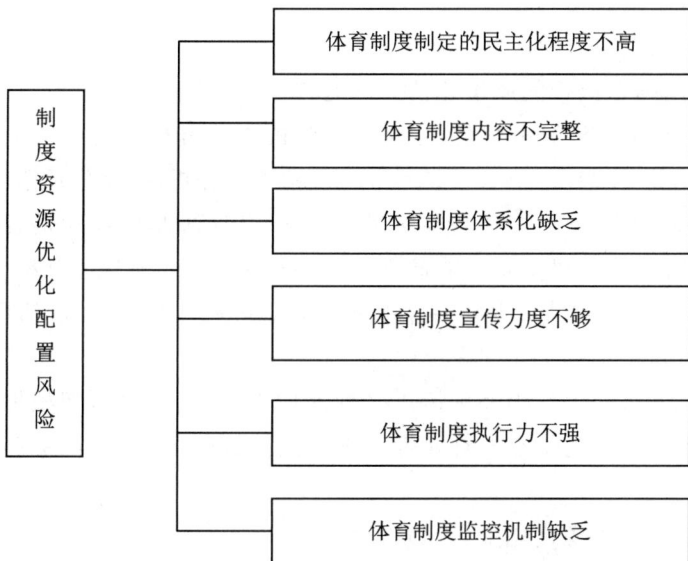

```
                    ┌─── 体育制度制定的民主化程度不高
   制
   度                ├─── 体育制度内容不完整
   资
   源                ├─── 体育制度体系化缺乏
   优
   化 ───────────────┤
   配                ├─── 体育制度宣传力度不够
   置
   风                ├─── 体育制度执行力不强
   险
                    └─── 体育制度监控机制缺乏
```

图 6-8　公共体育制度资源优化配置风险检查项目

2.公共体育资源优化配置风险评估

(1)风险评估的基本原理与方法

公共体育资源优化配置管理是一个结构交错,涉及因素众多的复杂、开放的系统,那么,对公共体育资源优化配置风险进行综合评估也是纷繁复杂的系统问题。对一个复杂对象的评估要做到准确,不但由评估指标体系所决定,而且还受评估方法的影响。下面对风险评估的基本原理与评估方法进行概括与总结。

①评估的基本原理

风险识别主要解决了研究对象存在的风险类型和风险因素,但有效的风险管理还必须分析由此引发风险事故的可能性和损失程度,这就是风险评估要完成的工作。风险评估就是在风险识别的基础上,运用概率论和数理统计的方法,对识别出的风险进行定量的分析和定性的描述,确定风险对企业、组织或个人的影响。风险评估是风险应对方法与措施选择和实施的基础,是对风险的进一步深入认识。风险评估是一个动态的过程,要随着风险因素的变化适时做好风险评估工作。风险评估不仅要完成定性地评价工作,而且有时更多是通过定量的分析得出一个数值来确定风险的大小。但在实际的风险管理过程中,有时研究对象和采用的风险评估方法不同,风险评估想用单一的数值来反映风险程度是很困难的,因此,对于一些无法量化的风险评估往往只能用定性的方法来表达。

②评估的基本方法

目前,国际上流行的风险评估方法有许多,概括起来可分为两类:一类是广义的风险评估,其原理是通过定性和定量的方法分析系统中的危险有害因素,确定危险性等级,主要有:列表排序法、帕累托分析法、预先危险性分析、事故树、模糊评价法等;另一类是狭义风险评估,其原理是以风险信息收集和统计推断为基础,确定风险发生的概率、严重程度指标,绘制风险坐标图,或者确定风险的不确定性指标,主要有主观评分法、矩阵风险评价、达信风险评价、"苏黎世"风险评价等。[①]

在日常的风险评估中经常运用多种评估方法进行评估,即根据公共体育资源优化配置风险的特点有针对性地选择风险评估方法,从而提高风险评估的精确度。

③公共体育资源优化配置风险评估方法

公共体育资源优化配置风险评估不仅要尽可能保证风险评估结果的有效性和精确度,而且还要考虑操作的简便性。本研究在分析和比较各种常用风险评估方法优缺点的基础上,结合公共体育资源优化配置风险特点,主要采用列表排序法开展风险评估。所谓列表排序法就是事前制定评估标准,然后由风险管理小组分别对已识别出来的公共体育资源优化配置风险的风险量进行评估。具体来说,就是对已识别出的风险发生的可能性、结果的严重性和风险的可控性三项指标——打分,而后把打出的三个分值相乘得出的值就是该风

---

① 王凯全.风险管理与保险[M].北京:机械工业出版社,2008:75-110.

险的风险量(RV)。风险量值越大,说明风险性越强。[①] 该方法是在传统风险评估方法的基础上进行改良的一种评估方法,非常适合公共体育资源优化配置风险的评估,其风险量计算公式如下:

RV＝P・S・C

式中:P 为风险发生的可能性,即风险发生概率的大小。

S 为风险发生的严重性,即风险发生的损失程度。

C 为风险发生的可控性,避免风险发生或减少风险损失的能力。

在风险评估的过程中,应着重注意以下几个方面:

首先,风险评估前根据《公共体育资源优化配置风险检查表(2)》中列举的风险源,结合风险评估等级编制《公共体育资源优化配置风险评估表》,其中评估等级分为 5 级,并按程度由弱到强依次赋予"1-5"的值(风险发生的可控性等级评估由弱到强赋予的值与前两项相反)。为了保证评估表的有效性,还征求了几位专家的意见,并根据专家的意见进行修改后形成评估等级及其评估标准(见表 6-1～表 6-6)。

表 6-1　公共体育资源优化配置风险发生的可能性评估等级

风险发生的可能性				
很弱	较弱	一般	较强	强
1	2	3	4	5

表 6-2　公共体育资源优化配置风险发生的严重性评估等级

风险发生的严重性				
很弱	较弱	一般	较强	强
1	2	3	4	5

表 6-3　公共体育资源优化配置风险发生的可控性评估等级

风险发生的可控性				
很弱	较弱	一般	较强	强
5	4	3	2	1

[①]　石岩.我国优势项目高水平运动员参赛风险的识别、评估与应对[D].北京:北京体育大学,2006.

表6-4　公共体育资源优化配置风险发生的可能性评估标准

可能性等级	标准概述
很弱	对此类风险因素的管理严格,不具备引发公共体育资源优化配置损失事故所需的条件,在本地从没有发生过
较弱	对此类风险因素的管理较严格,还不具备引发公共体育资源优化配置损失事故所需的条件,在本地没有发生过
一般	对此类风险因素的管理一般,初步具备引发公共体育资源优化配置损失事故所需的条件,在本地发生过或者未遂,且此类公共体育资源优化配置损失事故的发生占有一定比例
较强	对此类风险因素的管理涣散,已具备引发公共体育资源优化配置损失事故所需的条件,在本地发生过,且此类公共体育资源优化配置损失事故的发生比例较高
强	对此类风险因素的管理缺失,完全具备引发公共体育资源优化配置损失事故所需的条件,在本地经常发生,且此类公共体育资源优化配置损失事故的发生比例很高

表6-5　公共体育资源优化配置风险发生的严重性评估标准

严重性等级	标准概述
很弱	社会关注度很低,群众没有产生恐慌;影响范围很小,不影响群众的正常健身、学校的正常教学和竞技体育的开展;无人员伤亡,经济损失很小
较弱	社会关注度很低,群众没有产生恐慌;影响范围较小,不影响群众的正常健身、学校的正常教学和竞技体育的开展;人员伤亡少,经济损失小
一般	产生一定的社会影响,部分群众产生恐慌;在一定程度上影响群众的正常健身、学校的正常教学和竞技体育的开展;造成一定的人员伤亡,有一定济损失
较强	产生较大范围的社会影响,许多群众产生恐慌;影响群众的正常健身、学校的正常教学和竞技体育的开展;造成多数的人员伤亡,经济损失较大
强	引发全社会的关注,造成全社会的恐慌;严重影响群众的正常健身、学校的正常教学和竞技体育的开展;造成巨大的人员伤亡,经济损失巨大

表6-6　公共体育资源优化配置风险发生的可控性评估标准

可控性等级	标准概述
很弱	无应急预案,无控制措施,只能尽力降低风险损失
较弱	有应急预案,无控制措施,事故发生后,需要向上一级部门汇报,在本部门内部难以解决,须借助外部力量,控制难度大,只能降低风险损失

续表

可控性等级	标准概述
一般	有应急预案,有一定的控制措施,事故发生后,需要向管理者汇报,并通过部门之间进行协调处置,控制有一定困难
较强	事故发生后,需要向管理者汇报,控制较为容易
强	事故发生后,相应的人员能够很容易地控制,处置妥当

其次,风险评估由公共体育资源配置的管理者分别对《公共体育资源优化配置风险检查表(2)》中识别出的风险因素发生的可能性、严重性、可控性进行评估,并在相应的空格里打"√"。例如,认为管理风险中某一项风险因素发生的可能性"强",发生的严重性"一般",发生的可控性"较强",就在对应的空格里打"√"即可(对不可能出现的风险因素不用进行评估),对没有列入的风险,请补充到预留的空格里并进行评估。

④公共体育资源优化配置风险等级的确定与风险预警

借鉴国内外风险评估的成功经验[1][2][3],根据公共体育资源优化配置风险的特点,受到自然灾害预警信号的启发,编制"风险量(RV)、风险等级、风险预警信号、风险特点对应关系表"(见表 6-7)。需要强调的是,公共体育资源优化配置风险评估是一个动态的过程,评估的结果具有一定的时效性,不同时期的评估结果不同,风险等级也不同,应对风险的重点和所采用的应对方法与措施也存在差异。因此,管理者应定期对各类风险进行客观的识别和评估,根据评估的结果及时采取应对的方法与措施,保证公共体育资源优化配置管理的针对性和实效性。

表 6-7　公共体育资源优化配置风险量、风险等级、风险预警信号与风险特点对应关系表

风险量	风险等级	风险预警信号	风险特点
RV≥90	高风险	红色	风险即将发生,性质非常严重,非常难以控制
40≤RV<90	中级风险	橙色	风险显著,性质比较严重,比较不容易控制
RV<40	低级风险	蓝色	风险一般,性质一般,可以控制

---

① 石岩.我国优势项目高水平运动员参赛风险的识别、评估与应对[D].北京:北京体育大学,2006.

② 宋明哲.现代风险管理[M].北京:中国纺织出版社,2003.

③ 胡望洋.突发公共事件应急预案指南[M].北京:高等教育出版社,2007:1-7.

3.公共体育资源优化配置风险应对

风险管理者识别出公共体育资源优化配置风险后,随后对识别出的风险进行评估,并分析该风险发生的概率与潜在的损失。在此基础上,针对不同的风险因素,结合公共体育资源自身实际,合理地选择风险的应对方法与措施,科学制定和实施应对计划,以降低公共体育资源优化配置风险发生的概率,减轻风险所造成的不良影响。

（1）公共体育资源优化配置风险应对的基本方法

风险应对是公共体育资源优化配置风险管理体系的重要组成部分,是在风险评估的基础上,针对公共体育资源优化配置过程中存在的不同类型的风险采取不同的方法与措施,达到预防和减少公共体育资源配置中财产和生命损失事故的发生。根据风险的可规避性、可转移性、可缓解性和可接受性等特点[1],公共体育资源优化配置风险应对方法一般包括风险避免、风险控制、风险转移和风险自留。风险避免和风险控制作为控制型风险应对方法,主要在于降低损失频率与减少损失额度;而风险转移和风险自留作为财务型风险应对方法,主要是通过一定的经济手段为事故发生后提供资金补偿。由于不同管理者的风险管理情况不同,管理者抗风险的能力与心理承受能力各不相同,在实际操作时,可以运用不同的应对方法,或者多种应对方法的优化组合,实现风险应对效益的最大化。

①风险避免

风险避免（risk avoidance）又称风险回避或风险规避,是指某一风险因素造成损失的可能性（概率）很大,损失的程度可能很严重;或者处理风险付出的代价大于其产生的效益,同时又没有其他方法解决时,采取主动放弃原来承担的风险或全部拒绝承担风险的方法。[2] 风险避免属于控制型风险应对方法,但同其他控制型风险应对方法不同,通过风险避免,可以使损失产生的可能性降为零,保证经济运行的安全性,因此,也称之为最彻底、最简单的风险应对方法。比如,在给某一村配置篮球场的过程中,因该村人口较少而配置过多的篮球场会造成闲置时,管理者就必须及时停止并采取深入调研后科学配置的方法,防止篮球场资源的浪费。

① 王卓甫.工程项目风险管理——理论、方法与应用[M].北京:中国水利水电出版社,2003:153-158.

② 卓志.风险管理理论研究[M].北京:中国金融出版社,2006:72-76.

②风险控制

风险控制(risk control)又称损失控制,是指主动地采取行动,降低损失发生的可能性或降低损失程度严重性的方法,是风险管理中最积极、主动,应用最多的方法。风险控制不是消除和避免,而是减轻。具体来说,风险控制包含两层意思:其一,是降低损失发生的可能性。损失发生前,尽力消除损失产生的根源,降低损失事故发生的可能性,甚至是彻底消除损失事故发生的可能性。如加强对管理者的培训和监管可以降低公共体育资源损失事故发生的概率。其二,是降低损失的程度。在风险事故发生时或者之后,通过实施减损计划来减轻损失的程度,以抑制损失。如对配置有质量问题的体育设施设备实施快速更换的目的就是降低损失的程度。当然,在实施风险控制之前,必须明确风险控制的目标,即管理者能够接受的风险损失程度和风险发生概率等,越早实施风险控制效果越好。

③风险转移

风险转移(risk transfer)是指为了避免承担风险损失,将风险损失的财务后果或法律责任转移给另一方去承担的方法。风险转移同风险控制不同,风险控制是改善风险所致损失的频率和程度,而风险转移是将风险转移给其他个人或者单位,使风险管理单位能降低损失或者减少损失。风险转移可以分为保险转移和非保险转移两类。[①] 例如,管理者为体育场馆办理保险,目的是因自然或者人为的因素导致体育场馆损坏后由保险公司来承担损失,避免出现体育场馆自行承担赔款而停业的后果。

④风险自留

风险自留(risk acceptance)又称风险自担,是指管理部门、社会组织或者个人自我承担风险所造成的一切后果。通常在损失可能性小、损失程度不严重,且管理部门、社会组织或者个人有足够的资金对损失给予补偿时采用。风险自留的实质是风险事故发生并导致一定的损失后,管理部门、社会组织或者个人采用内部资金融通的方式,来补偿所遭受的损失。因此,风险自留作为风险管理中一种重要的损失融资方式,必须预存一定数额的风险储备金,以用于风险发生后的损失补偿,若损失没有发生,则储备金可以节省下来。例如,在制定某一社区体育场地配置资金预算时,就必须预存一定的风险储备金,以防出现因资金不足而导致体育场地建设停工的后果。

① 王凯全.风险管理与保险[M].北京:机械工业出版社,2008:19-20.

（2）公共体育资源优化配置风险应对方法与措施的选择

管理者为了实现以最小的投入获取最大的安全保障的目的,必须在各种风险应对方法中选择最佳的方法进行组合,这是风险应对过程中要解决的首要问题。

应对方法与措施选择多种多样,特别是随着风险管理学科的深入发展,许多数理方法被运用于风险应对方法与措施的选择中,这些方法使传统方法中潜在的假设与决策原则更加明朗化,有助于加深人们对应对方法的理解,并使方法的应用更为简便。主要包括三种较为常用的选择方法①,即"小中取小法"和"大中取小法"、损失期望值选择法、效用期望值选择法。

公共体育资源优化配置风险的复杂多样给风险应对方法与措施的选择带来一定难度,针对识别出的公共体育资源优化配置风险及其评估结果,本研究在风险应对方法与措施的研究过程中,从有关公共体育资源配置管理的文献资料中收集、归纳和整理出一些预防和减少公共体育资源优化配置损失事故发生的措施;同时结合对专家和管理者访谈时,就有关公共体育资源配置问题的回答情况,以及各种风险应对方法的特点、适用范围及其选择要求,总结出公共体育资源优化配置风险应对方法（图 6-9～图 6-14）与具体的应对措施（表 6-8～表 6-13）,尽可能保证选择的应对方法与措施的科学性和合理性。

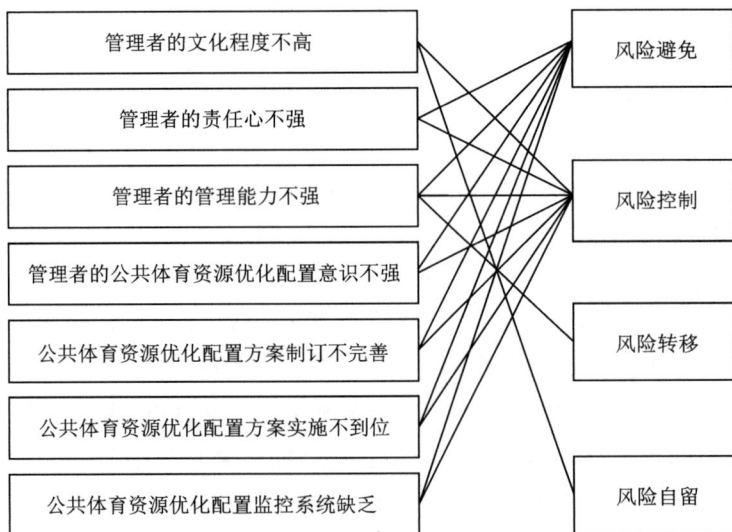

图 6-9　公共体育资源优化配置管理风险与应对方法的对应关系

---

① 卓志.风险管理理论研究[M].北京:中国金融出版社,2006:58-61.

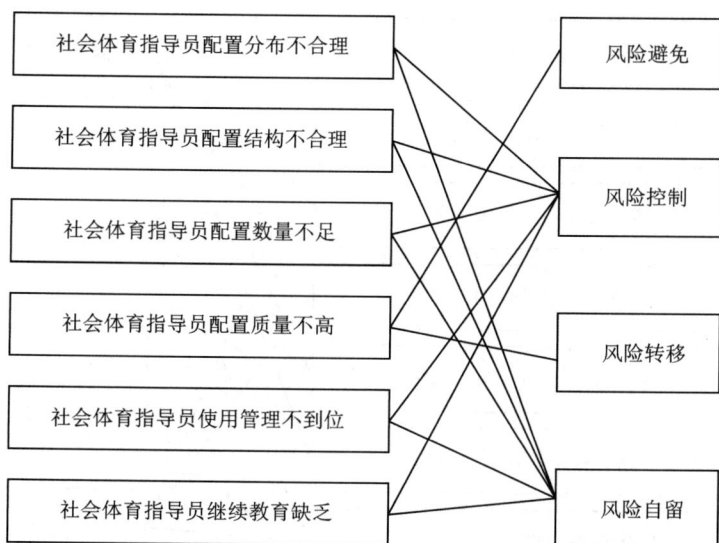

图 6-10 公共体育人力资源优化配置风险与应对方法的对应关系

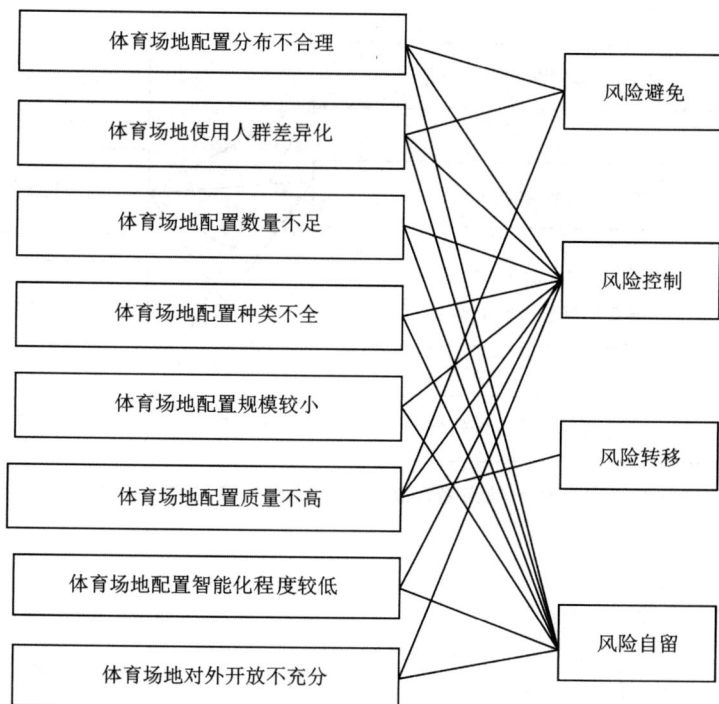

图 6-11 公共体育物力资源优化配置风险与应对方法的对应关系

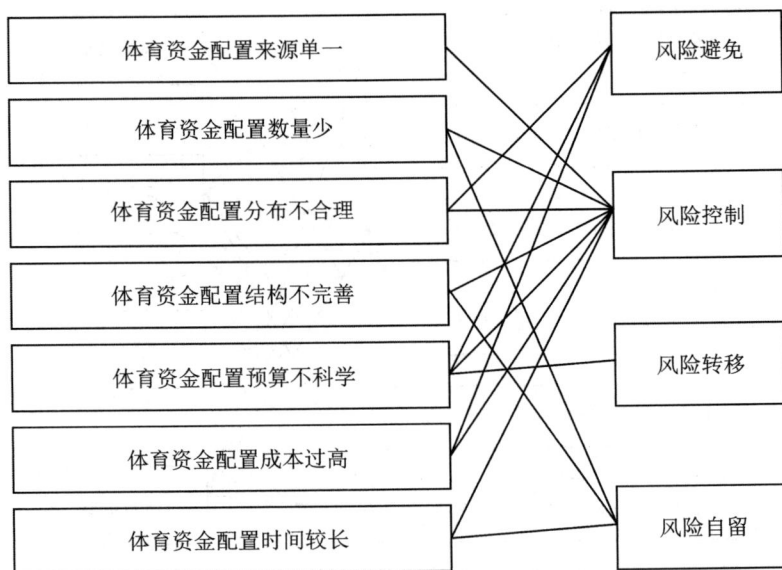

图 6-12　公共体育财力资源优化配置风险与应对方法的对应关系

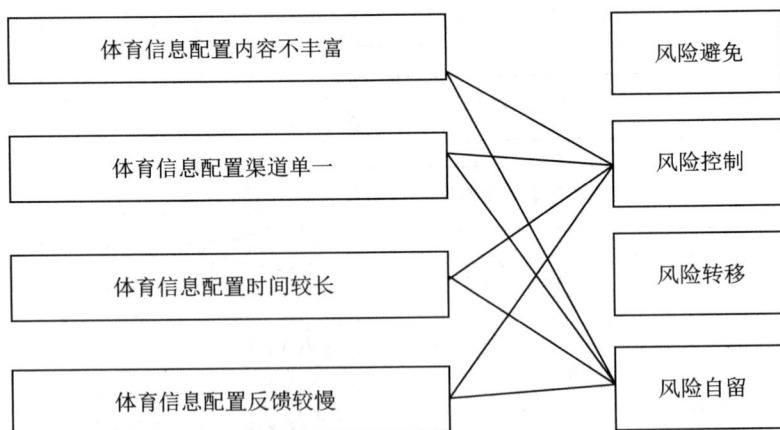

图 6-13　公共体育信息资源优化配置风险与应对方法的对应关系

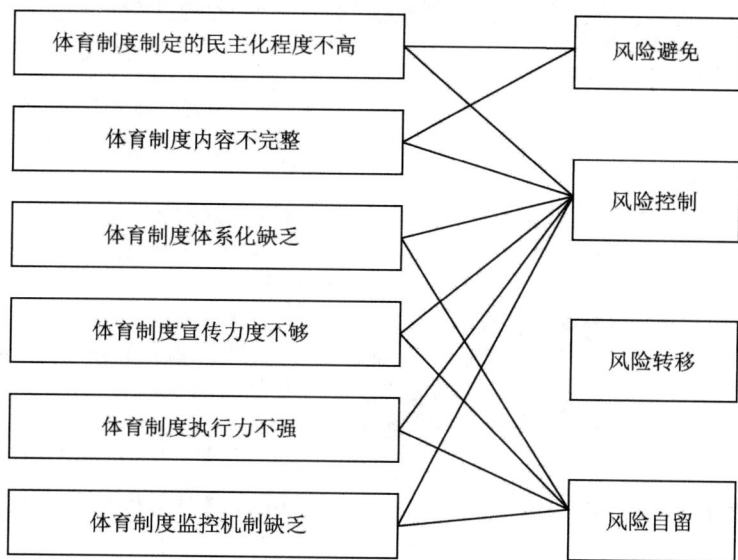

图 6-14　公共体育制度资源优化配置风险与应对方法的对应关系

表 6-8　公共体育资源优化配置管理风险应对方法与应对措施

管理可能出现的风险因素	应对方法	应对措施
①管理者的文化程度不高	控制 自留	调整岗位或提出要求 筹措资金,做好承担风险损失的财务后果
②管理者的责任心不强	避免 控制	停止管理工作 批评教育,增强责任感
③管理者的管理能力不强	避免 控制 转移	停止管理工作 加强学习,提高管理能力 签订责任书
④管理者公共体育资源优化配置意识不强	避免 控制	停止管理工作 宣传教育,增强管理者的资源优化配置意识
⑤公共体育资源优化配置方案制订不完善	避免 控制	禁止实施 不断完善方案
⑥公共体育资源优化配置方案实施不到位	避免 控制	立即停止实施 不断调整完善
⑦公共体育资源优化配置监控系统缺乏	避免 控制	监控系统建立后实施配置 边实施边建立监控系统

表6-9 公共体育人力资源优化配置风险应对方法与应对措施

人力资源优化配置可能 出现的风险因素	应对方法	应对措施
①社会体育指导员配置分布不合理	控制 自留	不断调整社会体育指导员配置分布 筹措资金,做好承担风险损失的财务 后果
②社会体育指导员配置结构不合理	控制 自留	不断调整社会体育指导员配置结构 筹措资金,做好承担风险损失的财务 后果
③社会体育指导员配置数量不足	控制 自留	不断增加社会体育指导员配置数量 筹措资金,做好承担风险损失的财务 后果
④社会体育指导员配置质量不高	避免 转移	重新上岗培训 与社会体育指导员签订协议
⑤社会体育指导员使用管理不到位	控制 自留	不断完善社会体育指导员使用管理 机制 筹措资金,做好承担风险损失的财务 后果
⑥社会体育指导员继续教育缺乏	控制 自留	不断增加社会体育指导员继续教育 机会 筹措资金,做好承担风险损失的财务 后果

表6-10 公共体育物力资源优化配置风险应对方法与应对措施

物力资源优化配置可能 出现的风险因素	应对方法	应对措施
①体育场地配置分布不合理	避免 控制 自留	禁止实施 不断调整体育场地配置分布 筹措资金,做好承担风险损失的财务后果
②体育场地使用人群差异化	避免 控制 自留	禁止实施 根据群众所需调整配置 筹措资金,做好承担风险损失的财务后果
③体育场地配置数量不足	控制 自留	不断增加体育场地配置数量 筹措资金,做好承担风险损失的财务后果
④体育场地配置种类不全	控制 自留	不断配齐各类体育场地 筹措资金,做好承担风险损失的财务后果
⑤体育场地配置规模较小	控制 自留	不断扩大体育场地规模 筹措资金,做好承担风险损失的财务后果
⑥体育场地配置质量不高	避免 控制 转移	禁止使用 维修或更换有质量问题的场地或设施 与建设方签订合同

续表

物力资源优化配置可能 出现的风险因素	应对方法	应对措施
⑦体育场地配置智能化程度较低	控制 自留	不断提高体育场地配置智能化水平 筹措资金,做好承担风险损失的财务后果
⑧体育场地对外开放不充分	控制 自留	不断提高体育场地对外开放率 筹措资金,做好承担风险损失的财务后果

表 6-11　公共体育财力资源优化配置风险应对方法与应对措施

财力资源优化配置可能 出现的风险因素	应对方法	应对措施
①体育资金配置来源单一	控制	不断拓展体育资金融资渠道
②体育资金配置数量少	控制 自留	不断增加体育资金配置数量 筹措资金,做好承担风险损失的财务后果
③体育资金配置分布不合理	避免 控制	禁止实施 不断调整体育资金配置分布
④体育资金配置结构不完善	控制 自留	不断完善体育资金配置结构 筹措资金,做好承担风险损失的财务后果
⑤体育资金配置预算不科学	避免 控制 转移	禁止实施 深入调研,立足实际,确定客观可行的预算方案 将预算考核与岗位考核挂钩,引入奖惩措施
⑥体育资金配置成本过高	避免 控制	禁止实施 精打细算不断降低成本
⑦体育资金配置时间较长	控制 自留	不断提高体育资金配置效率 筹措资金,做好承担风险损失的财务后果

表 6-12　公共体育信息资源优化配置风险应对方法与应对措施

信息资源优化配置可能 出现的风险因素	应对方法	应对措施
①体育信息配置内容不丰富	控制 自留	不断增加体育信息配置内容 筹措资金,做好承担风险损失的财务后果
②体育信息配置渠道单一	控制 自留	不断拓展体育信息配置渠道 筹措资金,做好承担风险损失的财务后果
③体育信息配置时间较长	控制 自留	不断提高体育信息配置效率 筹措资金,做好承担风险损失的财务后果
④体育信息配置反馈较慢	控制 自留	不断提高体育信息反馈速度 筹措资金,做好承担风险损失的财务后果

表 6-13　公共体育制度资源优化配置风险应对方法与应对措施

制度资源优化配置可能 出现的风险因素	应对 方法	应对措施
①体育制度制定的民主化程度不高	避免 控制	禁止发布 不断提高体育制度制定的民主化水平
②体育制度内容不完整	避免 控制	禁止发布 不断完善体育制度内容
③体育制度体系化缺乏	控制 自留	不断构建更具体系化的体育制度 筹措资金,做好承担风险损失的财务后果
④体育制度宣传力度不够	控制 自留	不断加强体育制度的宣传力度 筹措资金,做好承担风险损失的财务后果
⑤体育制度执行力不强	控制 自留	不断提高体育制度的执行力 筹措资金,做好承担风险损失的财务后果
⑥体育制度监控机制缺乏	控制 自留	建立健全体育制度监控机制 筹措资金,做好承担风险损失的财务后果

(3)公共体育资源优化配置风险应对计划的制订与实施

①公共体育资源优化配置风险应对计划的定义

风险应对方法与措施选择完后还必须制订和实施应对计划,才能产生预期效果。因此,风险应对计划的制订与实施是风险应对的一个重要环节。计划是指人们为了达到一定目的,对未来时期的活动所作的部署和安排,可分为各种类别,如经济计划、社会发展计划等。[①] 那么,公共体育资源优化配置风险应对计划是指管理者为了降低公共体育资源优化配置风险发生的概率或者降低损害程度,对已识别和评估的风险的应对工作所作的部署和安排。比如,对某一风险因素决定采取自留的方法应对,管理者必须筹集和建立专项资金,以备赔偿该项风险因素造成的损失;若对某一项风险因素已作出保险的决定,管理者需要选择保险公司,确定保险金额和免赔额,并就保险事宜与保险公司商谈后签订合同等。风险应对计划一般包括风险类型、风险因素、风险应对方法、风险应对措施、责任人、完成期限等内容(见表 6-14)。

---

① 辞海编辑委员会.辞海[M].上海:上海辞书出版社,1999:1649.

表 6-14　公共体育资源优化配置风险应对计划表

年　月　日

风险类型	风险因素	应对方法	应对措施	责任人	完成期限
管理风险					
人力资源优化配置风险					
物力资源优化配置风险					
财力资源优化配置风险					
信息资源优化配置风险					
制度资源优化配置风险					

②公共体育资源优化配置风险应对计划实施注意事项

应对计划实施的好坏是公共体育资源优化配置风险能否消除或损失能否减少的关键,对此,公共体育资源优化配置风险应对计划在实施过程中应注意以下几点:

首先,明确职责,严格操作。管理者应让应对方法与措施的执行者明确做什么、如何做、何时完成,并严格按照应对计划的要求进行操作,保证应对计划保质保量完成。其次,动态监控,及时调整。管理者应对计划实施过程实行动态监控,对应对计划中一些无法或难以实施的内容进行及时调整。最后,加强沟通,强化检查。在应对计划实施的整个过程中,管理者要加强与各个执行者的交流沟通,及时了解计划执行进展情况,并检查实施所需的人力、物力、财力等资源是否到位,对缺失的资源及时帮助寻找解决方案,以促进计划如期完成。

4.公共体育资源优化配置风险管理的检查与评价

(1)公共体育资源优化配置风险管理的检查与评价定义、目的

公共体育资源优化配置风险管理会经历一个从风险的识别、评估到应对再到检查与评价的循环往复的动态过程。其中,风险管理的检查与评价是对已制定的公共体育资源优化配置风险管理计划的贯彻执行情况进行检查和评价,它是公共体育资源优化配置风险管理的最后环节,也是下一轮风险管理的开始,它是一个连续不断的过程,始终贯穿于风险管理的全过程。其实施目的:一是了解风险管理计划是否被实施以及实施效果如何;二是了解风险应对方法选择是否正确,对于一些不合适或者错误的应对方法与措施能在损失发生前及时发现并纠正;三是面临的风险因素是不断变化的,当新的风险因素产生时,原有的应对方法可能无法适应。此时,通过检查与评价能调整应对方法,防止公共体育资源优化配置面临更大的风险。

(2)公共体育资源优化配置风险管理的检查与评价内容

公共体育资源优化配置风险管理的检查与评价不但要对风险的大小进行分析,而且要对风险事故与风险因素的发展及其变化情况进行动态的跟踪。公共体育资源优化配置风险管理的检查与评价内容主要包括以下几个方面:一是检查公共体育资源优化配置风险应对是否按照预先制订的计划如期执行;二是客观评价公共体育资源优化配置风险应对计划的实施效果,若风险因素已化解,效果好则继续执行,反之,则修订计划或者制订新的应对计划;三是对已识别出的风险逐个进行研判,哪些风险未来可能发生,哪些风险正在发生,对其发生的频率和损失程度作客观的评价;四是对公共体育资源优化配置风险管理环境及其风险管理目标实现可能性的预期判断是否正确;五是风险实际产生的结果是否同预期判断相一致,假如不同,则必须对风险的发展变化趋势作出客观的评判;六是对风险管理人力、物力和财力等资源的使用情况作客观的评价;七是检查是否出现没有预料到的风险因素与风险事故,对这些风险因素和风险事故的将来发展趋势进行客观分析。

(3)公共体育资源优化配置风险管理的检查与评价方式

在实践中,公共体育资源优化配置风险管理的检查与评价方式多种多样,根据实施公共体育资源优化配置风险管理的检查与评价主体不同可以分为风险管理的内部检查与评价、风险管理的外部检查与评价两种方式。

①公共体育资源优化配置风险管理的内部检查与评价

风险管理的内部检查与评价是指与公共体育资源优化配置相关的管理者在重复进行风险识别和风险评估的基础上,检查风险应对方法与措施选择是

否正确、风险应对计划是否贯彻实施,以及评价风险应对效果并提出整改意见的过程。风险管理的内部检查与评价主要由公共体育资源优化配置的管理者负责实施。

在检查与评价前,管理者应确定检查与评价的目标、明确各自职责、确定检查与评价的方式和内容。其中检查与评价方式有两种:一是相关的管理者共同对公共体育资源优化配置风险管理情况进行检查与评价;二是相关的管理者先检查与评价各自负责的风险类型管理情况,然后汇总并共同对其进行检查与评价。检查与评价的内容见表6-15。

表6-15　公共体育资源优化配置风险管理的内部检查与评价表

风险类型	风险因素	应对方法选择的正确性	应对措施实施效果	风险管理资源使用	建　议
管　理风　险					
人力资源优化配置风险					
物力资源优化配置风险					
财力资源优化配置风险					
信息资源优化配置风险					
制度资源优化配置风险					

②公共体育资源优化配置风险管理的外部检查与评价

对公共体育资源优化配置风险管理进行检查与评价,也可以由外部相关人员对公共体育资源优化配置风险管理计划进行分析。风险管理的外部检查与评价是指外部人员对公共体育资源优化配置风险管理情况进行检查与评价后提出今后整改意见的过程,具有客观性和专业性的特点。风险管理的外部检查与评价主要由专家或者第三方负责实施。

风险管理的外部检查与评价工作主要由小组成员进行实地考察,可以检查与评价风险管理的特定功能,如安全性、保险的检查与评价等,也可以检查与评价公共体育资源优化配置风险应对计划的某些特定的方面,如损失预防与控制等;同时,提出改进建议和整改期限,检查与评价的主要内容见表6-16。风险管理的外部检查与评价成本较高,检查与评价的频率不宜过高,一般每年进行一次检查与评价为宜,通过每年的外部检查与评价对加强公共体育资源优化配置风险管理、降低风险事故发生的概率或减少损失是大有帮助的。

表 6-16　公共体育资源优化配置风险管理的外部检查与评价表

风险类型	存在风险因素	整改建议	整改期限
管 理风 险			
人力资源优化配置风险			
物力资源优化配置风险			
财力资源优化配置风险			
信息资源优化配置风险			
制度资源优化配置风险			

（4）公共体育资源优化配置风险管理的检查与评价报告

公共体育资源优化配置风险的检查与评价无论是内部的还是外部的,都是通过严格遵循检查与评价的程序和标准,及时发现风险管理计划实施过程中存在的问题,最后形成一份正规的报告并上交管理层后,公共体育资源优化配置风险管理检查与评价工作才算完成。

检查与评价报告的撰写有多种形式,有的先对公共体育资源优化配置风险进行总体概述,对已经实施的应对方法与措施进行讨论,对从中发现的存在问题加以总结,并提出风险管理计划改进建议;有的对每个风险因素及其所采取的应对方法与措施逐一进行讨论,这样的报告内容更加丰富、翔实,更具有参考价值。检查与评价报告主要由执行总结、报告主体和现有保险列表等3部分组成。[①]

四、新时代福建省深化公共体育资源优化配置改革的制度创新

2019 年 10 月,习近平在《中共中央关于坚持和完善中国特色社会主义制度 推进国家治理体系和治理能力现代化若干重大问题的决定》中指出,相比过去,新时代改革开放具有许多新的内涵和特点,其中很重要的一点就是制度建设分量更重,改革更多面对的是深层次体制机制问题,对改革顶层设计的要求更高,对改革的系统性、整体性、协同性要求更强,相应地建章立制、构建体系的任务更重。新时代谋划全面深化改革,必须以坚持和完善中国特色社会主义制度、推进国家治理体系和治理能力现代化为主轴,深刻把握我国发展要求和时代潮流,把制度建设和治理能力建设摆到更加突出的位置,继续深化各领域、各方面体制机制改革,推动各方面制度更加成熟、更加定型,推进国家治理体系和治理能力现代化。可见,新时代加强福建省深化公共体育资源优化配置改革的制度创新具有重大的现实意义。纵观公共体育资源优化配置改革的制度变迁历程,有其历史背景和现实的特征,为新时代福建省深化公共体育资源优化配置改革的制度创新奠定基础。

(一)公共体育资源优化配置制度选择的历史背景

公共体育资源优化配置改革源于 1978 年的改革开放,尤其是 1992 年 10 月召开的中国共产党第十四次全国代表大会确定了建立社会主义市场经济体

---

① 顾孟迪,雷鹏.风险管理[M].北京:清华大学出版社,2005:161-162.

制的改革目标,成为深化公共体育资源优化配置改革的外生性变量。可以说,经济体制改革是市场经济代替计划经济,并进行经济制度的选择和重建的过程,也称之为经济转型,即资源配置及其经济运行方式的转换。其代替的方向、模式和程度在一定范畴内影响和决定了公共体育资源优化配置制度的转换过程,也呈现了制度变迁的一般性特征。

公共体育资源优化配置的制度转换不仅是制度的转型,而且也体现了制度的变迁过程,但只有新制度所产生的预期收益大于旧制度所产生的收益加上新旧制度代替成本之和时,才可能是一个制度转换的过程。公共体育资源优化配置的制度转换过程反映出许多有制约力的公共体育资源优化配置新制度安排的效益递增的过程,主要取决于制度转型的初始条件、制度变迁的基本研究方法和基本模型[①]:

从制度转型的初始条件来看,一方面,市场经济体制下,政府通过职能转变逐渐将权力下放,由过去"全能型"的公共体育资源配置统管者转变为"服务型"的公共体育资源配置的协调者,不断提高公共体育资源配置效率和服务能力,政府是公共体育资源优化配置权力的改变者。同时,不同组织的利益固化导致的路径依赖严重影响了公共体育资源优化配置改革的方向、速度及其程度,制度创新也是大势所趋。另一方面,由于外部环境的不断改变,原先的公共体育资源配置的制度安排的组合要素有所增加或者减少,原来的公共体育资源配置的制度均衡被打破,企业、社会组织等利益集团所希望的获利机会也促使其选择与原有制度安排有别的新制度组合。总之,公共体育资源优化配置的制度转型的初始条件主要取决于政府现有制度环境的包容度、政府主导下的改革意向的一致性、改革者适应需求和应付手段的灵活性以及对预期的收益与成本的比较等。

从制度变迁的基本研究方法来看,新制度经济学将"需求—供给"理论引入制度研究领域,分析制度变迁的原因。科斯也指出,制度将在改变所产生的利益大于所需成本之时转变,即各种制度创新将在各种"需求—供给"的成本—收益构架下产生。结合我国国情,以及公共体育资源优化配置的制度变迁缘由与途径,可以采用制度经济学理论中的供给主导型制度变迁的规律假说与成本—收益的研究方法。其中,权力中心提供新的制度安排的能力和意愿是决定制度变迁的主导因素,而这种能力和意愿主要取决于社会既得利益

---

① 康宁.中国经济转型中高等教育资源配置的制度创新[M].北京:教育科学出版社,2005:268-276.

集团的权力结构或力量对比,供给主导型制度变迁具有以下两个特点:一方面,体现公共体育资源配置权力的优势地位,表现为在同非政府主体参与制度安排的博弈中政府在政治力量及其公共体育资源配置权利上的绝对优势;另一方面,公共体育资源优化配置制度供给和需求的目标函数及其不同制约条件存在差别。而在制约条件差别中,不同的评价标准是最大的差别,以致因地位和利益不同,使行为主体对制度创新的价值判别和对损益的计算也存在差异。

从制度变迁的基本模型来看,包括诱致性制度变迁和强制性制度变迁两种模型,都是对现有制度安排的更替或者代替,也可以说是新制度安排的创新。这两种制度变迁都关注"潜在"或者"外在"的利润,而这些利润在当前的制度范畴内难以获得,只能存在于新的制度或者理想的制度构建中,就是要将外在的利润内在化,本质上是制度变迁的过程。然而,创新能否产生制约条件在于制度环境赋予的足够的空间与边界,以及创新者的预期收益可否超过预期成本。诱致性制度变迁和强制性制度变迁在现实中相互联系、相互补充,难以分开。

(二)公共体育资源优化配置制度变迁的特征与规律

1.以增量创新为主转变为以存量调整为主的过程

所谓"增量创新"是指在完全新制定制度安排下所实行的改革;而"存量调整"指的是在原有制度安排下所实行的改革。改革开放以来,人民的生活水平不断提高,健身意识不断增强,对公共体育资源的需求日益增长。过去由政府单独投资建设公共体育资源的体制无法满足日益增长的公共体育事业发展的需要,政府纷纷出台土地优惠政策、税收扶持政策等,鼓励和吸收社会资本参与公共体育事业的投资建设,不仅能使投资者减少投资成本,及时获得持续的收益,而且有助于公共体育资源优化配置改革在稳定和速度之间实现均衡。第六次全国体育场地普查数据显示,福建省各类企业、社团、个人等社会捐赠126 294 万元用于体育场地的建设,10 年时间增长率提高到 141.97%[①],福建省人均体育场地面积达到 1.48 平方米,高于全国人均 1.46 平方米的水平。近些年来,福建省体育事业在更好地满足福建人民健身需要的同时,也在促进社会稳定、政府声誉提升方面发挥重要的作用。

---

① 夏博雯,魏德样.福建省体育场地发展的动态特征分析——基于"五普""六普"数据挖掘视角[J].体育科学研究,2018,22(5):36-43+88.

在公共体育资源增量改革的过程中,由于公共体育资源优化配置市场的不成熟、不规范,只能按照"试点—推广"的方式实施,由点到面、由小到大逐步展开,以避免和减少因改革信息不对称所产生的改革风险,使改革的成本分散化和最小化。可以说,增量的改革也是公共体育资源配置市场不断调整和完善的过程。当然,增量改革的道路并不平坦,通常情况下,增量改革主要由政府采用市场的手段或者在市场构架下实行调整,许多时候增量改革往往会同旧体制产生冲突,双规制度就应运而生。例如,大型体育场馆主要通过政府招标的方式进行建设,在实际操作中就会受到政府的行政性管制,这与市场机制的方向是不一致的,导致公共体育资源优化配置改革受到不同方向改革的牵扯,使增量改革的成本上升,阻碍了改革的进程,陷入"收权—放权—收权"体制循环的漩涡中。可见,双规制度是原有体制内的存量与体制外的增量共存交织的结果,尤其到了20世纪末,资本市场因素的作用日益凸显,存量调整也逐渐成为改革的重点。

公共体育资源存量改革是增量改革发展到一定时期的必然结果,也是改革进入"深水区"、呈现新的时代特点的表现。具体体现为许多存量调整将波及原有体制内一些利益集团的资源重新分配问题,将有许多"外部人"参与改革红利的分享,一些相关者的利益将可能受到损害,成为改革阻力的源头。因此,存量调整是资源的重新再分配,体现在制度安排方面,不再是增量问题,而是性质的重新构建,这也是当前体制改革步入"制度建设"时期的最好诠释。

2.以渐进式改革为主、激进式改革为辅的过程

我国的改革开放经过了四十多年的风雨兼程,取得了巨大成就。回头看看所走过的路,改革就是不断"摸着石头过河",努力探索同社会主义制度相统一的、有中国特色的经济运行机制,其间面临着因改革所致的利益调整和损益补偿等风险问题。对此,为了保障民生、稳定社会、促进发展,政府对公共体育资源优化配置实行缓慢、递进和反复的渐进方式,从局部、个别和高回报的领域着手进行实施。政府之所以采取渐进式改革方式,基于成本—收益的视角,是出于以下几方面考虑:

首先,考虑改革的收益问题,渐进式改革是成本最低、最优的路径,通过新制度的安排让更多的人分享改革红利,并给损益的人及时补偿。其次,考虑改革的意愿问题,渐进式改革使不同利益者具有迫切的改革意愿和改革承受力,能担负改革的实施成本和摩擦成本。最后,考虑改革的认识问题,渐进式改革有助于不同阶段、不同利益者对改革的制度安排和选择达成共识,并能将实施成本和摩擦成本分散到较长的时段里,以降低风险,减少改革阻力。例如,为

了推动体育的社会化和市场化改革进程,1992年6月的"红山口会议"决定把足球作为体育改革的突破口,掀开了中国足球职业化道路的改革大幕,提出了近期、中期和远期目标"三步走"的渐进性的改革战略,具有划时代的意义,也为后续篮球、乒乓球等项目的市场化改革提供可借鉴的方案,从中降低了改革成本、提高了改革收益、达成了改革的共识。但有时渐进式改革难以解决具有权威性的利益集团所带来的阻力,此时激进式改革成为冲破阻力的辅助手段。从改革和发展的关系来看,激进式改革往往是先搞改革、后求发展;从"破"与"立"的关系来看,激进式改革往往是"破"字当头、先破后立;从速度和推进力度来看,激进式改革通常调整幅度大、速度快、过程短。例如,中国共产党第十六届三中全会提出了建立现代产权制度的任务,是对原有体制存量改革和对不同利益者承受能力的挑战与冲击,更是对激进式改革力度的真实体验。

　　3.以政府的强制性制度变迁为主转变为以诱致性制度变迁为主的过程

　　我国改革开放实行市场经济的早期,由于缺乏市场主体以及市场规则不完善,政府作为主导者引领公共体育资源配置改革,担负着改革风险的责任。在改革进程中,政府和市场始终处于角色不断变化与力量不断博弈的过程。

　　在公共体育资源优化配置的制度转换中,政府作为权威性的公共管理机构及其制度的提供者,因制度外部性的缘故,政府成为制度的主要制定者和实施者,并将实施成本合理地分配到社会成员之中。当制度符合社会多数人的利益并有效实施改革,同时,实施改革的成本做到公平分配,则改革的阻力小。例如,学校体育场馆免费或者低收费对外开放政策。反之,制度如果仅仅只是维护少数集团的利益,即使有意义遇到改革的阻力也在所难免。

　　随着公共体育资源配置市场发育的不断成熟,由于信息传递交易费用的制约和决策成本的上升,政府主导的有效性受到冲击。有限退出政府的部分权力,转变政府的主导方式,实行诱导性改革成为适应不断变化的市场和主体需要的有效方式。诱致性制度变迁常发生在同市场机制接触最为紧密,同政府的管制距离较远,或者在体制较为薄弱的领域。同时,诱致性制度创新常源于制度边缘。例如,2015年8月7日,福建省人民政府出台了《关于加快体育产业发展 促进体育消费十条措施的通知》,为福建省公共体育资源配置增量的改革提供诱致性创新的成功范例。

　　4.改革赋能、权力下放的过程

　　在社会主义市场经济体制下,中央政府的部分微观事务管理权逐步下移至省、市、县(区),并呈现不断放射性的发散状态,这是市场机制自身逻辑和公共体育资源配置市场取向相结合的结果,为政府关系的调整提供制度创新的基础。对于管理权的下放可以说是许多利益相关者通过多次的利益撞击和较量后的结果,是制度的创新者权衡"成本—收益"及其所面临的经济风险和政治风险后做出的抉择。在比较新制度代替旧制度的"成本—收益"问题时,应注意影响"成本—收益"评价的环境因素。在制度的选择上要考虑关系原有公共体育资源配置总收益的现实条件、原有制度安排之下产生的利益相关者的收益情况、制度规则修改后产生的新利益相关者的收益情况、制度转换的基础条件、制度转换的实施成本和摩擦成本等,可以说,每一次的制度创新都是一定条件下的历史抉择。例如,《关于培养体育市场,加快体育产业化进程的意见》的出台,使体育能按照市场经济机制运行,实现体育事业的良性持久发展。

在改革赋能、权力下放时应注意权力转移的进程、质量和范畴,避免出现制度创新的 5 个误差:一是人们对防止将来公共体育资源配置损失的预期收益的关注度要高于对将来收益的关注;二是人们多数认同公共体育资源配置不改革将会造成资源的损失,或者公共体育资源配置不改革带来的"危机"近在咫尺时,决策者却认为是无法确定的评价过程;三是决策者及其当事人更关心公共体育资源配置制度转换的成本,从而使给予公共体育资源配置制度创新者的即时成本受到影响;四是对近阶段公共体育资源配置所发生事件的关注度要高于过去公共体育资源配置所发生事件的关注度,从而影响决策者的综合分析和判断;五是人们更熟悉和了解已确定的公共体育资源配置规则,而往往忽略了不确定但又与公共体育资源配置改革相关联的规则。

(三)新时代深化公共体育资源优化配置制度创新路径

1.完善利益调整下的产权制度,使存量改革成为公共体育资源优化配置制度转型的主要内容

在总结过去市场经济体制改革经验的基础上,2003 年 10 月,中国共产党第十六届三中全会出台了《中共中央关于完善社会主义市场经济体制若干问题的决定》,该决定鲜明提出了建立健全现代产权制度,显示今后改革的重心移至以国有产权制度为前提条件,以利益调整为主的存量改革进入制度创新的行列。改革开放以来,福建省用于公共体育资源配置的财政投入逐年增加,企业、社会组织和个人等其他产权主体的投资不断壮大,使公共体育资源优化配置中的"量"的供给问题得以解决,但是,公共体育资源优化配置的产权归属、可持续增值和激励机制还没有彻底解决。2020 年 10 月 10 日,国务院办

公厅颁布了《关于加强全民健身场地设施建设　发展群众体育的意见》,意见指出,社会力量投资建设的室外健身设施在符合相关规划要求的前提下,由各相关方协商依法确定健身设施产权归属,建成后 5 年内不得擅自改变其产权归属和功能用途。可见,以兼顾各方利益调整为格局的体育场地存量改革和增量改革在新的产权方式下将产生重大变化。

2.完善政府职能转变下的资源配置风险制度,使政府成为新时代公共体育资源优化配置风险的最后守夜人

在复杂多变的市场环境之下,转变政府职能,重新界定政府在公共体育资源优化配置中责、权、利的边界至关重要。政府在公共体育资源优化配置的实践中,不再是证实谁最有条件来负责公共体育资源的优化配置,而是要证实谁来负责公共体育资源优化配置的效率最高,谁来负责公共体育资源优化配置制度的制定与执行更为合理、更为公平、更为透明。同时,努力构建产权多元化的市场运营主体,搭建自由、畅通的公共信息平台,疏通信息传输渠道,使公共体育资源优化配置的不同利益主体间就利益的表达、公共政策的选择、损益的补偿等问题形成相互沟通、相互协商机制。

中国特色社会主义进入新时代,提出了建设社会主义现代化强国的新任务、新要求,呈现出不同以往的时代特征。在此情形下,对于公共体育资源优化配置来说,政府需要注重公共体育资源优化配置的质量和效益,注重公共体育资源优化配置从粗放型向集约型转变,特别是要重视公共体育资源优化配置风险管理制度建设,建立和完善公共体育资源优化配置风险监测及预警预报信息网络,建立应急响应、信息分析、应对决策、信息反馈等公共体育资源优化配置防灾减灾信息化系统。及时完善公共体育资源优化配置风险应对措施,明确公共体育资源优化配置风险避免、控制、转移、自留时机,不断提高公共体育资源优化配置风险管理的科学性和有效性,使其成为政府执政的有效工具,让政府真正成为公共体育资源优化配置风险管理的最后守夜人。

3.完善分层、分权和分散下的管理制度,使公共体育资源在竞争的市场环境下实现优化配置

在计划经济体制下,全部或者绝大多数的公共体育资源由政府实施配置和集中统一管理,在当时公共体育资源匮乏的情况下,为促进学校体育和竞技体育的发展发挥了重要作用。在改革开放初期,许多市场主体取得、使用和让渡的大多数公共体育资源主要在行政认同的方式下通过市场进行公共体育资源的配置,如行政性制度。对此,在竞争、分散的市场环境下,信息的不对称需

要政府参与,对市场进行管理与指导。但政府在对市场的实际管理和指导过程中,因不同区域、不同市场主体对公共体育资源的需求各不相同,政府采取统一的公共体育资源优化配置政策和个别试点经验没有使问题得到彻底解决。对此,政府公共体育资源优化配置权力的分层、职能的分解、功能的分散应运而生,在此背景下,政府要深化"放管服"改革,全面完善和推行公共体育资源优化配置权力清单和责任清单制度,深化改革行政审批制度和预算管理制度,建立公共体育信息有序开放制度等,以实现政府公共体育资源优化配置治理的现代化、精准化。这也是公共体育资源优化配置市场不断走向成熟,法治、有序而又不断拓展好市场的重要标志,更是公共体育资源优化配置在不同区域间进行有效竞争的充分条件。同过去行政垄断、保护过度的传统市场有本质区别,这是公共体育资源优化配置制度创新在新的基点上的必经之路。

4.完善城乡、区域统筹下的均衡性制度,使公共体育资源在城乡、区域经济一体化发展中实现优化配置

长期以来,对城市和发达区域来说,借助地域优势、区位优势、政策优势和产业优势汇聚了许多公共体育资源;而农村和落后区域原有的要素资源逐步流失,经济发展丧失了强劲动力,公共体育资源的建设愈加缓慢,与城市、发达区域的差距愈加显著,公共体育资源配置出现"强者愈强,弱者愈弱"的不良现象,产生了著名社会学家罗伯特·莫顿提出的"马太效应"。[①] 这种城乡、区域不合理的公共体育资源配置,使社会的总损失不断增加。基于此,具有减少成本、促进协作、增添动力、化解外部效益的制度作用日益显现,成为制约公共体育资源配置主体的行为,调控社会公共体育资源,约束要素流动的重要手段。[②] 因此,进入新时代,政府必须借助制度和政策的制约作用尽可能降低当今社会不断严重的马太效应。从制度分析入手,在我国城乡统筹和区域统筹发展的大背景下,福建省要注重公共体育资源交易平台建设,完善城乡统一、区域统一的公共体育资源优化配置均衡制度体系,如资源交易制度、土地使用制度、资金分配制度等,把城市和农村、不同区域同置于一个配置系统之中,综合考虑公共体育人力资源、公共体育物力资源、公共体育财力资源、公共体育信息资源、公共体育制度资源等共享问题,以推动城乡、区域公共体育资源的合理流动,从而城市支持、反哺和带动农村,发达区域支持、反哺和带动落后区

① 李勤,张元红,张军,等.城乡统筹发展评价体系:研究综述和构想[J].中国农村观察,2009(5):2-10,22,95.

② 何自力.比较经济制度学[M].天津:南开大学出版社,2003.

域,促进农村和落后区域公共体育资源建设的可持续发展,最后使公共体育资源在城乡、区域经济一体化发展中实现最优配置。

5.完善依法治国下的法律制度,使公共体育资源在阳光下实现优化配置

中国特色社会主义进入了新时代,要推动我国经济社会高质量可持续发展,就必须全面推进依法治国,加快建设社会主义法治国家。对此,习近平总书记指出:"既要立足当前,运用法治思维和法治方式解决经济社会发展面临的深层次问题;又要着眼长远,筑法治之基、行法治之力、积法治之势,促进各方面制度更加成熟更加定型,为党和国家事业发展提供长期性的制度保障。"同样,在公共体育资源优化配置改革过程中,仅有宏观政策方面的一些规定是不够的,还需要相关的法律法规作保障,才能有效促进公共体育资源优化配置改革政策的落地生效。因此,我国要加快《中华人民共和国体育法》的修订工作,相关的体育部门、教育部门和法律部门等各部门应加快完善公共体育资源优化配置改革的相关法律法规,确保体育公共服务部门在实施公共体育资源优化配置服务中的法律地位,做到科学立法、严格执法、公正司法、全民守法,以促进公共体育资源优化配置工作的有效开展,最终实现公共体育资源优化配置的规范化、法制化。应着力完善以下几方面的法律制度建设:一是通过完善公平法律制度,维护不同城乡、不同区域、不同民族的群众都能公平地享有公共体育资源的权利,防止群众的利益受到侵害,尤其要保护老人和残疾人等弱势群体的利益,以保障和改善民生,让广大群众有更多、更直接、更实在的获得感、幸福感和安全感;二是通过完善财政拨款法律制度,明确公共体育资源优化配置财政拨款的程序和标准,做到政府财政拨款全过程的公平、公正和公开,提高政府的公信力;三是通过完善监管法律制度,如完善公共体育资源优化配置资金监管评价制度,在符合法律保留的原则下,重视对公共体育资源优化配置资金的监管与评价,以提高公共体育资源配置的效率和效益,使公共体育资源在阳光下实现优化配置。

本章小结

本章首先介绍了"新时代"提出的背景及其意义,从理论依据和现实依据分析了我国新时代社会的主要矛盾及其对公共体育资源优化配置的影响。其次,阐释了新时代福建省深化公共体育资源优化配置改革目标:一是人道目标,即要公平与平等地对待每一个公民,让其享有应有的体育权利,并致力于促进每一个公民在其生命周期内享有与满足对体育健身的需要,进而使每一个公民成为真正的人。同时,让每一个公民都能在共享稀缺的公共体育资源中享受人生快乐,并致力于使自己成为完整的人。二是价值目标,即要在公平配置公共体育资源的同时,注重公共体育资源配置效率,不断提高公共体育资源的使用价值,最大限度地满足人民群众体育健身的需要。三是责任目标,即要适度扩大规模,优化配置结构,提升配置效率,保证公平,以满足人民日益增长的健康需要,不断提高人民的身体素养和健康水平,促进体育强国的建设。四是生态目标,即要树立"尊重自然、顺应自然、保护自然"的生态理念,将公共体育资源的建设、利用与自然环境的保护有机融合。再次,阐述了新时代福建省深化公共体育资源优化配置改革应坚持"以人为本"原则、坚持政府调控与市场调节相结合原则、坚持创新原则、坚持系统性原则、坚持效率原则、坚持协调性原则、坚持风险管理原则、坚持可持续性原则。接着,对动力及其改革动力的内含进行界定,分析了改革动力的来源、作用和特征,剖析了新时代福建省深化公共体育资源优化配置改革动力研究的历史必要性、现实必要性和未来必要性。随后,分析了新时代福建省深化公共体育资源优化配置自上而下的改革动力和自下而上的改革动力。其中,自上而下的改革动力包括党的决议、行政体制改革、税收制度、改革意愿、干部选拔任用制度、监督制度、法律法规;自下而上的改革动力包括倒逼机制、民主制约机制、利益协调机制、激励机制、监督机制。最后,提出新时代福建省深化公共体育资源优化配置改革之路,即体制创新、机制创新、管理创新和制度创新。体制创新方面,要做好政府角色的有效定位和政府的有效干预。机制创新方面,要创新政府官员问责机制、政府信息公开机制、群众参与机制和区域协调发展机制。管理创新方面,要做好公共体育资源优化配置风险的识别、评估、应对、检查与评价工作。制度创新方面,要完善产权制度、风险制度、管理制度、均衡性制度和法律制度。

第七章 结论与不足

第一节 研究结论

一、公共体育资源优化配置研究具有重要的实践意义和理论意义。公共体育资源是指由政府、社会团体、企业和个人以公益性为目的,用于提供公共体育活动、公共体育产品和公共体育服务(包括营利性和非营利性)所需的人力、物力、财力、信息、时间、组织、政策法规等物质和非物质要素的总称。根据公共体育资源存在形式可分为公共体育人力资源、公共体育物力资源、公共体育财力资源、公共体育信息资源和公共体育制度资源等。公共体育资源具有公益性、多样性、稀缺性、替代性、共享性、层次性等特征。

二、公共体育资源优化配置是指政府、社会团体、企业和个人以公益性为目的,将最少的用于提供公共体育活动、公共体育产品和公共体育服务(包括营利性和非营利性)所需的人力、物力、财力、信息、时间、组织、政策法规等资源进行最佳的分配与重组,实现资产结构、产业结构、技术结构和地区结构的最佳化,最大限度地发挥和利用资源,以最大程度地满足人们对资源的需求,并实现资源使用效率最大化的动态活动过程。公共体育资源优化配置问题涉及资源配置的主体、客体、方式、方法、效率等。全面深化改革的总目标,就是完善和发展中国特色社会主义制度,推进国家治理体系和治理能力现代化。公共体育资源优化配置改革的理论范式有新古典经济学理论、马克思主义制度学说理论、新制度经济学理论、风险管理理论。

三、福建省公共体育资源配置伴随着福建省体育事业的发展而不断完善,也在体育发展史上留下不可磨灭的历史印迹。其先后经历了引入、消化和初建期、曲折发展的动荡建设期、恢复发展的新时期和全面发展的新时代几个阶段。反思几十年来福建省公共体育资源配置发展历程,可以看出,市场在公共体育资源配置中的地位和作用日渐显著,计划和市场在公共体育资源配置中相互依存、相互作用;公共体育资源配置方式由原来的计划配置方式转变为计划与市场相结合的混合型配置方式;公共体育资源配置方法由粗放式向集约式配置方法转化;公共体育资源配置制度环境不完备,体育事业发展和转型期双轨制的相对滞后,导致市场机制的配置作用仍没有达到预期效果。在社会主义市场经济体制下,福建省公共体育资源配置取得的主要成绩有赖于公共体育资源配置制度选择中政府力量的重构,公共体育资源配置过程中市场力量的发挥,公共体育资源配置过程中社会力量的参与,使体育的本质得以回归。

四、经济社会发展水平、地域、文化等因素综合影响福建省公共体育资源配置。目前,福建省公共体育资源配置存在:主体较单一、效率不高,即使用效率不高,流转效率不高,增值效率不高,综合利用效率不高、结构不均衡,即空间结构不均衡,类型结构不均衡、市场化程度不高、机制不健全,即运行机制不健全,绩效评价机制不健全,动力机制不健全、制度不完善、可持续性不强等问题。究其原因,主要是经济发展水平、配置体制、配置理念、配置人员、配置权力、配置文化、配置创新等缘由造成的。

五、国外发达国家公共体育资源配置历史较为悠久,公共体育资源配置呈现共性和个性并存的特点,并随着时代变迁不断完善与发展,由无序走向有序,由不成熟走向成熟,为美国、英国、德国和日本等国家竞技体育、群众体育和学校体育的发展奠定了坚实基础。同时,也为世界各国公共体育人力资源配置(主要指社会体育指导员)、公共体育物力资源配置(主要指体育场地)、公共体育财力资源配置、公共体育信息资源配置、公共体育制度资源配置等发展提供了有益启示。

六、"新时代"的提出对实现中华民族的伟大复兴具有重大意义,新时代公共体育资源配置的主要矛盾已转变为人民日益增长的健康需要同公共体育资源配置的不平衡不充分之间的矛盾,公共体育资源配置主要矛盾的转变具有理论和现实依据。新时代福建省深化公共体育资源优化配置改革要实现人道目标、价值目标、责任目标和生态目标;要坚持"以人为本"原则、坚持政府调控与市场调节相结合原则、坚持创新原则、坚持系统性原则、坚持效率原则、坚持协调性原则、坚持风险管理原则、坚持可持续性原则;新时代福建省深化公共体育资源优化配置改革动力研究有历史必要性、现实必要性、未来必要性;新时代福建省深化公共体育资源优化配置包括党的决议、行政体制改革、税收制度、改革意愿、干部选拔任用制度、监督制度、法律法规等自上而下的改革动力,以及倒逼机制、民主制约机制、利益协调机制、激励机制、监督机制等自下而上的改革动力;新时代福建省深化公共体育资源优化配置改革之路有体制创新、机制创新、管理创新和制度创新。体制创新方面,要做好政府角色的有效定位和政府的有效干预。机制创新方面,要创新政府官员问责机制、政府信息公开机制、群众参与机制、区域协调发展机制。管理创新方面,要做好公共体育资源优化配置风险的识别、评估、应对、检查与评价工作。制度创新方面,要完善产权制度、风险制度、管理制度、均衡性制度和法律制度。

第二节 研究不足

一、在梳理几十年来福建省公共体育资源配置历程时,虽然通过网络、期刊、图书等渠道收集和整理了一些福建省公共体育资源配置的文献资料,但不全面,有价值、有说服力和具有前瞻性的数据不多,使理论分析的依据不充分、后劲不足,以致对福建省公共体育资源配置存在的问题和原因分析缺乏深度。同样的,在国外发达国家公共体育资源配置研究中,因资料收集渠道较单一,收集的资料较零散,尤其是制度方面的文献较少,导致获得的经验和启示的指导性不够。

二、公共体育资源优化配置改革是公共体育资源重新调整与分配的过程,是公共体育资源配置方式重新抉择的过程,归根到底是制度创新和制度变迁的过程。对此,本研究将新制度经济学的产权理论和制度变迁理论及其方法一同引入公共体育资源优化配置改革研究的理论范畴,不仅符合市场经济体制下公共体育资源优化配置的特点,也充实了新时代公共体育资源优化配置理论的实质内涵。但由于自身对新制度经济学理论的理解和把握较为肤浅,借鉴新制度经济学的研究成果与经验不够成熟,实际运用研究缺乏深度,仍处于探索阶段。

三、近些年来,风险管理的理论与方法被广泛地运用到各个领域,但在不同领域运用时体现出各自的特点与规律。本研究将风险管理的理论与方法引入到公共体育资源优化配置风险的管理中,是一次大胆的尝试。然而,在公共体育资源优化配置风险因素、风险的应对方法与措施等方面还有待完善,公共体育资源优化配置风险的评估还缺少实际运用过程,对公共体育资源优化配置改革的实际指导作用还无法真正体现。

四、评价是人类社会实践活动中不可或缺的一种观念活动,评价具有普遍性和广泛性的特点。在公共体育资源优化配置改革实践中,制度是深化公共体育资源优化配置改革、实现公共体育资源优化配置治理能力和治理水平现代化的有效手段。因此,构建公共体育资源优化配置制度评价体系,并对制度的实施进行动态监测和成效评价对完善制度、实现改革目标有一定的理论和实践指导意义。由于时间的原因,公共体育资源优化配置制度评价没有纳入本研究中,虽然为今后深入研究留下空间,但这也是本研究的一个缺陷。

五、跨学科研究是目前科学研究方法讨论的热点问题,通过跨学科研究不仅有利于实现对目前重大理论和实践问题的综合性研究,也是促进科研创新和科技进步的源泉。本书从哲学、经济学和管理学的角度对福建省公共体育资源优化配置改革问题进行研究,但缺乏从生态学、文化学等领域对福建省公共体育资源优化配置改革的环境保护和文化传承等问题进行分析,研究的视野还有待进一步拓展与深入。

参考文献

[1]中国新闻网.2019年全国居民恩格尔系数[EB/OL].(2020-01-21)[2020-03-21].https://www.chinanews.com/cj/2020/01-21/9066069.shtml.

[2]孙璇.民众体育消费需求的高涨,全民健身热情何处释放[N].经济日报,2015-01-28.

[3]刘亮,王惠.供给侧改革视角下我国公共体育资源供需矛盾的消解与改革路径[J].武汉体育学院学报,2016,50(4):51-55.

[4]舒宗礼.有效的市场与有为的政府:公共体育资源优化配置的关键[J].成都体育学院学报,2015,41(6):55-61.

[5]靳英华.体育经济学[M].北京:高等教育出版社,2011:108.

[6]李丽,张林.体育事业公共财政支出研究[J].体育科学,2010,30(12):22-28.

[7]丁响,高丽华,赵波.大数据时代的体育传播:特征、主体定位与发展方向[J].沈阳体育学院学报,2014,33(5):39-43.

[8]国家体育总局经济司.第六次全国体育场地普查数据汇编[R].北京:国家体育总局,2015.

[9]寇健忠.体育场地资源配置的均衡性研究[J].北京体育大学学报,2017,40(4):14-20.

[10]寇健忠,于作军.体育场地资源建设与社会经济协调发展评价研究[J].北京体育大学学报,2018,41(10):39-245,54.

[11]中国政府网.2018年居民收入和消费支出情况[EB/OL].(2019-01-21)[2020-03-25].http://www.stats.gov.cn/ tjsj/zxfb/201901/t20190121_1645791.html.

[12]前瞻网.2018年中国体育产业市场现状与发展趋势分析[EB/OL].(2019-07-11)[2020-03-25].https://www.qianzhan.com/ analyst/detail/220/

190711-32a6a48c.html.

[13]李洪波.城市社区公共体育资源合理配置研究[M].济南:山东人民出版社,2015.

[14]宋玉梅,李骁天,李龙,等.小康社会我国城市社区体育资源配置的相关问题研究[J].北京体育大学学报,2006,29(6):747-748+751.

[15]望山.人力资源配置的三种模式和三个目标[J].唯实,1996(4):41-42.

[16]梁金辉.公共体育资源优化配置问题研究[J].体育文化导刊,2008(1):7-9.

[17]赵吉峰.新农村建设中我国农村体育资源的配置研究[J].北京体育大学学报,2011,34(3):16-18.

[18]陈华伟.社区体育资源配置理论与实证研究[D].福建:福建师范大学,2014.

[19]胡乐明,刘刚.新制度经济学原理[M].北京:中国人民大学出版社,2014.

[20]隋路.中国体育资源配置效率研究[M].北京:社会科学文献出版社,2011.

[21]任海,王凯珍,肖淑红,等.体育资源配置方式的改革与体育资源的开发——论社会经济条件下的中国体育改革(三)[J].天津体育学院学报,2002,17(1):12-17+20.

[22]张华平.新农村建设视域下的农村公共体育资源配置的模式与发展路径研究[J].农业经济,2018,(6):112-114.

[23]任海,王凯珍,肖淑红,等.我国体育资源配置中存在问题及其原因探讨——论社会经济条件下的中国体育改革(二)[J].天津体育学院学报,2001,16(3):1-9.

[24]吴周礼.体育资源配置方式变迁及相关问题分析[J].体育文化导刊,2007(3):53-55.

[25][英]亚当·斯密.国富论[M].唐日松,等译.北京:华夏出版社,2005:9.

[26][美]保罗 A.萨缪尔森,威廉·D.诺德豪斯,等.经济学(第17版)[M].萧琛,译.北京:人民邮电出版社,2004:28.

[27]庄垂生.论制度变迁视野中的政府与市场[J].求实,2002(1):28-31.

[28]李洪波.城市社区公共体育资源合理配置与政府绩效评价研究[D].南京:南京师范大学,2012.

[29][美]查尔斯·沃尔夫.市场或政府——权衡两种不完善的选择[M].谢旭,译.北京:中国发展出版社,1994:5.

[30]王家宏.我国体育资源配置市场化改革中政府职能作用的实现路径[J].

体育学研究,2018,1(3):5-14.

[31]沈克印,王凤仙.我国体育资源配置中效率与公平观的伦理分析[J].成都体育学院学报,2012,38(5):31-35.

[32]钟武,王冬冬.基于基尼系数的群众体育资源配置的公平性研究[J].体育科学,2012,32(12):10-14.

[33]张伟,董川.我国体育资源配置公平与效率的实证分析[J].成都体育学院学报,2013,39(12):15-20.

[34]安宏.构建和谐社会背景下的体育资源配置公平与效率研究[J].广州体育学院学报,2014,34(2):27-29.

[35]张大超,苏妍欣,李敏.我国城乡公共体育资源配置公平性评估指标体系研究[J].体育科学,2014,34(6):18-33.

[36]张莹,秦俭,董德龙,等.我国不同地区群众体育资源配置效率研究[J].山东体育学院学报,2011,27(12):7-11.

[37]陈华伟,丁聪聪,陈金伟.全民健身公共体育资源配置效率测度及影响因素分析[J].西安体育学院学报,2016,33(6):666-672.

[38][英]科斯,等.财产权利与制度变迁[M].刘守英,等译.上海:上海人民出版社,1994:128-129.

[39]鲍明晓,于建涌.体育产权制度创新的思路和建议[J].体育文史,1995(2):17-18.

[40]陈勇军.产权理论与我国体育产权制度改革[J].南京体育学院学报,1997(2):5-12+14.

[41]何元春.农村公共体育资源配置收益分析与对策研究[J].南京体育学院学报,2011,25(1):44-47.

[42]李安娜.我国大型公共体育场馆产权制度改革的区域差异研究[J].武汉体育学院学报,2016,50(1):27-35.

[43]袁春梅,杨依坤.我国体育公共服务资源配置均等化水平的实证研究——基于泰尔指数的分析[J].武汉体育学院学报,2014,48(2):21-26.

[44]李强谊,钟水映.我国体育资源配置水平的空间非均衡及其分布动态演进[J].体育科学,2016,36(3):33-43.

[45]唐晓辉,李洪波,孙庆祝.城市社区公共体育资源配置的政府绩效评价体系研究[J].天津体育学院学报,2012,27(5):386-390.

[46]闵建,李万来,刘青.公共体育管理概论[M].北京:北京体育大学出版社,2005.

[47]蔡治东,虞荣娟,汤际澜.中国体育政策研究的知识图谱分析[J].西安体育学院学报,2015,32(5):553-561.

[48]刘叶郁.中华人民共和国成立以来体育政策的演变特征与内容分析[J].上海体育学院学报,2018,42(6):11-17.

[49]陈元欣,杨金娥,王健.体育场馆运营支持政策的现存问题、不利影响与应对策略[J].上海体育学院学报,2016,40(6):24-29.

[50]齐超.行动者、网络结构与网络互动:上海市体育公共服务政策变迁[J].天津体育学院学报,2016,31(5):442-447.

[51]冯火红,刘晨晞,王永顺.公益社会体育指导员政策调整研究——建立社会体育指导员公益岗位制度[J].北京体育大学学报,2012,35(7):6-10.

[52]卢志成.政府体育公共财政支出政策公平研究[J].体育科学,2014,34(8):3-12.

[53]董颖,温洪泽.21世纪中国体育场馆政策法规效用研究[J].广州体育学院学报,2014,34(6):40-44.

[54]刘峥,唐炎.公共体育服务政策执行阻滞表现、成因及治理[J].体育科学,2014,34(10):78-82.

[55]谢正阳,唐鹏,刘红建,等.公共体育政策失真性执行与对策探析[J].体育与科学,2015,36(6):68-73.

[56]韩永君.国外体育政策研究演进的可视化分析[J].上海体育学院学报,2017,41(2):7-14.

[57]马向菲,李江涛,刘鹏.直言中国体育几大矛盾[N].湖南日报,2010-08-09.

[58]刘亮.全面深化改革背景下我国体育改革的逻辑、目标、动力及路径[J].体育科学,2015,35(10):10-16.

[59]胡科.体制转型·结构问题·供给变革——关于体育治理改革的思考[J].城市学刊,2018,39(2):15-19.

[60]陈鑫林.城乡融合视野下我国农村地区公共体育资源配置的不平衡及改革取向研究[J].农业经济,2018(9):96-98.

[61]风笑天.社会研究方法(第四版)[M].北京:中国人民大学出版社,2013:10.

[62]叶澜.教育研究方法论[M].上海:上海教育出版社,1990.

[63][美]艾尔·巴比.社会研究方法[M]邱泽奇,译.北京:华夏出版社,2005:35-37.

[64][德]伽达默尔.哲学解释学[M].夏镇平,宋建平,译.上海:上海译文出版

社,1994.

[65]杜晖,刘科成,张真继,等.研究方法论——本科、硕士、博士生研究指南[M].北京:电子工业出版社,2010:5.

[66]张大超,李敏.我国城乡公共体育资源配置公平性评估研究[M].北京:中国社会科学出版社,2015:41.

[67]夏丽萍.高等教育资源配置理论研究[D].成都:四川大学,2006.

[68]周宏.现代汉语辞海[M].北京:光明日报出版社,2002:1332.

[69]李洪波.城市社区公共体育资源合理配置研究[M].济南:山东人民出版社,2015:45-150.

[70]唐新忠.中国城市社区建设概论[M].天津:天津人民出版社,2002.

[71]HALL M, ANDRUKOW A, BARR C, et al. The capacity to serve[J]. A qualitative study of the challenges facing Canada's nonprofit and voluntary organizations, Toronto, Canadian Centre for Philanthropy, 2003.

[72]程云峰,李金珠.我国体育资源开发的利用战略构想[J].哈尔滨体育学院学报,1998,16(3):6-9.

[73]刘可夫.论体育资源的合理开发和配置[J].解放军体育学院学报,1999,18(2):1-5.

[74]任海,王凯珍,肖淑红,等.论体育资源配置模式——论社会经济条件下的中国体育改革(一)[J].天津体育学院学报,2001,16(2):1-5.

[75]谢英.区域体育资源研究:理论与实践[M].北京:科学出版社,2009.

[76]霍军.农村体育公共资源均衡配置及实践路径研究[M].北京:北京体育大学出版社,2018:15.

[77]周宏.现代汉语辞海[M].北京:光明日报出版社,2002:434.

[78]唐继龙.城市公共体育供给市场化方式研究——基于重庆市区游泳场馆经营的社会调查[D].重庆:西南大学,2014.

[79]凌平.联邦德国的公共体育管理[J].天津体育学院学报,1994,9(1):16-21.

[80]王亚飞.公共体育:社会伦理向度的哲学思考[J].北京体育大学学报,2005,28(4):449-451.

[81]董新光.公共体育:论公共体育资源配置的不平衡及改革取向[J].体育文化导刊,2007(3):6-11.

[82]梁金辉.公共体育资源优化配置问题研究[J].体育文化导刊,2008(1):6-9.

[83]段冬旭,周剑,胡友群.基于供需理论的公共体育资源有效配置[J].沈阳体育学院学报,2011,30(6):68-72.

[84]蔡朋龙.公共体育资源市场化配置中政府职能研究[D].苏州:苏州大学,2018:21-23.

[85]刘秦,陈赢.体育赛事资源的界定及其构成[J].上海体育学院学报,2008,32(3):10-13.

[86]王善迈.教育经济学简明教程[M].北京:高等教育出版社,2002.

[87]杨世木.我国体育信息资源配置研究[D].上海:上海体育学院,2010.

[88]刘康.晋西北农村中小学体育教育资源配置研究[D].临汾:山西师范大学,2013.

[89]厉以宁.市场经济大词典[M].广州:新华出版社,1993.

[90]厉以宁.非均衡的中国经济[M].北京:北京大学出版社,1991:56-57.

[91]于法稳.资源配置的驱动机制研究[J].重庆大学学报,1999,5(4):32-33.

[92]刘勇,周健生,胡建忠.论高校校园文化与城市精神[J].北京体育大学学报,2006,29(5):668-670.

[93]张玉国,姜立嘉.我国高校竞技体育赛事资源优化配置研究——以高校篮球联赛为例[J].北京体育大学学报,2013,36(11):102-107.

[94]岳武,靳英丽.中国高等教育资源配置改革问题及对策研究[M].长春:东北师范大学出版社,2015:5.

[95]刘可夫,张慧.论体育资源的合理开发和配置[J].福建体育科技,1999(5):9-13.

[96]司荣贵.论体育资源合理配置的目标和原则[J].西安体育学院学报,2004(3):28-30.

[97]马费成,赖茂生.信息资源管理[M].北京:高等教育出版社,2006:245-248.

[98]王茜,方千华.中国竞技体育资源优化配置的突变模型与时空演进规律[J].成都体育学院学报,2011,37(1):36-40.

[99]陆得志.福建省竞技体育人才资源优化配置研究[D].福州:福建师范大学,2012.

[100]赵奎芝.高校竞技健美操人才资源优化配置的研究[D].厦门:集美大学,2013.

[101]胡萍.中国竞技体育资源配置评价与优化对策研究[D].哈尔滨:哈尔滨工程大学,2009:15.

[102]桂世镰.通过市场配置资源的特点[N].人民日报,1992-11-6.

[103]朱新梅.政府干预与大学公共性的实现:中国大学的公共性研究[M].北京:教育科学出版社,2007:43.

[104]阚军常.政府干预理论视域下大众滑雪运动发展研究[D].长春:东北师范大学,2012:17.

[105]王绍光.多元与统一——第三部门国际比较研究[M].杭州:浙江人民出版社,1999:35.

[106]李礼.斯蒂格利茨的政府干预理论述评[J].湖南行政学院学报,2009(3):5-7.

[107]JANG-SUP SHIN. The economics of the latecomers[M]. London: Routledge,1996.

[108]周中林.市场自由与政府干预的理论与实践[J].山东社会科学,2007(1):54-57.

[109]梁秋云.论经济全球化下中国政府经济职能转变的战略选择[D].济南:山东大学,2005.

[110]闫焱,彭玫.马克思主义制度分析理论的总体构成[J].山东社会科学,2007(1):55-56.

[111][美]米尔顿·弗里德曼.资本主义与自由[M].张瑞玉,译.北京:商务出版社,2001:36.

[112]金太军,赵晖,高红,等.政府职能梳理与重构[M].广州:广东人民出版社,2002:261.

[113]世界银行.1997年世界发展报告:变革世界中的政府[M].蔡秋生,译.北京:中国财政经济出版社,1997.

[114][美]迈克尔·罗斯金,等.政治学[M].林震,译.北京:华夏出版社,2002:29.

[115][美]尼古拉斯·施普尔伯.国家职能的变迁:在工业化经济体和过渡性经济体中的私有化和福利改革[M].杨俊峰,译.沈阳:辽宁教育出版社,2004:40.

[116]李强.宪政自由主义与国家构建[M].北京:三联书店,2003:35.

[117]王焱.宪政主义与现代化国家[M].北京:三联书店,2003:37.

[118]方福前.公共选择理论——政治的经济学[M].北京:中国人民大学出版社,2000:197-201.

[119]席恒.公与私:公共事业运行机制研究[M].北京:商务出版社,2003:65.

[120]李景鹏.论政府政策的公共性[J].天津社会科学,2002(6):48.

[121][英]以赛亚·柏林.自由论[M].胡传胜,译.南京:译林出版社,2003:191-192.

[122]刘军宁.市场逻辑与国家观念[M].北京:三联书店,1995:21.

[123]江宜桦.约翰·穆勒论自由、功效与民主政治[M].长春:吉林人民出版社,2002:203.

[124][美]W.李普曼.公共哲学的复兴[M].晓苓,译.北京:三联书店,1995:26.

[125]贺照田.后发展国家的现代性问题[M].长春:吉林人民出版社,2002:68.

[126][美]丹尼尔·贝尔.资本主义文化矛盾[M].赵一凡,等译.北京:三联书店,1989:56.

[127][美]E.S.萨瓦特.民营化与公私部门的伙伴关系[M].周志忍,等译.北京:中国人民大学出版社,2003:69.

[128][美]B.盖伊·彼得斯.政府未来的治理模式[M].吴爱明,等译.北京:中国人民大学出版社,2002:25.

[129][美]戴维·奥斯本,彼得·普拉斯特里克.政府改革手册——战略与工具[M].谭功荣,等译.北京:中国人民大学出版社,2004:175.

[130]俞可平.引论:治理与善治[M].北京:社会科学文献出版社,2000:14.

[131]李省龙.布坎南公共选择理论与我国政府决策行为[J].经济学动态,2003(5):13-17.

[132][美]道格拉斯·C.诺思.经济史中的结构与变迁[M].陈郁,罗华平,等译.上海:三联书店,1991.

[133][冰]思拉恩·埃格特森.新制度经济学[M].北京:商务出版社,1996:55.

[134]吴敬琏.比较[M].北京:中信出版社,2002:17-18.

[135]马克思恩格斯全集(第13卷)[M].北京:人民出版社,1962:8.

[136]张建华.创新、激励与经济发展[M].武汉:华中理工大学出版社,2000:94.

[137]李义平.产权与经济发展[N].中国经济时报,2003-11-6.

[138]张建伟.经济理论中的制度分析:在批判中超越[J].财经研究,1999(1):39-42.

[139]卢现详.西方新制度经济学[M].北京:中国发展出版社,1996.

[140]袁庆明.新制度经济学[M].北京:中国发展出版社,2014:1.

[141][美]埃里克·弗鲁博顿,[德]鲁道夫·芮切特.新制度经济学[M].孙经玮,译.上海:上海财经大学出版社,1998:1-2.

[142]袁庆明.新制度经济学教程(第二版)[M].北京:中国发展出版社,2014.

[143]胡乐明,刘刚.新制度经济学原理[M].北京:中国人民大学出版社,2014.

[144][美]Y.巴泽尔.产权的经济分析[M].费方域,段毅才,译.上海:三联书店,1997:153.

[145]林毅夫.再论制度、技术与中国农业发展[M].北京:北京大学出版社,2000:13-14.

[146]辞海编辑委员会.辞海(1979年版)[M].上海:上海辞书出版社,1980:185.

[147]宋明哲.现代风险管理[M].北京:中国纺织出版社,2003.

[148]卓志.风险管理理论研究[M].北京:中国金融出版社,2006.

[149]何文炯.风险管理[M].大连:东北财经大学出版社,1999.

[150]黄津孚.论机遇与风险的关系[J].福建论坛(人文社会科学版),2004(6):19-23.

[151]李中斌.风险管理解读[M].北京:石油工业出版社,2000.

[152][美]C.小阿瑟·威廉斯,迈克尔·L.史密斯,彼得·C.扬,等.风险管理与保险(第8版)[M].马从辉,刘国翰,译.北京:经济科学出版社,2000:63-65.

[153]许瑾良.风险管理[M].北京:中国金融出版社,2006.

[154]唐寿宁.风险不确定性与程序[M].北京:中国财政经济出版社,2001.

[155]GOVE.Webster's third new international dictionary[M].Springfield,MA:Merriam-Webster,1981.

[156][美]特瑞斯·普雷切特,等.风险管理与保险(第七版)[M].孙祁祥,等译.北京:中国社会科学出版社,1998.

[157][美]哈林顿,尼豪斯.风险管理与保险[M].陈秉正,译.北京:清华大学出版社,2005.

[158][美]小哈罗德·斯凯博.国际风险与保险:环境—管理分析[M].荆涛,等译.北京:机械工业出版社,2003.

[159]刘金章,王晓炜.现代保险辞典[M].北京:中国金融出版社,2004.

[160]赵其宏.商业银行风险管理理论[M].北京:经济管理出版社,2001.

[161]张超慧,张俊.学校体育风险利益透视[J].北京体育大学学报,2004,27(5):603-604.

[162]胡宜达,沈厚才.风险管理学基础——树立方法[M].南京:东南大学出版社,2001:7-10.

[163]洪锡熙.风险管理[M].广州:暨南大学出版社,1999.

[164][美]马克·S.多尔夫曼.当代风险管理与保险教程(第7版)[M].齐瑞宗,等译.北京:清华大学出版社,2002.

[165][美]康斯坦斯·M.卢瑟亚特,巴里·D.史密斯,埃里克·A.威宁.财产与责任保险原理(第3版)[M].英勇,于小东,译校.北京:北京大学出版社,2003.

[166][美]小哈罗德·斯凯博.国际风险与保险:环境—管理分析[M].荆涛,等译.北京:机械工业出版社,1999.

[167]魏迎宁.简明保险辞典[M].北京:中国金融出版社,2003.

[168]陈秉正.公司整体化风险管理[M].北京:清华大学出版社,2003.

[169]福建省地方志编纂委员会.福建省志·体育志[M].福州:福建人民出版社,1993.

[170]福建省地方志编纂委员会.福建省志·体育志[M].福州:社会科学文献出版社,2016.

[171]福建省统计网.福建统计年鉴2001年[EB/OL].(2003-11-20)[2020-05-06].http:// www.fujian.gov.cn/szf/gk/.

[172]邹京,施纯志."互联网+"对社会体育指导员培训模式的影响——以国家级社会体育指导员培训基地为例[J].山东体育科学研究,2019,23(1):40-46.

[173]福建日报.福建省84个县(市、区)融媒体中心全部挂牌成立[EB/OL].(2018-12-29)[2020-05-06].http://www.mnw.cn/.

[174]姜玉红.我国公共体育资源管理中的政府职能[D].呼和浩特:内蒙古大学,2009:18.

[175]王先亮,王晓芳,韩继振.社会力量办体育的可行性及实现路径[J].体育学刊,2016,23(6):26-29.

[176]张洪柱,樊炳有.公共体育服务供给中政府与社会力量博弈分析[J].体育文化导刊,2017(8):3-7.

[177]郭修金,陈德旭.治理视域下社会力量参与全民健身研究[J].南京体育学院学报,2016,30(4):11-16+67.

[178]李雪颖.激发体育社会组织活力[N].中国体育报,2014-01-11(001).

[179]夏博雯,魏德样.福建省体育场地发展的动态特征分析——基于"五普""六普"数据挖掘视角[J].体育科学研究,2018,22(5):36-43+88.

[180]周松青,何颖,胡建忠,等.中日社会体育指导员现状的比较及对策[J].

首都体育学院学报,2013,25(4):309-313.

[181]倪同云,林显鹏,陈琳.中日社会体育指导员管理体制的比较研究[J].体育科学,1999,19(2):1-5.

[182]寇健忠.体育场地资源配置的均衡性研究[J].北京体育大学学报,2017,40(4):14-20.

[183]寇健忠.体育场地资源建设与社会经济协调发展评价研究[J].北京体育大学学报,2018,41(10):39-47,54.

[184]人民网.新华社评论员:强化制度意识,增强制度执行力——六论学习贯彻党的十九届四中全会精神[EB/OL].(2019-11-07)[2020-06-12].https://theory.people.com.cn/n1/2019/1107/c40531-31443218.html

[185]寇健忠,吴鹤群.福建省全民健身路径工程品位化发展研究[J].体育文化导刊,2016(9):44-49.

[186]辞海编辑委员会.辞海(1989年版)[M].上海:上海辞书出版社,1989:1367.

[187]张剑.从公共权力泛化看我国腐败的治理[J].中共郑州市委党校学报,2009(1):116-119.

[188]王瑜."体医结合"全民健身进社区背景下社会体育指导员岗位设置的理论与实践研究[D].南宁:广西民族大学,2016.

[189]DAMIR S,RADMILA K,et al. Religiousness as a protective factor for substance use in dance sport[J].Journal of religion and health,2009,48(3):269-277.

[190]CHERY P S,MAUREEN R W.Achievement goal orientations and motivational outcomes in youth sport:the role at social orientations[J].Psychology of Sport & Exercise,2009,10(2):255-262.

[191]姚向颖.中国、日本、美国社会体育指导员管理体制比较研究[J].福建师大福清分校学报,2007(5):76-80.

[192]戴俭慧,刘小平,罗时铭,等.英、美、德三国体育指导员制度及启示[J].上海体育学院学报,2003(4):26-31.

[193]DUBBERT P M,VANDER WEG M W,et al.Evaluation of the 7-day physical activity recall in urban and rural men[J].Medicine and science in sports and exercise,2004,36(9):1646-1654.

[194]Skills Active.National Occupational Standards[EB/OL].(2015-09-29)[2020-06-13]. Skills Active,http://www.skillsactive.com/Standards-

quals/national-occupational-standards.

[195]L FUDGE.An investigation into volunteering at a local sports club:a case study of wootton bassett tennis club[J].University of Wales,2011, 15(2):215-223.

[196]李向东.中国与德国体育管理体制的比较研究[J].体育文化导刊,2005 (6):53-55.

[197]仝云.社会体育指导员激励机制研究[D].苏州:苏州大学,2009.

[198]李梅.2002—2009年我国社会体育指导员发展动态变化研究[D].苏州: 苏州大学,2011.

[199]金妍宏.人口老龄化背景下公益性社会体育指导员需求与供给研究[D]. 天津:天津体育学院,2019.

[200]钟建明.日本体育指导员管理制度研究[J].体育文化导刊,2013(5): 34-37.

[201]徐云.日本发展社会体育指导员经验给我们的思考[J].乐山师范学院学 报,2008,23(5):99-101.

[202]李相如.日本大众体育和社会体育指导员的发展概况[J].首都体育学院 学报,2002,(4):12-14.

[203]郝欢欢.全国社会体育指导员交流展示大赛内容及形式的研究[D].西 安:西安体育学院,2018.

[204]叶雨菲.社会体育指导员指导行为及激励因素研究——以沈阳市为例 [D].沈阳:沈阳体育学院,2018.

[205]卢元镇.体育社会学[M].北京:北京体育大学出版社,2001:6.

[206]余胜茹.中、美两国政府投资大型体育场馆决策模式的比较[J].南京体 育学院学报,2016,30(5):69-74.

[207]黄永京,陈黎明,闫田,等.民间资本在美国体育场馆融资中的作用探析 [J].山东体育学院学报,2006,2(1):38-41.

[208]廖理,朱正芹.从金融产品创新看美国体育场馆融资[J].国际经济评论, 2004,9(10):44-47.

[209]曾建明,王健,蔡啸镝.1960—1997年美国四大体育联盟场馆的区域分 布特征及其成因——兼论对我国体育场馆优化布局的启示[J].武汉体育 学院学报,2015,49(2):22-27.

[210]严小娟.美国体育场馆委托经营研究[J].成都体育学院学报,2012,38 (8):30-34.

[211]Northland AEC LLC.State of Connecticut stadium management agreement[S].2007.

[212]Louisiana State,SMG.Louisiana stadium and exposition district-superdome/arena management agreement[S].2003.

[213]Louisiana Legislative Auditor.Performance Audit[R].2006.

[214]王健,陈元欣,王维.中美体育场馆委托经营比较研究[J].西安体育学院学报,2013,30(1):1-7.

[215]U.S.Department of Health and Human Services.Healthy People 2000 Review 1998-1999[M].2000.

[216]林显鹏,刘云发.国外社区体育中心的建设与经营管理研究——兼论我国体育场馆建设与发展思路[J].体育科学,2005,25(12):12-16,27.

[217]DENNIS R H,JOHN L C.体育财务(第2版)[M].谈多娇,张兆国,译.北京:清华大学出版社,2007.

[218]王龙飞,王朋.税收政策在美国职业体育场馆建设中的作用及其启示[J].西安体育学院学报,2015,32(1):33-39.

[219]黄昌瑞,陈元欣,何凤仙.美国大型体育场馆的盈利及启示[J].体育文化导刊,2017(12):126-131.

[220]孙成林,王健.美国体育场馆发展的新趋势及启示[J].成都体育学院学报,2013,39(2):40-45.

[221]任慧涛.英国城镇化进程中体育用地规划及其治理机制[J].体育与科学,2015,36(6):8-15.

[222]唐胜英,Elizabeth·Pike.英国大众体育场地设施的供给、管理与使用[J].体育与科学,2015,36(2):94-100.

[223]袁新锋,张瑞林,王飞.公共体育设施绩效评估的英国经验与中国镜鉴[J].北京体育大学学报,2019,42(4):33-41.

[224]周晓军.德国体育场馆管理模式的特点及其启示[J].南京体育学院学报,2011,25(4):33-36.

[225]连旭,刘德明.PPP融资模式下的德国06世界杯赛场设计[J].华中建筑,2009,27(6):13-16.

[226]刘慧.奥林匹克体育中心规划设计研究——以德国慕尼黑奥林匹克公园为例[J].城市建筑,2017(35):51-53.

[227]张强,王家宏,王华燕.日本体育场地发展与管理运营特点及启示[J].上海体育学院学报,2019,43(5):7-18.

[228]林伟刚.日本的体育设施建设及其启示[J].体育文化导刊,2013(12):
69-72.

[229]罗平.日本公共体育设施运营的指定管理者制度及启示[J].上海体育学
院学报,2010,34(6):22-26.

[230]苏连勇,大桥美胜.日本社会体育场地设施概述[J].天津体育学院学报,
1994,9(2):22-30.

[231]钱伟良.日美社区体育中心建设的比较研究——兼谈对我国社区体育中
心建设的启[J].成都体育学院学报,2010,36(2):37-39.

[232]王誉颖.公共财政视角下对美、英、澳三国公共体育支出的分析研究[D].
山东:山东体育学院,2017.

[233]FORT R D.Sports economics(Upper Saddle River)[M].NL:Prentice
Hall,2002.

[234]王玉珍,邵玉辉,杨军.比较与启示:中美大型体育场馆公共财政补贴的
对比研究[J].天津体育学院学报,2018,33(6):528-536

[235]高凯,孙庆祝.社区体育结构划分及其建设多元化研究[J].成都体育学
院学报,2006,(6):23-26

[236]王英峰.英国体育管理组织体系研究[D].北京:北京体育大学,2010.

[237]国务院研究室科教文卫司,国家体委政策法规司.体育经济政策研究
[M].北京:人民体育出版社,1997:170-172

[238]国家体育总局政策法规司.他山之石——国外、境外体育考察报告[M].
北京:人民体育出版社,2000.

[239]Goldener Plan[EB/OL].(2017-10-10)[2020-06-15].help://www.dog-
bewegt.de/foerderverein/historie/goldener_plan.html.

[240]刘波.德国体育俱乐部建制探析[J].体育与科学,2007,28(3):57-60+64.

[241]陈琳.日本体育财政及体育补贴制度的现状和展望[J].体育科研,2004,
(4):47.

[242]国家体育总局政策法规司编:他山之石——国外、境外体育考察报告
[M].北京:人民体育出版社,2000.

[243]肖焕禹.《日本体育白皮书》解读[J].体育科研,2009,30(15):17-25.

[244]LEVITAN K B.Information resources as"goods"in the life cycle of in-
formation production [J]. Journal of the American society for
information science,1982,33(1):44-54.

[245]杨世木.我国体育信息资源配置研究[D].上海:上海体育学院,2010.

[246]刘石.我国传媒体育信息教育研究[D].苏州:苏州大学,2006.

[247]董伦红.体育信息管理的理论构建及应用系统开发研究[D].北京:北京体育大学,2002.

[248]刘成.体育竞争情报及其对我国竞技体育核心竞争力的影响研究[D].上海:上海体育学院,2010.

[249]吕俊莉.美、德体育政策嬗变的经验与启示[J].体育与科学,2014,35(2):19-23.

[250]余守文,王经纬.中美两国体育产业财税政策比较研究[J].体育科学,2017,37(10):80-89.

[251]俞琳,曹可强.国外公共体育服务的制度安排[J].上海体育学院学报,2013,37(5):23-26.

[252]王松,张凤彪,崔佳琦.发达国家体育公共财政研究述评[J].体育学刊,2018,25(5):81-88.

[253]周兰君.美国老年体育政策对我国的启示[J].中国体育科技,2013,49(1):57-62.

[254]吴铭,杨剑,郭正茂.发达国家身体活动政策比较:基于美国、加拿大、英国、日本的视角[J].北京体育大学学报,2019,42(5):77-89.

[255]曹振波,陈佩杰,庄洁.发达国家体育健康政策发展及对健康中国的启示[J].体育科学,2017,37(5):11-23.

[256]甄媛圆,缪佳.英国体育政策的嬗变及启示[J].西安体育学院学报,2015,32(3):264-268.

[257]王志威.英国体育政策的发展及启示[J].上海体育学院学报,2012,36(1):5-10.

[258]姜熙.从"强制性竞标"到"最佳价值"——英国政府公共体育服务政策发展、改革与启示[J].天津体育学院学报,2014,29(6):478-483.

[259]谢晖,赵琼.伦敦奥运会英国体育政策研究[J].体育文化导刊,2014(1):24-27.

[260]胡军.英国休闲体育政策的演进特点与启示[J].成都体育学院学报,2012,38(1):40-43.

[261]张文鹏.英国青少年体育政策的治理体系研究[J].北京体育大学学报,2017,40(1):71-77.

[262]刘波.德国体育政策的演进及启示[J].上海体育学院学报,2014,38(1):1-7,30.

[263]缪佳.德国体育政策3大特征[J].上海体育学院学报,2014,38(1):8-11.

[264]景俊杰,肖焕禹.二战后日本体育政策的历史变迁及借鉴建议[J].体育与科学,2013,34(2):107-110.

[265]田福蓉.政策工具视角下的日本公共体育政策分析[D].济南:山东体育学院,2017.

[266]闫华,陈洪.日本、中国体育设施建设与发展措施的比较研究[J].山东体育学院学报,2006,22(6):18-21.

[267]谷云峰,李鹏程.中日韩大众健身设施比较分析[J].体育文化导刊,2009(4):72-74.

[268]臧超美.中日体育场地设施兴建与管理的比较[J].北京体育大学学报,1995,18(2):6-11.

[269]唐绪明.日本社会体育政策解读及对我国全民健身的启示[J].南京体育学院学报,2017,31(1):92-97.

[270]范威.日本社区投政策研究[J].体育文化导刊,2014(2):31-34.

[271]高峰.二战后日本公共体育政策变化特征及影响[J].体育文化导刊,2018(6):52-57.

[272]史松涛.国内外体育经费来源渠道的比较分析[J].财经分析,2007(9):58-61.

[273]蒋诗权.发达国家社会体育发展经费募集的社会化运作研究[J].南京体育学院学报,2005,19(5):43-45.

[274]孙德芳.课堂学习的选择性研究[D].北京:北京师范大学,2008.

[275]中华文明网.准确把握新时代生态文明建设新目标[EB/OL].(2018-07-13)[2020-06-16].https://www.wenming.cn/specials/zxdj/19d/1_n/201807/t20180713_4758815.shtml.

[276]人民网.坚持人民至上[EB/OL].(2020-06-02)[2020-06-30].https://aijiahao.baidu.com/s?id=1668342244622942370&wfr=spider&for=pc.

[277]人民网.创新是改革开放的生命[EB/OL].(2018-12-28)[2020-06-30].https://theory.people.com.cn/n1/2018/1228/c40531-30492585.html.

[278]辞海编辑委员会.辞海[M].上海:上海辞书出版社,1999:358-4898.

[279]张幼文.改革动力的构建与发展结构的优化——对外开放在中国经济发展中的战略地位[J].学术月刊,2009(1):59.

[280]瑞金.中国改革动力的历史考察[J].中国改革,2009(9):31.

[281]甘文波.我国改革动力的现实分析[D].长沙:湖南师范大学,2013.

[282]姜国俊.行政改革动力学分析:文献梳理与领域拓展[J].上海行政学院学报,2010(5):30.

[283]杨军帅.当代中国政治体制改革的动力问题探析[D].济宁:曲阜师范大学,2012.

[284]刘亮.全面深化改革背景下我国体育改革的逻辑、目标、动力及路径[J].体育科学,2015,35(10):10-16.

[285]刘兴鹏.我国地方政府职能转变的动力机制研究[D].武汉:武汉大学,2014.

[286]吴新星.行政体制改革动力的宪法经济学思考[J].重庆科技学院学报(社会科学版),2011(10):128.

[287]马克思恩格斯文集(第四卷)[M].北京:人民出版社,2009.

[288]方振辉.农业转移人口市民化的利益协调机制[J].经济研究参考,2015(54):33-35.

[289]丁煌,陈世香.行政学原理[M].武汉:武汉大学出版社,2007.

[290]李蔬君.当代中国政府责任问题研究[D].北京:中共中央党校,2006.

[291][美]珍妮特·V.登哈特,罗伯特·B.登哈特.新公共服务:服务,而不是掌舵(中译本)[M].丁煌,译,北京:中国人民大学出版社,2004:130.

[292]姚鹏.区域的比较新优势及区域的协调联动路径[J].区域经济评论,2018(6):36-43.

[293]王凯全.风险管理与保险[M].北京:机械工业出版社,2008:19-110.

[294]石岩.我国优势项目高水平运动员参赛风险的识别、评估与应对[D].北京:北京体育大学,2006.

[295]胡望洋.突发公共事件应急预案指南[M].北京:高等教育出版社,2007:1-7.

[296]王卓甫.工程项目风险管理——理论、方法与应用[M].北京:中国水利水电出版社,2003:153-158.

[297]顾孟迪,雷鹏.风险管理[M].北京:清华大学出版社,2005:161-162.

[298]康宁.中国经济转型中高等教育资源配置的制度创新[M].北京:教育科学出版社,2005:68-276.

[299]李勤,张元红,张军,等.城乡统筹发展评价体系:研究综述和构想[J].中国农村观察,2009(5):2-10,22,95.

[300]何自力.比较经济制度学[M].天津:南开大学出版社,2003.

附　录

附录1:《〈新时代福建省深化公共体育资源优化配置改革研究〉访谈提纲》

（管理者用）

尊敬的领导:

　　您好!

　　公共体育资源是满足全民强身健体、享有体育文化的重要载体,也是实现公共体育服务均等化,推进体育强国建设的关键保障。随着时代的发展,人民日益增长的健康需要与公共体育资源配置的不平衡不充分之间的矛盾日渐明显。因此,在公共体育资源有限的背景下,通过调研福建省公共体育资源(如体育场地、社会体育指导员、财力、信息和制度等)配置现状,了解各级组织对公共体育资源配置改革的诉求,为福建省优化配置有限的公共体育资源,以及探索和构建与新时代市场经济相适应的公共体育资源优化配置制度和运行机制奠定基础。本次访谈主要就以下问题咨询您,请您提供大力的支持和帮助,非常感谢!

　　1.您认为当前体育场地建设和使用面临的困难有哪些? 今后城乡工作的重点是什么? 需要上级组织帮助解决的问题是什么?

　　2.社会体育指导员培养和使用状况如何? 存在的困难有哪些? 有何建议?

3.财力的主要来源有哪些？对拓宽财力资源有何建议？

4.当前信息资源建设（图书、服务平台等）情况如何？需要帮助解决的问题有哪些？有何建议？

5.您认为在公共体育资源优化配置中当前亟需解决的资源有哪些？有何举措和建议？

6.您认为，为优化公共体育资源优化配置改革可以通过哪些策略和途径来实现？

7.当地企业、社会组织或个人投资公共体育资源（如体育场地资源、信息资源等）建设情况如何？是否应出台鼓励和支持企业、社会组织或者个人投资公共体育资源建设的相关政策或者制度？（如土地、税收、金融服务、水电等）

8.您认为当前公共体育资源是否能满足群众需求，亟需解决的资源有哪些？有何举措和建议？

9.您是否关注公共体育资源使用效率问题？是否有建立公共体育资源优化配置监控机制？

最后,对您的参与再次表示感谢!

附录 2:《〈新时代福建省深化公共体育资源优化配置改革研究〉调查问卷》

（群众用）

尊敬的市民：

你们好！

公共体育资源是满足全民强身健体、享有体育文化的重要载体,也是实现公共体育服务均等化,推进体育强国建设的关键保障。随着时代的发展,人民日益增长的健康需要与公共体育资源配置的不平衡不充分之间的矛盾日渐明显。因此,在公共体育资源有限的背景下,通过调研福建省公共体育资源(如体育场地、社会体育指导员、财力和信息等)配置现状,了解广大群众对公共体育资源配置改革的诉求,为福建省优化配置有限的公共体育资源,以及探索和构建与新时代市场经济相适应的公共体育资源优化配置制度和运行机制奠定基础。希望您能在百忙之中抽出宝贵的时间回答下列问题,回答没有对错之分。填写方式:除有注明外,一律为单选题,请在您认为最适合的选项序号上打"√"。衷心感谢您真诚的帮助与支持！

1. 您的性别

(1)男　　　　　　　(2)女

2. 您的年龄

(1)7～12 岁　　(2)13～17 岁　　(3)18～45 岁　　(4)46～69 岁

(5)69 岁以上

3. 您的学历

(1)初中以下　　(2)高中　　(3)中专　　(4)大专　　(5)本科

(6)硕士　　　　(7)博士

4. 您的职业

(1)公务员　　(2)教师　　(3)医生　　(4)律师　　(5)军人

(6)企业人员　　(7)工人(含农民工)　　(8)农民　　(9)个体户

(10)家庭主妇　　(11)自由职业者　　(12)学生　　(13)其他____

5. 您每周健身的次数

(1)1 次　　(2)2 次　　(3)3 次　　(4)4 次　　(5)5 次　　(6)6 次

(7)7 次及以上

6.您每次健身的主要时长

(1)30 分钟以下　　(2)30～60 分钟　　(3)61～90 分钟

(4)91 分钟以上

7.您参与健身的项目(多选题)

(1)武术(含太极拳、太极扇等)　(2)健身气功(如八段锦)　(3)健身操

(4)瑜伽　(5)健美　(6)跳绳　(7)跆拳道　(8)羽毛球　(9)篮球

(10)足球　(11)排球　(12)乒乓球　(13)网球　(14)体育舞蹈

(15)健美操　(16)跑　(17)走　(18)其他____

8.您对社区体育场地设施的满意度

(1)非常满意　(2)满意　(3)一般　(4)不满意　(5)非常不满意

9.您觉得体育场地设施有待改进的是(多选题)

(1)增加数量　　(2)增加类型　　(3)增加室内　　(4)提高质量

(5)提高智能化水平　　(6)其他____

10.您对健身指导的满意度

(1)非常满意　(2)满意　(3)一般　(4)不满意　(5)非常不满意

11.您觉得健身指导有待改进的是(多选题)

(1)强化技术指导　　(2)传授健身方法　　(3)增加健身评价

(4)增加运动损伤的预防与康复指导　　(5)其他____

12.您获取健身信息(包括健身的知识、技术、视频等)的渠道(多选题)

(1)网络　(2)电视　(3)手机　(4)广播　(5)书籍　(6)报刊　(7)交流

(8)其他____

13.您对获取健身信息的满意度

(1)非常满意　(2)满意　(3)一般　(4)不满意　(5)非常不满意

14.您对社区健身管理的满意度

(1)非常满意　(2)满意　(3)一般　(4)不满意　(5)非常不满意

15.您觉得社区健身管理有待改进的是(多选题)

(1)增加健身经费　　(2)健全健身组织　　(3)完善健身制度

(4)开展健身活动　　(5)重视健身宣传　　(6)强化健身指导

(7)增加健身场地　　(8)其他____

16.您觉得目前健身面临的困难是(多选题)

(1)缺乏健身场地　　(2)缺乏健身器械　　(3)缺乏科学指导

(4)缺乏健身比赛　　(5)缺乏健身信息　　(6)缺少健身资金

（7）缺乏健身管理　　（8）其他＿＿＿

17.您参与健身的效果（多选题）

（1）调适心理　　（2）强化健身意识　　（3）增强体质　（4）改变生活方式

（5）增进友谊　　（6）培养顽强的意志品质　　（7）增强自信心

（8）其他＿＿＿

18.您对公共体育资源配置还有何诉求和建议？（开放式问卷）

附录 3:《公共体育资源优化配置风险检查表(1)》

(管理者、专家用)

尊敬的管理者、专家:

您好! 公共体育资源是满足全民强身健体、享有体育文化的重要载体,也是实现公共体育服务均等化,推进体育强国建设的关键保障。随着时代的发展,人民日益增长的健康需要与公共体育资源配置的不平衡不充分之间的矛盾日渐明显。因此,在公共体育资源有限的背景下,科学识别出公共体育资源优化配置中的风险因素,对公共体育资源优化配置风险的有效应对,减少公共体育资源优化配置风险造成的损失,以及提高公共体育资源优化配置效益有重要的现实意义。

作为管理者、专家,您的意见对我们的研究具有十分重要的价值,希望您能在百忙之中抽出宝贵的时间回答下列问题,回答问题没有对错之分。衷心感谢您真诚的帮助与支持!

《新时代福建省深化公共体育资源优化配置改革研究》课题组

2019 年 6 月

填表说明:公共体育资源优化配置风险是指政府、社会团体、企业和个人在公共体育资源优化配置过程中,由于受到各种风险因素的影响和作用,使公共体育资源优化配置结果与预期结果产生偏差而造成损失的不确定性。风险因素指在公共体育资源优化配置中各种导致风险事故发生的条件,是由各种主客观因素引发的。下列是根据文献资料整理出来的公共体育资源优化配置风险检查表,请您根据所从事体育管理、体育研究的实际经验,判别在工作中下列风险因素与公共体育资源优化配置风险事故的关系,并在相应的空格内打"√"。若有未列入的管理风险因素、人力资源优化配置风险因素(主要指社会体育指导员)、物力资源优化配置风险因素(主要指体育场地)、财力资源优化配置风险因素、信息资源优化配置风险因素、制度资源优化配置风险因素,请您补在后面。

风险类型	公共体育资源优化配置风险因素与造成风险事故关系	密切	一般	不密切
管理风险	(1)管理者的文化程度			
	(2)管理者的责任心			
	(3)管理者的管理能力			
	(4)管理者的公共体育资源配置意识			
	(5)公共体育资源配置方案制订			
	(6)公共体育资源配置方案实施			
	(7)公共体育资源配置监控系统			
人力资源优化配置风险	(1)社会体育指导员配置分布			
	(2)社会体育指导员配置结构			
	(3)社会体育指导员配置数量			
	(4)社会体育指导员配置质量			
	(5)社会体育指导员使用管理			
	(6)社会体育指导员继续教育			
	(7)			
	(8)			
	(9)			
物力资源优化配置风险	(1)体育场地配置分布			
	(2)体育场地使用人群			
	(3)体育场地配置数量			
	(4)体育场地配置种类			
	(5)体育场地配置规模			
	(6)体育场地配置质量			
	(7)体育场地配置智能化			
	(8)体育场地对外开放			
	(9)			
	(10)			

续表

风险类型	公共体育资源优化配置风险因素与造成风险事故关系	密切	一般	不密切
财力资源优化配置风险	(1)体育资金配置来源			
	(2)体育资金配置数量			
	(3)体育资金配置分布			
	(4)体育资金配置结构			
	(5)体育资金配置预算			
	(6)体育资金配置成本			
	(7)体育资金配置时间			
	(8)			
信息资源优化配置风险	(1)体育信息配置内容			
	(2)体育信息配置渠道			
	(3)体育信息配置时间			
	(4)体育信息配置反馈			
	(5)			
制度资源优化配置风险	(1)体育制度制定的民主化程度			
	(2)体育制度内容的完整性			
	(3)体育制度的体系化			
	(4)体育制度的宣传力度			
	(5)体育制度的执行力			
	(6)体育制度的监控机制			

附录 4:《公共体育资源优化配置风险检查表(2)》

(管理者)

尊敬的管理者:

您好! 公共体育资源是满足全民强身健体、享有体育文化的重要载体,也是实现公共体育服务均等化,推进体育强国建设的关键保障。随着时代的发展,人民日益增长的健康需要与公共体育资源配置的不平衡不充分之间的矛盾日渐明显。因此,在公共体育资源有限的背景下,科学识别出公共体育资源优化配置中的风险因素,对公共体育资源优化配置风险的有效应对,减少公共体育资源优化配置风险造成的损失,以及提高公共体育资源优化配置效益有重要的现实意义。

填表说明:公共体育资源优化配置风险是指政府、社会团体、企业和个人在公共体育资源优化配置过程中,由于受到各种风险因素的影响和作用,使公共体育资源优化配置结果与预期结果产生偏差而造成损失的不确定性。风险因素指在公共体育资源配置中各种导致风险事故发生的条件,是由各种主客观因素引发的。下列是根据文献资料整理出来的公共体育资源优化配置风险检查表,请您根据所从事体育管理、体育研究的实际经验,对工作中可能出现的公共体育资源优化配置风险因素进行识别,并在相应的空格内打"√"。若有未列入的管理风险因素、人力资源优化配置风险因素(主要指社会体育指导员)、物力资源优化配置风险因素(主要指体育场地)、财力资源优化配置风险因素、信息资源优化配置风险因素、制度资源优化配置风险因素,请您补在后面并识别。

风险类型	公共体育资源优化配置可能带来的风险因素	可能出现	不可能出现
管理风险	(1)管理者的文化程度不高		
	(2)管理者的责任心不强		
	(3)管理者的管理能力不强		
	(4)管理者的公共体育资源配置意识不强		
	(5)公共体育资源配置方案制订不完善		
	(6)公共体育资源配置方案实施不到位		
	(7)公共体育资源配置监控系统缺乏		

续表

风险类型	公共体育资源优化配置可能带来的风险因素	可能出现	不可能出现
人力资源优化配置风险	(1)社会体育指导员配置分布不合理		
	(2)社会体育指导员配置结构不完善		
	(3)社会体育指导员配置数量不足		
	(4)社会体育指导员配置质量不高		
	(5)社会体育指导员使用管理不到位		
	(6)社会体育指导员继续教育缺乏		
	(7)		
	(8)		
	(9)		
物力资源优化配置风险	(1)体育场地配置分布不合理		
	(2)体育场地使用人群差异化		
	(3)体育场地配置数量不足		
	(4)体育场地配置种类不全		
	(5)体育场地配置规模较小		
	(6)体育场地配置质量不高		
	(7)体育场地配置智能化程度较低		
	(8)体育场地对外开放充分		
	(9)		
	(10)		
财力资源优化配置风险	(1)体育资金配置来源单一		
	(2)体育资金配置数量少		
	(3)体育资金配置分布不合理		
	(4)体育资金配置结构不完善		
	(5)体育资金配置预算不科学		
	(6)体育资金配置成本过高		
	(7)体育资金配置时间较长		
	(8)		

续表

风险类型	公共体育资源优化配置可能带来的风险因素	可能出现	不可能出现
信息资源优化配置风险	(1)体育信息配置内容不丰富		
	(2)体育信息配置渠道单一		
	(3)体育信息配置时间较长		
	(4)体育信息配置反馈较慢		
	(5)		
制度资源优化配置风险	(1)体育制度制定的民主化程度不高		
	(2)体育制度内容不完整		
	(3)体育制度体系化缺乏		
	(4)体育制度宣传力度不够		
	(5)体育制度执行力不强		
	(6)体育制度的监控机制缺乏		

附录5:《公共体育资源优化配置风险评估表》

（管理者用）

填表说明:请根据您所从事公共体育资源优化配置管理的实际经验,对《公共体育资源优化配置风险检查表(2)》中识别出的可能出现的风险因素发生的可能性、严重性和可控性进行客观地等级评估,并在相应的空格内打"√"。评估采用五级评判,例如:您认为管理风险中某一项风险因素发生的可能性"强",发生的严重性"一般",发生的可控性"较强",就在对应的空格内打"√"即可(对不可能出现的风险因素就不要进行评估)。若有未列入的风险,请补在后面并评估。

风险类型	公共体育资源优化配置可能带来的风险因素	风险评估等级														
		可能性					严重性					可控性				
		强	较强	一般	较弱	很弱	强	较强	一般	较弱	很弱	强	较强	一般	较弱	很弱
管理风险	(1)管理者的文化程度不高															
	(2)管理者的责任心不强															
	(3)管理者的管理能力不强															
	(4)管理者的公共体育资源配置意识不强															
	(5)公共体育资源配置方案制订不完善															
	(6)公共体育资源配置方案实施不到位															
	(7)公共体育资源配置监控系统缺乏															
	(8)															

续表

风险类型	公共体育资源优化配置可能带来的风险因素	风险评估等级														
		可能性					严重性					可控性				
		强	较强	一般	较弱	很弱	强	较强	一般	较弱	很弱	强	较强	一般	较弱	很弱
人力资源优化配置风险	(1)社会体育指导员配置分布不合理															
	(2)社会体育指导员配置结构不完善															
	(3)社会体育指导员配置数量不足															
	(4)社会体育指导员配置质量不高															
	(5)社会体育指导员使用管理不到位															
	(6)社会体育指导员继续教育缺乏															
	(7)															
物力资源优化配置风险	(1)体育场地配置分布不合理															
	(2)体育场地使用人群差异化															
	(3)体育场地配置数量不足															
	(4)体育场地配置种类不全															
	(5)体育场地配置规模较小															
	(6)体育场地配置质量不高															
	(7)体育场地配置智能化程度较低															
	(8)体育场地对外开放充分															
	(9)															

续表

风险类型	公共体育资源优化配置可能带来的风险因素	风险评估等级													
		可能性					严重性					可控性				
		强	较强	一般	较弱	很弱	强	较强	一般	较弱	很弱	强	较强	一般	较弱	很弱
财力资源优化配置风险	(1)体育资金配置来源单一															
	(2)体育资金配置数量少															
	(3)体育资金配置分布不合理															
	(4)体育资金配置结构不完善															
	(5)体育资金配置预算不科学															
	(6)体育资金配置成本过高															
	(7)体育资金配置时间较长															
	(8)															
	(9)															
信息资源优化配置风险	(1)体育信息配置内容不丰富															
	(2)体育信息配置渠道单一															
	(3)体育信息配置时间较长															
	(4)体育信息配置反馈较慢															
	(5)															
	(6)															
	(7)															
制度资源优化配置风险	(1)体育制度制定的民主化程度不高															
	(2)体育制度内容不完整															
	(3)体育制度体系化缺乏															
	(4)体育制度宣传力度不够															
	(5)体育制度执行力不强															
	(6)体育制度的监控机制缺乏															
	(7)															
	(8)															
	(9)															

后　记

　　本书是2018年度福建省社会科学规划项目"新时代福建省深化公共体育资源优化配置改革研究"的最终成果,回首两年多的研究历程,深感学术研究、学术创新的艰辛。在此期间,有过焦虑、疑惑和辛酸,但更多是对研究的执着,以及辛勤付出后的欣慰与喜悦,这再一次的学术磨炼不仅增长了心智、拓宽了视野,而且更是对自己科学精神和学术规范的一次洗礼。

　　纵观全书,虽然有一些不如意的地方,但总的来说还基本符合研究的初衷,涵盖了这些年来对此课题进行静读、辨识和求知之所得,是一个阶段成果的体现,也希望通过此研究成果对公共体育资源优化配置的理论和实践研究有所帮助。此书的撰写并非一帆风顺,凝聚了许多人的心血。在拙著即将出版之际,向关心、支持、帮助和参与本课题研究的所有人员表示衷心的感谢。

　　感谢课题组的吴鹤群教授、林正锋副教授、杨晓晨副教授、石雪梅副教授、魏刚老师在繁忙的工作之余参与本课题的论证和调研工作,尤其要感谢吴鹤群教授和林正锋副教授的大力支持和帮助,为本课题研究工作的开展、研究任务的完成奠定了坚实的基础。

　　感谢三明市体育局办公室叶夏主任、张芳超同志,三明市少体校范小健校长,三明市清流县文体和旅游局戴志琼副主任、体育股黄友光股长,三明市清流县长校镇李梓文书记、吴建坤镇长、人大原主席巫仕钰、党委组织委员陈添彬、党政办吴思慧主任、文化站原站长赖艳红,南平市体育局办公室潘润洲主任,建瓯市文化体育和旅游局谢学勤副局长、体育股张阁忠股长,泉州市德化县文化体育和旅游局赖永昌副局长,德化县第六中学苏德辉老师等在现场调查中的热心帮助,并为本课题研究提供了宝贵数据。

　　感谢参与本课题评审的各位专家提供的宝贵建议;感谢三明学院科研处和体育与康养学院的领导、老师们给予的帮助与支持;感谢三明学院的陈荣辉处长;感谢本课题研究中引用文献资料的作者们。

感谢母亲、妻子和女儿对我研究工作的理解、支持和鼓励,使我充满了克服困难的勇气和勇往直前的信心。

感谢厦门大学出版社的老师给予的支持与帮助,没有他们的辛劳付出,就不会有本书的出版。

由于自身在思想上还不够成熟,理论研究上也较为肤浅,本书多有纰漏之处,敬请各位学术前辈、学界同仁和读者朋友们批评指正。

寇健忠

2020 年 12 月 13 日